DE LA

RÉFORME HYPOTHÉCAIRE

IMPRIMERIE D'E. DUVERGER,
RUE DE VERNEUIL, 4.

DE
LA RÉFORME
HYPOTHÉCAIRE

EXAMEN ANALYTIQUE

DES OBSERVATIONS PRÉSENTÉES PAR LES COURS ET PAR LES FACULTÉS DE DROIT

DU ROYAUME

SUR LE PROJET DE RÉFORME DU SYSTÈME HYPOTHÉCAIRE

ÉTABLI PAR LE CODE CIVIL

PAR

M. FOUET DE CONFLANS

AVOCAT A LA COUR ROYALE DE PARIS.

PARIS

JOUBERT, LIBRAIRE DE LA COUR DE CASSATION,

RUE DES GRÈS, N° 14.

1848

1847

a

l'Ordre des Avocats

de la Cour royale de Paris.

TRÈS CHERS ET TRÈS HONORÉS CONFRÈRES,

Permettez-moi de vous dédier un travail que vous avez accueilli avec tant de bienveillance. Nous avons tous été bien souvent à même de reconnaître dans l'exercice de notre profession que le titre du Code civil des priviléges et hypothèques était, de tous ceux de ce Code immortel, le moins satisfaisant et celui qui avait donné lieu à plus de controverses. L'intérêt des familles, la nécessité de venir en aide à notre agriculture, et le devoir de protéger l'accomplissement des engagements contractés, font depuis longtemps désirer que ce titre reçoive les améliorations qui lui feraient accomplir cette tâche, et vous avez applaudi au projet formé par le gouvernement de préparer les moyens d'atteindre ce noble but. Un appel a été fait à tous les hommes éclairés de France, si ce n'est peut-être à vous-mêmes, mais ce n'a pas été une raison pour que vous ne cherchassiez point, au moins l'un d'entre vous, à apporter en tribut le résultat des connaissances que l'étude et une longue expérience des affaires ont dû vous procurer. Je vous ai fait part de mes idées à cet égard, et j'ai eu le bonheur de les voir approuver par vous. Fort de votre assentiment, je les soumets aujourd'hui à l'opinion publique. Mon travail n'est en quelque sorte qu'un recueil de consultations sur la matière hypothécaire, et il m'a semblé, en m'y livrant, continuer l'exercice de notre profession. Le comble de mes vœux serait de les avoir rendues utiles, et de ne point rester étranger au bien qu'une loi si désirable procurerait à notre pays.

Veuillez, très chers et très honorés Confrères, agréer, avec l'expression de ma vive gratitude, l'assurance des sentiments d'estime et d'affection que je vous ai voués pour la vie.

FOUET DE CONFLANS.

AVANT-PROPOS.

On ne pourra blâmer l'auteur de cet ouvrage du plan qu'il a suivi, car il n'est pas le sien. Désirant faciliter la levée des obstacles qui s'opposeraient à l'accomplissement du projet qu'a conçu le gouvernement d'améliorer notre système hypothécaire, et mettre à même de profiter des documents précieux, mais multiples, qu'ont fournis sur ce point tous les magistrats et les professeurs en droit du royaume, il a étudié avec un soin extrême les immenses travaux auxquels se sont livrés ces doctes personnages, et pour que l'on pût comparer à chaque instant les réformes qu'ils ont proposées avec les avis qu'il a émis, il a dû suivre le cours des idées qu'une publication récente a portées à la connaissance du public. Cette marche offre, sous ce rapport, un très grand avantage, et l'auteur a dû en profiter. Elle l'a, il est vrai, exposé à quelques redites, mais l'importance de la matière pourra les faire excuser.

Depuis le commencement de ce travail, un bruit fâcheux s'est répandu. La contrariété des opinions qui ont été manifestées par les Cours et par les Facultés, le danger de quelques-unes des innovations qui ont été proposées, et la crainte d'altérer, en y touchant, le système hypothécaire qui, malgré ses imperfections, a tellement amélioré la situation dans laquelle on se trouvait avant lui, semblent faire reculer ceux mêmes qui avaient mis le plus d'empressement à chercher les moyens de rendre notre législation plus complète à cet égard. Nous ne pouvons nous persuader qu'après l'annonce solennelle du projet que l'on a commencé à exécuter, après avoir appelé l'attention de la magistrature et des jurisconsultes sur les imperfections de ce Code, qui nous fait cependant tant d'honneur, et avoir inquiété les capitalistes par l'annonce des périls qu'ils sont exposés à courir, nos législateurs se refusent à reconnaître la nécessité de poser les règles fondamentales qui couronneraient l'œuvre de leurs illustres devanciers. L'entreprise est difficile, sans doute, mais ce n'est pas un motif pour ne pas la tenter, si elle est juste, si elle est nécessaire, si elle est commandée par l'intérêt général. Nous avons à venir en aide à la propriété obérée, à fonder le crédit foncier, sur lequel reposent les succès de notre agriculture, et à assurer l'avenir des familles, en prévenant la ruine des femmes et des mineurs au secours desquels les lois doivent toujours venir. Nous devons aussi garantir les droits des créanciers légitimes, en rendant autant difficiles que possible les déceptions qu'ils sont dans le cas d'éprouver. Si ces résultats importants dépendent d'un bon système hypothécaire et que le nôtre soit reconnu insuffisant pour les procurer, n'est-ce pas un devoir imposé à ceux qui veillent à nos destinées de ne point s'arrêter dans la carrière qu'eux-mêmes se sont ouverte, et de la parcourir jusqu'au bout pour obtenir le prix qu'ils auront mérité ? Laisseront-ils à d'autres la gloire de vaincre des obstacles qu'ils seraient loin de ne pouvoir aplanir ? Nous ne nous le persuaderons point, et il nous semble inutile de stimuler le zèle dont ils ont paru animés.

S'il est principalement question dans cet ouvrage des changements à opérer aux dispositions qui constituent

notre système hypothécaire, il en est bien autant que nous
ne saurions admettre, et nous en avons donné les raisons.
Les discussions auxquelles nous nous sommes livré font connaître l'état de la jurisprudence sur ces matières délicates,
et pourront servir à lever bien des doutes que l'on a conservés. Il nous semble, sous ce rapport, qu'elles ne seront
pas inutiles au barreau, et nous aurions grandement lieu
de nous en féliciter.

PREMIÈRE PARTIE.

Une considération générale a fixé l'attention des Cours et des Facultés. Convient-il de changer les bases du droit actuel sur la matière, ou doit-on se borner à modifier quelques-unes des dispositions qui le constituent et à les compléter?

Les éléments du système hypothécaire établi par le Code civil ont été puisés presque autant dans notre droit ancien que dans la loi du 11 brumaire an VII, qui était en vigueur à l'époque de la discussion de ce Code. Cette fusion de principes, en grande partie opposés les uns aux autres, a produit un état de choses jusqu'alors inconnu et dont l'expérience pouvait seule faire apercevoir les défauts et les avantages, mais qui, en définitive, s'est trouvé insuffisant pour résoudre toutes les difficultés qui sont nées de son application. Une foule d'arrêts sont intervenus sur des doutes que le Code aurait dû prévenir, et les décisions qu'ils contiennent sont si loin d'être d'accord entre elles, malgré les soins pris par nos institutions pour que la jurisprudence soit uniforme en France, qu'une divergence des plus fâcheuses existe sur les points les plus importants de cette matière délicate. Si la Cour de cassation a ramené à l'unité sur quelques-uns des principes qui avaient été mis en question, les droits d'un grand nombre de créanciers ne sont pas moins exposés à dépendre de règles qui ne sont point exprimées par le Code, et un pareil état de choses ne saurait subsister sans les plus graves inconvénients. Il ne fait point honneur à notre législation. Il perpétue l'incertitude sur des droits dont dépendent une foule de fortunes. Il compromet enfin le crédit foncier qui doit contribuer si puissamment à faire sortir l'agriculture de la routine dans laquelle elle s'est abâtardie et qui lui permettra de s'élancer dans la carrière où tant de nations ont trouvé le véritable germe de leur prospérité.

Il ne s'agit pas seulement de combler les lacunes qui existent dans le titre du Code des priviléges et hypothèques, mais d'adoucir celles de ses exigences que l'expérience a démontré avoir outre-passé le but qu'on s'était proposé. Les rédacteurs du Code étaient encore imbus de l'esprit qui avait dicté plusieurs des dispositions de la loi de brumaire, et leur œuvre s'en est ressentie. A force de vouloir assurer la spécialité et la publicité des hypothèques, ils ont rendu périlleux l'accomplissement de toutes les formalités qu'ils ont imposées, et ont par là redoublé l'appréhension qu'éprouvent les capitalistes à venir au secours de la propriété. C'est un mal auquel la jurisprudence a déjà cherché à parer, mais il n'appartient qu'à la loi d'en extirper les racines, et des dispositions nouvelles sont seules capables d'y parvenir.

Ce n'est donc point par un simple effet d'imagination, comme il a été prétendu, mais avec une parfaite conviction des inconvénients graves produits par l'insuffisance ou la trop grande rigueur du système actuel, que tant de voix se sont élevées pour demander que ce titre du Code reçoive les perfectionnements dont le besoin a été si fréquemment reconnu ; mais on doit en même temps reconnaître qu'on ne doit porter la main qu'avec une extrême réserve sur les bases d'une législation tellement compliquée. Toute loi devient mauvaise si on détruit l'esprit d'ensemble dans lequel elle a été conçue, et il est maintes fois arrivé qu'en croyant ne toucher qu'à quelques-unes de ses dispositions accessoires, on avait nui à son économie et paralysé ses moyens d'exécution.

Si donc l'on ne peut admettre l'opinion de celles des Cours qui ne voudraient pas qu'il fût changé la moindre chose au système actuel des priviléges et hypothèques, nous ne pouvons non plus aller, avec quelques autres, jusqu'à désirer le bouleversement des bases essentielles de ce système pour lui substituer un régime qui offrirait au moins le danger d'être absolument nouveau. On s'exposerait à un danger réel en détruisant une législation avec laquelle se sont mises en rapport nos mœurs et jusqu'à nos habitudes de contracter, pour ne la remplacer que par une œuvre théorique dont les dehors séduisants pourraient cacher bien des dangers. Nous unissons avec respect notre avis à celui de la Cour de cassation et de plusieurs des principales Cours du royaume, qui ont dit que, avant de se livrer à une telle entreprise, on devra réfléchir à l'inquiétude générale qu'elle devrait causer, à l'ébranlement universel qui résulterait, pour un si grand nombre de fortunes, du passage d'un état de législation à un autre, au sacrifice que l'on ferait de trente ans d'expérience et de toutes les décisions judiciaires qui sont intervenues sur la matière , et enfin au si grand intérêt qu'ont les peuples de procurer de la stabilité à leurs lois. Ces sages magistrats ont avoué que les dispositions du Code sur la matière étaient les moins complètes et les moins bien coordonnées de toutes; mais ils n'ont point admis que l'on dût procéder à leur réfection totale. Ils ont pensé qu'il suffirait de les améliorer, et d'ajouter à leur ensemble ce qui pouvait leur manquer. L'on est fondé à croire qu'ils ont en cela exprimé les vues de l'autorité supérieure et les besoins réels qu'éprouve cette partie de notre législation.

PREMIÈRE QUESTION.

Sur la consolidation du droit de propriété à l'égard des tiers.

Les avis que les Cours et les Facultés ont émis sur ce point n'ont pas été non plus, à beaucoup près, uniformes. Quelques-unes des Cours ont demandé le maintien des dispositions du Code civil à cet égard, mais on est obligé de reconnaître qu'un grand nombre d'autres Cours et presque toutes les Facultés de droit se sont déclarées pour le retour au principe qu'avait admis la loi du 11 brumaire an VII, et que plusieurs sont même allées beaucoup plus loin.

Il faut compléter, ont-elles dit, la publicité qui forme une des bases essentielles de notre système hypothécaire. Cette publicité ne sera point efficace tant que les mutations, ou même les modifications qu'a subies la propriété, pourront rester ignorées de ceux qu'elles intéressent. Les tiers seront exposés jusqu'alors à être trompés par de fausses apparences. Les motifs qui ont fait ordonner la transcription des dispositions d'immeubles faites à titre gratuit militent à l'égard des aliénations faites à titre onéreux, et l'on doit combler ce qui n'a été, quant à celles-ci, qu'une lacune dans le Code. La publicité que l'on donnera à toutes les transmissions d'immeubles pourra seule ranimer le crédit foncier. Les principes relatifs aux contrats consensuels ne seront point d'ailleurs méconnus, puisque la vente sera toujours valable entre les parties contractantes, et qu'elle ne perdra sa force qu'à l'égard des tiers.

Malgré des apparences aussi spécieuses, nous sommes convaincu que le système proposé détruirait un des principaux effets que le contrat de vente est appelé à produire, et qu'il serait inconciliable avec une foule de principes les plus certains de notre droit. Destiné à prévenir les fraudes, ce système en produirait un nombre infiniment plus grand. Son exécution resterait incomplète si on ne la faisait porter que sur certains actes, et elle serait impossible si on l'étendait à tous les contrats qu'il faudrait y assujettir. Une impérieuse nécessité pourrait seule faire tenter une épreuve aussi périlleuse, et comment s'y décider lorsque les monuments de la jurisprudence démontrent que les dangers que l'on prétend résulter des dispositions actuelles ne se réalisent presque jamais ?

La condition qui ferait dépendre de la transcription de l'acte de vente l'acquisition de la propriété à l'égard des tiers serait contraire, en effet, à l'essence des contrats consensuels. Depuis que la nécessité d'une tradition réelle ou symbolique n'existe plus parmi nous, la transmission de la propriété n'a dépendu, à l'égard de toutes personnes, que de la seule volonté des parties. Vainement a-t-on voulu induire le contraire des termes de l'art. 1583 du Code civil qui portent que la propriété n'est acquise à l'acheteur qu'à l'égard du vendeur. Assurément une convention, quelle que soit sa nature, ne peut porter atteinte aux droits appartenant aux tiers, mais ce n'est qu'en ce sens qu'il faut entendre l'article qu'on invoque. Le vendeur ayant perdu le droit qu'il a transmis, ne peut en investir de nouveau aucune autre personne. C'est cependant ce pouvoir exorbitant qui résulterait de la disposition proposée, lorsque le premier acquéreur n'aurait pas fait transcrire le titre de son acquisition. On réduirait un acte aussi important que le contrat de vente à dépendre de la volonté du vendeur qui pourrait s'en jouer à son gré, sauf à voir exercer contre lui un recours qu'il réduirait souvent à n'être qu'illusoire. Or, rien ne serait si dangereux que de faire porter par la loi une pareille atteinte aux conventions sur lesquelles repose le droit essentiel de la propriété.

Mais, a-t-on objecté, le consentement des parties ne suffit pas toujours pour les obliger ; l'écriture est nécessaire pour établir l'existence du contrat, et il faut, à l'égard des tiers, que l'acte ait obtenu une date certaine, pour qu'on puisse le leur opposer. Il est très vrai qu'il ne suffit pas, au moins devant la loi civile, qu'un contrat ait été consenti pour qu'il doive être exécuté, puisque, sans écrit, rien ne constate son existence, qu'il peut être dénié, et que, n'ayant pas de date certaine, on ne peut être assuré qu'il est intervenu avant l'époque où les tiers ont acquis les droits que l'on voudrait primer ; mais cela ne conduit point à vouloir que lorsque les actes ont été revêtus des formalités qui constatent leur réalité, ils n'aient aucune force contre les tiers, si l'on n'a point accompli, en outre, une condition étrangère à leur validité. On méconnaîtrait autrement ce qui est de l'essence de tout contrat synallagmatique, de prouver l'existence de la convention à l'égard de toutes personnes. On inciterait au stellionat par la facilité qu'il y aurait à le commettre. En offrant une prime au parjure, la loi irait au-devant de la corruption des mœurs. C'est surtout dans un état de civilisation aussi avancé que le nôtre, et où les désirs dépassent si souvent les moyens de les satisfaire, que le frein que l'on doit imposer à l'avidité a le plus besoin d'être fort, et qu'il importe que les conventions tiennent plus que jamais lieu de loi à ceux qui les ont consenties. Loin donc d'admettre ce qui pourrait affaiblir les liens qu'elles ont imposés, le législateur ne doit rien négliger pour que nul ne puisse se soustraire à l'exécution qu'elles sont dans le cas de recevoir.

Mais nous aurions, a-t-on dit, un système de publicité plus parfait. Gardons-nous de chercher dans la perfectibilité d'une vaine théorie le moyen de rendre une loi plus utile, et de croire qu'elle sera plus conforme à l'équité. Les théories, privées des adoucissements que l'expérience a fait apporter à leurs principes rigoureux, créeraient une foule d'entraves, et conduiraient souvent aux plus criantes injustices. Résulte-t-il, d'ailleurs, de ce que les hypothèques doivent être rendues publiques, que les actes translatifs de la propriété éprouvent le même besoin ? Ces actes suffisent presque toujours pour qu'on ne puisse ignorer les droits qu'ils ont transmis. Les tiers, s'ils ont exigé qu'on les leur représente, ne peuvent avoir été déçus, et cet examen précède, en effet, toutes les conventions qui ont la propriété pour cause ou pour garantie. La transcription des contrats qui ont fait acquérir ces droits n'en apprendrait pas davantage. Quelques ventes, il est vrai, peuvent rester secrètes, mais les cas où un acquéreur ne s'est pas fait connaître sont si peu nombreux, qu'ils ne sauraient faire apposer à la transmission de la propriété une condition qui serait aussi contraire aux principes fondamentaux des contrats en général.

Ce ne seraient pas seulement les acquéreurs d'immeubles dont les droits se trouveraient compromis par suite de cette condition nouvelle. Le même défaut de lien s'étendrait, faute d'avoir rempli la formalité prescrite, aux contrats d'échange, aux acquisitions d'hoirie, aux partages des communautés entre époux ou de biens indivis, et ne devrait-on pas craindre, en paraissant ne prendre qu'une simple mesure conservatoire, de porter atteinte aux plus importantes parties de l'œuvre admirable de nos modernes législateurs ?

Les dangers que l'on a eus à courir sous l'empire de la loi du 11 brumaire an VII ont été moins grands que ne le seraient ceux qui devraient résulter de la mesure qu'on propose, puisqu'un si grand nombre de contrats n'avaient pas besoin alors d'être transcrits, sous peine de ne pouvoir être opposés aux tiers, et cependant on se souvient encore des réclamations presque universelles qui s'élevèrent, lors de la discussion du Code civil, contre les dispositions de la loi de brumaire qui faisaient dépendre de la transcription des actes d'acquisition la transmission de la propriété. Les insignes abus qui en étaient résultés avaient excité les plaintes les plus amères. On ne peut douter que les mêmes dangers ne se renouvelassent encore et même avec plus d'intensité, à raison du plus grand nombre d'actes dont le sort dépendrait de l'accomplissement de cette formalité extrinsèque, et que l'on ne portât les plus graves atteintes à la bonne foi qui doit présider à l'exécution de tous les contrats.

On ne pourrait non plus réputer d'une médiocre conséquence l'obligation qui serait imposée d'acquitter les droits énormes que la transcription d'un si grand nombre d'actes devrait occasionner. On s'est étonné que, malgré les dispositions de la loi du 28 avril 1816, qui a réuni la perception des droits de transcription à ceux qui doivent être acquittés à raison de la vente, un plus grand nombre de contrats ne fussent pas transcrits. Les actes qui contiennent les ventes importantes le sont presque toujours ; mais dans les campagnes, où des aliénations fréquentes ont souvent peu d'intérêt, même dans les villes qui sont éloignées du bureau du conservateur, les contrats, quoique translatifs de propriété, ne se transcrivent presque jamais. On le concevra si l'on pense que ce ne sont pas seulement quelques menus droits qu'il faudrait encore acquitter, mais que l'acte devrait être adressé à un agent intermédiaire dont les salaires doubleraient souvent les déboursés, et que les acquéreurs peu fortunés évitent ce surcroît de dépense. Il en serait à plus forte raison ainsi à l'égard de la plupart des actes multipliés que la loi nouvelle aurait astreints à l'obligation d'être transcrits, et dont le droit, non prévu par les dispositions de la loi de 1816, devrait être acquitté en entier, après la passation du contrat, par un plus grand nombre de bourses dégarnies. Un grand nombre de contrats cesseraient donc d'être obligatoires parmi nous ; une foule de personnes ne pourraient être sûres des droits qu'elles auraient cru acquérir, et l'assiette des propriétés serait livrée en France aux chances les plus désastreuses.

Quelle serait donc la nécessité absolue, cette espèce de force majeure, qui ne permettrait pas d'éviter des périls aussi grands ? C'est l'intérêt des tiers, nous dit-on, et la fragilité des appuis sur lesquels reposent les droits qu'ils ont obtenus. On a fait, il est vrai, un tableau effrayant des dangers qui menacent les acquéreurs d'immeubles ; mais lorsqu'on en vient à la preuve des pertes que ces acquéreurs ont réellement éprouvées, on demeure confondu du petit nombre de cas dans lesquels la justice a dû venir à leur secours. Parmi tant de milliers de contrats de vente ou de prêt qui ont été consentis depuis la promulgation du Code civil, à peine est-il arrivé *cinq ou six fois* que des plaintes se soient élevées par suite des périls qu'on a dit exister. Comment donc se fait-il que tant de chances contraires aux droits des acquéreurs et des créanciers n'aient eu, pendant ce long intervalle, que d'aussi faibles résultats ? C'est, comme l'ont dit plusieurs Cours royales, parce que l'on contracte de bonne foi en France, et qu'il n'est pas nécessaire que l'on craigne de perdre, par un stellionat, sa fortune, sa liberté, son honneur, pour qu'on ne soit pas tenté de le commettre. C'est aussi parce que nos principes actuels procurent aux tiers des moyens suffisants de veiller à leurs intérêts. Ce n'est donc pas le cas, pour obvier à des dangers aussi rares, aussi exceptionnels, de renverser les bases principales de notre droit civil.

Vainement a-t-on voulu se prévaloir, en faveur du système qui causerait un pareil désordre, des dispositions relatives aux donations entre-vifs. Les actes de libéralité ont toujours été distingués, sous ce rapport, des contrats à titre onéreux. Les donations entre-vifs sont ordinairement consenties dans l'intérieur des familles et par des actes qui, de leur nature, doivent rester secrets. Elles ne privent que rarement le donateur de la jouissance des biens dont il a disposé. Les tiers pourraient donc facilement être induits en erreur sur les droits que le donateur paraîtrait avoir conservés sur la propriété. Un contrat de vente, au contraire, acquiert presque toujours tout de suite une telle publicité, que bien peu de gens sont dans le cas de prétendre qu'ils n'en ont pas eu connaissance. L'ancien propriétaire a dû annoncer son intention d'aliéner sa propriété ; l'acquéreur a dû s'enquérir des immeubles, et, aussitôt après la vente, se mettre en possession des biens. Nul ne peut donc avoir été trompé sur l'existence de l'aliénation. Si une vente ne s'est manifestée par aucune de ces circonstances et qu'il en ait été abusé au détriment des tiers, un soupçon de fraude plane sur cette opération mysté-rieuse, et bien peu de circonstances devront suffire pour déjouer la trame qui a été ourdie. En rendant d'ailleurs la condition d'un donataire plus chanceuse, on ne l'expose à perdre que ce qui ne lui a rien coûté ; tandis qu'en permettant de dépouiller un acquéreur légitime, on lui fait courir le risque de ne pouvoir recouvrer le prix qu'il a soldé. Ces deux cas ne peuvent donc être réputés semblables.

Ce ne serait point, au reste, la transcription des contrats qui pourrait ranimer le crédit foncier. Ce crédit ne se développera que lorsque les conditions imposées à la conservation des hypothèques auront été simplifiées, et que tant d'inquiétudes sur la validité des inscriptions ne viendront plus assaillir les prêteurs ; lorsque enfin les améliorations que réclame notre agriculture auront augmenté la valeur des garanties qu'offrent les possesseurs du sol. Toute autre supposition ne pourra que décevoir.

Il est un autre genre de difficultés que ferait éprouver le système que l'on propose d'établir. On s'est demandé quels seraient les actes qui devraient être transcrits ; comment cette formalité devrait être accomplie ; quelles sont les personnes qui devraient être chargées de ce soin ; et, enfin, quels effets devrait produire la condition qui aurait été ainsi accomplie, et l'on n'a pas été peu embarrassé pour répondre.

Plusieurs Cours royales, contre l'avis d'un assez grand nombre d'autres Cours, dispenseraient de cette formalité les testaments, les transmissions d'hérédité, les partages de successions ou de biens in-divis, les chances résolutoires, l'établissement des servitudes, les attributions de droit d'usage ou d'habitation, les contrats de mariage, les baux, même ceux faits à long terme, enfin les contrats d'antichrèse; mais alors la publicité que l'on regarde comme nécessaire de toutes les modifications qu'a éprouvées la propriété, serait essentiellement incomplète, et l'on n'aurait aucunement paré à un grand nombre des risques que les tiers, dit-on, sont exposés à courir. Si chacun devait connaître, pour ne pas être trompé, tous les changements et toutes les altérations que la propriété a subis, il ne faudrait pas s'arrêter aux seuls actes de vente. Tous les contrats de nature à étendre ou à restreindre les droits des propriétaires devraient être rendus publics. Il est vrai que l'imagination s'effraie des conséquences, même seulement matérielles, qu'auraient des dispositions aussi exorbitantes, de l'encombrement que l'on occasionnerait sur les registres des conservateurs, et des droits énormes que le public aurait à acquitter; mais il est cependant vrai de dire qu'en exceptant une aussi grande quantité d'actes de ceux qui devraient être transcrits, la loi serait loin d'atteindre le but qu'elle se serait proposé.

Quant au mode d'après lequel cette transcription devrait être opérée, la plus grande partie des Cours ont été d'avis que les contrats devraient être transcrits en entier. Les clauses d'un contrat s'interprètent, en effet, les unes par les autres, et leur ensemble seul forme la convention que l'on serait tenu de publier. Le choix qui serait fait de quelques-unes de ces clauses prêterait à l'arbitraire, et le simple extrait que l'on en donnerait serait rarement suffisant. Si l'on ne rendait obligatoires, à l'égard des tiers, que les clauses qui auraient été transcrites, le contrat se trouverait scindé malgré sa nature indivisible; mais, d'un autre côté, on a été obligé de reconnaître que la transcription entière d'un si grand nombre de contrats surchargerait d'une masse énorme de registres les bureaux des conservateurs, et qu'une armée de commis ne suffirait pas à un semblable travail; que les recherches auxquelles il faudrait si souvent procéder sur des registres tenus depuis plus de trente ans deviendraient extrêmement pénibles et exposeraient à d'inévitables erreurs. Jamais les tiers n'auraient couru des risques plus évidents, et on se demandera toujours quel intérêt si puissant pourra forcer de recourir à des mesures si dangereuses, car on ne saurait l'apercevoir.

Les Cours qui se contenteraient de la transcription par simple extrait des contrats translatifs de propriété voudraient que ceux de ces contrats qui auraient été faits sous seing privé fussent, avant d'être transcrits, déposés chez un notaire. On forcerait ainsi la main aux parties en leur ôtant la faculté de se contenter de leurs signatures respectives, et on supprimerait de fait une nature d'actes que la loi autorise, puisqu'on devrait tout de suite les faire authentiquer. Mais, ont dit ces Cours, les écritures des actes sous seing privé peuvent être déniées, et la rédaction de ces actes est souvent défectueuse. Une reconnaissance en justice démasque le faussaire, ou fait proclamer la vérité de l'acte, et le dépôt chez un notaire ne pourrait changer les termes dans lesquels a été conçue la convention. Il faudrait donc prohiber les engagements de cette nature, ou on doit les laisser produire tout leur effet.

On s'est occupé ensuite de savoir quelles seraient les personnes qui devraient faire opérer ces transcriptions nombreuses dont dépendrait le sort de la propriété, et il a été proposé d'en charger les receveurs des domaines. En supposant que ces préposés pussent être tenus de soins si étrangers aux fonctions qu'ils exercent, et sans chercher les moyens qu'il faudrait employer pour les punir s'ils avaient commis une omission à cet égard, il serait impossible de les assujettir à une obligation semblable, car ces receveurs doivent rendre immédiatement aux notaires ou aux parties les actes qu'ils ont relatés sur leurs registres, et ils n'auraient pas le temps de les transmettre au conservateur. Ce n'est pas d'ailleurs sur la minute d'un contrat que la transcription peut se faire ; c'est sur l'expédition qui en a été délivrée. Il faut donc que la minute soit revenue au notaire après son enregistrement, pour qu'elle puisse être grossoyée, et le moyen proposé ne serait pas praticable.

D'autres Cours voudraient que les notaires fussent tenus, sous leur responsabilité personnelle, de faire transcrire les actes translatifs de propriété qu'ils auraient reçus. Ce serait singulièrement aggraver la condition de ces officiers et excéder de beaucoup les bornes de leurs obligations. Les notaires ne doivent que recevoir les conventions des parties. Les résultats de ces contrats et les mesures à prendre pour assurer leur exécution ne les concernent en aucune manière. S'ils sont tenus de faire enregistrer les actes pour lesquels ils ont prêté leur ministère, c'est que cette formalité ne peut être remplie que sur les minutes dont ils sont seuls dépositaires. La transcription, au contraire, ne peut s'effectuer que sur l'expédition qu'ils ont remise aux parties. Il faudrait en outre que les notaires avançassent les droits des transcriptions auxquelles ils feraient procéder, et ils sont assez souvent exposés à supporter cette obligation, à raison de l'enregistrement des actes qu'ils reçoivent, pour que l'on ne veuille pas augmenter cette onéreuse responsabilité.

On ne voit donc pas comment on pourrait assurer l'accomplissement de la formalité rigoureuse de laquelle dépendrait le sort de tant de patrimoines, et l'impossibilité où l'on s'est trouvé d'indiquer à cet égard des moyens praticables, ne démontre que mieux le danger des dispositions qui l'imposeraient à toutes les transmissions de la propriété.

DEUXIÈME QUESTION.

Convient-il de permettre le transfert par la voie d'un simple endossement des obligations hypothécaires?

S'il est un fait qui soit malheureusement démontré, c'est que l'insuffisance des capitaux dont les propriétaires disposent forme le plus grand obstacle à l'amélioration de leurs biens. Pour substituer au mode vicieux de culture qui nous vient des siècles d'ignorance les procédés utiles récemment découverts, des dépenses sont indispensables, et la plus grande partie des possesseurs du sol sont hors d'état d'y subvenir. Aussi regarde-t-on le crédit foncier comme devant exercer une influence puissante sur notre agriculture, et par conséquent sur la prospérité de l'État.

Ce crédit, comme son nom l'indique, n'est aucunement personnel. Il ne repose que sur la valeur des propriétés qui lui servent de gage, et il est facile de sentir qu'il s'accroîtra à raison des facilités que la transmission des titres hypothécaires aura été appelée à recevoir.

Aux termes du droit commun, le transport d'une créance ne peut être effectué que par un nouvel acte qui doit être enregistré pour que l'on puisse le faire signifier au débiteur. Une semblable cession occasionne ainsi des frais assez considérables, que doit supporter le cédant. Cet inconvénient met obstacle à la circulation des titres hypothécaires, et détourne les capitaux qui pourraient y être employés. C'est pour le faire cesser que l'on a rendu, depuis un certain temps, ces obligations transmissibles par la voie d'un simple ordre, et l'on a proposé de faire autoriser l'emploi de ce moyen par le Code; mais une controverse assez vive s'est élevée à cet égard.

Plusieurs Cours ont pensé que ce mode de transmission des créances hypothécaires ne devait point être admis, parce qu'il aurait pour résultat de mobiliser le sol et d'enlever à la propriété la stabilité qui doit former un de ses principaux attributs. Elles ont dit que l'on convertirait les immeubles en de véritables lettres de change avec lesquelles on irait se livrer aux spéculations les plus hasardeuses; qu'en appelant ainsi les patrimoines à figurer au marché de la Bourse, on risquerait de voir s'y engloutir l'avenir des familles, ce qui serait une cause de ruine pour l'État. Les choses ont été poussées si loin, que l'on a été jusqu'à dire que le crédit foncier, loin d'être utile, devait être réputé dangereux.

Les importants travaux des graves magistrats qui ont conçu de semblables craintes, ne leur ont peut-être pas permis de parcourir suffisamment nos campagnes pour se faire une juste idée de leurs besoins. Si quelques grands propriétaires n'empruntent que pour se livrer aux jouissances du luxe, et si les trop minces fortunes ne permettent que rarement de trouver des capitaux à emprunter, faute d'offrir une garantie suffisante, il en est une foule d'autres qui, sans être obérées, sont forcées de se servir du crédit que peuvent leur procurer leurs immeubles, et ce serait leur rendre un important service que de leur faciliter les moyens d'y avoir recours.

La transmission par voie d'ordre des créances hypothécaires ne mobilise pas le sol, puisqu'elle ne porte point sur la propriété qui reste entière au débiteur, mais uniquement sur la créance dont la cession ne donne lieu à aucun semblable inconvénient. Cette distinction si simple ne permet pas d'assimiler les obligations à ordre aux cédules hypothécaires qu'avait créées la loi du 9 messidor an III. Aux termes de cette loi, chaque propriétaire pouvait prendre hypothèque sur ses propres biens, puis transférer par un endossement les titres qu'il s'était créés à lui-même. Les immeubles se trouvaient ainsi convertis en de simples promesses qui, à chaque instant, pouvaient changer de mains; mais on ne demande point que les possesseurs du sol puissent se procurer aujourd'hui cette facilité dangereuse. Dans les obligations à ordre, une hypothèque ne peut être établie d'avance : elle ne forme toujours que l'accessoire d'une créance acquise ou d'un crédit obligé. Le prêt doit être réalisé ou promis, pour qu'il y ait lieu de grever les immeubles. Cette opération terminée, le sort du titre ne concerne plus le propriétaire du fonds hypothéqué : ce n'est pas lui qui pourra s'en servir comme d'une lettre de change pour aller se ruiner à la Bourse, ce sera au plus le prêteur ; mais le sort des capitalistes ne peut influer sur la permanence de la propriété.

Ce ne sera jamais, au surplus, à la Bourse que des titres hypothécaires pourront être négociés. Leur garantie n'est pas dans la signature qu'ils portent, et qui, à l'égard des effets de commerce, agit comme un talisman. Elle ne résulte que de la valeur des biens qui ont été grevés de l'hypothèque. Or, cette valeur, ainsi que l'importance des autres charges qui pèsent sur la propriété, ne peut être constatée qu'en se livrant à de longues recherches, auxquelles les opérations de bourse ne peuvent aucunement se prêter. Si l'on ajoute à cet obstacle, que l'on doit réputer invincible, la longue échéance des termes qui sont ordinairement accordés aux débiteurs, et les difficultés qu'éprouvent les recouvrements de cette nature, on ne sera point surpris que les créances hypothécaires n'aient aucun cours parmi les agioteurs.

Il a été objecté, en outre, que l'on ne pourrait remplir, à l'égard des porteurs d'obligations à ordre, les formalités prescrites pour la purge des hypothèques et pour arriver à la distribution du prix provenu de la vente des biens ; enfin que l'on porterait atteinte aux dispositions du Code relatives aux formalités à remplir pour que le cessionnaire soit réputé saisi de la créance à l'égard des tiers, puisque, au moyen de l'ordre qui lui aurait été passé, ce cessionnaire serait dispensé de les accomplir.

Il est certain que si le porteur d'un de ces titres ne s'est pas fait connaître par une inscription nouvelle, et s'il n'a pas élu, sous le nom de créancier primitif, un autre domicile, car faute d'avoir un titre authentique de cession il ne peut agir en son nom personnel, il est exposé à ne pas recevoir les significations qui seront faites à raison de la créance ; mais le cédant à qui elles auront été adressées aura le plus grand intérêt à les lui faire parvenir pour ne pas l'exposer aux suites de la garantie que son endossement lui a fait contracter. On peut se fier aux précautions que les parties auront soin de prendre en pareil cas pour mettre leur responsabilité à couvert. Il suffit, quant aux acquéreurs, qu'aucune formalité ne leur soit imposée au delà de celles ordinaires. Les suites des significations qu'ils auront valablement faites au titulaire d'une obligation à ordre ne sont pas dans le cas de les intéresser.

A l'égard des conditions imposées à la saisine des cessionnaires d'une créance, l'endossement d'une obligation hypothécaire en serait nécessairement dispensé, à l'instar des ordres apposés sur un effet de commerce. L'expérience a démontré, quant à ces derniers titres, qu'il n'en résultait aucun inconvénient. La circulation des effets de commerce est cependant énorme, tandis que le nombre des obligations à ordre sera toujours restreint. Rien ne semble donc s'opposer à ce que la loi vienne, par le moyen qu'on propose, au secours de la propriété.

TROISIÈME QUESTION.

Convient-il que la loi détermine la classification de tous les priviléges?

Aux termes de l'art. 2106 du Code, les priviléges généraux énoncés en l'art. 2101 s'exercent dans l'ordre où ils sont portés dans cet article, sur les meubles et les immeubles du débiteur. Ce n'est qu'à l'égard de certains meubles que ces priviléges sont primés par quelques-uns des priviléges spéciaux exprimés par l'art. 2102 ; mais la loi n'a point déterminé le rang que doivent obtenir ces derniers priviléges, s'il arrive qu'ils se trouvent concourir sur les mêmes objets. Il en est de même à l'égard des priviléges spéciaux que l'art. 2103 attribue sur les immeubles, et dont l'ordre n'a pas non plus été fixé par le Code. C'est à ces deux lacunes que l'on voudrait qu'il fût pourvu par la nouvelle loi. L'on a même été plus loin : on demande que le rang des priviléges généraux reçoive des changements notables, et qu'on ajoute à leur nombre d'autres priviléges sur lesquels le Code ne s'est pas expliqué.

Les priviléges généraux dont on propose d'insérer la mention dans le Code seraient ceux du trésor royal, de la régie des douanes, de l'administration des domaines et du trésor de la couronne. Le Code s'est borné à dire, par son art. 2098, que ces différents priviléges et l'ordre dans lequel ils l'exercent sont réglés par les lois qui les concernent. Plusieurs Cours royales se sont prévalues de ce que, si l'on comprenait ces priviléges dans les dispositions du Code, le système général qui doit les régir se trouverait complété, et qu'on serait dispensé, pour s'assurer de leur existence et de leur rang, de recourir à des lois nombreuses et souvent peu connues : mais d'autres Cours ont pensé qu'il ne convenait pas d'insérer dans le Code les règles relatives aux priviléges du fisc, parce que ces règles n'ont pas la même immutabilité que les principes du droit civil, certaines circonstances et les besoins plus impérieux du trésor pouvant en faire modifier la nature. Ces priviléges sont d'ailleurs en si grand nombre, leur exercice dépend, même légalement, de tant de circonstances, et il est soumis à de si fréquentes exceptions, qu'il serait difficile que le Code pût entrer dans de tels détails. Il semble donc qu'il sera beaucoup plus à propos, comme il a été proposé par ces dernières Cours, de faire de tous les priviléges attribués à l'État l'objet d'une loi spéciale, qui fixerait leur nombre, les différents cas où ils peuvent être exercés, et le rang qu'ils doivent obtenir à l'égard des autres priviléges. On se procurerait ainsi tous les avantages que l'on a désirés.

Les priviléges généraux qui portent sur les meubles et sur les immeubles ont été classés par le Code civil d'après le degré de faveur qui a été reconnu leur appartenir, et l'avis presque unanime des Cours a été de maintenir l'ordre qui a été établi à cet égard. La seule Cour royale de Metz ne placerait les frais de justice qu'au dernier rang de ces priviléges. Cependant tout créancier doit supporter sa part contributoire des dépenses qui ont été faites dans l'intérêt commun, et il est évident que les frais qui ont servi à rendre le mobilier disponible et à le convertir en une somme d'argent qu'il ne s'est plus agi que de distribuer, ont profité à tous ceux qui auraient été obligés de faire des frais semblables avant de pouvoir procéder à cette distribution.

Il s'est élevé ensuite la question de savoir dans quel ordre devaient venir les priviléges généraux sur les meubles lorsqu'ils se trouvaient en concurrence avec les priviléges qui ne s'exercent que sur certains meubles seulement, et à quel rang devait être admis chacun des priviléges spéciaux lorsqu'il arrive qu'ils ont à concourir sur le prix des mêmes objets mobiliers.

La première de ces questions n'a point été décidée par le Code, qui ne s'occupe, dans son art. 2105, que du cas où, à défaut de suffisance du mobilier, les créanciers ayant un privilége général se présentent pour être payés sur le prix d'un immeuble. Les Cours se sont donc demandé s'il ne convenait pas de combler cette lacune, et elles ne s'en sont pas dissimulé la difficulté.

Il serait impossible, en effet, de déclarer d'une manière absolue que les priviléges généraux doivent l'emporter, dans tous les cas, sur les priviléges qui n'affectent que certains meubles, car il est plusieurs de ces derniers priviléges qui doivent quelquefois leur être préférés. En thèse générale, les priviléges énoncés en l'art. 2101 ne peuvent être exercés que sur les meubles qui sont encore en la possession du débiteur. L'effet ne peut ainsi en être réclamé sur les objets qui ont été donnés en gage, ni sur ceux qui sont encore en la possession de l'aubergiste ou entre les mains du voiturier. Ce serait attenter à la convention expresse ou tacite qui est intervenue dans ces différentes circonstances, que de frustrer ces diverses personnes du privilége qu'elles ont acquis. Les frais de justice ne peuvent non plus passer avant le locateur, à moins qu'ils n'aient servi à lui procurer le paiement des loyers qui lui sont dus, car, autrement, ce locateur a été obligé de se livrer à de nouvelles poursuites pour se procurer le montant de sa créance, et on lui ferait injustement supporter deux fois les mêmes frais.

Cependant, aux termes de l'art. 2105 du Code, les priviléges généraux priment sur les immeubles toutes autres créances, même celles privilégiées sur les biens de cette nature, et on en a demandé la raison. Cette disposition provient, sans doute, de la modicité du recours auquel ces priviléges sont dans le cas de donner lieu sur les immeubles, puisqu'ils doivent, avant tout, s'exercer sur les valeurs mobilières du débiteur. Le législateur a eu égard aussi à l'importance qu'ont ordinairement les immeubles, dont la valeur suffit presque toujours et au delà pour satisfaire tous les créanciers qui sont privilégiés sur le prix qui en est provenu. Les priviléges généraux n'ont donc obtenu qu'une faveur méritée, et qui ne saurait presque jamais être dommageable aux autres intéressés. Le rang qui leur appartient ayant été suffisamment déterminé, rien ne semble devoir être changé à leur égard.

Quant aux priviléges spéciaux entre eux, il a été reconnu par la plus grande partie des Cours que la détermination invariable du rang qu'ils devraient obtenir ferait courir, dans une foule de cas, le danger de blesser l'équité ; que les motifs qui doivent engager à faire passer ces priviléges les uns avant les autres dépendent presque toujours de l'appréciation d'un nombre infini de circonstances dans le détail desquelles il serait impossible que la loi pût entrer ; qu'il était dès lors indispensable de s'en remettre, comme le Code a cru devoir le faire, à la prudence des magistrats, et cet avis paraît devoir l'emporter de beaucoup.

Les principes de la matière ne sont pas, en effet, les mêmes à l'égard du locateur, du créancier nanti, du vendeur non payé, des aubergistes et des voituriers. Le privilége qui appartient à chacun de ces créanciers a des règles qui lui sont propres, et auxquelles il faudrait avoir égard dans le classement que l'on voudrait établir. Ces règles ont aussi leurs exceptions que l'on ne pourrait se dispenser d'émettre. La difficulté se compliquerait à raison du concours des priviléges généraux avec les priviléges spéciaux, et de la préférence à accorder à quelques-uns d'entre eux sur les autres, ou à leur refuser en certains cas. Il serait nécessaire que la loi prévît toutes les combinaisons auxquelles l'exercice simultané de tous ces priviléges est de nature à donner lieu, et l'on devrait craindre que les dispositions les plus étendues ne fussent encore insuffisantes pour y parvenir, lors même que l'on aurait dérogé, en les énonçant, à la précision qui peut seule conserver à la loi toute sa dignité.

Si le Code n'a point réglé le rang que les priviléges spéciaux doivent obtenir entre eux, on doit croire que c'est parce que chacun de ces priviléges ne pouvant s'exercer que sur les meubles qui y sont particulièrement soumis, il ne peut y avoir que bien rarement lieu au concours dont on aurait fixé le résultat. Le locateur ne peut avoir à lutter avec le créancier qui a été nanti d'un gage, puisqu'il n'a de privilége que sur les objets qui garnissent la maison louée ou la ferme, et que les meubles gagés ne se trouvent plus dans ce cas. Le créancier gagiste ne doit point supporter les frais qui ont été faits pour la conservation de la chose avant que le gage lui ait été remis, car il a dû recevoir l'objet gagé franc et quitte. Le vendeur non payé et le locateur sont primés, au contraire, par les frais du sauvetage qui a conservé les meubles sur le prix desquels ils doivent être satisfaits. Ce vendeur, qui a suivi la foi de l'acheteur, s'est exposé à être primé par le locateur et par le créancier gagé. Le privilége de l'aubergiste et celui du voiturier ne s'exercent, au moins ordinairement, que sur les objets qu'ils détiennent encore, et il ne peut alors avoir de contradicteurs. Voilà ce que le Code pourrait dire ; mais ce qui doit en empêcher, c'est que les circonstances dans lesquelles s'exercent les priviléges ne sont pas toujours aussi simples qu'on le croirait au premier coup d'œil, et qu'elles peuvent se compliquer de manière à mettre la sagacité du juge à l'épreuve. Ainsi, le locateur perd son privilége s'il a été informé à temps que les meubles qui garnissent les lieux n'appartenaient point au locataire, ou si ces meubles ont été déplacés de son consentement. Le créancier nanti n'a point acquis de privilége, s'il a concouru à la fraude qui a frustré le locateur ou le vendeur de ses droits sur le gage. Les frais faits pour la conservation des meubles doivent être supportés par le locateur, si l'accident qui y a donné lieu est provenu de sa négligence à réparer la maison. Le voiturier perd son privilége s'il n'a pas réclamé à temps ses salaires, et il peut être primé par l'aubergiste chez qui les objets ont été déposés. Il est bien d'autres cas dans lesquels une règle inflexible blesserait l'équité. Vouloir, cependant, à côté du principe, prévoir ces cas exceptionnels, serait tenter l'impossible et affaiblir l'autorité de la loi. C'est donc avec raison que le législateur s'est borné à poser les bases de l'exercice de chaque privilége, et qu'il a laissé dans le domaine du juge l'appréciation des faits de nature à en modifier l'application.

Il ne serait pas même sans danger d'énoncer dans la loi les principes généraux sur la nature de chaque privilége et sur les causes qui doivent les faire préférer. Quoique ces principes soient connus, leur application n'en est pas moins souvent très difficile. La loi ne doit professer aucune théorie. Elle n'est point chargée d'enseigner, elle ne fait que prescrire. Le Code a dit, dans son art. 2096, que la préférence se réglait entre les créanciers privilégiés par les différentes qualités des priviléges. Cela suffit pour que le juge puisse fixer leur rang d'après les règles qu'il connaît et les circonstances du fait. Il ne convient pas de l'enchaîner d'avance par une règle dont il ne pourrait s'écarter, quelle que fût l'injustice de l'application qu'il devrait en faire. Le juge ne doit jamais être forcé de blesser l'équité.

La Cour royale de Riom a demandé que les priviléges sur les immeubles ne prissent rang que du jour de leur inscription, attendu que l'effet rétroactif que leur accorde le Code tend à tromper les tiers. La Cour a supposé, il est vrai, que tous les actes desquels résultent ces priviléges devraient être transcrits, et que le conservateur prendrait pour ces privilégiés une inscription d'office; mais alors même le principe émis par la Cour ne serait pas sans danger. Les priviléges sur les immeubles doivent sans doute être rendus publics, et un délai dans lequel cette inscription doit être prise a été imposé à tous ceux par qui cette condition peut être remplie; mais si ces priviléges ne devaient obtenir leur rang que du jour où ils ont été inscrits, ils perdraient tout l'avantage qui résulte de leur nature, et ils se trouveraient réduits à ne valoir que comme de simples créances hypothécaires dont tel est, en effet, le sort. Ce serait les supprimer de fait. Il y a même lieu de rectifier une erreur de rédaction qui s'est glissée dans l'art. 2106 du Code, en retranchant de cet article, comme presque toutes les Cours l'ont demandé, les expressions qui semblent favoriser cette idée contre l'intention évidente du législateur.

La Cour royale d'Angers et la Faculté de droit de Dijon voudraient que lorsqu'un créancier ayant un privilége spécial a été primé sur les meubles qui étaient affectés à sa créance par l'effet d'un privilége général, il demeurât subrogé de droit à ce privilége jusqu'à concurrence de la portion de sa créance qu'il n'aurait pu recouvrer.

Cette subrogation ne serait pas conforme aux principes. Elle n'est accordée qu'à ceux qui ont remboursé de leurs propre deniers le créancier qui leur était préférable. Lorsque, au contraire, ce remboursement n'a été opéré qu'avec les deniers provenus des biens du débiteur, aucune subrogation ne peut avoir lieu. La dette se trouve éteinte, et nul ne doit être autorisé à la faire revivre à son profit. Ce qui contrarierait moins les règles de la matière, serait de considérer tous les meubles du débiteur comme tenus de contribuer au marc le franc à l'acquittement des créances mobilières dont le privilége était général; en sorte que si les meubles qui étaient soumis au privilége spécial ont servi en totalité ou pour une plus grande part que celle qu'ils devaient supporter à aquitter une semblable créance, le créancier à qui appartient ce privilége spécial aurait droit d'exercer un recours proportionnel sur les autres meubles du débiteur, mais non sur les immeubles, qui ne doivent supporter l'effet du privilége général qu'en cas d'insuffisance de la totalité du mobilier.

La Faculté de droit de Dijon a proposé d'accorder un privilége aux fournisseurs de matériaux et aux ouvriers qui ont été employés à la construction d'un bâtiment ou à d'autres ouvrages, sur la somme due à l'entrepreneur par la personne pour qui les ouvrages ont été exécutés. La Faculté s'est prévalue des dispositions d'une loi du 26 pluviôse an II, qui accorde ce privilége aux ouvriers et fournisseurs, sur les sommes dues par le Gouvernement aux entrepreneurs de travaux publics, et de l'art. 1798 du Code civil qui donne une action aux ouvriers contre le propriétaire, jusqu'à concurrence de ce dont il le trouve débiteur envers l'entrepreneur au moment où la demande des ouvriers a été formée contre lui.

Le Code n'a point, à proprement parler, constitué un privilége au profit de ces ouvriers. Il n'a eu pour objet que d'empêcher qu'ils ne pussent réclamer du propriétaire la totalité des sommes qui leur sont dues, lorsque celui-ci se serait libéré, avant qu'ils se fussent fait connaître, d'une partie du prix des travaux ; mais on est fondé à penser qu'en laissant le droit des ouvriers soumis à cette restriction nécessaire, il serait juste de leur accorder un privilége jusqu'à concurrence de la somme qui resterait due à l'entrepreneur au moment où ces ouvriers auraient formé une opposition sur ce qui doit lui revenir. Cette créance provient, en effet, de leurs travaux et de leurs fournitures. Le bénéfice de l'entrepreneur ne devait consister que dans l'excédant des sommes qu'il devait payer aux ouvriers, et ses autres créanciers ne peuvent prendre part dans ces sommes, puisque, en réalité, elles n'appartiennent point à leur débiteur.

QUATRIÈME QUESTION.

Convient-il de continuer à dispenser les hypothèques légales des femmes, des mineurs et des interdits de la nécessité d'être inscrites, et quelles sont les dispositions qui doivent être portées à cet égard ?

Les nombreuses questions qui se sont élevées à l'occasion des hypothèques légales sont presque toutes résultées de l'opposition des intérêts qui s'y rattachent, et auxquels il importe presque également de subvenir. Si la loi a dû veiller à la conservation de la fortune des femmes et des incapables, elle a dû chercher aussi les moyens de garantir les tiers des dangers que leur font courir les hypothèques occultes. On ne doit donc point s'étonner de la divergence des avis qui ont été émis à cet égard.

La Cour royale de Lyon est étonnée de ce que la loi, après avoir pourvu à la sûreté des dots immobilières des femmes et des immeubles des mineurs, ait pris si peu de précautions pour la conservation de leur fortune mobilière. Elle voudrait qu'un mari ne pût recevoir les deniers dotaux de sa femme, ou un tuteur les deniers des mineurs, qu'après avoir pris une inscription sur leurs biens, et dans le cas où leur fortune immobilière serait reconnue suffisante pour répondre des sommes qu'ils seront appelés à toucher. Faute d'accomplissement de ces deux conditions, la Cour voudrait que ces sommes fussent déposées dans une caisse publique, de laquelle elles ne pourraient être retirées qu'après une reconnaissance judiciaire des besoins de la femme ou des mineurs, ou de l'opportunité d'un remploi.

Nous ne croyons pas que, lors même qu'il serait question, non de quelques réformes à opérer au système hypothécaire actuel, mais de la révision de toute notre législation civile, il fût possible d'admettre des dispositions qui mettraient des entraves aussi gênantes à l'administration des maris et des tuteurs. La loi ne régit, quant aux biens, comme elle le dit elle-même, l'association des époux, qu'à défaut de conventions spéciales que les époux, avant le mariage, peuvent stipuler à leur gré. Or, il serait contraire à cette liberté d'imposer des conditions que les futurs conjoints ne pourraient jamais enfreindre par le contrat qui réglerait leurs intérêts respectifs. S'il fallait aussi que, pendant le cours du mariage, le mari prouvât que ses immeubles sont suffisants pour répondre des deniers dotaux de sa femme, une discussion fâcheuse s'établirait sur la valeur des biens du mari et sur la quotité de ses dettes avant qu'il pût toucher la moindre partie de ces deniers dotaux, et la tranquillité de peu de ménages résisterait à de semblables luttes. Ne suffit-il pas, si la dot est en péril, que la femme puisse obtenir sa séparation de biens? Vouloir qu'elle intervienne lors de tous les recouvrements qui sont à faire pour son compte, qu'elle passe quittance au débiteur, ou qu'elle renonce à son hypothèque légale, comme il a aussi été proposé, serait ravaler l'autorité du mari et préjudicier à la femme, qui perdrait, avec cette hypothèque, la principale garantie de ses droits. Forcer enfin à déposer dans une caisse publique les sommes considérables qui proviendraient des dots des femmes et du patrimoine des mineurs, serait retirer de la circulation des valeurs qui, dans un grand nombre de cas, concourent à préparer l'avenir des familles, et ce serait paralyser l'administration des tuteurs qui ne pourraient, sans recourir à justice, subvenir aux dépenses des mineurs et à l'entretien de leurs biens.

On peut donc aborder franchement la question de savoir si l'on doit maintenir les hypothèques légales telles qu'elles existent d'après le Code, ou si l'on doit assujettir les femmes, les mineurs et les interdits à la nécessité de s'inscrire pour assurer le rang de leur hypothèque sur les biens de leur mari ou du tuteur. Les motifs qui ont été donnés dans des sens opposés pour arriver à la solution de ce problème ont été rapportés avec soin dans le travail judicieux qui est émané de la chancellerie, et nous ne devons insister que sur ceux qui, selon nous, démontrent qu'il y aurait un immense danger à changer les dispositions du Code à cet égard.

La Cour de cassation et les Cours royales qui siégent dans les principales villes du royaume ont dit d'une voix unanime que l'on exposerait les femmes et les mineurs à une perte presque certaine de leurs droits, s'ils ne pouvaient conserver leur hypothèque sur les biens de leur mari ou de leur tuteur qu'à la charge de la faire inscrire, car ils seraient presque toujours hors d'état de remplir cette formalité. Il est certain, quant aux interdits et aux mineurs, qu'ils en seraient absolument incapables. D'après le droit actuel, le tuteur, à son défaut, le subrogé tuteur, sinon, le procureur du roi, les parents, les amis, toutes personnes même sont admises à requérir cette inscription, et, cependant, il n'en existe presque aucune. Pourrait-on espérer qu'il en fût autrement en supprimant les hypothèques légales ? nul n'oserait l'affirmer ; l'expérience du passé doit apprendre à ne pas se fier à l'avenir. Rien ne remplacerait donc la faveur que la loi a accordée à ces sortes de créances dans une sage prévoyance de sa nécessité, et les mineurs ne seraient presque jamais dans le cas de venir en rang utile sur le prix des immeubles de leur tuteur.

Les femmes seraient, sans doute, moins incapables que les mi-

neurs de veiller à la conservation de leurs droits; mais, en supposant qu'elles connussent les dispositions du Code, qu'elles pussent
apprécier l'importance de la formalité qu'elles auraient à remplir,
et qu'elles fussent à même de connaître le montant de leurs créances, que de motifs viendraient les détourner de grever par une
inscription les biens de leur mari ! Serait-ce dans les premiers temps
du mariage que la femme se déciderait à s'inscrire? ne craindrait-
elle pas de témoigner à son époux une défiance injurieuse, et de
nuire au crédit dont il aurait besoin? ne risquerait-elle pas de trou-
bler la paix de son ménage? Cependant, plus tard, la femme serait
exposée à ne point acquérir une hypothèque utile, et sa ruine pro-
viendrait de la contradiction qui aurait existé entre la position que
la nature et la société lui ont faite, et l'obligation qui lui aurait été
imposée par la loi.

Supposons néanmoins qu'une femme voulût s'inscrire, que de
difficultés ne devrait-elle pas éprouver? Elle n'aurait pas ses titres
de créance; elle ignorerait ce que son mari a reçu sur sa dot ou de
ses débiteurs, et elle ne pourrait fixer le montant de ses droits sans
risquer de les compromettre. Elle connaîtrait encore moins les valeurs mobilières des successions qui lui sont échues, et si elle atten-
dait pour prendre une inscription que la liquidation de ses reprises
eût eu lieu, elle rendrait presque toujours la conservation de ses
droits incertaine. On ne pourrait espérer que les femmes prissent
une inscription aussitôt après la vente de leurs biens ou après chacun des engagements qu'elles auraient contractés pour leur mari,
et, cependant, faute d'avoir accompli ce devoir, elles perdraient
le rang de leur hypothèque, et, par suite, l'utilité de leur
recours.

Les inscriptions qui devraient être prises au nom des mineurs et
des interdits n'éprouveraient pas moins d'obstacles. La fortune mobilière de ces créanciers, si dignes par leur faiblesse d'être protégés
par la loi, doit, il est vrai, être constatée par un inventaire ; mais
les personnes qui s'inscriraient en leur nom ne pourraient savoir ce
que la vente de leurs meubles a produit, quels recouvrements ont
été opérés pour leur compte, ni quelles dépenses doivent s'imputer
sur les recettes faites par leur tuteur. L'inscription prise pour une
somme trop forte altérerait mal à propos le crédit du tuteur, et
l'insuffisance de celles qui ne porteraient qu'une somme trop faible

ferait courir aux mineurs le risque de perdre une partie de leurs droits. Un de ces inconvénients serait toujours à craindre à raison de l'ignorance où les tiers qui auraient pris l'inscription dans l'intérêt des mineurs et des interdits seraient des droits qu'ils auraient voulu conserver.

Il faudrait donc permettre que toutes ces inscriptions pussent être prises pour une valeur indéterminée ; mais alors, qu'auraient-elles appris au public ? Rien autre chose, sinon l'existence du mariage ou de la tutelle, fait que sa nature rend notoire, ou dont il est si facile de s'enquérir. La quotité des créances sur laquelle est principalement fondée l'utilité attachée à la publicité des hypothèques resterait inconnue. On ne procurerait donc aux tiers qu'un bien mince avantage, lorsqu'on aurait privé la femme ou les mineurs de la plus importante garantie de leurs droits.

On n'a pas moins trouvé de difficulté à reconnaître quelles personnes pourraient être chargées de faire inscrire les droits des femmes et des mineurs. On a parlé des notaires ; mais astreindre ces officiers publics à faire l'évaluation, en recevant un contrat de mariage, de tous les droits éventuels ou indéterminés qui ont été accordés à la femme, serait exiger d'eux l'impossible, car ils n'auraient jamais les données qui seraient nécessaires pour les mettre à même de se livrer avec sûreté à une semblable appréciation. Imposer aux juges de paix l'obligation de procéder à un inventaire estimatif du mobilier et des créances échues par succession à la femme, serait prolonger considérablement les opérations préliminaires auxquelles doivent se livrer ces magistrats, et occasionner des frais évidemment frustratoires, puisque la femme ou les cohéritiers ne seraient point dispensés de faire procéder ensuite à un inventaire régulier. On ne pourrait obliger les receveurs de l'enregistrement à prendre des inscriptions pour les femmes et pour les mineurs, au milieu de leurs occupations si multipliées et en vertu d'actes qui ne peuvent rester que si peu de temps en leurs mains. Cependant, il faudrait les soumettre, pour que la loi fût efficace, à une effrayante responsabilité, s'ils avaient manqué de remplir ce devoir. Forcer, enfin, comme on l'a aussi demandé, les femmes à prendre une inscription générale sur les biens de leur mari au moment de leur mariage, serait loin de suffire, puisque les femmes ne pourraient connaître alors les droits qu'elles sont dans le cas d'acquérir, et pour

lesquels elles n'ont même pas encore d'hypothèque. Les tuteurs seraient dans la même ignorance sur ce qu'ils pourront devoir un
jour à leurs pupilles. Aucune de ces inscriptions ne ferait donc
connaître la quotité des droits que l'on aurait à publier, et, à moins
de faire perdre aux femmes et aux mineurs les créances qu'ils n'auraient pu faire inscrire, ni personne pour eux, elles n'auraient servi
qu'à induire le public en erreur, ou à laisser subsister tous les inconvénients des hypothèques occultes. Si l'on ajoute que nul ne
pourrait prendre d'inscription pour les femmes qui se seraient mariées sans contrat, ni lorsqu'il n'aurait pas été fait d'inventaire des
successions qui leur sont échues, ou passé de quittances notariées
de leurs droits ; que l'on ne pourrait toujours connaître les biens du
mari ou du tuteur s'ils étaient situés dans l'étendue de plusieurs bureaux, ni ceux qu'ils acquerraient pendant le cours de la tutelle ou du
mariage, on devra tenir pour certain que la dispense d'inscription
de ces hypothèques légales est indispensablement nécessaire, et que
les plus graves motifs s'opposent à ce qu'on puisse l'abroger.

Si l'on soumettait les maris et les tuteurs, comme il a aussi été
proposé, à ne pouvoir disposer de leurs biens sans un avis de parents
et sans une autorisation de justice, presque tout le territoire du
royaume serait mis en état d'interdit, et l'on ôterait tout essor au
commerce, à l'industrie, à l'agriculture, c'est-à-dire à tout ce qui
constitue la vitalité d'un État. Les notices, les bordereaux d'indication, ou les avertissements qui devraient être portés sur un registre
public en remplacement de l'inscription des droits des femmes et
des mineurs, auraient les mêmes inconvénients, puisque si l'un de
ces moyens devait être employé, ainsi qu'on le demande, sous
peine de perdre les créances qui n'y auraient point été mentionnées, il n'y aurait de changé que le nom de la mesure que l'on serait tenu de prendre ; au cas contraire, les tiers ne devraient être
aucunement rassurés.

On a proposé d'astreindre les officiers de l'état civil à porter sur
leurs registres la déclaration qui leur serait faite par les époux sur
la nature des stipulations contenues en leur contrat de mariage. On
outre-passerait de beaucoup en cela les attributions des maires, et
même, on doit le dire, la capacité d'une foule de ces officiers publics. Si ces mentions étaient incomplètes, elles induiraient le public en erreur, et si l'on exigeait qu'elles comprissent toutes les

conventions des époux, on ferait des registres de l'état civil une duplication des bureaux des conservateurs. Si, d'ailleurs, les époux ont changé depuis de domicile, comment les tiers pourraient-ils connaître la mairie à laquelle ils devraient aller s'enquérir?

S'il importe de conserver les hypothèques légales, il n'est pas moins nécessaire de remédier aux abus qui peuvent résulter de leur existence, et divers moyens ont été proposés à cet égard.

Il n'existe aucun délai, d'après notre droit actuel, pour l'inscription de ces hypothèques après la dissolution du mariage ou la fin de la tutelle, et plusieurs Cours royales ont pensé qu'il convenait d'en déterminer un. La loi n'a entendu protéger, en effet, que ceux qui ne peuvent se défendre, et une femme devenue veuve, ou des pupilles qui ont atteint leur majorité, doivent être réputés capables de veiller à la conservation de leurs droits. Cependant, en admettant ce principe, quelques difficultés se sont élevées sur la manière dont il convenait d'en régler l'application.

Si l'inscription qui devrait être prise dans le délai à déterminer ne faisait qu'annoncer l'existence de l'hypothèque légale, elle n'apprendrait que peu de chose aux tiers à qui ce fait est rarement resté inconnu, et, cependant, si la veuve ou les anciens pupilles étaient obligés de faire connaître le montant de leurs créances avant que la liquidation en eût été faite, on les réduirait à une espèce d'impossibilité! Ce ne serait donc qu'à compter de cette liquidation ou de l'apurement du compte de tutelle, que le délai pendant lequel les femmes et les anciens mineurs seraient tenus de prendre une inscription devrait commencer à courir. Ce délai pourrait dès lors être court. On a proposé de le fixer à un an, et ce laps de temps devra paraître suffisant. Un terme plus long serait inutile, et laisserait subsister, dans l'intervalle, les inconvénients que l'on aurait voulu prévenir. Si on n'en accordait qu'un moindre, on s'exposerait à rendre les femmes et les mineurs victimes de leur inexpérience et de leur ignorance des lois.

Il serait aussi fort à propos de distinguer les renonciations qu'une femme a consenties au profit de quelques-uns des créanciers de son mari à se prévaloir contre eux de son hypothèque légale, des cessions ou des subrogations qu'elle leur a faites de cette hypothèque ou de ses droits dotaux. Une renonciation de cette nature résulte du fait seul que la femme s'est engagée envers le créancier de son mari, car elle ne peut mettre obstacle à l'accomplissement de l'obligation personnelle qu'elle a contractée au profit de ce créancier; mais il devrait être tenu pour certain que la cession des créances dotales ne peut résulter que d'une stipulation expresse. En voulant que la simple obligation de la femme entraine de plein droit une cession de cette nature, on dépasse évidemment les bornes de son engagement. Quiconque s'oblige, oblige assurément tous ses biens; mais la propriété des biens du débiteur ne passe point aux tiers qui ont reçu sa promesse. Le créancier qui a la femme pour obligée ne peut donc réclamer personnellement la dot qui ne lui a point été cédée. Il ne peut qu'exercer l'action que lui accorde l'art. 1166 du Code civil, en agissant au nom de sa débitrice. Cette distinction si naturelle, et qui n'a été que trop souvent méconnue, nous parait mériter d'être consacrée en termes positifs par la loi.

On ne pourrait obliger les femmes à remplir les conditions portées aux art. 2144 et 2145 du Code, avant de pouvoir céder leur hypothèque légale, sans imposer à leurs droits une sorte de dotalité que repoussent les habitudes d'une grande partie des habitants de notre territoire, surtout dans les contrées les plus industrielles. Ce serait ressusciter, en quelque sorte, les dispositions de la loi *Julia* et du sénatus-consulte velléien, que les motifs les plus graves ont fait abroger depuis longtemps parmi nous.

Ce qui serait d'une haute importance, et préviendrait les fraudes dont les tiers peuvent avoir à souffrir, consisterait, comme au reste presque toutes les Cours se sont accordées pour le demander, à obliger tous les cessionnaires de l'hypothèque légale de la femme, ainsi que les créanciers du mari qu'elle a subrogés à ses droits et ceux mêmes qui n'ont obtenu d'elle qu'une simple renonciation expresse ou tacite à se prévaloir contre eux de cette hypothèque, de rendre public le droit qu'ils ont acquis, en en faisant l'objet d'une inscription spéciale ou d'une mention précise dans l'inscription qu'ils ont à prendre sur les biens du mari, et pour que cette disposition de la loi fût rendue efficace, la peine à imposer à ces créanciers ou à ces cessionnaires, faute par eux d'avoir rempli cette formalité, serait de les priver de la faculté d'exciper du droit qu'ils ont obtenu à l'égard des tiers qui ont traité avec la femme, et qui se seraient fait inscrire avant eux.

Vainement dira-t-on que les créances ou l'hypothèque dont a disposé la femme au profit des créanciers du mari ne forment que des droits purement mobiliers, et que le cessionnaire en a été saisi par le seul fait de l'acceptation du débiteur ou par la signification qu'il lui a fait faire de l'acte qui lui a été consenti. Cela est vrai dans les cas ordinaires ; mais en matière hypothécaire, et lorsqu'il s'agit de droits sur lesquels le public est journellement dans le cas de traiter, l'ignorance où on laisse les tiers des dispositions que la femme a faites de son hypothèque légale empêche qu'on puisse stipuler sur ses créances dotales avec sécurité. Nul ne peut savoir, en effet, en traitant avec un mari moyennant l'accession de sa femme, si celle-ci peut encore céder utilement son hypothèque ou disposer de ses droits. Si les femmes ont été dispensées de prendre une inscription pour conserver leur hypothèque légale, cette faveur, d'après les motifs qui l'ont fait accorder, leur est purement personnelle, et les tiers à qui cette hypothèque a été cédée ou devant qui elle doit s'effacer, ne peuvent s'en prévaloir. La loi ne fera donc, en obligeant ces cessionnaires à publier le droit qu'ils ont obtenu, que leur appliquer les principes à l'empire desquels elle les a déjà tous assujettis.

Il s'est glissé dans la jurisprudence un abus singulier à l'égard des femmes qui se sont obligées pour leur mari, mais qui n'ont point encore acquitté la dette. On les admet à se faire colloquer à la date de leur obligation, et on autorise le créancier à se faire colloquer à leur place et à recevoir le montant de la créance, quoique ni l'un ni l'autre n'aient pris d'inscription sur le mari.

On s'est prévalu, pour leur accorder cet avantage, de ce que la femme devait être réputée n'avoir servi que de caution à son mari, et avait le droit de demander, aux termes de l'art. 2132 du Code, à être indemnisée de son engagement, même avant d'avoir acquitté la dette, afin de ne pas perdre l'utilité de son recours. On a excipé à l'égard du créancier, de l'art. 1166 du Code, qui lui permet d'agir au nom de sa débitrice et d'exciper de ses droits.

Il est cependant certain que l'admission de collocations semblables tend à ruiner de fond en comble une des bases principales de notre système hypothécaire, celle de la publicité. Personne ne pourrait effectivement savoir, en traitant avec un mari, quel est le rang que l'hypothèque qu'on lui accorde est dans le cas d'obtenir. Tous les biens d'un débiteur pourraient se trouver grevés d'hypothèques occultes, et on nous replongerait dans le chaos dont on a voulu nous faire sortir.

La Cour de cassation a cherché à subvenir à ce danger en recourant à un moyen qu'il est à désirer que le législateur adopte. Elle n'a admis la femme à recevoir en pareil cas le montant de la collocation qu'elle a obtenue, que lorsqu'elle a personnellement acquitté la dette du mari. Au cas contraire, elle ne l'a autorisée qu'à requérir une caution des créanciers qui ne viennent qu'après elle, qu'ils rapporteront le montant de la collocation de la femme, s'il arrive qu'elle acquitte la dette un jour. Une pareille disposition, si elle devenait légale, ferait cesser les plaintes qui se sont élevées à ce sujet avec tant de raison.

On établirait dans nos lois une concordance qu'appètent des positions semblables, en frappant d'une hypothèque légale les biens des tuteurs donnés aux condamnés. Il existe en effet, à l'égard de ces condamnés, une interdiction véritable, et les motifs qui ont dicté les dispositions des art. 2121 et 2135 du Code s'y appliquent en tous points. On a dit, pour s'y opposer, que la surveillance du subrogé tuteur et celle du conseil de famille garantissaient suffisamment les biens de ceux qui ont encouru cette interdiction légale. On pourrait en dire autant à l'égard de toutes les tutelles, et, cependant, la loi ne s'est point contentée de cette unique protection. En accordant une hypothèque légale aux interdits, elle a tranché la question qui nous occupe, et elle a préparé la disposition législative qui s'appliquera aux tuteurs des individus condamnés.

Il ne saurait en être de même à l'égard des héritiers qui ont obtenu l'envoi en possession provisoire des biens d'un absent. Ces successibles ne peuvent aucunement être assimilés aux tuteurs. Ce ne sont que de simples dépositaires, et la loi n'a point dû frapper d'hypothèque légale les biens de ceux qui n'ont que cette qualité. Ils doivent donner caution, ce qui remplace l'hypothèque à laquelle leurs biens ne sont point assujettis. Ils ne peuvent ni aliéner ni grever les immeubles de l'absent, et ils sont tenus de faire emploi du prix du mobilier. Enfin, ces envoyés en possession ne sont obligés de compter que du cinquième, puis du dixième des revenus qu'ils ont perçus, si l'absent reparaît dans un certain délai. Les précautions prises par la loi pour assurer les droits de l'absent doivent donc être réputées suffisantes, et ce n'est pas le cas d'aggraver la condition des héritiers qui ont agi pour prévenir, pendant l'absence, le dépérissement des biens de leur parent.

L'hypothèque légale que l'on accorderait aux enfants issus d'un premier mariage sur les biens du second mari de leur mère, lorsque la mère a conservé, indûment ou non, l'administration de la tutelle, pourra paraître inutile au moyen de la solidarité dont est tenu ce second époux avec sa femme, quant à la gestion postérieure à leur mariage, ainsi qu'à raison de l'hypothèque légale que la mère a obtenue à raison de cette tutelle sur les biens de son second époux. Néanmoins, ce dernier motif démontre que l'hypothèque légale qu'obtiendraient les enfants du premier lit sur les biens de leur beau-père n'aurait aucun inconvénient, et il paraîtra naturel que la créance leur étant personnelle, ils puissent jouir directement de l'accessoire qui y est attaché.

Il ne serait, au contraire, aucunement convenable d'accorder aux enfants mineurs une hypothèque légale sur les biens de leur père, pendant la durée du mariage dont ces enfants sont provenus. Le père n'est point alors considéré comme tuteur. La loi ne lui reconnaît que la qualité de simple administrateur légal, et cette qualification n'a eu pour objet sans nul doute que de mieux démontrer que les biens du père ne devaient point, pendant la durée du mariage, être frappés d'une hypothèque légale au profit de ses enfants. Que l'on juge d'ailleurs des résultats qu'aurait une semblable hypothèque ? On grèverait d'une manière occulte et illimitée la presque totalité des immeubles de France, et l'on occasionnerait à chaque mutation des frais de purge presque toujours inutiles, puisque les enfants mineurs acquièrent si rarement des biens du vivant de leurs père et mère, si ce n'est par des dispositions gratuites ; mais alors, si les donateurs ont craint que ces biens soient dissipés par le père, ils ont pu prendre des précautions pour les en garantir. Ce serait donc sans utilité, si ce n'est dans quelques cas rares et exceptionnels, que l'on gênerait aussi fortement l'autorité paternelle, et que l'on nuirait d'une manière aussi essentielle à la disposition d'un nombre presque infini de propriétés.

La jurisprudence des Cours, notamment celle de la Cour suprême, a depuis longtemps admis que les femmes avaient une hypothèque légale sur les biens de leur mari à raison des aliénations que celui-ci a faites de leur consentement, des biens qu'elles s'étaient constitués en paraphernal, et il a été demandé si cette hypothèque devait être reconnue par la loi. Les Cours n'ont point été d'accord sur ce point. Cependant ces aliénations sont toujours présumées n'avoir eu lieu que dans l'intérêt du mari, et il faut une preuve contraire pour que l'on puisse admettre qu'il n'en a pas reçu le prix. Cette présomption de la loi suppose nécessairement que la femme doit avoir une hypothèque légale, même à raison de ces sortes de biens, sur les immeubles de son mari. Si cette hypothèque avait besoin d'être inscrite pour produire son effet, on retomberait dans tous les inconvénients que le Code a eu pour objet de prévenir à l'égard des hypothèques de semblable nature, et les créances paraphernales seraient exposées à être fréquemment perdues. Une Cour a dit que les femmes devaient être assimilées, quant à leurs biens paraphernaux, à celles qui ont obtenu leur séparation de biens en justice. Sans nous arrêter à faire remarquer les différences qui existent entre ces deux cas, il est vrai de dire que dans l'un et dans l'autre le mari peut abuser de son ascendant pour engager sa femme à lui remettre tout ou partie du prix des biens dont elle a disposé, et qu'il est même garant, malgré la séparation de biens qui a été prononcée contre lui, du prix des immeubles que sa femme a aliénés, s'il a concouru à la vente ou s'il est prouvé que les deniers ont été reçus par lui, ou ont tourné à son profit (art. 1450 du Code civil). Le danger que ferait courir l'absence d'une hypothèque ou la nécessité de l'inscrire serait même plus grand à l'égard des biens paraphernaux, puisque la femme a moins à redouter alors l'insolvabilité du mari, que lorsqu'elle a été forcée de se faire séparer de biens en justice, et qu'elle doit consentir plus facilement à laisser son mari recevoir le prix des biens qu'elle a vendus. Quant aux tiers dont on a aussi invoqué l'intérêt, ils n'ont pas plus à redouter les suites de cette hypothèque légale que de celles qui procèdent d'une tout autre cause, et ils ont les mêmes moyens pour s'en garantir.

Plusieurs Cours ont demandé qu'il ne soit accordé aucune hypothèque aux femmes mariées sous le régime dotal, à raison de ceux de leurs biens qui étaient inaliénables et que le mari a pourtant aliénés. Cette exception serait de toute justice. La vente consentie par le mari est, en ce cas, radicalement nulle et la femme n'en éprouve aucun préjudice, puisqu'elle peut recouvrer sa propriété.

Si cette aliénation est devenue valable, ce n'a été que parce que la femme l'a ratifiée après la dissolution du mariage, soit expressément, soit tacitement en ne se pourvoyant pas à temps contre l'acquéreur ; mais on a dit avec raison que l'approbation qu'elle a donnée alors à la disposition indue que son mari avait consentie, ou la négligence qu'elle a commise en ne se pourvoyant pas utilement, n'avaient pu donner lieu à une hypothèque légale, et encore moins donner à cette hypothèque un effet rétroactif. On peut ajouter que si la femme conservait le droit d'opter entre son action en revendication et l'exercice de son hypothèque légale, elle tiendrait en ses mains le sort de l'acquéreur et celui des créanciers du mari, et que l'on pourrait craindre qu'elle ne se fît une occasion de lucre du choix qu'elle aurait la faculté d'exercer. On ne doit donc réserver, en pareil cas, à la femme son hypothèque légale, que lorsqu'elle se trouve hors d'état de pouvoir exercer un recours utile contre le tiers qui a acquis ses biens dotaux, soit parce que l'immeuble a péri, soit parce que les édifices ont été abattus par l'acquéreur, ou parce que le débiteur de la créance dotale mal à propos cédée par le mari est devenu insolvable. Le mari qui a reçu le prix des biens aliénés en est resté débiteur, et la femme ne fait qu'user d'un droit légitime en venant alors réclamer ce prix sur les biens qu'il a laissés.

Quelques Cours ont été d'avis d'accorder aux parents de la fille mineure le droit de consentir, par le contrat de mariage de celle-ci, à la restriction de son hypothèque légale sur quelques-uns seulement des immeubles du futur époux, ainsi que l'art. 2140 du Code le permet aux parties majeures. Ces Cours se sont fondées sur ce que les motifs qui ont dicté cette dernière disposition s'appliquaient aux filles mineures, et elles ont dit que l'on préviendrait, par l'emploi de ce moyen, un excès gênant dans la garantie qui doit assurer le recouvrement de la dot ; qu'au surplus la consistance des biens qui devraient rester grevés ne serait pas laissée au libre arbitre des mineurs, puisque la réduction de leur hypothèque légale ne pourrait être consentie qu'avec l'approbation de tous les parents dont le consentement serait nécessaire pour la validité de leur mariage ; que l'on ne ferait que rentrer dans les termes de l'art. 1398 du Code, qui permettent au mineur habile à contracter mariage de consentir, avec le concours des mêmes parents, toutes les conventions dont ce contrat est susceptible ; enfin, que l'on ferait cesser l'antinomie qui existe entre les dispositions de cet article et la restriction contenue en l'art. 2140. Il convient cependant de remarquer que les mineurs n'ont pas toujours besoin, pour se marier, de l'autorisation d'un conseil de famille qui pourrait défendre leurs droits ; que le consentement du père de la mineure suffit ; qu'à défaut du père, la mère seule peut autoriser le mariage ; à défaut de la mère, un aïeul ; à défaut de l'aïeul, une aïeule, et le législateur a dû craindre que les intérêts de la mineure étant dans le cas d'être confiés à d'aussi faibles mains, l'époux futur n'eût trop d'avantages dans les stipulations qui affranchiraient ses biens de l'hypothèque légale. Il aurait donc fallu établir des distinctions entre les divers membres dont pourrait se trouver composée la famille, et l'on aurait risqué de porter atteinte au respect qui est dû aux ascendants. Les conventions qu'autorise l'art. 1398 sont de nature à appeler l'attention des parents qui doivent consentir au mariage ; mais l'importance de l'hypothèque légale pourrait échapper à leur prévoyance, et les dangers de sa réduction ont mérité que la loi s'en occupât dans un article spécial. Il n'existe donc aucune contrariété entre les dispositions que le Code a portées pour ces cas différents ; et il ne semble pas qu'il y ait rien à changer à ce qu'il a ordonné à leur égard.

Il ne conviendrait pas non plus de passer à un excès contraire, en ôtant aux femmes majeures le droit de restreindre leur hypothèque légale par leur contrat de mariage. Il importe assurément qu'on n'abuse point de cette faculté ; mais l'expérience n'a pas appris qu'on en ait fait mauvais usage, au moins d'une manière qui mérite d'appeler l'attention du législateur. Les femmes majeures sont généralement capables de défendre leurs droits ; elles sont presque toujours assistées, en se mariant, de leurs parents les plus proches ; et elles peuvent, au besoin, appeler des conseils. Le futur époux qui voudrait trop restreindre la garantie hypothécaire des droits de la femme qu'il va épouser trouverait donc des contradicteurs, et l'on peut, si sa réclamation est fondée, prévenir, en consentant par le contrat de mariage la réduction de l'hypothèque légale de la femme, la demande en justice que le mari serait obligé de former.

Quant aux frais qu'occasionnent les demandes en réduction de l'hypothèque légale de la femme, il serait difficile, avec la meilleure envie de les amoindrir, d'exiger moins qu'un avis de la famille, dont les membres se présentent presque toujours sans citation, et un jugement qui ne serait à rendre qu'en la chambre du conseil. S'il faut une instance ordinaire dans le cas où il s'agit de réduire l'hypothèque légale des pupilles ou des interdits sur les biens de leur tuteur, c'est que ces incapables ont besoin que la justice les protégé plus spécialement encore, et une instruction plus complète est nécessaire alors pour l'éclairer.

La jurisprudence a admis presque uniformément que les femmes pouvaient exercer leur hypothèque légale sur les biens dépendants de la communauté qui a été établie entre elles et leur époux, lors même que cette communauté n'a point encore été dissoute ; mais plusieurs Cours royales ayant proposé d'introduire dans la loi le principe contraire, la question mérite d'être examinée avec soin.

Il ne s'agit pas de savoir si l'hypothèque légale continue à subsister sur les immeubles de la communauté à la vente desquels la femme a concouru ; car, en se soumettant à garantir l'acquéreur de toute espèce de troubles, la femme a renoncé à poursuivre contre lui l'effet de cette hypothèque. Il en est de même lorsque la communauté a été acceptée par la femme. Celle-ci s'étant rendue commune alors la gestion du mari, a ratifié, par son acceptation, toutes les aliénations que le mari a faites des biens dont il était, comme le disaient nos coutumes, le maître et le seigneur. Elle doit donc exécuter ces ventes comme si elle les avait consenties elle-même. Il ne peut ainsi être question que des femmes qui sont restées étrangères aux aliénations que le mari a faites des immeubles de la communauté, et qui, n'ayant pu opter encore sur leur participation à cette société conjugale, ou y ayant renoncé, verraient disparaître le gage le plus important souvent de leurs créances, si on les privait de leur hypothèque sur ces biens.

Les Cours ont dit que le mari ayant pu acquérir seul, devait pouvoir disposer de ses acquêts de la même manière, à défaut de quoi son administration se trouverait entravée; que la femme avait dû compter sur d'autres garanties, ou en stipuler au besoin ; que si la femme qui a renoncé à la communauté est réputée avoir toujours été étrangère aux biens qui la composent, ce n'est que par fiction ; que le mari doit être réputé avoir agi comme mandataire de sa femme, lorsqu'il a vendu les biens qui étaient communs entre eux ; qu'il l'a ainsi obligée virtuellement envers les acquéreurs, et que cette obligation a survécu à la renonciation de la femme à la communauté.

Les Cours ont induit de tous ces arguments que les hypothèques acquises par les tiers sur les biens de la communauté devaient, même après la renonciation de la femme, primer son hypothèque légale; mais il s'en faut bien que leur avis soit resté sans réponse.

Le mari, ont soutenu les magistrats qui ont été d'une opinion contraire, est assurément le maître de la communauté, et il peut disposer à son gré des biens qui en dépendent. La femme n'a rien à prétendre sur ces biens tant que la communauté subsiste. Son droit, purement éventuel, se borne à lui donner une simple espérance. Si donc le mari vend les biens qu'il a acquis, il use de son droit comme en étant encore seul propriétaire, et tous ceux de ses créanciers qui ont une hypothèque sur les immeubles qu'il a aliénés peuvent en suivre l'effet contre les tiers qui en sont devenus détenteurs. Comment donc la femme, qui parmi ces créanciers a besoin d'être protégée d'une manière plus efficace, serait-elle la seule qui ne pourrait user de ce droit?

Cela gênerait, dit-on, l'administration du mari. Vaut-il mieux occasionner la ruine de la femme? Si les biens propres du mari sont suffisants pour répondre des créances dotales, la femme consentira facilement à ne point exciper d'une hypothèque inutile; mais s'ils ne le sont pas, n'importe-t-il pas de ne point priver la femme de la ressource précieuse que lui procure son hypothèque sur les biens de la communauté?

La femme, ajoute-t-on, a dû compter sur d'autres garanties. Elle n'a pas toujours été à même d'en obtenir, et elle a pu, depuis son mariage, acquérir des créances qu'elle était loin de prévoir. N'a-t-elle pas dû compter aussi, pour assurer ses droits, sur les biens que l'industrie de son époux pourrait le mettre à même d'acquérir? Assez souvent les talents du futur lui ont tenu lieu de fortune. Les immeubles acquis par le mari représentent aussi quelquefois la dot mobilière de la femme, en sorte que si l'on privait celle-ci de son hypothèque sur les biens de la communauté, elle verrait les deniers qui lui sont propres servir à payer des créanciers envers qui elle n'est nullement obligée.

Dire que la renonciation d'une femme à la communauté ne la rend étrangère que par fiction aux résultats de son association conjugale, ne paraît pas conforme aux principes. L'effet de cette renonciation est, au contraire, que cette femme est réputée n'avoir jamais été

commune, et que le mari est censé avoir toujours été seul propriétaire de la totalité des biens qu'il a acquis pendant le mariage. On
ne concevrait pas que la femme pût être considérée, même pour le
passé, comme une associée, lorsque tous les bénéfices de l'association doivent lui échapper, et qu'elle n'est tenue de supporter aucune
portion des dettes qui lui auraient été communes. Cette supposition
serait contraire à l'équité, et même à la nature des choses. On ne
peut davantage attribuer au mari la qualité de mandataire de sa
femme, et prétendre qu'en vendant les biens de la communauté, il
a agi pour elle en cette qualité, quand il n'a disposé des biens que
dans son intérêt propre, et que le concours de sa femme lui a été
absolument inutile pour les aliéner. Tant que la communauté a duré,
le mari a été seul propriétaire des biens qui en faisaient partie, et la
renonciation de la femme n'a fait que consolider le droit que l'événement contraire aurait pu seulement amoindrir.

Il est même nécessaire que la femme puisse faire valoir son hypothèque sur les biens de la communauté avant d'avoir été à même de
déclarer le parti qu'elle entend prendre à l'égard de l'association
conjugale, car il serait souvent trop tard de ne l'y admettre que postérieurement. Il ne dépend pas d'une femme d'opter à volonté sur la
communauté pendant le cours du mariage. Il faut que sa dot soit en
péril. Or, le danger pourra ne pas paraître assez grand, à l'époque
de la vente, pour faire admettre sa séparation de biens ; mais si
ensuite le mal se déclare ou empire, la femme se trouverait privée
du moyen de faire valoir son hypothèque sur les biens de la communauté, qui lui auraient procuré son meilleur recours. On conçoit
que la collocation de la femme ne puisse, en ce cas, qu'être conditionnelle, et qu'on en soumette l'effet à l'événement de son option
sur la communauté. Les créanciers du mari doivent même être autorisés à toucher la totalité du prix de la vente, mais à la charge de
donner caution de rapporter, le cas échéant, le montant de la collocation de la femme. Ce moyen, qui a été fréquemment employé
par les Cours, assure les droits de toutes les parties intéressées, et
paraît mériter d'être consacré par la loi.

On a dit qu'il ne pourrait y avoir d'inconvénient à ce qu'une
femme mineure pût consentir la réduction de son hypothèque légale,
puisque le mari devrait prendre l'avis des quatre plus proches pa-

rents de la femme et que la justice ne se déciderait à accueillir la demande que lorsqu'elle aurait obtenu l'intime conviction de la suffisance des biens qui resteraient grevés. Cette extension des dispositions de l'art. 2144 du Code n'aurait qu'une faible importance, car le juge ne se déterminera point d'après le consentement qu'aura prêté cette femme mineure, et il ne s'écoulera presque toujours que bien peu de temps entre le mariage et l'époque où la femme aura atteint sa majorité. Il conviendrait plutôt de considérer comme inutile le consentement de la femme même majeure à la réduction de son hypothèque légale, car il n'est le plus souvent que le résultat de sa complaisance ou de l'obsession du mari ; il ne faut point non plus que la résistance déraisonnable d'une femme obstinée porte obstacle à un acte de justice qui ne peut préjudicier à ses droits. Si le mari échoue, il ne pourra en accuser sa femme, et on aura évité une cause de dissensions entre les deux époux.

La réduction de l'hypothèque légale de la femme sur quelques-uns des immeubles du mari paraît préférable au dégrèvement de quelques-uns de ces immeubles, car c'est la suffisance des biens qui devront rester hypothéqués que l'on doit avant tout reconnaître, et le surplus seulement est dans le cas d'être affranchi. On a de plus l'avantage de ne pas laisser les biens à venir inutilement soumis à cette hypothèque. Quant aux créances dotales que la femme a acquises après cette réduction, il n'est pas douteux que non-seulement les biens à venir du mari, mais ses biens anciens, ceux même qui ont été déclarés libres, ne soient soumis à l'hypothèque qui résulte de ces créances. La réduction n'a été accordée, en effet, qu'à raison des droits qui appartenaient à la femme à l'époque où elle a été demandée, et elle a laissé soumise au droit commun l'hypothèque que la femme a obtenue postérieurement sur les biens de son mari. Les tiers ne sont pas dans le cas d'en souffrir, puisque cette hypothèque n'a de rang que du jour où la créance qu'elle doit conserver a été acquise à la femme.

Les Cours se sont ensuite occupées du soin de reconnaître quelle était la date que devait avoir l'hypothèque légale, et elles ont distingué sous ce rapport la position des femmes de celle des mineurs.

Il ne peut, quant aux femmes, y avoir d'incertitude qu'à l'égard de leur dot et de leurs conventions matrimoniales, et sur le point de savoir si l'hypothèque qui résulte de ces sortes de créances doit remonter au jour du contrat de mariage ou du mariage seulement, puisque l'hypothèque légale attachée aux autres créances de la femme n'a de rang que du jour où ces créances lui ont appartenu. L'art. 2125 du Code civil dit d'une manière formelle que l'hypothèque légale n'existe au premier cas que du jour du mariage, mais cette disposition semble contrariée par celle contenue aux art. 2194 et 2195 du même Code, qui portent que cette hypothèque remonte au jour du contrat. On a fait observer, il est vrai, que l'art. 2135 contenait le principe constitutif de l'hypothèque légale, et que les art. 2194 et 2195 ne faisaient que relater une de ses conséquences. Il convient, cependant, de lever par une nouvelle rédaction cette apparente antinomie: mais alors quelle sera la date que l'on devra assigner à cette hypothèque?

Nous ne balançons pas à dire que ce doit être celle du mariage. Ce n'est pas, en effet, le contrat qui a procuré l'hypothèque légale, ce n'est que l'union des époux. Un contrat, quelle que soit sa nature, ne peut donner lieu qu'à une hypothèque conventionnelle. Le mariage seul est dans le cas d'assurer à la femme l'hypothèque qui ne provient que de la loi, car c'est lui seul que la loi a entendu protéger. Or, l'hypothèque acquise par le fait du mariage ne peut avoir d'effet rétroactif.

On a objecté que le futur conserverait le droit de grever ses biens dans l'intervalle qui s'est écoulé entre le contrat et la célébration du mariage. Il est peut-être sans exemple que cette fraude se soit réalisée, et il est d'ailleurs possible d'y parer en exigeant du futur un état de ses dettes passives, et en faisant dépendre la remise de la dot après le mariage de la sincérité de sa déclaration; il faut aussi considérer que si un long temps s'est écoulé entre le jour du contrat et celui du mariage, les tiers qui ont traité dans l'intervalle avec le futur époux seraient exposés à perdre les droits qu'ils ont acquis, si l'on faisait remonter l'hypothèque de la femme au jour du contrat qui leur est resté inconnu. Cet intérêt milite avec la nature de l'hypothèque légale pour ne donner rang à celle qui nous occupe qu'à compter du mariage seulement.

A l'égard des mineurs, on a proposé de ne faire remonter leur hypothèque légale qu'à la date de chacune des créances qui y ont donné lieu, à l'instar de celle que les femmes obtiennent sur les biens de leurs maris à raison des droits qui leur sont échus pendant le mariage ; mais il existe une différence notable entre l'établissement des droits des femmes et celui relatif aux créances des mineurs. L'hypothèque légale des femmes se rattache, en ce cas, à un fait spécial dont la survenance ne peut beaucoup se multiplier. Elle ne résulte que des donations entre-vifs ou testamentaires qui leur ont été faites, des successions qui leur sont échues, ainsi que des engagements qu'elles ont contractés dans l'intérêt de leur mari, et l'on conçoit très bien qu'on ait pu, qu'on ait dû même ne faire remonter cette hypothèque qu'à la date de chacun de ces faits particuliers. Les créances des pupilles contre leur tuteur proviennent, au contraire, d'une foule de recouvrements opérés pendant la durée de la tutelle et à des dates très diverses, recouvrements dont le produit a été plus ou moins absorbé par les dettes que le tuteur a successivement acquittées, par les frais qu'il a exposés et par toutes les autres dépenses qu'il a faites pour le compte des mineurs. Les recettes et les dépenses du tuteur établissent donc, comme les Cours l'ont dit, une sorte de compte courant dont la balance est dans le cas de se modifier sans cesse, et s'il fallait faire résulter la date de l'hypothèque légale des mineurs de chacun des comptes particuliers qu'il faudrait établir, on aurait une peine extrême à la déterminer. Il est bien plus naturel d'assimiler cette hypothèque à celle qui a été stipulée pour sûreté d'un crédit ouvert, et qui est acquise du jour où ce crédit a été accordé, quoique les avances n'aient point encore été effectuées.

Les Cours se sont ensuite occupées des causes qui entraînaient l'extinction des hypothèques légales, et plusieurs ont été d'avis que les mineurs avaient perdu la leur lorsqu'ils avaient donné au tuteur une décharge définitive de la gestion qu'il avait eue de leurs biens, quoique, par suite d'erreurs commises dans le compte de tutelle, des rectifications eussent eu lieu plus tard. Elles se sont fondées sur ce que les tiers seraient exposés à être trompés par la libération apparente des biens du tuteur. Cependant le montant des rectifications que la justice a ordonnées provient aussi de la gestion que le tuteur a eue, et il était garanti par l'hypothèque qu'il s'agit de reconnaître aux mineurs. On objecte que les anciens pupilles auraient dû examiner avec plus d'attention le compte que le tuteur leur a rendu, et qu'ils ne peuvent faire retomber sur les autres créanciers les suites de leur négligence. On suppose dès lors qu'il n'a été question de réparer que des doubles emplois ou de simples erreurs de calcul, que les mineurs pouvaient apercevoir ; mais si les rectifications ont porté sur des omissions de recette, si elles sont résultées de faits qui n'avaient point été mentionnés dans le compte, la faute ne peut être reprochée qu'au tuteur, et il serait étonnant que les réticences qu'il a commises, et qui ont pu être portées jusqu'au dol, eussent fait perdre aux mineurs leur hypothèque légale. Il est fâcheux que des tiers soient dans le cas d'en souffrir, mais il s'agit d'un droit qui est antérieur à ceux qu'ils ont acquis, et on ne peut vouloir que les leurs soient reconnus préférables.

Il ne semble aucunement praticable de donner à de simples créanciers le droit de purger les hypothèques légales qui existent sur leur débiteur. Cette faculté ne peut appartenir qu'aux acquéreurs des immeubles grevés. Quelles sont, en effet, les choses qui sont susceptibles de purge ? Ce ne sont pas les créances qui, par leur nature mobilière, échappent à cette formalité. Ce ne sont que les immeubles, et encore faut-il que leur propriété ait passé entre les mains d'un tiers. Si chaque créancier pouvait purger les hypothèques légales qui frappent sur les biens qui lui ont été hypothéqués, il en résulterait des frais considérables qui seraient dans le cas de se renouveler à chaque instant. La négligence, si pardonnable aux femmes en pareille matière, et l'incapacité des mineurs, entraîneraient presque toujours la perte de leur hypothèque. Ce serait aussi offrir un moyen dangereux de se dispenser d'accomplir les conditions portées aux art. 2144 et 2145 du Code pour arriver à une réduction d'hypothèque légale, puisqu'on obtiendrait cette réduction sans que la justice eût été mise à même de reconnaître sa convenance et sa possibilité.

Un grand nombre de Cours ont demandé que la femme et les mineurs dont un acquéreur a purgé l'hypothèque légale pussent néanmoins se présenter à l'ordre du prix dû par cet acquéreur et s'y faire colloquer à leur rang. La jurisprudence des Cours royales tend depuis longtemps à faire admettre ce principe, et la Cour de cassation, qui ne s'y est opposée jusqu'à présent que parce que le Code ne lui paraissait pas autoriser cette collocation de créances dont l'hypothèque avait été purgée, est la première à solliciter aujourd'hui une disposition qui permettrait de l'autoriser.

Cette faveur serait d'une éminente justice. La loi n'a autorisé la purge des hypothèques légales que dans l'intérêt des seuls acquéreurs à qui l'on a dû accorder un moyen d'affranchir les biens dont ils sont devenus propriétaires, de ces charges occultes à l'égard desquelles les formalités ordinaires de purge ne peuvent être accomplies. La purge légale a pour résultat de dégrever les immeubles vendus de ces sortes d'hypothèques, et de fixer le prix, faute de surenchère, à celui qui a été porté au contrat. Les femmes et les mineurs qui ne se sont pas fait inscrire n'ont donc perdu que leur droit de suite sur ces biens et ils doivent se contenter du prix qui a été stipulé entre les parties contractantes, ce qui suffit à l'égard de l'acquéreur ; mais quant aux créanciers du vendeur, les hypothèques légales sont réputées avoir été inscrites, par le seul effet de la loi, du jour même où elles ont pris naissance. Il n'est donc pas nécessaire qu'une inscription ait eu lieu pour que les créances des femmes et des mineurs obtiennent dans les ordres le rang qui doit leur appartenir. Tout ce qui peut résulter, à l'égard des autres créances inscrites, du défaut d'accomplissement de cette formalité, c'est que les créanciers à qui elles appartiennent sont dispensés d'appeler à l'ordre les personnes à qui ces hypothèques légales appartiennent ; mais il ne serait pas juste de refuser aux femmes et aux mineurs le droit d'intervenir à cet ordre, puisque, au regard des autres créanciers, leur hypothèque a frappé de plein droit les immeubles dont le prix est à distribuer. On ferait perdre à ces personnes privilégiées presque tout l'avantage que la loi a entendu leur conférer, puisque ce serait précisément à l'époque où elles auraient le plus besoin de faire usage de leur hypothèque, qu'il leur serait interdit d'en exciper. Vainement les femmes et les mineurs auront-ils été avertis, par les sommations qui leur ont été faites, de prendre l'inscription conservatrice de leurs droits. La preuve que cette précaution de la loi n'aura pas été suffisante, résultera du fait même qu'ils ne se seront pas inscrits. En les admettant à l'ordre, on ne causera, au surplus, de préjudice à personne. Leur hypothèque légale n'obtiendra que le rang qui lui est assigné par le Code et qu'elle devait avoir au moment de l'aliénation, passé lequel aucun des créanciers de l'ancien propriétaire n'a pu acquérir de nouveaux droits hypothécaires sur les biens vendus. Ce sont les autres créanciers qui s'enrichiraient aux dépens des mineurs et des femmes, s'ils profitaient d'une omission qui ne leur a fait éprouver aucun tort.

Si ces principes sont reconnus vrais, il suffira d'énoncer dans la loi nouvelle que la purge des hypothèques légales n'a d'effet qu'à l'égard des tiers acquéreurs, et que les créanciers du vendeur sont seulement dispensés d'appeler à l'ordre les femmes et les mineurs qui n'auront pas fait inscrire leur créance avant que cette purge ne se soit opérée. Nous aurons cependant quelques observations à présenter encore à cet égard sur l'art. 2195 du Code civil.

CINQUIÈME QUESTION.

Des formalités auxquelles les inscriptions hypothécaires sont dans le cas de rester soumises.

La multiplicité des avis que cette question a suscités, et l'opposition qui existe entre la plupart des moyens à l'aide desquels on a voulu la résoudre, semblent démontrer que l'on ne s'est point contenté du point de vue simple sous lequel les inscriptions nous paraissent devoir être envisagées.

Le but que la loi s'est proposé en assujettissant les inscriptions hypothécaires à de certaines formalités n'a certainement pas été de rendre la validité de ses inscriptions difficile, ni de causer de trop vives inquiétudes aux prêteurs. Elle aurait essentiellement nui au crédit foncier en exposant les créanciers à d'aussi fréquentes causes de perte. Ces inscriptions ont moins pour principal objet d'assurer les droits de ceux qui les ont prises que de faire connaître au public les dettes qui grèvent le débiteur et chacune de ses propriétés. Il faut donc qu'elles établissent cette publicité qui forme une des bases de notre système hypothécaire. Si elles n'ont point atteint ce but, elles ne sauraient être efficaces, mais aller au delà serait trop exiger.

C'est dans cet esprit que les conditions imposées par le Code pour la validité des inscriptions hypothécaires doivent être réputées avoir été prescrites. Aussi a-t-on depuis longtemps reconnu que toutes ces formalités n'avaient pas le même degré d'importance. Quelques-unes seulement ont été considérées comme étant de rigueur, parce que sans leur accomplissement le but de la loi ne serait point atteint; mais plusieurs autres ont été reconnues dans le cas de pouvoir être remplacées par des mentions équipolentes, et l'on a même été jusqu'à dire que leur omission ne suffisait point pour faire annuler l'inscription, si le surplus des énonciations qui y sont contenues avait averti le public de tout ce qu'il avait intérêt de savoir. De là cette distinction si connue entre les formalités substantielles et les formalités purement secondaires des inscriptions prises pour assurer le rang d'une hypothèque, les premières étant réputées obligatoires à peine de nullité, tandis que le défaut d'accomplissement des secondes n'a point été jugé de nature à faire annuler l'inscription, s'il n'a pu en résulter de dommage pour personne. Telle est la jurisprudence actuelle, qui paraît à l'abri de toute contestation. Il ne convient pas cependant que la loi établisse cette distinction en termes positifs. Cela aurait un grave inconvénient, et nos législateurs ont sagement évité cet écueil. Ils auraient abrogé de fait toutes les formalités qu'ils auraient réputées n'être que secondaires. C'est aux juges qu'il appartient de reconnaître, dans la variété infinie des cas qui leur sont soumis et dont aucune loi ne pourrait prévoir toutes les circonstances, si des énonciations suffisantes ont mis le public hors d'état d'être trompé. La nullité de l'inscription ne serait alors qu'une vaine satisfaction donnée à un principe abstrait, contrairement à l'essence de notre Droit civil qui a toujours été réputé être de bonne foi. La validité d'une inscription ne peut donc résulter que de l'appréciation de toutes les parties qui la composent, et une pareille opération ne peut entrer dans le domaine de la loi. Examinons néanmoins l'importance de chacune des formalités énoncées dans l'art. 2148 du Code, en prenant pour point de départ qu'une inscription doit contenir toutes les mentions nécessaires pour que le public ait suffisamment connu l'hypothèque que l'on a entendu conserver.

La première des conditions imposées par cet article est que l'inscription mentionne le nom du créancier qui l'a requise. Quelques Cours ont voulu faire considérer cette désignation comme étant purement accessoire. Il est indispensable, cependant, que le créancier qui s'est fait inscrire soit connu, ne fût-ce que pour que les acquéreurs puissent lui faire dénoncer leur contrat, pour que le débiteur puisse le faire assigner, s'il y a lieu, en main-levée de l'inscription qu'il a prise, et pour que le poursuivant puisse l'appeler à l'ordre qu'il a ouvert; mais le Code exige, en outre, que l'inscription mentionne les prénoms, le domicile et la profession du créancier. Ces indications sont quelquefois nécessaires pour mettre à même de distinguer ce créancier de ses homonymes. Dans tous les autres cas, elles peuvent être considérées, au moins quelques-unes d'entre elles, comme surabondantes. C'est ce que le juge seul est dans le cas d'apprécier. Tout ce que la loi pourrait faire serait de consacrer la règle admise par la jurisprudence, qui a appliqué au créancier la disposition portée au même article à l'égard du débiteur, d'après laquelle il suffit que la désignation ait été tellement individuelle et spéciale, que le conservateur ait pu reconnaître et distinguer la personne que l'on a voulu désigner.

On a longuement débattu la question de savoir si l'absence d'un domicile élu par le créancier devait entraîner la nullité de l'inscription qu'il a prise. On a dit pour la négative que ce domicile importait peu aux autres créanciers et même au débiteur, et que, si l'on a omis de l'élire, les tiers devraient seulement être dispensés de faire à ce créancier les significations qu'ils auraient dû lui adresser. Si la loi a obligé le créancier qui s'inscrit à élire un domicile dans l'arrondissement du bureau où l'inscription est prise, c'est pour que tous ceux qui ont intérêt à ce que cette inscription soit levée ou à qui elle impose des devoirs ne soient point obligés d'aller à la recherche de la personne qui l'a requise, ou à agir contre elle dans un lieu éloigné, et ce motif d'utilité publique donne de l'importance à l'accomplissement de cette formalité; mais on ne peut admettre que, faute par le créancier d'avoir élu ce domicile, on puisse se dispenser de lui faire les significations qui le mettraient à même de veiller à la conservation de ses droits. Pour concilier ces intérêts opposés, il semble qu'il serait à propos d'ordonner que, dans le cas où cette élection de domicile n'a pas eu lieu, les actes à signifier au créancier qui s'est ainsi inscrit pourront être remis au bureau de la conservation des hypothèques ou au parquet du procureur du roi, qui serait chargé de les transmettre au créancier à son domicile réel. On conserverait, en outre, à ce créancier le droit de se présenter à l'ordre, et même de surenchérir le prix de la vente pourvu qu'il ait agi dans le délai prescrit. Si, faute d'avoir reçu ces significations à temps, le créancier en éprouvait quelque dommage, il ne pourrait s'en prendre qu'à lui, et il aurait toujours à courir des chances moins contraires que si son inscription ne pouvait aucunement lui servir.

La seconde mention à énoncer dans une inscription est celle de la personne du débiteur. Cette formalité est assurément une des plus substantielles. C'est sur son accomplissement que repose principalement la publicité des hypothèques, mais il ne paraît pas qu'il y ait rien à ajouter aux dispositions que l'art. 2148 a portées à son égard.

La date et la nature du titre viennent en troisième ordre. Quelques Cours ont voulu faire considérer la mention qui en est exigée comme n'étant que d'un ordre secondaire, et même quelques autres comme étant absolument sans objet. Il importe, cependant, que chacun puisse connaître de quel titre on fait résulter l'hypothèque qui a été inscrite; le débiteur a intérêt de le savoir pour qu'il puisse demander la nullité de l'inscription si elle a été prise sans que le titre en conférât le droit; les tiers, pour qu'ils soient à même d'apprécier la créance que son rang d'hypothèque appellerait à primer les leurs. Ils doivent savoir si l'hypothèque que l'on a conservée est légale, judiciaire ou conventionnelle; si la créance inscrite est certaine et liquide, ou si elle n'est qu'éventuelle ou indéterminée; si elle est pure et simple, ou soumise à une condition. Il n'y aurait point, sans ces indications, de publicité véritable, et leur énonciation doit dès lors être considérée comme substantielle. Elles peuvent seulement être exprimées en des termes équipollents à ceux employés dans l'usage ordinaire, pourvu que ç'ait été d'une manière suffisante, ce que les magistrats sont encore seuls à même d'apprécier. Quant à la date du titre, les tiers ont intérêt à ce qu'elle soit énoncée, ne fût-ce que pour recourir à l'acte dont on prétend que l'hypothèque est résultée. Les erreurs involontaires commises à cet égard sont néanmoins dans le cas d'être excusées, si elles n'ont entraîné aucun fâcheux inconvénient.

En quatrième lieu, l'inscription doit énoncer le montant en principal et accessoires des créances pour lesquelles elle est prise, ainsi que l'époque de leur exigibilité. La connaissance qu'elle doit procurer de la quotité des créances inscrites forme un des principaux caractères de la publicité des hypothèques. Le Code civil, dans son art. 2153, ne dispense de fixer le montant des droits conditionnels, éventuels ou indéterminés, que dans les inscriptions qui ont été requises pour sûreté d'une hypothèque légale, et il exige cette fixaon, par son art. 2132, à l'égard des hypothèques conventionnelles; mais il n'a point étendu cette condition aux hypothèques judiciaires. Comme on ne voit pas le motif qui pourrait engager à en affranchir ces hypothèques, plusieurs Cours ont émis l'avis qu'elles devaient y être soumises, et cela ne devra faire aucune difficulté.

La mention de l'exigibilité des créances inscrites avait été réputée substantielle dès avant la loi du 4 septembre 1807. Quelques Cours ont néanmoins pensé que cette mention n'était que d'un ordre secondaire, en se fondant sur ce que lors même que la créance n'est pas exigible elle n'en existe pas moins, et que cette existence est tout ce que les tiers ont intérêt à connaître. Ces Cours ont ajouté que la réalisation de l'hypothèque par la purge des biens rendait, d'ailleurs, toutes les créances exigibles. Il est pourtant un cas où cette mention acquiert de l'importance, c'est celui où un acquéreur veut se dispenser de purger les biens qu'il a acquis à la charge de rester obligé, comme détenteur, à toutes les dettes inscrites sur la propriété. Cet acquéreur doit jouir alors des termes et des délais qui ont été accordés au débiteur, et, pour se déterminer dans l'option qu'il a le droit de faire, il a grand intérêt de connaître à quelle époque seront exigibles les sommes qu'il devra acquitter. Ce motif, qui est général, nous semble devoir suffire pour que la mention dans une inscription de l'exigibilité des créances inscrites doive continuer à être réputée substantielle.

Enfin, l'inscription d'une hypothèque conventionnelle doit contenir l'indication de l'espèce et de la situation des biens que le créancier a obtenu le droit de grever. L'accomplissement de cette condition est indispensable si l'hypothèque n'a porté que sur des parcelles de terre ou sur des bâtiments désignés; mais, à l'égard des domaines entiers, la jurisprudence a admis, pour ne pas rendre leur indication trop difficile et pour ne pas surcharger de mentions trop nombreuses les registres des conservateurs, qu'il suffisait d'énoncer dans l'inscription le domaine ou l'exploitation qui a été hypothéqué, en les désignant par leur nom, leur situation, leur contenance, et par la nature des biens qui les composent. Ce mode de désignation, qui suffit, au reste, pour spécialiser l'hypothèque, et par suite duquel aucun inconvénient n'a été signalé, mériterait d'être expressément autorisé par la loi.

Quelques Cours royales ont proposé d'employer dans les i[nscriptions, pour désigner les biens, les indications que fournit [le] cadastre ; mais la Cour de cassation et plusieurs Cours royales o[nt] démontré que l'opération du cadastre, qui n'a été que pureme[nt] administrative, et lors de laquelle on n'a eu égard qu'à la posse[s]sion apparente sans qu'il se soit établi de discussions à cet éga[rd] entre les véritables intéressés, ne pourrait manquer de faire co[m]mettre une foule d'erreurs. Les désignations qui ont été portées a[u] cadastre ne pourront, au surplus, être longtemps en rapport ave[c] les modifications infinies que la propriété éprouve chaque jour, [et] qui ne sont pas toujours mentionnées avec exactitude sur les pla[ns] cadastraux. Il semble donc impossible de prendre ces plans pour ba[se] de la désignation des biens que l'on entend soumettre à une hypo[c]thèque conventionnelle.

Il est une dernière remarque à faire sur les motifs qui doive[nt] servir à faire juger du mérite de la forme d'une inscription hypoth[é]caire. C'est que la suffisance des mentions contenues dans une d[e] ces inscriptions ne peut dépendre du préjudice que l'absence de[s] autres conditions ou l'obscurité des termes dans lesquels sont conçue[s] celles qui ont été exprimées a pu causer à quelques-uns des créanciers seulement. On créerait autrement un champ trop vaste à l'ar[bitraire, et on détruirait l'effet général que doit produire la loi. L[a] même inscription pourrait se trouver nulle à l'égard de certain[s] créanciers, et être valable à l'égard des autres, ce qui causerait l[a] confusion la plus étrange lorsqu'il s'agirait de procéder au règle[ment des droits de tous. La validité d'une inscription doit être ap[préciée, abstraction faite des intérêts personnels de chaque créancier. Il faut, pour que cette inscription soit valable, que le créancier qu[i] l'a prise y ait énoncé tout ce que le public avait intérêt à savoir. A[u] cas contraire, cette inscription ne peut produire d'effet à l'égard d[e] personne. On ne saurait appliquer à ce cas la maxime commune, *point de nullité sans grief.* Outre la difficulté extrême qu'il y aurai[t] à reconnaître à l'égard de chacun des créanciers le dommage qu[e] l'omission de telle ou telle formalité a été dans le cas de lui faire éprouver, il s'agit d'un intérêt général, celui de la publicité de[s] hypothèques, devant lequel tous ceux particuliers s'effacent. L[e] juge ne doit alors consulter que la loi, en distinguant néanmoin[s] dans les formalités omises ce qui est substantiel de ce qui n'a qu'un[e] importance secondaire, afin de n'appliquer la peine de nullité qu'avec discernement.

SIXIÈME QUESTION.

Quel est le délai qui doit être fixé pour le renouvellement des inscriptions hypothécaires, et dans quelles circonstances ce renouvellement peut-il cesser d'avoir lieu?

Ces deux questions ont singulièrement divisé les Cours et les Facultés. Sur la première, plusieurs Cours ont demandé le maintien du délai de dix ans qui a été fixé par le Code, mais d'autres ont été d'avis que ce délai devait être porté à vingt ans, et même à trente années, et ainsi pendant toute la durée des droits du créancier. Il y aurait cependant un grave inconvénient à compliquer ainsi les travaux des conservateurs, en multipliant le nombre des registres auxquels ils seraient forcés d'avoir recours. On ferait surcharger les extraits que ces préposés délivrent d'une foule d'inscriptions dont les causes auraient cessé depuis longtemps d'exister, et dont il arrive souvent qu'on néglige de faire opérer la mainlevée. Les acquéreurs seraient tenus de se livrer à des frais considérables pour purger leurs propriétés d'hypothèques devenues illusoires, et dont les signes apparents auraient continué mal à propos à subsister. Les créanciers seraient tenus d'appeler aux ordres des gens à qui il n'est plus rien dû, et si l'ancien débiteur voulait prévenir tous ces frais frustratoires, il devrait établir autant d'instances qu'il y aurait d'inscriptions qui ne devraient plus le grever. De si graves motifs démontrent toute la sagesse de la disposition que le Code a portée à cet égard.

Quelques Cours se sont prévalues de ce que la nécessité de renouveler les inscriptions dans les dix ans de leur date donne lieu à une foule de discussions juridiques. Cela ne peut résulter de la nature de la disposition qui se réduit à n'exiger qu'un acte d'une simplicité extrême, et à la rédaction duquel tout créancier peut aisément procéder. On a parlé des pertes d'hypothèques qu'un oubli excusable entraîne, et des inquiétudes qu'elles causent aux créanciers; mais on a obtenu par cela même une garantie contre les déchéances que l'on a si grand intérêt à prévenir. Chacun est tenu de veiller à la conservation de ses droits, et l'intérêt public ne peut être mis en balance |avec la négligence de quelques créanciers. Il est une foule de prescriptions ou de péremptions plus courtes, et les pertes qu'elles peuvent faire éprouver n'ont pas mis obstacle à ce qu'elles aient été prononcées par la loi.

L'accessoire, a-t-on ajouté, doit suivre le sort du principal, mais l'hypothèque, qui forme cet accessoire, n'est pas prescrite parce que l'inscription n'a pas été renouvelée dans les dix ans. Elle dure autant que la créance, l'inscription seule est périmée, mais elle n'a point formé un accessoire des droits du créancier; elle n'a été qu'un acte conservatoire, dont la loi a fixé les conditions et la durée. Les créanciers donnent, a-t-on dit aussi, mainlevée des inscriptions lors du remboursement de leurs créances; cela arrive assez souvent, en effet, mais cela n'arrive pas toujours. Les créances s'éteignent de tant de manières différentes, et, outre leur remboursement, par la novation, par la confusion, par compensation ou par l'effet de la prescription, qu'il est une foule de cas où il n'intervient point de quittance. Tous les inconvénients qu'aurait la durée trentenaire des inscriptions seraient donc à craindre alors. Si quelques bureaux de conservateurs sont assez biens tenus pour que les recherches les plus multipliées y soient cependant faciles, il ne faut pas l'espérer de tous, ni aggraver la condition des préposés qui les tiennent. On les exposerait à commettre une foule d'omissions ou d'erreurs s'il fallait qu'ils recourussent à tous les registres tenus dans leur bureau depuis vingt ou trente ans, et le public ou eux-mêmes auraient beaucoup de risques à courir. Il est possible que le renouvellement décennal augmente le nombre des registres courants, mais il dispense de recourir aux registres anciens dont le nombre serait bien plus considérable. La nécessité du renouvellement des inscriptions dans les dix ans de leur date paraît donc dans le cas d'être maintenue, et l'exemple de la Belgique, où ce délai a été prorogé et qui demande le rétablissement de cette disposition du Code, doit nous tenir en garde contre toute innovation à cet égard.

Les Cours ont été parfaitement fondées à dire que lorsque l'inscription prise en renouvellement ne mentionne pas l'inscription primitive, elle ne peut donner rang que du jour où elle a été inscrite de nouveau sur les registres du conservateur. Les tiers seraient autrement dans l'impossibilité de connaître l'ordre dans lequel doit venir la créance, ce que ne permet point le système de publicité. Tout ce que la jurisprudence a pu admettre a été de considérer comme suffisante la mention du renouvellement qui a été portée en marge du registre par une note du conservateur, le public ayant été ainsi mis à même d'être informé du fait qui y a donné lieu.

Quant aux lettres missives que devraient adresser les conservateurs aux créanciers dont l'inscription aurait besoin d'être renouvelée, la Cour de Pau a dit avec raison que ce serait imposer à ces préposés une tâche excessive, dont la responsabilité, en cas d'omission de leur part, entraînerait presque infailliblement leur ruine, et qui, à défaut de pénalité, laisserait la loi sans sanction. On ne saurait même comment constater si l'avertissement a été ou non donné, ni s'assurer s'il est parvenu aux créanciers qui devraient le recevoir. Ce moyen ne pourrait donc être utilement employé.

Les inscriptions des hypothèques légales des femmes, des mineurs et des interdits n'ont pas besoin d'être renouvelées, car leur péremption remet ces sortes de créances dans leur premier état qui dispensait d'employer cette mesure conservatoire. Il en est autrement des inscriptions prises au nom de l'État, des communes ou des établissements publics, dont l'hypothèque, quoique qualifiée légale, ne prend rang que du jour où elle a été inscrite sur les registres des conservateurs. Les inscriptions de cette nature se trouvent ainsi soumises au droit commun, et elles doivent dès lors être renouvelées dans le délai qui a été fixé par la loi.

La seconde des difficultés que nous avons énoncées, celle de savoir quelles sont les circonstances dans lesquelles les créanciers peuvent être dispensés de renouveler les inscriptions qu'ils ont prises, a une grande importance, et l'on ne peut se persuader que l'on doive, comme l'a dit une Cour, en abandonner la solution à la prudence des magistrats. Il ne s'agit pas ici d'une simple appréciation de faits particuliers qui, par leur diversité, échapperaient à la prévoyance de la loi, mais de poser des règles générales d'après lesquelles toutes les questions de cette nature devront être jugées, et pour que ces bases soient immuables, il faut qu'elles émanent du législateur.

Rien ne peut mieux le prouver que les variations étranges qu'a éprouvées la jurisprudence lorsqu'elle a été obligée de suppléer au silence que le Code a gardé à cet égard. Ce n'a été qu'après de longues controverses et une foule de décisions opposées qu'elle est arrivée à reconnaître en principe qu'une inscription n'avait été dispensée de renouvellement que lorsqu'elle avait produit son effet. Plus tard il a été reconnu que cet effet avait été produit, en cas de vente volontaire, par la notification que l'acquéreur avait fait faire de son contrat aux créanciers inscrits, et par l'engagement qu'il avait pris envers eux, aux termes de l'art. 2184 du Code, de payer son prix en leurs mains. A l'égard des ventes sur saisie immobilière, les inscriptions ont été réputées avoir produit tout leur effet du jour de l'adjudication définitive des biens, parce que le jugement qui est intervenu alors ne doit pas être signifié aux créanciers inscrits sur la propriété, et que le cahier des charges qui a fixé les obligations de l'adjudicataire a suppléé aux offres qu'il aurait dû faire à ces créanciers. Ce principe ne s'applique point au cas où l'adjudication a été déclarée nulle, car le jugement qui l'a prononcée est réputé alors n'avoir jamais existé, ni au cas où il y a eu surenchère, la transmission des biens ne devant s'opérer que par une adjudication nouvelle. Tel est l'état des choses à l'égard des hypothèques autres que celles légales dont nous aurons à nous occuper plus tard, et il s'agit de savoir s'il convient d'insérer dans la loi les résultats de cette jurisprudence, ou si l'on doit lui préférer d'autres dispositions.

Il n'est pas nécessaire de s'occuper de l'opinion proscrite depuis longtemps et qui faisait produire aux inscriptions leur effet par le fait seul de la transcription du contrat de vente, puisque aucun contrat ne s'est formé alors entre l'acquéreur et les créanciers inscrits sur la propriété, et que l'acquéreur, qui n'est encore tenu envers ceux-ci qu'à raison de sa détention des biens, peut, en délaissant les immeubles, se soustraire aux poursuites que ces créanciers voudraient exercer contre lui. On ne peut dire non plus que les inscriptions ont produit leur effet du jour où la saisie immobilière a été transcrite et dénoncée, puisque le saisi a encore la faculté de constituer de nouvelles hypothèques sur les biens dont il n'a pas perdu la propriété, et que les créanciers n'ont pu acquérir de droits sur un prix qui n'est encore dû par personne. Enfin, on ne pourrait remplacer les renouvellements imposés aux créanciers hypothécaires par une inscription unique qui serait prise dans l'intérêt de tous, à l'exemple de ce qui se pratique en matière de faillite, puisque non-seulement il n'existe pas de syndics et que l'on ne saurait qui devrait les remplacer, mais que l'inscription à prendre, aux termes du Code de commerce, ne conserve que les droits de la masse chirographaire et ne concerne point les créanciers ayant une hypothèque inscrite, qui, même en cas de faillite, ne sont point dispensés de veiller à la conservation de leurs droits personnels.

Puisque l'on doit tenir pour certain qu'une inscription n'a plus besoin d'être renouvelée du moment qu'elle a produit son effet, il semble que ce cas s'est réalisé dès l'instant où l'hypothèque du créan cier s'est convertie en un droit sur le prix dont l'acquéreur est devenu son débiteur personnel. L'hypothèque n'existe véritablement plus alors ; les biens en ont été purgés. Elle a été remplacée par l'attribution au profit de chaque créancier inscrit venant en ordre utile d'une portion du prix égale au montant de sa créance, et le juge ne fera que reconnaître ce droit plus tard. C'est uniquement à quoi tendait l'hypothèque, et l'inscription n'a pas eu d'autre objet.

On demande pourtant que les inscriptions aient besoin d'être renouvelées jusqu'à l'ouverture de l'ordre, même jusqu'à la production des titres, jusqu'à la délivrance des bordereaux, enfin jusqu'au paiement effectif du prix de la vente, et ainsi jusqu'à l'extinction totale de la créance, sans que l'on soit, dans aucun cas, dispensé d'accomplir cette formalité. Mais sur quoi donc a-t-on fondé une si grande rigueur ?

On s'est prévalu de ce qu'un créancier ne peut produire à l'ordre si son inscription se trouve périmée. Cela est, sans doute, incontestable ; mais si l'on reconnaît que, dans les circonstances que nous avons énoncées, l'inscription a été dispensée de renouvellement, l'argument péchera par sa base, puisque cette inscription devra continuer à produire tous ses effets. Le temps, a-t-on ajouté, où une aliénation devient définitive, ne peut être fixé. Ce temps arrive toujours à une époque certaine, à l'expiration du délai accordé par la loi pour surenchérir. Si la durée de l'inscription vient à échoir dans l'intervalle, le créancier prudent devra la renouveler, sinon l'effet de son inscription dépendra du fait qu'aucune enchère ne sera survenue ; mais cela ne peut compromettre le principe que nous avons posé, dans le cas où il n'y a pas eu de surenchérisseur.

Dire que jusqu'au règlement de l'ordre chaque créancier n'a encore qu'une simple espérance d'être payé, est vrai quant à la validité du titre et à celle de l'inscription, quant à l'existence de la créance ou à l'utilité de l'hypothèque ; mais si le titre est reconnu régulier, si l'inscription est légale, si la créance est encore due et si l'hypothèque vient à un rang utile, on ne peut réduire à ce point le droit que la purge de l'immeuble grevé a fait acquérir à ce créancier. La portion qu'il doit obtenir du prix de l'immeuble vendu lui a été acquise par le seul effet de l'existence de son hypothèque à l'époque de la purge des biens. Le juge qui la lui accordera plus tard ne lui aura point attribué un droit nouveau ; il n'aura fait que reconnaître l'effet que cette hypothèque avait produit, et pour la réalisation duquel sa décision n'a point été nécessaire.

Ce n'est pas la clôture de l'ordre qui a formé le contrat à raison duquel les inscriptions n'ont plus eu besoin d'être renouvelées, car ce contrat a dû exister pour que l'ordre ait pu être ouvert. C'est par la soumission qu'a faite l'acquéreur aux créanciers inscrits, en leur dénonçant l'acte de vente, de payer en leurs mains le prix de son acquisition, que ce contrat s'est établi, faute de surenchère, et l'ordre n'en a été que le résultat. Le prix à distribuer a été acquis aux créanciers du moment que les biens ont été purgés de leur hypothèque, et pour leur tenir lieu du droit qu'ils ont perdu. Leurs inscriptions n'ont plus subsisté que pour la forme, afin de contraindre au besoin l'acquéreur à remplir son engagement. Toutes les conditions exigées par la loi se sont donc ainsi réalisées, et on ne saurait assurément exiger rien de plus.

Les Cours et les Facultés qui ont soutenu l'opinion contraire ont présenté plusieurs objections que nous devons examiner. Nous devons cependant être dispensé de nous occuper du cas où la vente qui a eu lieu a été déclarée nulle, car il est bien évident alors que la mutation de propriété ne s'étant pas opérée, il n'y a pas eu lieu à purge, et que les droits de l'ancien propriétaire et de ses créanciers sont restés dans leur premier état. Les inscriptions prises sur l'immeuble n'ont donc pas cessé alors de devoir être renouvelées avant l'expiration du délai qui a été fixé par la loi, mais les Cours ont émis l'avis que l'obligation de renouveler les inscriptions devait durer au moins jusqu'à l'expiration du délai accordé aux créanciers pour surenchérir, et que, dans le cas où il y avait eu surenchère, la dispense de renouvellement ne devait commencer qu'à compter de la nouvelle adjudication. Il nous semble que les deux cas ne peuvent être régis par le même principe. L'exécution d'une vente d'immeubles, quelle qu'ait été la nature du contrat qui est intervenu, est soumise à la condition qu'il ne surviendra pas de surenchérisseur, sans néanmoins que l'effet de ce contrat ait été suspendu pendant cet intervalle. La condition est seulement résolutoire, en sorte que, si une surenchère a eu lieu, la vente ne pouvant plus être exécutée et l'acquéreur ou l'adjudicataire étant relevé de tout engagement envers les créanciers du vendeur ou du saisi, la dispense de renouvellement ne date que du jour de la nouvelle adjudication; mais si, au contraire, aucune surenchère n'a été établie, la condition qui était inhérente à la transmission de la propriété se trouvant ainsi accomplie, a un effet rétroactif, aux termes de l'art. 1179 du Code, au jour où l'engagement de l'acquéreur s'est formé envers les créanciers inscrits sur cet immeuble, et, ainsi, à l'époque de la soumission qu'il a faite à ces créanciers, en leur faisant dénoncer son contrat, de payer en leurs mains le montant du prix de son acquisition. Ce doit donc être à compter de cette soumission que les inscriptions prises sur les immeubles vendus n'ont plus eu besoin, en ce cas, d'être renouvelées.

Il n'en est pas de même, comme l'a fait remarquer la Cour royale de Dijon, au cas où il y a eu revente sur folle enchère. La première adjudication continue alors à subsister. Le nouvel adjudicataire remplace l'adjudicataire primitif, et il ne peut y avoir de différence entre ces deux aliénations que quant à la quotité de leur prix. C'est donc toujours à compter de la première adjudication que date la dispense de renouvellement des inscriptions hypothécaires sur les biens qui ont été ainsi aliénés.

Le délai accordé pour interjeter appel du jugement qui a prononcé l'adjudication des biens ne peut non plus suspendre l'effet de cette dispense. Si cet appel n'est point intervenu, le jugement a acquis toute sa force du jour même où il a été rendu. En cas d'appel, l'arrêt confirmatif rétroagit, et tous les droits des créanciers sont réputés avoir été acquis lors du jugement qui avait été attaqué. Si, au contraire, le jugement a été annulé, il est comme s'il n'avait jamais eu d'existence, et il n'a pu interrompre la péremption décennale des inscriptions qui existaient sur les immeubles du débiteur.

Les Cours et les Facultés se sont ensuite occupées du cas où l'acquéreur a revendu les biens ou les a soumis à des hypothèques au profit de ses créanciers personnels avant d'en avoir acquitté le prix. Elles ont dit que les tiers qui ont contracté avec le nouveau propriétaire n'avaient pu connaître que les inscriptions qui existaient encore sur la propriété, et que celles des inscriptions qui n'avaient pas été renouvelées ne devaient produire aucun effet à leur égard. Quelques-unes ont proposé de scinder, dans ce cas, l'effet de l'hypothèque; de laisser subsister cet effet contre l'acquéreur afin de l'obliger à acquitter son prix, mais d'ôter tout droit de suite aux créanciers du premier vendeur contre les créanciers de l'acquéreur ou contre les nouveaux détenteurs de l'immeuble.

Le motif de cette disposition ne pourrait être appliqué aux créanciers de l'acquéreur qui n'auraient contre lui qu'une hypothèque judiciaire, puisque cette hypothèque n'a pu grever que les biens qui appartenaient au débiteur au moment où elle a été obtenue, et qu'ils n'ont pas eu à consulter alors les registres des conservateurs. A l'égard des créanciers qui ont obtenu une hypothèque conventionnelle ou légale, ainsi que des nouveaux acquéreurs, ils ont dû exiger du détenteur avec qui ils traitaient, non-seulement le certificat des inscriptions portées sur les registres, mais la preuve de la libération des immeubles qui leur étaient offerts en garantie , ou dont le détenteur consentait à disposer à leur profit. S'ils ont négligé cette précaution importante, ils méritent moins de faveur que les créanciers qui n'ont pas cru devoir renouveler leurs inscriptions quand elles avaient produit tout l'effet qu'elles étaient appelées à produire. La Cour royale de Grenoble a dit qu'exiger que les tiers aient rempli ce devoir, serait se mettre en opposition avec le principe de la publicité qui a précisément pour objet de les dispenser de faire ces recherches ailleurs qu'au bureau des hypothèques. Cela est parfaitement exact à l'égard des créanciers du même débiteur; mais tous ceux qui contractent avec un détenteur d'immeubles sur la foi des biens qu'il possède, ne peuvent se contenter de ces renseignements qui ne leur apprendraient point si ce détenteur est réellement propriétaire des immeubles et s'il en a acquitté le prix. C'est le cas d'appliquer ce qu'a dit la Cour royale de Pau, que les tiers qui ont acquis du premier acquéreur, et ses créanciers personnels, ne peuvent être plus favorisés que celui dont ils exercent les droits; qu'il a dépendu d'eux de s'assurer si les biens étaient libres en se faisant re-

présenter les titres de propriété et les quittances du prix de leur acquisition, et que, s'ils ont omis de prendre une précaution si naturelle, ils doivent porter la peine de leur négligence, que rien ne
saurait excuser.

Il faut d'ailleurs distinguer les ventes volontaires de celles qui
ont été forcées. Les premières doivent avoir été transcrites et dénon-
cées aux créanciers pour que les inscriptions n'aient plus eu besoin
d'être renouvelées ; mais alors une inscription d'office a été prise par
le conservateur, et, lors même qu'il n'en existerait plus une seule
au nom des créanciers du vendeur, cette inscription a suffi pour
avertir les tiers du défaut de libération des immeubles. On dit que
l'inscription d'office a pu être levée sans la participation des créanciers du vendeur ; mais il resterait encore l'action en résolution de
la vente faute de paiement du prix, action que ces créanciers pourraient intenter au nom de leur débiteur, et qui ne dépouillerait pas
moins les tiers des droits qu'ils ont acquis de l'acquéreur ou sur ses
biens ; comment concevoir d'ailleurs que l'on doive prendre des
inscriptions en renouvellement sur des immeubles qui ont été purgés
de celles qui existaient lors de la transcription de la vente? Ces
inscriptions ne pourraient plus être requises sur l'ancien propriétaire puisque les biens ont cessé de lui appartenir, ni sur l'acquéreur
qui, malgré la purge à laquelle il a fait procéder, n'aurait pu parvenir à en affranchir les immeubles.

A l'égard des ventes forcées qui ont eu lieu en justice, l'adjudicataire qui ne s'est point libéré de son prix est soumis à une folle
enchère dont l'effet est aussi de faire perdre aux tiers les droits qu'ils
ont obtenus du nouveau possesseur, et le renouvellement des inscriptions prises sur le saisi n'est pas nécessaire pour que l'on puisse
mettre à exécution cette condition de la vente. Nous sommes donc
autorisé à penser que le dernier état de la jurisprudence forme le
meilleur élément dont on puisse se servir pour préparer la loi nouvelle; qu'il satisfait à toutes les exigences raisonnables, et qu'il empêche qu'on ne sacrifie des droits légitimes à quelques principes
théoriques qui ne sont pas sans quelque subtilité.

Il a été mis en question par deux Cours royales, si le renouvellement des inscriptions ne devait pas être considéré comme inutile en
cas de faillite du débiteur, d'acceptation bénéficiaire de sa succession,
ou de dissolution légale d'une société dont les biens se trouvaient

grevés d'hypothèques. Aucune de ces circonstances ne nous paraît de nature à motiver cette dispense de renouvellement. La faillite ne peut exercer aucune influence sur le sort des créanciers hypothécaires qui étaient inscrits, avant sa déclaration, sur les biens du failli. Elle doit leur rester absolument étrangère en tant que ces créanciers procèdent en cette qualité, qui ne leur permet point de participer comme tels aux opérations de la faillite. Ces créanciers doivent donc continuer d'agir, pour la conservation de leur hypothèque, comme si la faillite n'avait pas eu lieu. Il en est de même des créanciers qui étaient inscrits avant l'acceptation bénéficiaire de la succession de leur débiteur. Cette acceptation ne leur permet plus aujourd'hui de prendre des inscriptions nouvelles sur les biens du défunt; mais ils doivent empêcher que leurs inscriptions antérieures ne tombent en péremption, aucune purge des biens ne s'étant opérée. Il en est ainsi, et à plus forte raison, en cas de dissolution d'une société dont les biens sont grevés d'hypothèques, les créanciers sociaux ayant le droit de s'inscrire, même pour la première fois, après cette dissolution.

Tout ce que nous venons de dire à l'égard des ventes volontaires s'applique à celles de ces ventes qui ont été faites même en justice, car il y a même raison à leur égard.

SEPTIÈME QUESTION.

Comment doit s'opérer la purge des hypothèques ?

Les Cours se sont d'abord occupées, sur cette question, de reconnaître quelles étaient les personnes qui devaient être considérées comme aptes à opérer cette purge des biens ou des droits qu'elles ont acquis.

Les art. 2183 et 2184 du Code civil admettent à remplir cette formalité les acquéreurs et les donataires des immeubles; et, en maintenant cette disposition, il conviendra d'ajouter au n° 2 du premier de ces articles la mention de l'acte de donation à celle qui y est faite de l'acte de vente; mais convient-il d'étendre, comme il a été proposé, les dispositions de ces articles aux échangistes, à ceux qui ont obtenu un droit d'usufruit, d'usage ou d'habitation, une servitude, une emphytéose, une antichrèse, un bail, une cession de fruits, enfin aux acquéreurs d'une coupe de bois?

La règle à suivre à cet égard se trouve dans la loi même, aux termes de laquelle ne doivent être purgés que les contrats translatifs de la propriété de biens immeubles ou de droits réels immobiliers. C'est ce qui résulte, indépendamment des dispositions des art. 2118 et 2181 du Code civil, de tous les principes de la matière. Les acquéreurs et les donataires ne peuvent, en effet, avoir à affranchir que les biens et droits qui ont été susceptibles d'être grevés de priviléges et d'hypothèques. Au nombre des contrats qui sont dans le cas de donner lieu à cette purge, se trouvent essentiellement les actes d'échange. La purge d'un contrat de cette nature procurera l'avantage d'affranchir les immeubles reçus par chacun des échangistes des hypothèques inscrites sur son cocontractant, tandis qu'aujourd'hui ces biens restent grevés de ces hypothèques, en même temps qu'ils sont frappés des hypothèques générales acquises sur leur nouveau possesseur.

Il ne peut non plus y avoir de doute à l'égard des actes qui ont assuré un usufruit sur des immeubles, puisque le Code, par son article 2118, a réputé cet usufruit un droit immobilier; mais il ne saurait en être de même, sauf l'emphytéose, quant aux autres droits que nous venons d'énumérer, par le motif péremptoire qu'aucun d'eux n'étant susceptible d'être grevé d'hypothèques, ne peut éprouver le besoin d'être purgé. Les créanciers inscrits sur les biens à raison desquels ont été consenties des conventions de cette nature peuvent seulement s'opposer à leur exécution si elle est dans le cas de leur nuire, car alors on doit supposer que la convention a été faite en fraude de leurs droits.

Nous avons déjà dit qu'il ne nous paraissait pas possible d'autoriser les créanciers à purger les hypothèques légales qui existent sur les biens de leur débiteur, parce qu'il ne s'est opéré par le fait de l'obtention de leurs créances aucune mutation de la propriété, et que l'hypothèque qu'ils ont obtenue n'a formé qu'un droit purement mobilier.

Les copartageants n'ont rien acquis non plus de leurs cohéritiers par l'effet du partage auquel il a été procédé entre eux. Ils sont réputés tenir de l'auteur commun tous les biens qui ont été compris dans leur lot ou qu'ils ont acquis par suite d'une licitation. S'ils res-

tent tenus hypothécairement des portions de dettes qui ont été mis
à la charge des autres successibles, c'est en leur qualité d'héritier
mais, cette qualité étant indélébile, rien ne peut la purger.

Les biens qui ont été cédés à titre d'emphytéose ont été, par ur
jurisprudence qu'on ne conteste plus aujourd'hui, reconnus susce
tibles d'être grevés d'hypothèques du chef de la personne qui les
obtenus à ce titre. Ces sortes de contrats doivent, en effet, être cor
sidérés, à plus forte raison encore que ceux qui ont créé un usu
fruit, comme ayant opéré un démembrement de la propriété, puis
qu'ils ont accordé le droit de percevoir tous les fruits d'un immeub
pour un temps qui excède la durée ordinaire de la vie d'un usufrui
tier. Il est dès lors conforme aux principes, non-seulement que l'em
phytéote puisse purger le droit qu'il a acquis, mais que ceux qui or
obtenu tout ou partie de ses droits jouissent de cette faculté à l'é
gard de ses créanciers personnels.

Nous avons dit également que les droits d'usage ou d'habitation
qu'ils aient été acquis à titre gratuit ou onéreux, ne devraient pa
pouvoir être opposés aux créanciers inscrits sur les immeubles qu
en ont été grevés, parce qu'il n'a pu dépendre du débiteur d'atté
nuer, au préjudice des droits que ces créanciers ont acquis, la valeu
des biens qui leur servent de gage. Il en devrait être de même, e
par les mêmes raisons, à l'égard des servitudes. Les baux font par
tie, au contraire, de l'administration qu'a conservée le débiteur, et le
créanciers du bailleur ne peuvent les attaquer s'ils sont empreint
de dol; mais ne donnant droit qu'à la perception des fruits de l'im
meuble affermé et n'ayant ainsi porté que sur des choses puremen
mobilières, ils ne sont aucunement susceptibles d'être purgés. Il er
est de même des cessions de fruits qui forment le revenu ordinair
des biens, et que les inscriptions des créanciers ont été hors d'éta
d'atteindre. Quant aux coupes extraordinaires de bois, les créan
ciers dont elles compromettraient l'hypothèque ont seulement le droi
de s'opposer à ce qu'elles soient faites; mais leur produit, destiné à
être mobilisé, n'est pas davantage dans le cas d'être purgé.

Tout vendeur est déchu de son privilége faute par lui de l'avoir
fait inscrire à temps, et ainsi au plus tard dans la quinzaine de la
transcription du contrat de revente, s'il s'agit d'une vente volontaire,
ou, si la revente a été forcée, avant l'adjudication définitive des biens.
Un privilége de cette nature ne peut en effet conserver son efficacité

que s'il a été rendu public. Peu importe que l'origine de la propriété n'ait pas été mentionnée dans le dernier acte de vente. Aucune signification n'est à faire aux vendeurs qui ne se sont point inscrits, et l'acquéreur n'est point obligé de les constituer en retard de s'inscrire; mais on a demandé que les vendeurs fussent en outre déchus de toute action en résolution faute de paiement du prix qui leur est resté dû, et cette disposition, prise dans un sens absolu, serait difficile à admettre.

Il est nécessaire de distinguer le cas où la dernière aliénation a été volontaire de celui où elle n'a été que le résultat d'une expropriation. Aux termes de l'art. 717 de la nouvelle loi sur les ventes judiciaires d'immeubles, la demande en résolution que peuvent intenter les vendeurs non payés n'est recevable, en ce dernier cas, qu'autant qu'elle a été formée avant l'adjudication définitive des biens, et on en conçoit parfaitement le motif. Les anciens vendeurs ont été avertis par les placards affichés, par les insertions dans les journaux et par la publicité des poursuites de la saisie, de la vente judiciaire qui allait s'opérer, et ils ont eu tout le temps nécessaire pour s'inscrire avant qu'elle ait eu lieu. S'ils ont rempli cette formalité, une sommation doit leur être faite d'avoir à former, avant la vente, leur demande en résolution. Lors même que les anciens vendeurs ne se sont pas fait inscrire, ils sont reçus à former cette demande, pourvu que ç'ait été avant l'adjudication; mais, faute de s'être ainsi pourvus, la loi ne permet pas qu'ils puissent déposséder l'adjudicataire qui a acquis sur la foi d'une vente publique, qui a payé des frais qui, presque toujours, seraient perdus pour lui, et qui perdrait les biens lors même qu'il se serait libéré de leur prix. Aucun de ces motifs n'existe si la vente a été volontaire. Les anciens vendeurs n'ont été aucunement avertis de l'aliénation qui a eu lieu et de l'urgence qu'il y avait à ce qu'ils conservassent leur privilége ou exerçassent une action en résolution. Une revente précipitée pourrait les rendre victimes d'une fraude. On ne peut, dans aucun cas, leur préférer le nouvel acquéreur qui aurait dû se faire représenter les titres de la propriété, et qui aurait reconnu alors que le prix des immeubles n'avait point été payé. Aussi la loi nouvelle sur les ventes judiciaires d'immeubles n'a-t-elle point abrogé la disposition portée en l'art. 834 du Code de procédure qui conserve aux vendeurs, quand l'aliénation a été volontaire, les droits qui résultent à leur profit des art. 2108 et 2109 du Code civil, lorsque au contraire elle en fait encourir la déchéance, dans le cas qu'elle exprime, lorsque la vente a été forcée. Cette distinction importante est donc de nature à être conservée. Seulement, nous aurons à examiner la question de savoir s'il ne conviendrait pas d'ordonner que le vendeur qui a produit à l'ordre ouvert par suite d'une revente volontaire sera déchu du droit de former sa demande en résolution de la vente qu'il a consentie s'il n'a point intenté son action avant la clôture de l'ordre. La loi que l'on projette aura aussi à s'occuper, sous ce rapport, des vendeurs qui n'auront pas fait cette production, et nous présenterons nos observations à cet égard sur l'art. 2108 du Code civil.

Les Cours se sont ensuite expliquées sur les formalités à remplir pour arriver à la purge de chaque nature d'hypothèque, et quelques propositions générales ont été faites sur ce point, mais il est plusieurs des moyens proposés qui ne paraissent pas dans le cas d'être admises. Ainsi, nous ne pensons pas qu'il soit utile de faire déclarer par un acquéreur volontaire, au moyen d'une inscription qu'il prendrait *ad hoc*, qu'il a l'intention de purger, car cette annonce ne pourrait suppléer au fait qui ne se réalise que par l'accomplissement des formalités prescrites par la loi, et ce fait rend inutile toute annonce préalable. Les créanciers n'ont pas besoin d'être avertis que quinze jours leur sont accordés pour s'inscrire à compter de la transcription du contrat, puisque ce droit résulte à leur profit des dispositions mêmes du Code, et que, au surplus, ils ont dû veiller à leurs droits. Il ne paraît pas non plus possible d'exiger que l'acquéreur donne l'évaluation, en faisant signifier son contrat, des charges de toute nature qu'il s'est soumis à supporter, car il est plusieurs de ces charges qui n'ont aucun prix pour les tiers, et qui n'ont fait que réserver aux vendeurs l'exercice de quelques droits purement personnels. L'estimation prescrite par la loi ne s'applique qu'aux clauses et conditions qui ont une valeur réelle à l'égard de toute personne. Ce sont effectivement les seules dont les créanciers inscrits sont à portée de profiter. Enfin, nous ne regarderions pas comme convenable que les créanciers pussent contester les évaluations que l'acquéreur a faites lors de la notification de son contrat d'acquisition des charges qui lui ont été imposées, puisque ce serait aller au delà des obligations que cet acquéreur a seulement entendu contrac-

ter envers eux. Les créanciers du vendeur ne peuvent que surenchérir, et les charges que l'acquéreur devait supporter se convertissent
alors en la somme que la revente a fait obtenir.

Quant à la purge en elle-même, le jugement d'adjudication suffit,
à l'égard des ventes forcées, pour purger les hypothèques ordinaires.
Ce point de droit n'a cependant été établi que par la jurisprudence,
et il mériterait d'être consacré par la loi. Si l'on n'a point accordé
aux créanciers du saisi un délai surérogatoire pour s'inscrire, c'est
qu'ils ont été suffisamment avertis de se mettre en mesure par les
formalités que l'expropriation a rendues publiques, et il serait su-
rabondant de leur donner un nouvel avis par la voie des journaux.

La Faculté de droit de Poitiers s'est demandé s'il était nécessaire
de conserver le délai accordé aux créanciers par l'art. 834 du Code
de procédure pour s'inscrire après la transcription du contrat, et
elle a cru pouvoir se prononcer pour la négative, en se fondant sur
ce que cette transcription ne constituait pas une mise en demeure ;
que la faculté de s'inscrire après qu'elle a eu lieu jetait de la confusion dans les opérations de la purge, et divisait mal à propos les
créanciers en deux classes, l'acquéreur ne devant faire signifier son
contrat d'acquisition qu'à ceux de ces créanciers qui étaient inscrits
avant que la transcription ait eu lieu, et en étant dispensé quant
aux autres.

Ce n'a pourtant pas été sans de graves motifs que nos législateurs
ont porté la disposition que la Faculté critique. L'expérience avait
déjà démontré, lorsqu'a été porté l'art. 834 du Code de procédure,
combien de surprises et de fraudes pouvait occasionner une purge
aussi rapide que celle qui s'opérait par le seul effet de la transcription du contrat d'aliénation resté jusqu'alors inconnu, et elle a voulu
en prévenir l'effet en accordant un délai qui mît les créanciers à
même de l'inscrire après que la transcription a donné à cet acte
une sorte de publicité. Aussi n'a-t-on jamais réclamé dans la pratique des affaires contre cette disposition, et aucun inconvénient ne
paraît en être résulté. Quant aux reproches que la Faculté de Poitiers lui adresse, rien ne serait plus facile que d'y remédier.

Quelques Cours ont même demandé que, loin d'abréger ce délai
de quinzaine, on en augmentât la durée ; mais on devrait craindre
de trop prolonger le temps pendant lequel l'acquéreur ne pourrait
se libérer, ni le vendeur réclamer le prix de l'aliénation qu'il n'a

souvent consentie que pour subvenir à d'urgentes nécessités. Il serait infiniment préférable que l'acquéreur qui veut purger fût astreint à faire insérer un extrait de son contrat d'acquisition dans un journal d'annonces, pour faire courir le délai de quinzaine pendant lequel les créanciers du vendeur peuvent encore prendre une inscription utile. Cette mesure donnerait à la vente la publicité que la Faculté de Poitiers lui désire, et que la seule transcription du contrat ne pourra jamais qu'imparfaitement procurer. Il serait encore très à propos que l'acquéreur fût astreint à faire signifier son contrat aux créanciers qui ne se sont inscrits que dans ce délai de quinzaine, car, au moyen de ces nouvelles inscriptions, le sort de tous les créanciers qui se sont fait inscrire est devenu égal. Cette notification formerait le contrat qui doit intervenir entre l'acquéreur et les créanciers dont il veut purger les hypothèques. Elle ne retarderait que de peu la surenchère que les créanciers inscrits dans la quinzaine ont aussi le droit d'établir, et elle procurerait, par un moyen uniforme quant aux hypothèques ordinaires, la purge complète de la propriété.

La Cour royale de Bordeaux a cru trouver une antinomie entre l'art. 2109 du Code civil, qui accorde aux copartageants un délai de soixante jours pour faire inscrire leur privilége, et l'art. 834 du Code de procédure qui exige que l'inscription soit prise dans la quinzaine de la transcription du contrat. La Cour a demandé ce qui devait arriver lorsque le copartageant débiteur de la soulte avait disposé des biens qui lui étaient avenus immédiatement après le partage, et que l'acquéreur avait fait transcrire tout de suite le contrat de son acquisition. La Cour a supposé que, la quinzaine expirée, le copartageant avait perdu la faculté de s'inscrire, quoique l'art. 2109 lui assure son privilége pourvu que l'inscription soit prise dans les soixante jours. Pour remédier à cet inconvénient, la Cour a proposé d'astreindre les créanciers ayant un pareil privilége à s'inscrire dans le délai de quinzaine pour conserver le droit de surenchérir, mais de leur laisser le délai de soixante jours pour prendre une inscription qui leur assurerait le droit de venir à leur rang sur le prix des biens aliénés.

Cette distinction sage paraît dès à présent établie par la loi. L'art. 2109 accorde, il est vrai, soixante jours aux cohéritiers ou copartageants pour faire inscrire leur privilége, mais ce n'est que pour empêcher, comme le porte le même article, que, pendant ce temps, aucune hypothèque puisse être acquise au préjudice du créancier de la soulte ou du prix de la licitation. Ce délai n'a donc été accordé qu'à l'égard des autres créanciers du même débiteur. L'art. 834 du Code de procédure, après avoir dit que les créanciers ayant une hypothèque ne seront reçus à surenchérir que s'ils se sont inscrits dans la quinzaine de la transcription du contrat, ajoute qu'il en sera de même à l'égard des créanciers ayant un privilége sur les immeubles vendus. Ces créanciers privilégiés n'ont donc qu'un délai semblable à celui qui a été accordé aux créanciers ordinaires pour s'inscrire, s'ils veulent conserver le droit de former une surenchère ; mais l'art. 834 ajoute que c'est sans préjudice des autres droits qui résultent à ces créanciers de l'art. 2109 du Code civil. Les créanciers privilégiés conservent donc le délai de soixante jours à dater de l'acte de partage ou de licitation, pour prendre l'inscription conservatrice de leur privilége, et cette inscription leur donnera le droit de se présenter à l'ordre pour requérir leur collocation à son rang. Cependant, comme les dispositions de l'art. 834 du Code de procédure sont dans le cas d'être insérées dans le Code civil, il importera d'établir dans des termes plus précis que ceux contenus dans les Codes actuels la distinction que la Cour royale de Bordeaux propose. Il conviendrait aussi que, en assujettissant l'acquéreur à faire dénoncer le contrat, pour compléter la purge, aux créanciers qui ne se seront fait inscrire qu'après la transcription, le Code ne fît courir le délai de la surenchère à l'égard de ces créanciers qu'à compter du jour de cette notification.

Nous nous rangeons tout à fait à l'avis des Cours qui ont pensé que la purge des hypothèques légales ne pouvait s'opérer qu'en remplissant des formalités plus rigoureuses que celles qui ont été prescrites à l'égard des autres créanciers. La position où se trouvent les femmes et les mineurs en fait une nécessité véritable. Une insertion du contrat de vente dans un journal judiciaire remplacerait même avantageusement, en matière de purge légale, l'affiche de ce contrat dans l'auditoire du tribunal, où, se trouvant confondue avec une foule d'autres annonces, elle n'appelle pas assez les regards. Enfin, les prescriptions contenues en l'avis du conseil d'État du 1er juin 1807 ont suppléé à une lacune du Code, et il serait à propos de les y insérer ; mais nous ne pensons pas que l'on doive réduire le délai de deux mois qui est accordé pour l'inscription des hypothèques légales, aux quarante jours qu'ont les créanciers pour surenchérir. Ces deux sortes de droits ont des objets totalement différents; ils ne peuvent même s'exercer que l'un après l'autre puisqu'il faut que la femme ou les mineurs soient inscrits pour qu'ils puissent exercer une surenchère, et l'on sent qu'il faut plus de temps à une femme et à des mineurs, ou à leurs parents et amis qui sont dépourvus de titres et de renseignements, pour inscrire une hypothèque légale, qu'il n'en faut à un créancier pour s'assurer de la valeur des biens qu'il veut surenchérir.

Pour se procurer une plus grande certitude que les notifications qui doivent être faites à une femme pour arriver à la purge de son hypothèque légale lui seront parvenues, on pourrait ordonner que sur la signification que doit en recevoir le procureur du roi, ce magistrat mandera la femme à son parquet pour lui faire la remise de l'acte, ou que, dans le cas où le domicile de la femme serait trop éloigné, le procureur du roi transmettra l'exploit qu'il a reçu au juge de paix du lieu qui remplira cette formalité. Ce moyen paraîtrait préférable à une remise de l'exploit au bureau du conservateur où il resterait enfoui.

La Cour royale de Pau s'est effrayée des conséquences qu'entraîne la purge de l'hypothèque légale des femmes et des mineurs; elle en a donné pour motif que ces sortes de personnes sont presque toujours hors d'état de surenchérir, puisqu'elles ne peuvent contracter un engagement valable, et que trouver une caution doit être pour elles très difficile; que, si elles ont été colloquées, elles ne peuvent recevoir elles-mêmes les sommes qui leur appartiennent, et qu'elles se trouvent forcées de les laisser rentrer dans les mains de leur mari ou tuteur, qui a cependant perdu le principal gage de sa solvabilité; qu'il faudrait donc, pour prévenir la perte de pareilles créances, que l'acquéreur fût tenu de conserver en ses mains le montant des collocations faites au profit de la femme ou des mineurs, ce qui, souvent, ne lui conviendrait pas, ou qu'il le consignât, ce qui pourrait exposer les deniers. La Cour a proposé, pour obvier à ces inconvénients, de faire intenter une action par l'acquéreur, à l'effet de reconnaître si le mari ou le tuteur possède encore des biens suffisants pour répondre des créances de la femme ou des mineurs, sinon, pour en faire ordonner l'emploi. Quant à la surenchère que ne peuvent que si difficilement exercer des créanciers de cette nature, la Cour n'a trouvé d'autre moyen de la remplacer que de laisser subsister l'hypothèque légale sur les biens vendus, malgré la purge au moyen de laquelle l'acquéreur a voulu les en affranchir.

Les dangers signalés par la Cour nous paraissent avoir été exagérés, et les moyens qu'elle indique pour s'en garantir ne nous semblent pas praticables. Une femme obtient facilement sa séparation de biens, si son mari est réellement devenu insolvable. Elle peut alors surenchérir en se faisant autoriser en justice ; elle peut trouver une caution, et, en recevant le montant de sa collocation, en faire un emploi utile. Un tuteur qui a vendu ses biens doit paraître peu capable, à raison de son insolvabilité, de conserver la tutelle ; au moins le subrogé tuteur est-il à même de prendre, avec l'autorisation du conseil de famille, les mesures qui assureront le placement du montant de la collocation des mineurs. Quand des moyens si simples peuvent être employés, comment se décider à faire intenter une action frayeuse, blessante pour le mari, et à laquelle l'acquéreur qui devrait la former n'aurait aucun intérêt personnel ? On ne peut davantage remplacer la surenchère par l'hypothèque légale qu'on laisserait subsister sur les biens vendus malgré la purge qui en aurait eu lieu, et dont on détruirait ainsi tout l'effet. Cette hypothèque, primant d'ailleurs presque toujours celles des autres créanciers, assure un rang utile aux créances de la femme ou des mineurs, qui ont ainsi moins d'intérêt que personne à surenchérir. Les innovations proposées par la Cour royale de Pau ne nous paraissent donc pas dans le cas d'être admises.

Il convient assurément de chercher à diminuer autant que possible les frais qu'occasionne l'accomplissement des formalités prescrites pour arriver à la purge des hypothèques légales, surtout lorsque ces frais se trouvent sans proportion avec le prix provenu de la vente des biens. L'intérêt de la femme et des mineurs diminue, en effet, à proportion de la modicité de ce prix. On ne pourrait néanmoins adopter en thèse générale les réformes proposées à cet égard par la Cour royale d'Angers, mais seulement lorsque le prix de la vente ne dépasserait pas une certaine somme que l'on pourrait fixer, par exemple, à 1,000 francs. Il suffirait alors, comme la Cour le demande, d'une insertion des principales dispositions du contrat dans un journal d'annonces ; de la remise, sur récépissé, d'un exemplaire de ce journal au parquet du procureur du roi, et d'une signification de cette insertion à la personne même de la femme ou du subrogé tuteur. La copie serait remise, en leur absence, au juge de paix du canton qui serait chargé de la leur faire parvenir, et l'hypothèque légale devrait être inscrite dans les deux mois à compter de cette signification.

Il a été longtemps admis par la jurisprudence que l'adjudication définitive des biens vendus sur saisie immobilière suffisait pour purger les hypothèques légales non inscrites, sans qu'il fût nécessaire d'accomplir aucune autre formalité. Cette jurisprudence n'a changé depuis quelques années que parce que ce mode de purge n'a pas paru suffisamment autorisé par le Code ; mais plusieurs Cours demandent qu'il soit admis par la nouvelle loi. Ce qui doit y engager, c'est que toutes les formalités prescrites pour arriver à cette purge ne tendent qu'à procurer à la femme et au subrogé tuteur la connaissance de l'aliénation qui a eu lieu, afin de les mettre à même de s'inscrire ; tandis que, à l'égard des ventes forcées, une publicité plus efficace remplace celle qui doit être donnée en matière de purge. La transcription de la saisie au bureau des hypothèques ; le dépôt au greffe du cahier des charges ; la lecture de ce cahier à une audience publique ; l'insertion de la saisie dans un journal ; l'affiche des placards dans tous les lieux publics de la commune et des lieux circonvoisins, ainsi qu'à la porte même du domicile du saisi : tous ces actes patents donnent à la vente forcée une telle notoriété, qu'il est impossible que la femme ou le subrogé tuteur n'en acquièrent pas connaissance et qu'ils n'aient pas ainsi été mis à même d'inscrire les droits qu'ils avaient à conserver. Que peut-on espérer de plus d'un dépôt du jugement d'adjudication au greffe du tribunal où la minute de ce jugement existe déjà, et d'une signification qui n'a pour objet que d'apprendre à la femme ou au subrogé tuteur l'expropriation qu'ils n'ont pu ignorer ? Ce serait donc le cas d'ordonner, comme ces Cours en ont émis l'avis, que le poursuivant sera seulement tenu de faire signifier à la femme ou au subrogé tuteur un placard annonçant la vente, et que l'adjudicataire leur fera dénoncer le jugement d'adjudication, en les sommant d'avoir à s'inscrire dans le délai de quarante jours à compter de cette dernière notification, faute de quoi l'hypothèque légale demeurera purgée.

En arrivant aux effets que doit produire la purge des hypothèques légales, on voit avec plaisir la Cour de cassation joindre ses
efforts à ceux de presque toutes les autres Cours du royaume, pour
faire admettre que toutes les personnes qui ont une hypothèque de
cette nature et qui ont été dispensées par la loi de la faire inscrire,
pourront requérir leur collocation malgré la purge qui a été opérée
de leur hypothèque, et jusqu'à la clôture de l'ordre, lors même
qu'elles n'auraient pris aucune inscription sur les biens. La Cour
suprême n'a repoussé jusqu'à présent les collocations requises dans
de semblables circonstances que parce que le Code ne permettait
pas, au moins implicitement, de les attribuer, et qu'il paraissait
même s'y opposer par quelques-unes de ses dispositions générales,
tandis que les Cours royales pensaient que le cas n'avait pas, il est
vrai, été prévu par le Code, mais qu'il était à propos de suppléer au
silence de la loi en admettant un droit si digne d'être favorisé. Aujourd'hui qu'il s'agit de préparer une loi plus complète, toutes les
opinions se réunissent pour reconnaître que la purge des hypothèques légales n'a été autorisée que dans l'intérêt des seuls acquéreurs,
et non pour avantager, au détriment des femmes et des mineurs,
les autres créanciers inscrits sur la propriété; qu'à l'égard de ces
créanciers, les hypothèques légales ont subsisté sans inscription depuis leur origine, et qu'elles doivent, quant à ces créanciers, continuer à jouir de la faveur qui leur a été accordée; que l'on n'occa-
sionnera en cela aucun changement dans les droits hypothécaires
qui ont été acquis sur les biens, puisque l'ordre ne sera fait que
d'après le rang qu'avaient les hypothèques légales au jour de l'aliénation des immeubles du débiteur ; et l'on a dit enfin que les motifs qui
ont fait craindre que les créanciers ayant une hypothèque légale né-
gligeassent de s'inscrire avant la vente, avaient la même force quant
aux inscriptions qu'ils devraient requérir avant que les biens en
eussent été purgés, et que l'on exposerait trop souvent les femmes, les
mineurs et les interdits à perdre leurs créances faute d'avoir pris
une inscription à temps ; qu'il suffit que la purge ait mis les acquéreurs à couvert de tout droit de suite et de surenchère de la part
des créanciers ayant une hypothèque légale et que le défaut d'inscription ait dispensé d'appeler ces créanciers à l'ordre, sans pousser
la rigueur jusqu'à leur ôter la faculté d'y intervenir pour faire valoir des droits que la loi aurait vainement voulu leur conserver.

On oppose que les hypothèques légales doivent avoir un terme ; mais, quant à l'acquéreur, ce terme arrive au jour où la purge s'est accomplie par l'expiration du délai pendant lequel ces hypothèques auraient dû être inscrites. Ce n'est qu'à l'égard des créanciers du vendeur que l'hypothèque légale qui est dispensée d'inscription en ce qui les concerne ne peut cesser de produire son effet tant que le prix qu'elle a frappé comme si elle était inscrite ne leur a pas encore été définitivement attribué. Une Cour a dit qu'on s'exposera à causer une grave perturbation dans les opérations de l'ordre. Il ne pourra y en avoir aucune si les créanciers ayant une hypothèque légale ont produit avant le règlement provisoire, puisque le rang de tous les créanciers est encore à déterminer. Si ce n'a été que plus tard, il suffirait de faire supporter aux retardataires les frais et les dommages et intérêts que leur production tardive a pu occasionner, en leur appliquant les dispositions de l'art. 757 du Code de procédure qui ont été portées précisément pour un semblable cas. Si donc on reconnaît qu'il n'existe aucun motif sérieux qui empêche d'admettre une disposition qui serait aussi conforme aux principes de la matière, il sera nécessaire en l'énonçant, et pour la mettre d'accord avec ce qui est dit aux art. 2180 et 2195 du Code civil, d'opérer quelques changements dans la rédaction de ces deux articles, sur les dispositions desquels nous aurons, au surplus, dans la seconde partie, occasion de revenir.

Plusieurs Cours et plusieurs Facultés ont demandé que les créanciers ayant une hypothèque légale n'aient pour surenchérir que le même délai que celui qui leur est accordé pour s'inscrire par suite de la purge que veut opérer l'acquéreur ; mais nous ne pouvons nous persuader que cette restriction soit dans le cas d'être admise. Il arriverait, en effet, ou que l'on abrégerait de fait le délai de deux mois pendant lequel ces créanciers sont autorisés à prendre une inscription utile, ou que l'on ne leur en accorderait aucun pour surenchérir. On sait cependant combien les femmes et les mineurs doivent éprouver de difficultés lorsqu'il s'agit de prendre des inscriptions conservatrices de droits qu'ils peuvent si rarement connaître. Leur embarras est peut-être plus grand lorsqu'ils ont à exercer une surenchère et à en remplir les conditions. Ainsi la loi leur a-t-elle accordé deux mois pour s'inscrire à dater de l'acte de dépôt de l'acte de vente au greffe, tandis qu'il n'a été accordé que quinze jours aux autres créanciers à compter de la transcription du contrat. Les créanciers ayant une hypothèque légale doivent pouvoir se servir du délai qui leur a été imparti, pendant toute sa durée; et il est dès lors indispensable de leur en accorder un nouveau pour qu'ils puissent s'assurer s'ils sont dans le cas d'exercer une surenchère, et pour les mettre à même de fournir la caution qui est exigée alors. On a dit qu'il serait contraire aux principes de leur conserver un droit de suite sur les biens qui ont été purgés; mais ce raisonnement nous paraît ne reposer que sur une confusion d'idées. Pour que les immeubles vendus aient été dégrevés des hypothèques légales, il faut qu'aucune inscription n'ait été requise pour la conservation de ces hypothèques dans les deux mois de la purge opérée par l'acquéreur, et, dans ce cas, aucune surenchère ne peut être exercée dans l'intérêt de la femme ou des mineurs; mais si, au contraire, une inscription a eu lieu dans ce délai, les biens n'ont pas été dégrevés. Loin de là, ils se trouvent frappés de l'hypothèque légale à l'instar des autres créances inscrites, et une surenchère peut être établie au nom de la femme ou des mineurs de même que par tous les autres créanciers inscrits sur la propriété. Il convient donc d'accorder un temps quelconque pour que ce droit puisse être exercé, et, par assimilation aux surenchères ordinaires, de le fixer à quarante jours. Ce délai ne devrait aussi commencer à courir qu'à compter de l'inscription prise par la femme ou les mineurs pendant le cours de la purge. Quant aux hypothèques légales inscrites avant la transcription du contrat, elles resteraient, sans difficulté, soumises au droit commun.

Plusieurs Cours ont reconnu qu'il serait fort à propos de simplifier les formalités imposées à un acquéreur pour qu'il puisse consigner le prix de son acquisition. La procédure qui doit avoir lieu alors occasionne, en effet, des frais considérables, presque toujours sans utilité, et qui, se prélevant sur le prix de la vente, aggravent la condition des créanciers sur qui les fonds doivent manquer. Ainsi, il faut, outre l'acte qui contient les offres réelles que l'acquéreur doit faire et le procès-verbal qui constate que la consignation a été effectuée, que l'acquéreur assigne le vendeur et tous les créanciers inscrits sur les immeubles vendus, afin de faire statuer sur le mérite de sa consignation. La Cour royale de Rouen a proposé de n'appeler dans cette instance que le vendeur et le premier créancier inscrit sur les biens, plutôt, a-t-elle dit, que le dernier de ces créanciers qui ne vient pas toujours en ordre utile. Mais on peut objecter que le créancier dont l'inscription prime toutes les autres aurait peu d'intérêt à contester la suffisance de cette consignation, et qu'on le chargerait ainsi de défendre des intérêts qui lui sont étrangers. On ne pourrait même savoir toujours quel est le créancier qui doit le premier venir en ordre utile, son rang pouvant dépendre des contestations qui s'élèveront sur sa collocation. Il y aurait, selon nous, une autre marche à suivre, et nous prendrons la liberté de l'indiquer dans la deuxième partie, sur l'art. 2186 du Code civil.

La Cour royale d'Angers voudrait que le cautionnement que doit fournir un surenchérisseur fût réduit à ne porter que sur le dixième du prix moyennant lequel la vente a été consentie ainsi que de ses accessoires, ou du montant de l'estimation que le donataire a faite des biens dont il a été gratifié, lors de la signification qu'il a fait faire aux créanciers inscrits sur le donateur du contrat qui contient la disposition qui a eu lieu. Elle s'est fondée sur ce que l'immeuble vendu, ou donné, devait être réputé suffisant pour répondre du prix qui avait été déclaré; qu'il n'était besoin d'une garantie nouvelle qu'à raison des frais que la surenchère allait occasionner, et pour répondre des dommages que le retard apporté à la distribution du prix pourrait faire éprouver aux créanciers inscrits. La Cour a dit enfin que l'on ne devait point chercher à traiter trop rigoureusement le créancier qui ne surenchérissait presque jamais que pour éviter de perdre une partie au moins des sommes qui lui étaient dues; mais la Cour royale de Pau, qui s'est occupée de la même question, a dit aussi, et selon nous avec juste raison, que lorsqu'une surenchère n'a point été couverte et que le créancier qui l'a faite ne paie point le prix qu'il a offert, les biens doivent être revendus à la folle enchère, et que rien ne garantirait alors les créanciers de la perte que leur ferait éprouver la baisse du prix de l'immeuble, qui même, dans l'intervalle, peut venir à périr; qu'il ne faut pas que des craintes mal fondées ou la valeur exagérée que l'on a prêtée à un immeuble multiplient, au détriment des véritables intéressés, les procédures coûteuses qu'une surenchère doit toujours occasionner. Il nous semble aussi que lorsqu'un créancier s'oblige à faire monter le prix d'un immeuble à la valeur qu'il lui a donnée, il doit faire porter son cautionnement sur l'accomplissement entier de sa promesse, afin que, n'agissant qu'avec prudence, il ne s'expose pas à causer un dommage qui ne serait pas réparé.

HUITIÈME QUESTION.

Qnels sont les moyens à employer pour régler les effets du concours des hypothèques générales avec les hypothèques spéciales?

Les conséquences fâcheuses qui résulten t de ce concours n'ont pas été prévues par le Code, et, en l'absence de règles portées à cet égard, une jurisprudence fixe a été hors d'état de s'établir. Toutes les Cours se sont, il est vrai, accordées pour reconnaître aux créanciers ayant une hypothèque générale le droit de se faire payer sur le prix de l'immeuble qu'il leur a plu de choisir; mais ce principe incontestable peut avoir cependant des effets désastreux. Le sort de tous les créanciers n'ayant qu'une hypothèque spéciale sur une partie seulement des biens du débiteur a dépendu du résultat de cette option. Si le créancier a fait porter sur l'un des immeubles seulement la totalité de son hypothèque générale, ceux qui n'avaient que cet immeuble pour gage se sont trouvés frustrés de la totalité ou de la plus grande partie de leurs droits, tandis que les créanciers dont l'hypothèque portait sur d'autres biens ont vu s'évanouir la créance qui les aurait primés, et ont obtenu des collocations qui ont dépassé toutes leurs espérances. Ce n'a pas même été toujours par l'effet du hasard que ces chances diverses se sont réalisées. Les créanciers ayant une hypothèque générale ont quelquefois spéculé sur l'avantage qui leur appartenait de pouvoir disposer à leur gré du sort des créanciers n'ayant qu'une hypothèque spéciale, et des collusions illicites se sont établies entre eux et les créanciers qu'ils ont consenti à favoriser. Des plaintes nombreuses se sont élevées par suite de ces manœuvres coupables, sans que les magistrats se soient toujours trouvés à même de les punir. Aussi presque toutes les Cours du royaume ont-elles reconnu qu'il était d'une grande importance de régler les effets d'un pareil concours, et se sont-elles occupées des moyens d'y parvenir.

Les diverses propositions qui ont été faites à cet égard se réduisent, en quelque 'sorte, à subroger les créanciers à hypothèque spéciale au bénéfice de l'hypothèque générale qui a été exercée sur l'immeuble qui leur était affecté, jusqu'à concurrence du montant de leurs créances ou de la portion du prix que cette hypothèque les a empêchés de recevoir ; mais il nous semble que ce moyen ne pourrait que difficilement être employé seul.

Aux termes du droit commun, un créancier ne peut être subrogé à l'hypothèque du créancier qui lui est préférable que s'il l'a payé de ses propres deniers. Or, d'après notre système hypothécaire actuel, ce n'est point avec les deniers des créanciers n'ayant qu'une hypothèque spéciale que le créancier dont l'hypothèque est générale a été remboursé : c'est avec le prix provenu de la vente des biens, et ainsi avec des deniers propres au débiteur. La condition principale imposée à toute subrogation légale ne s'accomplit donc point alors. Loin de là, l'hypothèque générale s'est éteinte par l'acquittement de l'obligation à laquelle elle était attachée, et on ne peut la faire revivre au profit de qui que ce soit. Aussi, malgré tous les efforts tentés jusqu'à présent pour faire admettre cette subrogation légale, la Cour de cassation s'est-elle constamment refusée à reconnaître qu'elle avait pu s'opérer.

Cette subrogation, si elle était possible, aurait un grave inconvénient ; elle autoriserait les créanciers qui l'auraient obtenue à exercer sur les autres immeubles du débiteur tous les droits attachés à l'hypothèque générale qu'ils auraient acquise, et, ainsi, à demander sur le prix de chacun des biens de cette nature la collocation du montant total de la créance assurée par cette hypothèque, ce qui ferait renaître, lors de chacune des aliénations de ces biens, le danger qu'on aurait voulu prévenir. A la vérité, on a cherché à éviter ce cercle vicieux, en puisant dans les dispositions du droit relatives aux débiteurs solidaires le principe qui veut que lorsque l'un des débiteurs a acquitté la dette il ne puisse réclamer de chacun de ses coobligés que la portion qui est personnellement à sa charge. Mais, outre qu'il n'existe aucune solidarité entre les immeubles d'un débiteur, même lorsqu'ils sont grevés d'une hypothèque générale, il s'agirait toujours de déterminer la part que chacun de ces immeubles doit supporter dans la créance qui les a frappés tous, ce qui, en définitive, conduirait au principe que nous désirons voir établir.

Il s'agirait de faire ordonner par le Code que le montant de toutes les créances dont l'hypothèque est générale sera réparti, à la date que chacune de ces créances doit obtenir, sur la totalité des immeubles du débiteur, et au marc le franc du prix qui en sera provenu. Une hypothèque générale porte, en effet, sur la généralité et sur chacun de ces immeubles, sans qu'on puisse établir de distinction entre eux. La circonstance qui met dans le cas d'exercer cette hypothèque sur l'un de ces immeubles plutôt que sur les autres ne change rien à l'affectation qui les grève. On ne fera donc que se conformer à la nature des choses, en les faisant contribuer tous à l'extinction de la créance qui les a tous frappés.

Si ce principe est admis, et qu'il ne s'agisse plus que d'en régler les conséquences, le point de départ serait toujours que rien ne doit entraver l'exercice d'une hypothèque générale, quel que soit celui des immeubles du débiteur dont le prix est à distribuer. Le créancier à qui appartient une semblable hypothèque ne peut être contraint de morceler sa créance, ce qui arriverait s'il ne devait recevoir sur chaque ordre que la portion dont l'immeuble aliéné serait dans le cas d'être tenu. Ce créancier ne doit point être traité plus défavorablement que s'il n'avait qu'une hypothèque ordinaire qui lui procurerait le droit de se faire colloquer de suite à raison de tout ce qui lui est dû. La répartition à faire de sa créance sur le surplus des immeubles du débiteur ne le concerne point. Elle ne doit avoir lieu qu'à l'égard des autres créanciers inscrits, et il ne peut aucunement avoir à en souffrir.

Si donc un premier immeuble est vendu et que le créancier dont l'hypothèque est générale vienne à un rang utile, ce créancier devra être colloqué pour tout ce qui lui est dû, sauf à fixer plus tard la répartition de sa créance sur le prix des autres biens du débiteur. Ce créancier ne se présenterait pas, que le sort des autres hypothèques ne devrait pas dépendre de son silence, qui pourrait n'être que le résultat d'un concert. Il suffirait d'une simple demande, que tout intéressé pourrait former sur le procès-verbal de l'ordre, pour que les créanciers n'ayant qu'une hypothèque spéciale sur l'immeuble vendu, ou au moins les derniers d'entre eux, ne pussent toucher les sommes qui leur seraient attribuées qu'en fournissant caution de rapporter la portion du prix qu'ils n'auraient pas dû recevoir si la répartition de l'hypothèque générale avait pu s'opérer sur-le-champ.

Il en serait de même à l'égard des aliénations successives, jusqu'à l'ordre du prix du dernier immeuble du débiteur. La répartition de l'hypothèque générale serait alors facile, puisque le prix de chacun des biens serait déterminé. On agirait comme si la distribution de la totalité de ces prix avait été opérée par le même ordre. Nous devons faire observer que, même dans ce dernier cas, il devrait être procédé à autant de distributions séparées qu'il y a eu d'immeubles frappés d'hypothèques différentes. Il serait impossible, comme il a été proposé, d'admettre les créanciers à être colloqués à la date de leurs inscriptions respectives, sur le prix de biens qui n'étaient point grevés de leur hypothèque. Ce serait détruire les effets de la spécialité qui forme une des bases essentielles de notre système hypothécaire. Les droits de ces créanciers n'ont pu changer par le fait qu'il existait sur les biens du débiteur une hypothèque générale. Ils sont restés concentrés sur les biens qui leur ont été affectés, et ils ne peuvent aucunement s'exercer sur le prix des autres immeubles. Si le prix des biens qui étaient grevés de leurs inscriptions se trouve avoir été diminué, ce n'est qu'à raison de l'hypothèque générale qui était antérieure à la leur, et ils n'ont subi en cela que la condition qui leur était imposée par la loi.

Le résultat de la répartition de l'hypothèque générale sur les différents prix qui seraient provenus de la vente des immeubles du débiteur serait donc de réduire chacun de ces prix à la somme qui resterait après le prélèvement de la part que devait supporter l'immeuble qu'il représente dans le montant de cette hypothèque générale, et chaque ordre s'établirait séparément sur le montant de chacun de ces excédants entre les créanciers qui avaient le même immeuble pour gage, et qui obtiendraient alors tout ce qu'ils doivent avoir.

Il pourra arriver que le prix d'un des premiers immeubles vendus soit absorbé par la collocation d'une hypothèque générale, et l'on se demandera comment la répartition du montant de cette hypothèque sera dans le cas de s'opérer. Cette circonstance ne s'opposerait point à l'application de la règle que nous avons posée, et elle ne ferait que changer le mode de son exécution. Les créanciers spécialement inscrits sur l'immeuble vendu auraient toujours le droit de se réserver, sur le procès verbal de l'ordre, le recours qui leur appartiendrait sur le prix des autres biens du débiteur, pour faire supporter à chacun de ces biens la portion à leur charge dans le montant de l'hypothèque générale, et même, sans cela, ils seraient fondés à intervenir dans les ordres postérieurs pour demander le prélèvement de la somme à laquelle reviendrait cette portion qu'ils auraient ensuite à répartir entre eux d'après le rang de leurs inscriptions respectives. Si le montant de la somme à prélever ne pouvait être reconnu faute de savoir ce que produiront les biens encore à vendre, ces créanciers pourraient demander une caution aux derniers créanciers colloqués dans l'ordre, pour sûreté du rapport auquel ceux-ci seront tenus.

L'on objectera, sans doute, que ces divers droits ne pourront être reconnus à ces créanciers qu'en admettant qu'ils ont été subrogés au bénéfice de l'hypothèque générale qui était attachée à la créance qui a été soldée, ce que nous soutenions tout à l'heure ne pouvoir être admis. Cette subrogation ne peut, en effet, s'opérer aujourd'hui que la répartition du montant de l'hypothèque générale sur tous les immeubles du débiteur n'est pas autorisée par la loi ; mais du moment où cette répartition aura été autorisée, la subrogation des autres créanciers sera devenue légale, puisque ces créanciers auront véritablement acquitté, avec les deniers qui auraient dû leur revenir, la portion qui était à la charge des autres biens. Ils se trouveront ainsi dans le cas prévu par l'art. 1251 du Code, qui porte que la subrogation a alors lieu de plein droit.

Il nous semble, au surplus, qu'au lieu d'astreindre les créanciers à prendre une inscription à l'effet de rendre publique la subrogation qu'ils auront ainsi obtenue, il serait mieux de laisser subsister sur les biens non vendus l'inscription qui a été prise pour sûreté de l'hypothèque générale, sauf à renouveler cette inscription au besoin. On éviterait ainsi des frais qui seraient en pure perte, et les tiers auraient été suffisamment avertis. Il serait même très difficile de faire connaître le montant du recours pour lequel une nouvelle inscription devrait être requise sur chacun des autres immeubles du débiteur, puisque rien n'aurait encore mis à même de le déterminer.

QUELQUES AUTRES QUESTIONS ont été ajoutées à celles sur lesquelles les Cours et les Facultés ont été invitées à donner leur avis, et nous avons aussi à nous en occuper.

LA PREMIÈRE DE CES QUESTIONS a été celle de savoir quel est l'effet que devait produire l'inscription de ceux des priviléges qui ont été astreints à cette formalité.

Il ne peut être douteux que l'ordre dans lequel doivent être colloqués ces priviléges dépend uniquement, sauf dans les cas spécialement exprimés par la loi, de la cause qui les a fait acquérir. Ce n'est donc pas la date de l'inscription qui a été prise pour les conserver qui doit fixer leur rang, ce n'est que leur propre nature. Si la loi a imposé l'obligation de les faire inscrire, ce n'a été que pour les faire entrer dans le système de publicité qu'elle voulait établir, et afin que les tiers ne pussent être induits en erreur sur les charges qui grèvent les propriétés; mais elle aurait de fait aboli tous les priviléges qui portent sur des immeubles, si elle avait fait dépendre leur rang de l'inscription qu'elle a requise pour en assurer l'effet. On aurait réduit ces priviléges à ne valoir que comme de simples créances hypothécaires, si on les avait soumis à la condition de laquelle dépend, en effet, le rang de semblables créances, et telle n'a certainement pas été la volonté du législateur. Ce n'est donc point en ce sens que l'on doit entendre l'art. 2106 du Code lorsqu'il dit que les priviléges ne produisent d'effet à l'égard des immeubles *qu'à compter de la date de leur inscription*. Ce n'est, en effet, *qu'au moyen* de cette inscription que les priviléges peuvent produire effet, mais cet effet consiste à obtenir le rang qui leur appartient d'après la cause qui les a fait acquérir, et il serait à propos de modifier en ce sens les expressions contenues en cet article 2106.

LA SECONDE DE CES QUESTIONS est relative à la question résolutoire que la loi accorde au vendeur envers qui l'acquéreur n'a point rempli ses engagements.

Il paraît impossible de subordonner l'exercice de cette action à la conservation du privilége qui appartient aussi au vendeur. Ces deux droits sont tellement distincts l'un de l'autre, ils ont des causes et des effets si différents, qu'on ne saurait les confondre. L'un résulte du principe qui fait dépendre le sort de tous les contrats synallagmatiques de l'exécution qu'ils ont reçue de la part de chacun des contractants, et il ne peut s'exercer que contre l'acquéreur et les tiers qui ont acquis de lui les biens. Le privilége, au contraire, laisse subsister le contrat dont il ne fait qu'assurer l'exécution, et son exercice ne peut se débattre qu'entre le vendeur et les créanciers inscrits sur l'acquéreur. L'action en résolution d'un contrat de vente ne s'exerce que pour suppléer à la perte du privilége, et pour empêcher que le vendeur ne soit privé de la chose et du prix, en sorte que la faire dépendre de la conservation de ce privilége, serait véritablement l'abolir. Il serait, d'ailleurs, sans exemple qu'on ait soumis au régime hypothécaire une action réelle, même une action personnelle, lorsque ce régime n'est aucunement destiné à régler de semblables droits.

Cependant plusieurs Cours se sont prévalues du danger que courent les créanciers de l'acquéreur, d'être frustrés des droits qu'ils ont obtenus faute d'avoir connu la possibilité de l'action qui privera leur débiteur des biens sur lesquels repose leur hypothèque; elles ont parlé de la position fâcheuse dans laquelle se trouvent les sous-acquéreurs qui, lors même qu'ils n'ont fait, en se libérant, qu'obéir aux ordres de justice en acquittant les bordereaux de collocation qui ont été délivrés contre eux, sont exposés à être dépouillés des biens qu'ils ont acquis, et, sous ces deux rapports, la question mérite d'être examinée avec soin.

On peut répondre, à la vérité, à l'égard des créanciers de l'acquéreur, que, si leur hypothèque est judiciaire ou légale, ils doivent se contenter de l'exercer sur les biens dont la propriété est irrévocablement acquise à leur débiteur, et quant à ceux dont l'hypothèque est conventionnelle, qu'ils auraient dû s'assurer, avant de s'en contenter, de l'entière libération des immeubles qui leur étaient offerts à titre de garantie, et que, faute de s'être livrés à cet examen, ils ne peuvent accuser de leur déception que leur propre négligence. On peut dire aussi à l'égard des acquéreurs, qu'ils auraient dû se faire représenter les titres de la propriété avant de l'acquérir, et s'assurer que le prix des ventes antérieures se trouvait acquitté, sauf, à défaut de rapport de cette preuve, à exciper sur l'ordre des dispositions de l'art. 1653 du Code civil, pour demander qu'il fût supercédé à la délivrance des bordereaux de collocation, jusqu'à ce que le vendeur ou ses créanciers eussent donné caution de rapporter le prix de la vente, si l'éviction de l'acquéreur ou la nécessité où il se trouverait de payer le prix une seconde fois se réalisait un jour; mais, cependant, l'action en résolution d'une vente déjà ancienne peut résulter d'un contrat qui a échappé à toutes les recherches; les créanciers à qui les biens ont été donnés en hypothèque peuvent avoir été trompés par de fausses apparences, et les acquéreurs n'avoir pu justifier du risque qu'ils avaient à courir. N'y aurait-il donc pas d'autres mesures à prendre pour parer aux inconvénients graves qui peuvent se réaliser dans de semblables circonstances, et pour prévenir les dangers que l'action résolutoire d'un contrat de vente d'immeubles, faute par un des acquéreurs d'en avoir acquitté le prix, est dans le cas de faire courir aux tiers?

La loi y a pourvu, quant aux ventes forcées, par les dispositions contenues au nouvel art. 717 du Code de procédure. Il faut alors, comme nous avons déjà eu occasion de le dire, que le vendeur ait fait notifier au greffe sa demande en résolution avant que l'adjudication des biens ait eu lieu, sous peine d'être déchu du droit de la former plus tard. Cette obligation a pu lui être imposée à raison de la publicité que reçoivent les ventes faites en justice et qui fait présumer que leur poursuite est parvenue à la connaissance des anciens vendeurs, ainsi qu'à raison de l'impossibilité où est le poursuivant de prouver l'acquittement du prix des ventes antérieures; mais ces motifs ne peuvent s'appliquer aux ventes volontaires, même à celles qui se font à ce titre en justice, car les unes peuvent rester secrètes, et les autres ne sont précédées que de formalités rapides qui ne permettraient pas toujours aux anciens vendeurs de former leur demande avant l'adjudication. Il semble donc qu'il conviendrait, à l'égard des ventes de cette nature, d'autoriser l'acquéreur ou les créanciers inscrits sur l'immeuble à mettre les anciens propriétaires en demeure d'exercer leur action en résolution dans un délai qui serait fixé par la loi, faute de quoi cette action ne serait plus recevable.

Si les anciens vendeurs se sont présentés sur l'ordre, rien ne serait plus facile que de leur faire donner une sommation qui les forcerait à exciper de leur droit de résolution dans le délai qui leur serait imparti, sous peine d'en être déchus; mais s'ils n'y ont pas paru, devrait-on autoriser les créanciers du dernier propriétaire à former contre eux une demande principale qui suspendrait l'ordre et qui occasionnerait des frais considérables, lorsque, peut-être, il n'est plus rien dû à ces vendeurs? Il semble qu'un simple acte signifié au domicile de ces vendeurs devrait suffire pour les constituer en demeure d'agir. Ce ne serait donc qu'à l'égard de ceux de ces vendeurs dont le domicile ne pourrait être découvert ou dont les droits auraient échappé à toutes les investigations, qu'il conviendrait d'employer un autre moyen, pouvant, jusqu'à un certain point, mettre les droits des acquéreurs suffisamment à couvert.

Tout porte à croire qu'il suffirait pour cela de fixer un délai plus court que celui qui existe, et pendant lequel tout vendeur qui n'aurait pas été sommé de se pourvoir devrait, à peine de déchéance, exercer son action en résolution du contrat auquel il n'aurait point été satisfait. Tel a été l'avis d'un grand nombre de Cours ; mais les unes ont demandé que ce délai ne fût que d'un an, ou, au plus, de deux années. Quelques autres ont pensé que ce délai devrait être de dix ans, et il nous semble que c'est à ce dernier terme qu'il conviendrait de le fixer.

Une seule année, même deux, ne devront pas paraître suffisantes pour qu'un vendeur ait toujours pu intenter son action ; un temps plus long, dans une foule de cas, est accordé à l'acquéreur pour se libérer, et l'on ne pourrait mettre obstacle aux facilités qui lui sont communément accordées, sans entraver une foule d'opérations. Le vendeur ne pourrait cependant demander la résolution du contrat faute de paiement d'un prix qui ne serait pas exigible. Si on ne faisait commencer la prescription que du jour de cette exigibilité, les conventions des parties pourraient en trop prolonger la durée. Il est, au contraire, très peu commun que des termes qui aillent à dix ans soient accordés pour la libération d'un acquéreur. En faisant courir la prescription du jour même du contrat, tout vendeur saurait qu'il ne peut accorder des délais aussi longs sans s'exposer à perdre le droit de demander la résolution de la vente. L'on ne ferait, au surplus, qu'appliquer à ce cas les dispositions de l'art. 1304 du Code civil, d'après lequel les actions en nullité ou en rescision des conventions ne durent pas davantage. Il conviendrait même, à raison de l'intérêt général qui s'y rattache, et à l'exemple de ce qui est dit en l'art. 2278 du Code, que cette prescription courût contre les femmes mariées, les mineurs et les interdits, sauf leur recours contre leur mari ou leur tuteur. On ne pourrait autrement procéder avec sûreté, pendant un temps souvent considérable, à l'ordre du prix d'un grand nombre d'aliénations.

La troisième question a porté sur le point de savoir si les biens qui ont formé l'objet d'un contrat emphythéotique étaient susceptibles d'être grevés d'hypothèques du chef du preneur.

On ne croit point que l'affirmative soit aujourd'hui contestable; on a pu en douter dans les premiers temps du Code, parce que l'art. 2118 n'énonce pas les biens acquis au moyen d'un contrat de cette nature parmi ceux qui sont dans le cas de supporter une hypothèque; mais un examen approfondi a démontré que les biens emphytéosés étaient nécessairement compris dans les dispositions de cet article, qui permettent d'hypothéquer un simple usufruit pendant le temps de la durée. Un contrat emphytéotique procure, en effet, un droit aux fruits pour un temps beaucoup plus long que ne l'est un usufruit ordinaire. Il accorde donc au preneur une part plus forte du domaine utile de la propriété, et il est ainsi, à plus forte raison encore, dans le cas d'autoriser le preneur à hypothéquer des biens qui y sont soumis.

On a objecté que l'esprit de notre législation tendait à affranchir le sol des entraves qui le grevaient autrefois. Cette intention s'est, il est vrai, manifestée à l'égard des rentes foncières, que le Code, en évitant de les reconnaître, a laissées soumises au principe général qui autorise leur remboursement; mais nos législateurs n'ont point entendu proscrire le contrat d'emphytéose, qui peut si puissamment contribuer à l'amélioration du sol, et ils n'en ont aucunement altéré la nature. L'usufruit qui a été constitué à ce titre est donc compris dans les dispositions de l'art. 2118, et le Code ne fera, en l'exprimant d'une manière plus positive, que prévenir le retour d'inutiles contestations.

La quatrième question a eu pour objet de faire reconnaître si l'indemnité qui est due, en cas de sinistre, par une compagnie d'assurance, était dans le cas d'être distribuée par ordre d'hypothèque entre les créanciers inscrits sur l'immeuble qui a péri, ou si elle devait faire l'objet d'une contribution à laquelle pourraient prendre part tous les créanciers même chirographaires du même débiteur.

Des motifs d'équité ont engagé plusieurs Cours à se prononcer en faveur des créanciers hypothécaires, mais d'autres Cours, et notamment la Cour de cassation, se sont constamment refusées à reconnaître le droit exclusif que voulaient s'attribuer ces créanciers sur le montant de l'assurance. Il est donc à propos que la loi exprime le principe qui mettra fin à des contestations dans le cas de se renouveler si souvent.

La règle générale qui domine la question est que les seules choses susceptibles d'hypothèques sont les biens immeubles qui sont dans le commerce et leurs accessoires réputés immobiliers. Ce principe n'est pas seulement dans la loi. Il résulte de la nature des choses, puisque les meubles ne pourraient remplir les conditions nécessaires à l'assiette d'une hypothèque. Il ne s'agit donc que de reconnaître dans quelle classe de biens doit être rangée la somme qui est provenue d'une police d'assurance, par suite de la perte de l'immeuble qui était assuré.

Les partisans du système favorable aux créanciers hypothécaires ont donné à cette somme une nature immobilière, à raison de son origine et des causes qui l'ont fait acquérir. Les deniers, ont-ils dit, dus par la compagnie, représentent les immeubles qui ont été perdus. *Subrogatum capit naturam subrogati.*

Les deniers qui proviennent de l'aliénation d'un immeuble sont assurément réputés immobiliers, et leur distribution doit se faire par ordre d'hypothèques. Ces deniers forment la représentation de l'immeuble vendu ou de l'usufruit qui a été cédé, et c'est sur eux que les créanciers inscrits sur la propriété sont appelés à faire valoir leurs priviléges ou leur hypothèque; mais le produit de l'assurance n'a point formé le prix de l'immeuble qui n'existe plus, ni d'aucun des accessoires qui en formaient partie. L'assuré avait conservé tous ses droits sur la propriété de cet immeuble, et les assureurs n'en avaient acquis aucuns. L'indemnité n'est provenue que d'une convention particulière, dont l'immeuble a été, il est vrai, l'occasion, mais dont la transmission de propriété n'a point été la cause. Cette indemnité n'est due qu'à raison du contrat aléatoire qui s'est établi sur la conservation de l'immeuble dans l'état où il se trouvait alors. La somme que doivent les assureurs n'est donc point provenue de l'immeuble, mais de la chance de perte que l'assuré avait à courir. Son bénéfice éventuel a été acquis au moyen de la prime qui en a formé le prix. Les obligations réciproques de l'assuré et des assureurs n'ayant ainsi porté que sur des choses purement mobilières, leur résultat n'a pu être immobilier.

Aussi quelles difficultés les Cours qui attribuent exclusivement le montant de l'assurance aux créanciers hypothécaires, n'ont-elles pas éprouvées lorsqu'elles ont voulu créer le mode de conservation des hypothèques qui grèveraient la somme à provenir d'une semblable police, et quand elles ont dû indiquer la marche qu'il faudrait suivre pour purger ces hypothèques et pour établir l'ordre qui devrait avoir lieu entre les créanciers? Les assureurs n'ayant point de contrat à faire transcrire ni d'immeubles à purger, ne pourraient être arrêtés lors du paiement qu'ils auraient à faire par les inscriptions prises sur la propriété. Les Cours n'ont trouvé d'autre moyen de remplacer les formalités ordinaires qui ne pourraient être remplies, que d'autoriser les créanciers inscrits à frapper d'oppositions la somme due par les assureurs, comme si ce mode, qui est exclusivement consacré aux créances mobilières, pouvait être appliqué à une distribution par ordre d'hypothèques, et en remplir les conditions.

Que ferait-on, en effet, si tous les créanciers inscrits ne formaient pas cette opposition, qui serait destinée à remplacer l'inscription qui ne pourrait, en ce cas, leur servir ? Se contenterait-on de distribuer la somme entre les créanciers qui se seraient opposés à la distribution, ou y ferait-on participer ceux qui n'auraient pas accompli cette formalité nouvelle? Au premier cas, l'ordre ne se ferait point suivant le rang des hypothèques, puisqu'on en exclurait les créanciers qui auraient eu le droit de s'y faire colloquer les premiers, s'ils avaient négligé de former l'opposition qui seule aurait pu assurer leur participation à la distribution à faire ; au second cas, on suppléerait à l'opposition que l'on aurait prescrite, et l'on en abolirait presque entièrement la nécessité. On ne pourrait, non plus, concevoir que les assureurs eussent pu se libérer avant que ces oppositions eussent été formées, si la somme qu'ils ont à remettre était grevée des droits hypothécaires des créanciers de l'assuré.

Vainement a-t-on voulu exciper de la loi du 18 avril 1825, d'après laquelle l'indemnité accordée aux émigrés a été attribuée, avant tout, à leurs créanciers hypothécaires. Cette loi extraordinaire, que dictaient les circonstances au milieu desquelles elle a été rendue, ne peut servir de règle pour établir un principe qui serait général. L'indemnité accordée aux émigrés formait, d'ailleurs, la représentation de ceux de leurs immeubles qui avaient été vendus par l'État, à une époque où ils formaient le gage de leurs créanciers hypothécaires. Il était donc juste de conserver l'effet de ces hypothèques sur le montant de cette indemnité. Mais le même motif ne saurait être appliqué à la somme due par suite d'une police d'assurance, puisque cette somme ne représente aucunement la propriété qui avait été assurée.

On a parlé de la faveur que méritent les créanciers hypothécaires; mais il ne leur en est pas dû, en pareil cas, plus qu'aux autres créanciers. Tous les biens d'un débiteur servent de gage commun à tous ses créanciers, et le prix doit en être distribué par contribution, à moins qu'il n'y ait entre ceux-ci des causes légitimes de préférence, qui sont les privilèges et les hypothèques. Tous ceux qui ont confié leurs fonds au débiteur ou qui ont acquis sur lui des créances, méritent d'être également protégés. Si donc, en matière d'assurance, aucun des créanciers de l'assuré ne peut user de son hypothèque et n'a point de privilège, le produit du sinistre doit être réparti entre tous.

Il n'existe qu'un moyen d'acquérir un droit de préférence sur le montant de cette indemnité. C'est de se la faire céder par le débiteur ; et les Cours, dont nous examinons l'avis, ont avoué que l'emploi de ce moyen était habituel. Il est vrai que les créanciers dont l'hypothèque est légale ou judiciaire ne peuvent forcer le débiteur à leur consentir cette subrogation après l'acquisition de leurs créances, mais ils ont le droit de former des oppositions entre les mains des assureurs, et si la somme doit alors être distribuée par contribution entre eux et tous les opposants, cela tient à sa nature que rien ne peut changer. (*Voir*, au surplus, nos observations sur l'art. 2118 du Code.)

La cinquième question a porté sur l'hypothèque judiciaire, et d'abord sur le point de savoir si cette hypothèque pouvait être réputée conforme aux principes du droit. L'on a donné pour motif d'un pareil doute que cette hypothèque n'a point été consentie par le débiteur. Les créanciers qui l'ont acquise n'ont cependant pas été toujours à même d'obtenir une hypothèque conventionnelle.

Cela leur a été impossible lorsque leurs droits sont résultés d'un quasi-contrat, d'un délit ou d'un quasi-délit. En rejetant l'hypothèque judiciaire, on priverait tous les engagements sous seing privé de la garantie qui leur est si souvent nécessaire, et, malgré leur utilité journalière, on empêcherait de pouvoir s'en contenter. Le créancier qui accepte un titre de cette nature n'a consenti à se passer d'hypothèque que sur la foi de la promesse qui lui a été faite que la dette serait acquittée à son échéance. Si cette obligation n'a point été remplie, le créancier ne peut rester lié par sa renonciation conditionnelle à toute garantie réelle, et il a dû acquérir le droit de recourir à justice à l'effet d'obtenir, outre la condamnation personnelle de celui qui s'est obligé envers lui, l'hypothèque qui pourra l'empêcher d'être victime de sa confiance. Tous les créanciers qui n'ont que de semblables titres resteraient autrement à la merci de leur débiteur, et la loi a dû les garantir de ce danger.

Si donc l'hypothèque judiciaire ne peut être sérieusement contestée en elle-même, il importe de déterminer la nature des décisions qui sont dans le cas de la conférer. Une jurisprudence à peu près uniforme s'est établie à cet égard, mais il est d'autant plus à propos que le Code s'en explique, que la contrariété des avis qui ont été présentés à cet égard prouve qu'il existe encore sur ce point une assez grande divergence. Ainsi, les Facultés de droit de Caen et de Grenoble voudraient qu'il n'y eût que les jugements qui contiendraient une condamnation définitive qui pussent donner lieu à l'hypothèque judiciaire ; mais on doit croire que les jurisconsultes qui ont émis cette opinion n'ont pas suffisamment apprécié la position fâcheuse dans laquelle se trouveraient les créanciers qui, lors même qu'ils auraient fait reconnaître en justice l'existence de leur droit, notamment par une reconnaissance d'écritures, seraient forcés d'attendre, pour s'inscrire, le moment souvent éloigné où ils auraient pu obtenir la condamnation qu'ils sollicitent. Les débiteurs resteraient libres, pendant ce long intervalle, de disposer de leurs biens, au moins de les grever, et on devrait craindre qu'ils ne fussent portés à abuser de cette facilité.

Ce n'a donc été que guidée par les plus sages motifs que la jurisprudence a reconnu, en interprétant les dispositions peut-être incomplètes de l'art. 2123 du Code civil, que l'hypothèque judiciaire devait résulter de tout jugement qui n'aurait même fait que reconnaître l'existence possible d'une créance, et la Cour royale de Montpellier a eu parfaitement raison de dire que si l'on ne doit attribuer les voies d'exécution qu'aux créances actuelles et déterminées, il était naturel d'autoriser la conservation des droits que la justice a reconnus dans le cas d'exister.

La Faculté de droit de Strasbourg s'est prévalue, pour repousser la généralité de l'hypothèque judiciaire, des fraudes qui peuvent être pratiquées pour obtenir, par l'effet d'une condamnation concertée, une hypothèque de cette nature à raison d'actes antidatés. Elle a soutenu que tous les créanciers chirographaires du même débiteur étant de condition égale, un jugement ne devait point changer leur position; que la préférence que l'un de ces créanciers obtenait au moyen d'une hypothèque judiciaire n'était qu'une prime accordée à la diligence qu'il avait mise à se pourvoir, et qu'elle devenait le signal de la ruine du débiteur. La Faculté a été jusqu'à prétendre que l'hypothèque judiciaire que l'on faisait résulter d'un jugement qui ne contenait encore que le germe d'une condamnation éventuelle, dépassait le but que s'était proposé la loi.

L'hypothèque judiciaire résulte, aux termes du Code, des jugements, soit contradictoires, soit par défaut, définitifs ou provisoires, en faveur de ceux qui les ont obtenus. Cette hypothèque résulte aussi des reconnaissances ou des vérifications faites en jugement, des signatures apposées à un acte obligatoire sous seing privé. Le Code n'exige point qu'un jugement contienne une condamnation certaine pour que l'hypothèque judiciaire soit acquise, puisqu'un simple jugement provisoire ou une reconnaissance d'écritures suffit pour la conférer, quoique la demande puisse plus tard être reconnue mal fondée. Loin donc de dépasser les termes de la loi, la jurisprudence a parfaitement saisi l'esprit qui l'a dictée. Si quelques fraudes peuvent être pratiquées au détriment d'emprunteurs imprudents, leur possibilité ne peut entraver l'application d'un principe si utile, car il est peu de règles générales contre lesquelles le dol ne puisse essayer ses ressorts. Il suffit que la justice soit autorisée à punir ces indues entreprises, et il convient de s'occuper aussi des créanciers légitimes que l'on exposerait, par suite de telles craintes, à ne pouvoir assurer leurs droits. On ne concevrait pas que l'hypothèque que le débiteur peut accorder à quelques-uns de ses créanciers seulement, quoiqu'elle préjudicie aux autres, ne pût être attribuée par la justice lorsque le débiteur est en demeure de remplir son engagement. Chacun est tenu de veiller à ses droits, et il y a longtemps que l'on a dit que la loi n'était point obligée de venir au secours de ceux qui avaient négligé de remplir ce devoir.

Les prénotations qui sont autorisées dans quelques pays voisins n'y remplacent pas, au moins absolument, l'hypothèque judiciaire. Elles ont pour objet d'empêcher que le sort de la créance ne soit compromis avant que l'on ait obtenu cette hypothèque. Le juge permet d'employer ce moyen si la solvabilité du débiteur est douteuse, ou si la purge de ses biens est au moment de s'opérer, sauf au réclamant à se pourvoir en justice pour faire statuer dans un certain délai sur la réalité de sa créance, et nous ne pouvons nous dissimuler que sous ce dernier rapport surtout les prénotations pourraient devenir parmi nous très utiles.

On a dit, pour s'opposer à leur admission, que le droit de les autoriser dépasserait le pouvoir du juge ; cependant, en France comme ailleurs, les magistrats sont chargés d'autoriser les mesures conservatoires des intérêts en péril, et la loi s'est fiée à leur prudence dans l'exercice de ce pouvoir. Une prénotation sans cause ne pourrait grever longtemps les biens du prétendu débiteur, puisque le jugement qui aurait repoussé la réclamation sur laquelle elle avait été autorisée devrait en prononcer la mainlevée. Il semble donc que ce serait le cas d'autoriser l'usage de ces prénotations parmi nous, en en faisant la matière d'une disposition du Code.

La Faculté de droit de Paris ne voudrait pas que le porteur d'un acte sous seing privé pût prendre inscription en vertu du jugement de reconnaissance des écritures et signatures qui composent son titre, même après l'échéance du terme qui y a été stipulé ; mais nous croyons que ce serait pousser beaucoup trop loin la rigueur.

Les demandes en reconnaissance d'écritures peuvent être formées même avant l'échéance du terme, afin que la mort du débiteur ne rende pas trop difficile la vérification qui serait à faire avec ses héritiers. Il suffit, pour que nul ne puisse en éprouver de dommage, que les frais de la reconnaissance restent à la charge du créancier si la dette est acquittée à l'échéance, et que l'inscription ne puisse être requise qu'après cette exigibilité, ainsi que le prescrit la loi du 3 septembre 1807, dont les dispositions sont destinées à faire partie du Code civil. Le créancier, ayant accordé un terme au débiteur sans exiger d'hypothèque, outre-passerait la convention s'il s'inscrivait avant que le défaut d'accomplissement de la promesse lui en ait fait acquérir le pouvoir; mais vainement prétend-on que, même à défaut de paiement à l'échéance, la simple constatation en justice de l'existence du titre ne peut donner naissance à cette hypothèque. Si la présomption d'un droit éventuel suffit pour que le jugement qui l'a admise permette de prendre une inscription, à plus forte raison doit-il en être de même lorsque le titre a été tenu pour certain. On a parlé des titres authentiques qui ne confèrent point d'hypothèque; il en est peu de cette espèce, mais, alors même, le créancier a le droit de se pourvoir après l'échéance du terme, à l'effet d'obtenir l'hypothèque à laquelle on ne peut supposer qu'il ait entendu renoncer pour toujours. La convention qui l'en privait n'est plus obligatoire, puisque le débiteur n'a point satisfait à son engagement.

Enfin, il a été demandé que l'hypothèque judiciaire ne pût frapper que sur les biens qui appartiendraient au débiteur lors du jugement qui a été obtenu, et que les juges eussent même le droit de restreindre cette hypothèque aux immeubles qu'ils reconnaîtraient suffisants pour répondre de la créance. On a été jusqu'à vouloir que le créancier fût obligé de spécialiser dans son inscription les biens qu'il entendrait grever; mais ces moyens ne paraissent pas praticables, et ils seraient loin d'être sans danger.

Lors de l'établissement d'une hypothèque conventionnelle, le futur créancier a pu apprécier la valeur des biens qui lui étaient offerts à titre de garantie, et se refuser à conclure si ces biens ne lui ont pas paru suffisants. Cette ressource manquerait absolument au créancier qui acquerrait une hypothèque judiciaire, et qui devrait se contenter des biens qui appartiendraient alors au débiteur, quel que fût leur peu d'importance et de quelques charges qu'ils se trouvassent grevés. Cette hypothèque se trouverait souvent n'être d'aucune utilité, et la crainte de n'en pas obtenir une suffisante porterait une atteinte mortelle aux engagements si nombreux pour sûreté desquels on serait obligé plus tard de s'en contenter. Il importe de ne point altérer la confiance de ceux qui consentent à contracter moyennant des titres privés, et ainsi sans pouvoir obtenir de suite une garantie hypothécaire : il y a en cela un véritable intérêt général. Enfin, la condition des créanciers, quelle que soit la nature de leurs titres, a besoin d'être protégée plus encore que celle des débiteurs, car la nécessité d'assurer, autant que possible, l'exécution des promesses, doit passer avant tout.

On se demande aussi comment les juges pourraient s'assurer, lors de chaque décision qu'ils auraient à rendre, de la suffisance des biens auxquels ils devraient restreindre l'hypothèque qui devrait en résulter. Le créancier ne connaîtrait presque jamais l'importance des immeubles du débiteur et encore moins les charges dont ils seraient grevés, en sorte que les magistrats se trouveraient, surtout lorsque les jugements seraient rendus sans contradicteurs, dans l'impossibilité d'accomplir le devoir qui leur aurait été imposé. Une appréciation de cette nature oblige, d'ailleurs, à des opérations si longues que l'on s'exposerait à ralentir singulièrement le cours de la justice, et à causer un tort immense aux créanciers dont on laisserait en suspens l'hypothèque, quand ils éprouvent si souvent un urgent besoin de l'assurer. Si les demandes en réduction d'hypothèque sont rares à raison des difficultés qu'elles présentent à résoudre, que serait-ce s'il fallait se livrer à un semblable examen lors de chaque jugement qui devrait être rendu?

Presque tous ces motifs se réunissent pour empêcher que l'on oblige les créanciers qui ont à faire inscrire une hypothèque judiciaire à spécialiser dans leur inscription les immeubles qu'ils entendraient affecter. On les réduirait presque toujours à l'impossible, faute de connaître les biens du débiteur. L'appréhension que ces créanciers devraient éprouver de compromettre le sort de leurs créances les engagerait à mentionner dans leur inscription tous les immeubles qu'ils pourraient découvrir, et alors le débiteur n'y aurait rien gagné. Si, dans leur ignorance, ces créanciers omettaient quelques-uns des biens existants, ils seraient privés d'un droit dont on leur aurait refusé sans raison l'exercice. Les idées que l'on a présentées à l'appui du système contraire pourront paraître spécieuses, mais il sera facile de se convaincre que leur application donnerait lieu aux plus graves inconvénients.

La sixième question a été celle de savoir si l'on devait maintenir la nécessité imposée par le Code de spécialiser les immeubles que l'on entend soumettre à une hypothèque conventionnelle, et quelles étaient les indications que le titre et l'inscription devaient contenir à cet égard.

La spécialité des hypothèques conventionnelles a eu pour objet de remédier aux abus qui résultaient du système qu'admettait l'ancien droit, sous l'empire duquel toutes les hypothèques, quelle que fût leur nature, portaient sur la généralité des biens présents et même à venir du débiteur. Cette disposition nouvelle a procuré plusieurs importants avantages. Ainsi le débiteur a pu conserver une partie de son crédit, en n'hypothéquant qu'une portion seulement de sa fortune immobilière. Les tiers ont été à même de s'assurer, par la connaissance qui leur a été donnée des charges existantes sur la propriété et par la déclaration du débiteur sur l'existence des hypothèques légales, de l'utilité de l'hypothèque qu'on voulait leur faire acquérir. L'acquéreur n'a point à remplir les formalités de purge envers tous les créanciers inscrits sur le vendeur, mais uniquement à l'égard de ceux dont les hypothèques grèvent les biens qui lui ont été vendus, et ces créanciers doivent seuls être appelés à l'ordre. La spécialité des hypothèques est donc d'une utilité incontestable, et elle est considérée avec raison comme formant une des bases principales de notre système hypothécaire. Aussi toutes les Cours se sont-elles accordées pour demander qu'elle soit maintenue. Il ne s'est élevé de dissidence que sur les voies qui seraient les plus convenables pour assurer l'exécution du principe qui a consacré parmi nous la nécessité de cette spécialisation.

Une seule Faculté de droit, celle de Dijon, a été d'un avis opposé au principe qui a été aussi universellement reconnu. Elle s'est fondée sur ce que ce n'était pas la spécialité de l'hypothèque qui assurait le crédit du débiteur, mais la quotité des sommes portées dans les inscriptions qui ont été prises sur les biens. Ce fait pourrait être réputé vrai si toutes les hypothèques étaient générales; mais, au moyen de leur spécialité, un débiteur peut devoir des sommes considérables et n'avoir cependant affecté à leur paiement qu'une partie seulement de ses biens, tandis que ceux de ses immeubles qui sont restés libres lui procurent un crédit qu'une hypothèque générale lui aurait infailliblement ôté. La Faculté a encore prétendu que la loi avait détruit son œuvre en permettant au débiteur d'hypothéquer les biens à venir sous une condition dont il était le seul appréciateur, celle de l'insuffisance de ses biens présents que la simple déclaration du débiteur constate; mais l'autorisation accordée en pareil cas par la loi, et dont, au surplus, il est fait si rarement usage, ne porte aucune atteinte au principe fondamental qu'elle a posé pour les autres cas. Le désir qu'a éprouvé le législateur de ne pas entraver les opérations de l'homme industrieux dont les biens ne suffisent pas encore pour assurer l'exécution de ses promesses n'a abouti qu'à faire admettre une exception qui laisse subsister la règle générale. Quant aux difficultés que la Faculté a dit exister lorsqu'il s'agit de fixer l'assiette d'une hypothèque conventionnelle, nous allons nous en occuper en examinant les avis qui ont été émis à cet égard.

Presque toutes les Cours ont pensé que s'il fallait entendre les dispositions des art. 2129 et 2148 du Code civil dans le sens rigoureux que la moindre parcelle des biens que l'on entendait grever dût être désignée dans l'acte et dans l'inscription qui en a été la suite par sa nature, son nom, sa situation, ses confins, l'on rendrait presque impossible, dans une foule de cas, l'établissement des hypothèques conventionnelles, ainsi que les formalités à remplir pour les assurer; que l'on surchargerait les registres des conservateurs d'une énorme quantité de mentions, qui exposeraient ces préposés de la régie à commettre une foule d'erreurs les plus dommageables au public. On ne saurait, il est vrai, autoriser un débiteur à conférer hypothèque sur tous ses biens présents sans autre indication, car ce serait rétablir les hypothèques générales que l'on a entendu abolir. Nul ne peut davantage, en hypothéquant ses biens, se borner à annoncer qu'ils sont situés dans la commune ou dans l'arrondissement qu'il désigne, car il n'y aurait encore là aucune spécialité; mais s'il s'agit d'un corps de ferme ou d'une exploitation entière, ne doit-on pas regarder comme suffisante l'indication de ce domaine par son nom, sa situation et l'énonciation de chacune des natures des biens qui le composent, sans qu'il soit nécessaire de spécifier en détail chacun des terrains qui en font partie? Si, au contraire, les parcelles détachées que l'on veut hypothéquer sont sans rapport les unes avec les autres, il est nécessaire de les énoncer toutes séparément, en indiquant la situation, la nature, la contenance et les confins de chacune d'elles. La jurisprudence a reconnu que ces moyens étaient les seuls praticables, et aucune plainte ne s'est élevée contre leur exécution. Si la loi s'en explique, on doit désirer qu'elle permette de continuer à s'en servir.

Sur la septième et dernière question, les Cours et les Facultés ont eu à reconnaître si l'on devait permettre à un débiteur d'hypothéquer ses biens à venir, et elles se sont occupées de cette difficulté sous un double rapport. Elles se sont d'abord demandé s'il convenait de laisser subsister la disposition portée à cet égard par l'art. 2130 du Code, et, en second lieu, si l'on pouvait aller jusqu'à autoriser sans condition la constitution d'une semblable hypothèque.

Il a été objecté contre la disposition de l'art. 2130, qu'elle détruisait presque entièrement l'effet de la prohibition contenue en l'art. 2129 du Code, aux termes duquel les biens à venir ne peuvent être hypothéqués; qu'elle procurait aux fils de famille le moyen d'engager, au mépris de la loi et des bonnes mœurs, les biens des successions qui ne leur sont pas encore échues, et de livrer ainsi toutes leurs espérances à de coupables usuriers; enfin, que l'on faisait résulter d'une simple convention une hypothèque générale, lorsqu'une hypothèque de cette nature ne peut provenir, d'après les principes actuels, que de la loi ou de justice.

La règle générale du Code civil est effectivement que nul ne peut hypothéquer ses biens à venir. Nos législateurs ont voulu prévenir, par cette prohibition, le retour des anciennes hypothèques générales, et assurer le système de spécialité qu'ils entendaient établir; mais quelque sages que soient les bases d'une législation, il en est peu qui ne soient dans le cas de comporter des exceptions lorsque l'intérêt public le demande, car cet intérêt doit toujours être la suprême loi. Or, si les biens qu'un homme possède ne sont pas suffisants pour lui procurer le crédit à l'aide duquel il pourra faire fructifier ses talents, ce serait priver le pays des résultats précieux que pourra obtenir son industrie, que de ne pas permettre aux tiers de prendre confiance dans ses opérations, et de se contenter de l'espérance qu'il a conçue d'acquérir un jour des immeubles. On parle des fils de famille, des successions qui doivent leur échoir, et des usuriers qui viennent dévorer leur futur patrimoine. Ces abus sont inévitables, mais il est d'autres moyens de les réprimer. Les usuriers ne choisissent point les actes authentiques pour y déposer le secret de leurs opérations illicites. C'est en se faisant souscrire de simples billets qu'ils enlacent leurs victimes, sachant qu'ils obtiendront sans peine à l'échéance, ou même de suite au moyen d'actes antidatés, le jugement qui leur procurera l'hypothèque générale, même sur les biens à venir, qu'ils auraient obtenue du contrat qu'autorise la loi, mais qui aurait été soumise aux investigations qu'ils ont à redouter, sur les causes de l'obligation qu'ils se sont fait souscrire. L'art. 2130 ne peut donc favoriser que des prêts d'une tout autre nature; mais, avouons-le, on n'y a que très rarement recours. Si l'emprunteur est négociant, il se sert de son crédit commercial, qui n'a pas besoin d'hypothèque. S'il est étranger à l'industrie et au négoce, des biens à venir inspirent peu de confiance aux prêteurs. Il n'est donc pas à craindre que l'autorisation qui est accordée par la loi devienne dangereuse, et les Cours qui ont sollicité le plus vivement son abrogation ont été obligées de convenir qu'il n'en était résulté jusqu'à présent aucun inconvénient qu'elles pussent signaler.

Si donc le principe est maintenu, l'hypothèque accordée sur les biens à venir devra continuer à être générale, car on ne pourrait spécialiser des immeubles qui sont encore inconnus, et s'il fallait la restreindre jusqu'à concurrence d'une certaine valeur, on occasionnerait, à chaque acquisition que ferait le débiteur, des opérations compliquées que l'intérêt des parties commande d'éviter.

La seconde partie de cette question porte sur le point de savoir s'il convient d'étendre l'autorisation accordée par l'art. 2130 du Code, aux personnes qui ne possèdent encore aucuns biens immobiliers. Plusieurs Cours ont été de cet avis, et l'on est fondé à croire avec elles que cette extension, qui pourrait être utile, n'offrirait aucun véritable danger. L'art. 2130 exige que les biens présents et libres du débiteur soient insuffisants pour qu'il puisse hypothéquer ses biens à venir; mais il n'existe d'autre moyen de constater cette insuffisance que la déclaration du débiteur, ce qui fait dépendre de lui seul la capacité qu'il veut acquérir. On ne pourrait même admettre le débiteur ou les autres créanciers à contester la sincérité de cette déclaration lorsqu'il s'agirait de distribuer le prix des biens qui étaient à venir, sans s'exposer à abuser de la confiance qu'y aurait accordée le prêteur, et sans multiplier le nombre, déjà beaucoup trop grand, des contestations qui peuvent s'élever dans les ordres. La moindre parcelle de terre suffit donc pour que chaque débiteur puisse hypothéquer ses biens à venir, mais une si grande facilité ne permet-elle pas de se jouer de la prudence du législateur? Si l'homme dont les biens sont insuffisants peut hypothéquer les biens qui lui appartiendront un jour, à plus forte raison doit-il en être de même de celui qui n'offre encore aucune garantie. L'obstacle existe ainsi pour le cas qui a le plus besoin de liberté. A la vérité il a été dit que les biens présents servaient de contre-poids à la facilité que l'on a d'engager ses espérances; mais, puisque ces biens peuvent se réduire à si peu de chose, le préservatif devra paraître léger. L'on n'a point à craindre, au surplus, que la possibilité de créer des hypothèques semblables n'en rende le nombre trop considérable. L'expérience a démontré qu'on y a rarement recours. S'il n'en a été établi que si peu, malgré l'autorisation accordée par le Code, c'est sans doute parce qu'un gage aussi incertain que des biens à venir n'inspirera jamais, comme nous l'avons dit, beaucoup de sécurité.

En admettant que la question soit résolue en ce sens, au moins pour l'un des cas qui viennent d'être énoncés, il restera encore la question de savoir si l'inscription qui aura été prise après l'obtention du titre devra suffire pour assurer l'effet de l'hypothèque sur les biens à venir, ou s'il faudra qu'elle ait été renouvelée à mesure de chacune des acquisitions faites par le débiteur. La jurisprudence n'a point encore entièrement dissipé les doutes qui ont été conçus à cet égard, et il importe qu'ils soient résolus par la loi.

Il nous semble que la première inscription doit suffire, et qu'une plus grande exigence ferait courir de trop grands risques au créancier. L'hypothèque accordée sur les biens à venir est nécessairement générale, puisqu'on a été hors d'état de la spécialiser. Elle doit jouir dès lors de tous les avantages attribués aux hypothèques de cette nature, qui, toutes, portent sur les biens à venir du jour où elles ont été acquises, et qui, si elles ont eu besoin d'être inscrites, frappent ces biens du jour où l'inscription a eu lieu. On exposerait autrement ces hypothèques à être primées trop souvent par des hypothèques qui leur seraient postérieures, mais qui auraient été inscrites avant elles sur les biens nouvellement acquis par le débiteur, et le rang des créanciers dépendrait des circonstances fortuites qui leur auraient fait connaître ces acquisitions les premiers, ou de leur connivence avec le débiteur. Il a été proposé pour remédier à cet inconvénient, qui serait d'une nature si grave, d'accorder un délai à chaque créancier pour qu'il eût à s'inscrire sur ces biens après qu'ils auraient été acquis, et de donner un effet rétroactif à ces inscriptions au jour de l'inscription primitive ; mais ce palliatif serait pire que le mal qu'on aurait voulu prévenir. Ce sont les tiers qui auraient traité avec le débiteur depuis l'époque où il est devenu propriétaire des biens, qui seraient victimes de l'ignorance où ils seraient restés de l'existence des hypothèques qui viendraient les primer. Un tel danger ne peut être mis en balance avec une prétendue nécessité de ménager un principe purement théorique. Ce serait donc le cas d'ajouter au texte de l'art. 2134 du Code, qui fixe le rang des hypothèques au jour où elles ont été inscrites, que cette disposition s'applique aux inscriptions prises sur des biens à venir.

Telles sont toutes les questions générales qui avaient été proposées aux Cours et aux Facultés de droit du royaume. Nous avons maintenant à nous occuper d'un grand nombre de questions particulières qui se sont présentées lors de l'examen auquel les magistrats et les jurisconsultes se sont livrés de chacune des dispositions du Code civil contenues au chapitre qui nous occupe. Ces questions et les solutions qu'elles ont reçues serviront de matière à la seconde partie de ce travail.

DEUXIÈME PARTIE.

Plusieurs Cours royales et quelques Facultés de droit ont fait précéder leur avis sur les diverses modifications dont notre système hypothécaire éprouve le besoin, de considérations qui nous paraissent très importantes sur l'esprit qui doit y présider.

Ainsi, la Cour royale de Montpellier a dit que si l'on voulait faire résoudre par la loi toutes les questions qui se sont élevées sur la matière, on ferait dépasser au législateur le but qu'il s'est proposé. Les prescriptions du Code, quelque immenses qu'elles fussent, ne pourraient prévoir toutes les difficultés qui seraient dans le cas de survenir. Il serait difficile que les termes nombreux dont la loi aurait dû se servir fussent également clairs, et qu'ils ne prêtassent pas aux équivoques que l'on s'efforcerait d'y chercher. Le législateur ne pourrait avoir égard, en posant cette foule de principes généraux, aux circonstances particulières qui souvent ont déterminé les juges. Il aurait de la peine à tenir une balance exacte entre trop de relâchement et un excès de rigueur. La précision des lois constitue une grande partie de leur force. Leur langage ne doit être que l'expression d'un système général, et elles laissent aux magistrats le soin d'établir les conséquences des principes qu'elles ont posés.

La Cour royale de Poitiers, tout en repoussant l'idée que le système hypothécaire actuel ne tend, comme on a voulu le prétendre, qu'à favoriser le fisc, a exprimé le vœu que les droits que ce système entraîne et dont la quotité s'est singulièrement accrue depuis la promulgation du Code civil, éprouvassent une certaine réduction. On doit le désirer sans doute, dans l'intérêt du crédit foncier, et ainsi dans l'intérêt de l'agriculture ; mais ces droits ne pouvant être déterminés que par suite d'appréciations auxquelles l'administration des finances est seule à même de se livrer, et à raison des besoins de l'État qui sont de nature à varier sans cesse, ne sauraient former l'objet que de lois particulières sujettes aussi à être modifiées. C'est, au surplus, ce que la Cour a reconnu elle-même, en avouant que le Code civil ne devait point avoir à s'en occuper.

7

Nous partageons également la conviction manifestée par la Faculté de Paris, que, sur le titre qui est à reviser, les illustres rédacteurs du Code n'ont pas laissé tout à faire à leurs successeurs, et que leur œuvre qui, sous tant de rapports, est justement admirée, présente seulement des lacunes à combler, quelques taches à faire disparaître, et un système à compléter.

TITRE XVII. — Des priviléges des hypothèques.

Chapitre Ier. — *Dispositions générales.*

Art. 2092. Quiconque s'est obligé personnellement est tenu de remplir son engagement sur tous ses biens mobiliers et immobiliers, présents et à venir.

La Faculté de droit de Caen et celle de Grenoble ont proposé de remplacer les expressions de cet article : *quiconque s'est obligé*, par celles-ci : *quiconque est obligé*. Elles en ont donné pour motif que les termes du Code semblaient restreindre aux obligations conventionnelles une règle qui est commune à tous les engagements, lors même qu'aucune convention n'est intervenue.

Les dispositions de l'art. 2092 s'appliquent assurément à tous les engagements qui ont été légalement contractés, quelle que soit leur nature, et ainsi à ceux qui résultent des quasi-contrats, des délits et des quasi-délits; mais les termes de cet article n'ont jamais été entendus autrement. Quiconque est devenu débiteur s'est aussi bien obligé en s'immisçant dans les affaires d'autrui, en recevant ce qui ne lui était pas dû, ou en causant à quelqu'un un dommage, que s'il avait contracté une obligation directe, et les expressions contenues en l'art. 2092 paraissent suffisantes pour que l'on ne puisse en douter.

La Faculté de droit de Caen a aussi demandé que l'on ajoutât aux dispositions de cet article, *sauf les exceptions admises par la loi,* ce qui s'appliquerait aux rentes sur l'État, aux biens soumis au régime dotal, et aux choses qui ont été déclarées insaisissables par la volonté de l'homme ou par la loi; mais ces exceptions se trouvant exprimées dans les dispositions qui les concernent, il ne semble pas nécessaire de les rappeler, même en termes généraux, dans un titre qui leur est absolument étranger.

Art. 2093. Les biens du débiteur sont le gage commun de ses créanciers ; et le prix s'en distribue entre eux par contribution, à moins qu'il n'y ait entre les créanciers des causes légitimes de préférence.

Art. 2094. Les causes légitimes de préférence sont les priviléges et hypothèques.

La Faculté de droit de Caen voudrait que les priviléges et les hypothèques attachés à une créance ne pussent être cédés à des tiers sans qu'il y eût eu en même temps cession de la créance. La Faculté s'est fondée sur ce que de semblables accessoires sont inhérents au droit pour lequel ils ont été accordés, et qu'ils ne peuvent produire d'effet si on les en sépare. Si donc, a dit la Faculté, le créancier a conservé la propriété de ce droit, il ne peut transmettre à personne l'accessoire qui n'en forme que la dépendance. Il ne peut que s'engager à ne point se prévaloir du privilége ou de l'hypothèque qui lui appartient, à l'égard du créancier à qui il serait préférable. La Faculté est même allée plus loin. Elle a prétendu que s'il existe des créanciers intermédiaires, c'est à ces créanciers, quoiqu'ils soient étrangers à la convention qui est intervenue, que la renonciation à l'hypothèque qui les prime est dans le cas de profiter, et que le renonçant doit être traité comme s'il s'était laissé forclore ou comme s'il n'existait pas.

Un principe de cette nature aurait pour résultat de donner à la convention un effet diamétralement opposé à celui qu'ont voulu lui procurer les personnes qui l'ont consentie, puisqu'il ferait profiter de la renonciation des créanciers au profit de qui elle n'a point été faite, et que celui de tous qui seul l'aurait obtenue se trouverait privé du droit de s'en prévaloir. Lors même qu'un tel renversement des stipulations qui sont intervenues semblerait imposé par quelques règles théoriques, l'équité et la nécessité de faire exécuter les conventions, ou, au moins, de ne pas en outrepasser l'objet, ne permettraient pas de faire consacrer par la loi de telles conséquences ; mais on ne peut même accuser la théorie d'une semblable rigueur.

Il existe dans les droits d'un créancier deux choses très distinctes : la créance qui lui appartient et l'hypothèque ou le privilége qui grève les biens du débiteur. La cession de la créance comporte nécessairement la cession du privilége ou de l'hypothèque, et il faut

qu'une stipulation expresse soit intervenue ou qu'il y ait eu novation pour que cet accessoire s'éteigne et ne suive pas le sort du
principal ; mais, quoique le créancier ait conservé la propriété de
sa créance, on ne voit pas ce qui l'empêcherait de disposer de son
rang hypothécaire et d'en investir tout autre créancier du même
débiteur. Chacun est assurément le maître de faire ce qui lui plaît
des choses qui lui appartiennent, et ce qui est vrai pour le fond du
droit l'est aussi pour l'accessoire qui y est attaché. Il suffit que la
cession séparée de l'hypothèque ne puisse nuire à personne, pour
que nul n'ait le droit de s'opposer à ce qu'elle produise son effet. Si
donc tous les droits des autres créanciers sont restés intacts malgré
cette cession partielle, aucun d'eux ne peut se plaindre d'une convention qui lui est étrangère et à l'exécution de laquelle il n'a point
d'intérêt.

Or, un créancier qui a cédé à un autre créancier son rang hypothécaire, n'a point attribué à la créance du cessionnaire l'hypothèque
qui est attachée à la sienne. Il n'a fait qu'autoriser ce cessionnaire à exercer l'hypothèque qui lui a été cédée jusqu'à concurrence de la somme
pour laquelle elle a été accordée au cédant, et les tiers ne sont point
exposés ainsi à en souffrir. Ils ne sont toujours primés que comme
ils l'auraient été si cette cession n'avait pas été faite. Ce serait donc
sans motif qu'on interdirait les conventions de cette nature, ou
qu'on appellerait d'autres personnes que le cessionnaire à en
profiter.

La Faculté de droit de Rennes a ajouté aux causes de préférence
énoncées en l'art. 2094 du Code le contrat de nantissement et le
droit de rétention. A l'égard du nantissement, la Faculté a reconnu
que les causes qui l'établissent et les effets que ce contrat doit produire ont été suffisamment déterminés par le titre spécial du Code
civil qui les a consacrés ; seulement, la Faculté a cru trouver une
sorte de contradiction entre les dispositions de l'art. 2076 et celles
contenues aux art. 1141 et 2279 du Code civil.

Toutes ces dispositions dérivent cependant d'un principe qui leur
est commun, et qui est qu'en fait de meubles possession vaut titre.
C'est ainsi qu'aux termes de l'art. 1141 du Code, si la même chose
mobilière a été vendue ou donnée à plusieurs personnes, celle qui
la première en a été mise en possession doit en rester propriétaire si elle a été de bonne foi, son titre fût-il postérieur en date.

Cette préférence est fondée sur ce que cette personne a dû croire que le précédent détenteur était resté maître de disposer de la chose dont il avait gardé la possession. Le privilége du créancier gagé ne s'acquiert aussi, d'après l'art. 2076, qu'autant que ce créancier ou le tiers convenu a été mis en possession de la chose qui a été donnée en gage, et qu'il l'a conservée en ses mains. On dit, en droit, que c'est parce que le contrat de gage est réel, mais ce contrat n'a été réputé avoir cette nature que parce que, faute de détention de la chose sur laquelle le gage devait porter, le créancier n'a pu acquérir un droit de préférence sur les tiers qui ont eu confiance dans la possession qu'en avait conservée le débiteur. L'art. 2076 ne modifie donc point l'art. 2279, et l'on ne saurait apercevoir aucune contradiction entre ces diverses dispositions du Code civil.

Le droit de rétention, que la Faculté de Rennes voudrait faire ajouter aux causes de préférence énoncées en l'art. 2094 du Code, ne constitue pas, à proprement parler, un privilége. Il ne fait que procurer à celui qui l'exerce un moyen plus efficace de se faire payer de ce qui lui est dû. Ce droit a été accordé à ceux qui ont fait, pendant leur détention légale de la chose d'autrui, des dépenses dont il doit leur être tenu compte. Il appartient ainsi, d'après l'art. 867 du Code civil, à l'héritier qui fait le rapport en nature de l'immeuble qui lui a été donné en avancement d'hoirie, et qui doit être remboursé des sommes qu'il a employées en impenses et en améliorations, jusqu'à concurrence de la plus value que les biens qu'il rapporte se trouvent en avoir éprouvée au moment du partage. Ce droit appartient aussi, sous les mêmes conditions, aux donataires entre-vifs, lorsque la disposition faite à leur profit a été révoquée, ainsi qu'au mari qui doit restituer les biens dotaux de sa femme. Le Code l'a encore attribué, par son article 1673, à l'acquéreur à titre de réméré, si le rachat a lieu, et par l'art 1948 au dépositaire, pour les avances qu'il a faites par suite du dépôt dont il a été chargé. Le même droit doit être reconnu au mandataire sur les choses provenues du mandat qu'il a exercé, à raison des avances qu'il a été autorisé à faire ou auxquelles il a été obligé de se livrer ; mais ce n'est point au titre des priviléges et hypothèques qu'il convient de s'occuper de ces diverses causes de préférence. On ne pourrait y poser en thèse générale qu'un privilége est dû à tout possesseur de bonne foi qui a amélioré la chose d'autrui, sans entrer à l'égard de chaque contrat dans des explications étrangères à ce titre, et qui seraient cependant nécessaires pour prévenir l'abus qui pourrait en être fait. Chacune de ces dispositions ne peut être portée qu'au titre qui la concerne, et qui énonce les conditions qui doivent en régler les effets.

Les Facultés de Rennes et de Strasbourg ne sont point d'accord sur le point de savoir si le droit de rétention doit attribuer un droit de préférence à l'égard des tiers. La Faculté de Rennes admet cette préférence, en se fondant sur ce que le droit de rétention ne pouvant s'exercer qu'à raison de la plus value qui est résultée des impenses, les autres créanciers n'ont rien à perdre par l'effet de ce prélèvement, et la Faculté de Strasbourg ne s'y refuse que parce que le Code n'a point rangé le droit de rétention au nombre des priviléges qu'il a reconnus. Il nous semble que cette énonciation n'a pas été nécessaire. Les priviléges que la loi autorise à admettre ne s'exercent que sur les biens qui sont en la possession du débiteur, et à l'égard desquels rien ne s'oppose à ce que le prix en soit réparti entre les ayants droit. Le droit de rétention, au contraire, ne peut avoir lieu qu'à raison de choses qui sont en la possession d'un tiers. Les créanciers doivent donc faire rentrer ces choses parmi les biens sur lesquels ils peuvent agir, avant de pouvoir diriger sur elles des poursuites. Usant alors des droits du débiteur qu'ils représentent, ils sont tenus de remplir les obligations que la loi lui a imposées, et ils doivent ainsi supporter, avant tout, le prélèvement des dépenses utiles qu'a faites le détenteur, jusqu'à concurrence de l'augmentation de valeur que ces dépenses ont procurée aux biens, et le Code n'a pas eu besoin de le dire.

Il existe moins de difficulté encore à l'égard des frais faits pour la conservation de la chose, puisqu'un privilége y a été formellement attaché par l'art. 2102 du Code civil.

Chapitre II. — *Des priviléges.*

La Cour royale d'Aix a dit que l'intention du Gouvernement en cherchant à améliorer le système hypothécaire actuel étant de favoriser les progrès de l'agriculture en donnant des bases plus larges au crédit foncier, on n'atteindra ce but qu'en procurant une plus grande publicité aux hypothèques et plus de simplicité et de rapidité dans les règles de l'expropriation forcée. On ne peut aller plus loin, sous ce dernier rapport, que la loi qui a récemment changé les dispositions du Code de procédure sur la vente forcée des immeubles, et la publicité des hypothèques paraît suffisamment assurée par les dispositions du Code civil. Les meilleurs moyens à employer pour ranimer le crédit foncier consisteront toujours à délivrer les prêteurs des inquiétudes qui les assiégent sur la validité de leur hypothèque et sur le mérite des inscriptions qu'ils doivent prendre pour la conserver, en adoucissant autant que possible les exigences de la loi à cet égard, et en hâtant, par des institutions bienfaisantes, les progrès de l'agriculture, afin que l'augmentation de valeur qu'obtiendraient les immeubles donnât une plus grande sécurité aux prêteurs.

Aucun changement n'a été, au reste, proposé, quand à l'énumération faite par le Code civil des diverses créances auxquelles est attaché un privilége général, et les Cours ainsi que les Facultés se sont accordées pour reconnaître que les dispositions qui y sont relatives ont été dictées par l'humanité, par l'intérêt public, et même, à l'égard de quelques-uns de ces priviléges, par l'intérêt des autres créanciers.

Art. 2095. Le privilége est un droit que la qualité de la créance donne à un créancier d'être préféré aux autres créanciers, même hypothécaires.

Il ne semble pas à propos de supprimer dans cet article, comme l'a demandé la Faculté de droit de Caen, les expressions d'après lesquelles un créancier privilégié doit être préféré aux autres créanciers *même hypothécaires*, car il importe qu'on ne puisse douter que les créanciers dont l'hypothèque a grevé des biens qui étaient encore libres alors peuvent être primés par des créanciers postérieurs, quoique dépourvus d'hypothèque, si la nature des droits de ces créanciers leur a fait acquérir un droit aussi exorbitant.

Art. 2096. Entre les créanciers privilégiés, la préférence se règle par les différentes qualités des priviléges.

Nous nous sommes expliqué dans la première partie sur la difficulté extrême qu'il y aurait à faire déterminer par la loi le rang qui devrait, dans tous les cas, être assigné aux priviléges quand ils ont à lutter entre eux sur le prix des mêmes objets, et nous persistons à penser qu'une telle classification qui poserait des règles dont il ne serait point permis de s'écarter, deviendrait inévitablement la source d'une foule d'injustices. La loi n'a pu poser à cet égard que des principes généraux, et elle a dû en livrer l'application à la prudence des juges, car dans une matière où l'équité commande, bien des motifs peuvent empêcher qu'on puisse se conformer toujours aux prescriptions rigoureuses du droit.

Art. 2097. Les créanciers privilégiés qui sont dans le même rang sont payés par concurrence.

Art. 2098. Le privilége, à raison des droits du trésor royal, et l'ordre dans lequel il s'exerce, sont réglés par les lois qui les concernent.

Le trésor royal ne peut cependant obtenir de privilége au préjudice des droits antérieurement acquis à des tiers.

Nous pensons avec la Cour royale d'Amiens, que l'émission d'une loi qui reviserait et coordonnerait toutes les dispositions relatives aux priviléges accordés au trésor royal et au trésor de la couronne aurait une grande utilité, et nous partageons également l'avis de la Cour royale d'Angers, que cette classification ne doit pas être établie par le Code civil. Elle ne serait pas destinée, comme l'a dit la Cour, à avoir le même degré d'immutabilité que nos lois fondamentales. Seulement il serait à propos que le Code fixât le délai dans lequel les priviléges de cette nature devraient être inscrits lorsqu'ils portent sur des immeubles, sous peine de ne prendre rang que du jour de leur inscription. On diminuerait ainsi les inconvénients qui, dans l'état actuel des choses, résultent de l'effet rétroactif des inscriptions prises en pareil cas au nom du trésor.

Art. 2099. Les priviléges peuvent être sur les meubles ou sur les immeubles.

Quoique certains priviléges puissent être exercés sur les meubles et sur les immeubles du débiteur, les cas où ce droit est accordé étant exprimés par le Code, il ne paraît pas nécessaire, comme la Faculté de droit de Caen le demande, d'en faire l'objet d'une mention spéciale dans l'art. 2099.

PREMIÈRE QUESTION.

Des priviléges sur les meubles.

Le meilleur moyen d'empêcher, selon la Faculté de droit de Rennes, que les priviléges sur les meubles ne pussent exposer les tiers à être déçus par de fausses apparences, serait de se tenir strictement au principe posé dans l'art. 2076 du Code civil, et de ne laisser ainsi produire d'effet à ces priviléges qu'autant que le créancier qui voudrait s'en prévaloir serait encore nanti de la chose sur laquelle il entend l'exercer.

Cette règle ne pourrait nécessairement s'appliquer qu'à ceux de ces priviléges dont l'exercice requiert que le créancier ait obtenu la possession ou quasi-possession des objets sur le prix desquels il a acquis un privilége, et, ainsi, à l'égard des créanciers gagés, du locateur, des aubergistes et des voituriers. Cependant, cette possession pouvant avoir cessé par le résultat d'un abus de confiance, d'un dol, ou même, en certains cas, à raison d'une espèce de nécessité, il serait injuste de punir le créancier, par la perte de son privilége, d'un fait qui ne peut même lui être reproché. Ce dernier cas exceptionnel a surtout lieu à l'égard des voituriers qui remettent presque toujours les objets qui leur ont été confiés avant de recevoir le prix de leur transport, ne fût-ce que pour laisser le temps de reconnaître si aucune avarie n'existe. Il est d'ailleurs tellement nécessaire de ne point entraver les opérations du commerce, que le Code de commerce a conservé le privilége du commissionnaire, quoique les marchandises qu'il avait en dépôt et qui lui servaient de garantie aient été vendues et livrées pour le compte de son commettant et qu'il en ait ainsi perdu la détention. Il convient donc, sans porter d'atteinte au principe qui régit toutes ces sortes de cas, de laisser aux magistrats le soin de reconnaître si le privilége peut encore être exercé, quoique, à raison de circonstances particulières, la chose ait cessé d'être en la possession du créancier.

Art. 2100. Les priviléges sont ou généraux, ou particuliers sur certains meubles.

§ 1ᵉʳ Des priviléges généraux sur les meubles.

Art. 2101. Les créances privilégiées sur la généralité des meubles sont celles ci-après exprimées, et s'exercent dans l'ordre suivant :

1° Les frais de justice ;

2° Les frais funéraires ;

3° Les frais quelconques de la dernière maladie, concurremment entre ceux à qui ils sont dus ;

4° Les salaires des gens de service , pour l'année échue et ce qui est dû sur l'année courante ;

5° Les fournitures de subsistances faites au débiteur et à sa famille , savoir , pendant les six derniers mois, par les marchands en détail, tels que boulangers, bouchers et autres, et pendant la dernière année, par les maîtres de pension et marchands en gros.

L'ordre établi par cet article entre les priviléges qu'il mentionne n'a point été contesté par les Cours royales ni par les Facultés, mais plusieurs modifications ont été proposées sur chacune des dispositions qu'il contient.

On a demandé, en premier lieu, que les seuls frais de justice dans le cas de jouir du privilége accordé par cet article fussent ceux qui ont été faits dans l'intérêt commun des créanciers. Ce principe est si peu contestable que le législateur a cru pouvoir se dispenser de le mentionner. On ne peut effectivement prétendre que les frais qui n'ont été faits par un créancier que dans un intérêt qui lui est personnel, doivent être acquittés préférablement aux droits des autres créanciers. Les frais de justice ne sont dans le cas de jouir de cet avantage qu'autant qu'ils ont servi, soit à faire constater par une saisie la quotité des objets mobiliers qui forment le gage commun des créanciers et à les placer sous la main de justice, soit à convertir ces objets, par la vente qui en a été faite, en une somme d'argent qu'il ne s'est plus agi que de distribuer entre les ayants droit.

Au nombre de ces frais se trouvent ceux qui ont été faits par un héritier bénéficiaire pour le compte de la succession qu'il est chargé d'administrer, et ceux qui ont été avancés pour le compte des créanciers d'un failli par les syndics de la faillite. Le privilége qui est dû à raison de ces diverses avances se trouve presque toujours exercé par le fait, puisque ces sortes de comptables ne sont tenus que du reliquat dont la liquidation de leur gestion les a fait reconnaître débiteurs, et que ce solde n'est fixé que déduction faite des frais qu'ils ont dû exposer ; mais si les recouvrements qu'ils ont opérés n'ont pas suffi pour les satisfaire, et que le prix du mobilier du défunt ou de la faillite se trouve néanmoins épuisé, il n'est pas douteux que la somme qui leur est restée due ne soit privilégiée sur le prix des immeubles, car la gestion qu'ont eue ces syndics ou ces héritiers ne peut devenir pour eux une cause de perte. D'ailleurs, en procédant à la liquidation des valeurs mobilières, ils ont agi dans l'intérêt de tous les créanciers, surtout de ceux hypothécaires sur qui les deniers provenus de la vente des immeubles sont dans le cas de manquer, et qui seuls auraient intérêt à contester sur l'ordre le privilége que ces gérants viennent y exercer.

On ne peut donc admettre, comme l'a demandé la Faculté de Rennes, que le privilége des frais faits par un héritier bénéficiaire doit être restreint à chacune des espèces de biens qui y a donné lieu. Ce qui serait vrai dans un cas ordinaire ne l'est pas à l'égard d'un semblable héritier dont l'administration a compris la succession entière, et qui, dans tout ce qu'il a fait, doit être réputé avoir agi dans l'intérêt de tous les créanciers du défunt; il en est de même, et par les mêmes raisons, des avances faites par les syndics d'une faillite. Un gardien judiciaire n'a, au contraire, de privilége que sur le prix des objets dont la garde lui a été confiée, car il est resté étranger au surplus des biens du débiteur.

Les Cours et les Facultés ont été d'accord que les frais funéraires devaient être restreints, en cas d'excès, à ce qu'ils auraient dû être, suivant l'état, la condition et la fortune laissée par le défunt. Les obsèques d'un homme décédé insolvable ont dû être proportionnées au mauvais état dans lequel il a laissé ses affaires, puisque ce sont, en définitive, ses créanciers déjà en perte qui auront à en supporter les frais. Les magistrats savent alors concilier ce qui a été dû à la mémoire du défunt avec les intérêts des tiers, sans s'arrêter à ce que l'orgueil des héritiers a pu leur suggérer.

Il s'est établi une certaine dissidence entre plusieurs Cours royales, à raison du deuil de la veuve et des enfants du défunt. Quelques Cours ont pensé que les frais de ce deuil ne devaient point être considérés comme privilégiés. La Cour royale d'Orléans a été d'une opinion contraire, en se fondant sur ce que la morale publique et le respect dû aux morts exigeaient que ce deuil fût porté. Cette obligation d'étroite convenance est, en effet, imposée par nos mœurs à des parents si proches, et les dépenses que le deuil entraîne ayant été occasionnées par la mort du défunt, il est juste que la succession les supporte à l'instar des frais funéraires. Aussi la jurisprudence s'est-elle de tout temps prononcée en ce sens, en se bornant à réduire les frais de ce deuil, s'ils ont été excessifs ; et il nous semble qu'elle s'appuie sur les plus sages motifs.

La dernière maladie dont les frais sont privilégiés a toujours été réputée avoir été celle dont le débiteur est mort, et comme ces frais se prescrivent par un an nonobstant la continuation des soins et des fournitures, ce privilége ne peut que rarement s'appliquer à ceux qui ont eu lieu pendant un temps plus long. Les Cours royales de Bordeaux, de Douai et de Grenoble ont cependant pensé qu'il était à propos que le Code, en appliquant à ces sortes de frais cette dernière règle, restreignît le privilége qui leur est accordé à ceux qui ont été faits dans l'année du décès, ce qui en préviendrait l'accumulation si la prescription a été interrompue.

Les Cours royales de Bordeaux et de Pau ont de plus proposé d'étendre ce privilége au cas où le débiteur est tombé en faillite ou en déconfiture, lors même qu'il y a survécu ; mais il ne nous semble pas, malgré le motif d'humanité que ces Cours ont fait valoir, que l'on doive distinguer ce qui est dû en pareil cas de toute autre créance, puisque rien n'empêchait les créanciers de se faire payer de ces frais avant l'événement. La Cour royale de Pau s'est occupée aussi des maladies chroniques qui peuvent durer pendant plusieurs années ; mais lors même que le Code civil n'établirait pas la prescription annale dont nous avons parlé, il laisserait aux juges le soin de reconnaître ce qui doit être considéré comme ayant formé la dernière maladie du défunt.

Une lutte assez vive existe depuis longtemps entre plusieurs Cours royales et la Cour de cassation, sur la question de savoir quels sont les gens de service dont les salaires doivent jouir du privilége accordé par l'art. 2101 du Code civil. Un assez grand nombre d'arrêts ont décidé qu'on ne devait appliquer cette dénomination qu'aux seuls domestiques, et non aux ouvriers, même à ceux travaillant à l'année, ni aux commis employés dans un établissement de commerce ou aux professeurs attachés à un pensionnat. La Cour de cassation s'est fondée notamment, pour établir ce point de doctrine, sur ce qu'aucune de ces personnes n'était en état de domesticité, et sur ce que le Code a établi des règles différentes, quant à la prescription de leurs appointements ou de leurs salaires, de celles qui ont été portées à l'égard des gens de service à proprement parler. Quelques Cours royales ont jugé, au contraire, que le Code n'avait pas entendu restreindre aux seuls domestiques le privilége mentionné en l'art. 2101, mais qu'il avait voulu ménager quelques ressources à tous ceux qui avaient consacré leur temps et leur industrie au service d'autrui.

Les termes dans lesquels est conçu cet article ont pu mettre obstacle à ce que cette dernière interprétation fût admise, mais, en revisant le Code, l'équité réclamera en sa faveur. Le privilége qui a été acordé aux gens de service n'a pas eu seulement pour cause d'assurer au débiteur les soins dont il ne pouvait se passer. Il est aussi fondé sur l'état de dépendance dans lequel ces serviteurs ont vécu et qui leur a rendu difficile de se faire payer de leurs gages avec exactitude. Les mêmes motifs s'appliquent aux ouvriers loués à l'année, aux commis et même aux professeurs. Le concours de ces personnes n'a pas moins été indispensable au maître de l'établissement auquel ils avaient consacré leur temps et leurs travaux, puisque, sans eux, les opérations de cet établissement seraient devenues impossibles, et ces employés n'ont pas moins été empêchés de réclamer avec rigueur du maître ce qu'il leur était dû, puisque, en le poursuivant, ils auraient infailliblement compromis leurs moyens d'existence. Leur position est donc identique, sous ces deux rapports, à celle dans laquelle se sont trouvés les serviteurs.

La seule objection à faire est que l'on doit éviter de multiplier les priviléges lorsque la déconfiture du débiteur expose les créanciers à perdre une partie de ce qui leur est dû, mais cet inconvénient se balance par le fait que, sans les travaux des ouvriers, des commis ou des professeurs à qui nous accorderions un privilége, les créanciers auraient pu éprouver des pertes plus grandes encore, puisque le débiteur n'aurait pu continuer ses affaires et remplir une foule d'engagements qui seraient venus peser sur les débris de sa fortune. Il serait donc naturel que les travaux de ces employés, ayant été utiles à ceux mêmes qui voudraient contester leur privilége, leur donnassent le droit d'être payés les premiers.

La Cour royale de Douai a proposé de réduire à six mois le temps pendant lequel les fournitures de subsistances faites au débiteur et à sa famille, même celles qui ont été faites par les maîtres de pension ou les marchands en gros, doivent être payées par privilége, et la Faculté de Rennes voudrait que l'on réduisît à trois mois le délai accordé pour les fournitures des marchands en détail. Il nous semble que le motif de la distinction qu'a établie à l'égard de ces différents fournisseurs l'art. 2101 du Code, provient de ce que les marchands en détail qui ne se font pas payer comptant ont l'habitude de n'accorder que des termes très courts, tandis que les maîtres de pension et les marchands en gros ne réclament ordinairement ce qui leur est dû qu'à la fin de l'année. On contrarierait donc des usages presque universels en uniformisant les délais pour des cas qui sont si peu semblables, et l'on s'exposerait à faire éprouver injustement à certains de ces marchands un grand nombre de pertes, si l'on réduisait ces délais à des termes plus courts que ceux dont ils ont coutume de se servir.

La Faculté de Rennes a aussi demandé que l'on ajoutât aux fournitures pour lesquelles on a accordé un privilége le prix des vêtements qui seraient reconnus avoir été nécessaires au débiteur et à sa famille. Ces vêtements ont, en effet, été toujours assimilés aux aliments, mais la difficulté serait de reconnaître quels sont ceux qui n'auraient été achetés que par nécessité.

Art. 2102. Les créances privilégiées sur certains meubles sont :

1° Les loyers et fermages des immeubles, sur les fruits de la récolte de l'année, et sur le prix de tout ce qui garnit la maison louée ou la ferme, et de tout ce qui sert à l'exploitation de la ferme, savoir, pour tout ce qui est échu, et pour tout ce qui est à échoir, si les baux sont authentiques, ou si, étant sous signature privée, ils ont une date certaine ; et, dans ces deux cas, les autres créanciers ont le droit de relouer la maison ou la ferme pour le restant du bail, et de faire leur profit des baux ou fermages, à la charge toutefois de payer au propriétaire tout ce qui lui serait encore dû ;

Et, à défaut de baux authentiques, ou lorsque, étant sous signature privée, ils n'ont pas une date certaine, pour une année, à partir de l'expiration de l'année courante ;

Le même privilége a lieu pour les réparations locatives et pour tout ce qui concerne l'exécution du bail ;

Néanmoins les sommes dues pour les semences ou pour les frais de la récolte de l'année sont payées sur le prix de la récolte, et celles dues pour ustensiles, sur le prix de ces ustensiles, par préférence au propriétaire, dans l'un et l'autre cas ;

Le propriétaire peut saisir les meubles qui garnissent sa maison ou sa ferme lorsqu'ils ont été déplacés sans son consentement, et il conserve sur eux son privilége, pourvu qu'il ait fait la revendication ; savoir, lorsqu'il s'agit du mobilier qui garnissait une ferme, dans le délai de quarante jours, et dans celui de quinzaine s'il s'agit des meubles garnissant une maison ;

2° La créance sur le gage dont le créancier est saisi ;

3° Les frais faits pour la conservation de la chose ;

4° Le prix d'effets mobiliers non payés, s'ils sont encore en la possession du débiteur, soit qu'il ait acheté à terme ou sans terme ;

Si la vente a été faite sans terme, le vendeur peut même revendiquer ces effets tant qu'ils sont en la possession de l'acheteur, et en empêcher la revente, pourvu que la revendication soit faite dans la huitaine de la livraison, et que les effets se trouvent dans le même état dans lequel cette livraison a été faite ;

Le privilége du vendeur ne s'exerce toutefois qu'après celui du propriétaire de la maison ou de la ferme, à moins qu'il ne soit prouvé que le propriétaire avait connaissance que les meubles et autres objets garnissant sa maison ou sa ferme n'appartenaient pas au locataire.

Il n'est rien innové aux lois et usages du commerce sur la revendication ;

5° Les fournitures d'un aubergiste, sur les effets du voyageur qui ont été transportés dans son auberge ;

6° Les frais de voiture et les dépenses accessoires, sur la chose voiturée ;

7° Les créances résultant d'abus et prévarications commis par les fonctionnaires publics dans l'exercice de leurs fonctions, sur les fonds de leur cautionnement et sur les intérêts qui en peuvent être dus.

Plusieurs avis ont été émis par les Cours et par les Facultés sur le nombre d'années de loyers ou de fermages à raison desquelles un privilége a été accordé au locateur, et il faut convenir que l'insuffisance des termes qui ont été employés par le Code civil pour les désigner a pu donner lieu à cette divergence. Le Code civil distingue les baux authentiques ou qui ont une date certaine des baux sous seing privé dont la date n'est pas assurée, mais il se tait sur les locations qui n'ont été que verbales. Au premier cas, il accorde un privilége au locateur pour tous les loyers échus et pour tous ceux à échoir jusqu'à la fin du bail. Au second cas, il restreint ce privilége à un an de loyer à partir de l'expiration de l'année courante, sans s'expliquer sur les loyers échus ni sur ceux courants. La jurisprudence a dû suppléer à cette lacune, mais elle n'a pas toujours été d'accord avec elle-même sur ces différents points. La Cour de cassation n'a mis fin qu'à quelques-unes des controverses qui se sont élevées à cet égard, en reconnaissant que le Code n'avait point entendu priver le locateur des loyers échus lors même que le bail n'avait été que verbal, et que, s'il n'avait mentionné au second alinéa de l'art. 2102 que l'année à partir de l'expiration de l'année courante, ce n'avait été que par opposition à la totalité des termes à échoir pour lesquels il y a privilége, aux termes du même article, lorsque le bail est authentique ou a une date certaine, en sorte que le locateur avait droit, dans tous les cas, à un privilége, pour la totalité des loyers échus.

C'est principalement sur ce point qu'ont porté les observations des Cours. Quelques-unes voudraient que lorsque le bail n'a pas de date certaine ou qu'il n'a été que verbal, il ne fût accordé de privilége que pour une seule année échue, l'année courante, et une année à échoir. D'autres Cours ont demandé que, quellequ'ait été la nature du bail, le privilége du locateur fût réduit à cinq ans, même à deux ans, enfin à une seule année, plus l'année courante, et toutes ont cherché à motiver leur avis.

Sur la réduction à cinq ans du privilége du locateur, les Cours royales qui ont été d'avis de l'admettre ont dit que ce laps de temps était précisément celui passé lequel les loyers étaient déclarés prescrits. Il est sans doute incontestable que le privilége accordé aux locateurs ne peut s'exercer que pour les loyers qu'ils sont encore à même de réclamer, et que l'existence d'un privilége ne porte aucune atteinte aux causes qui ont pu éteindre la dette à raison de laquelle il a été accordé ; mais si cette prescription ne peut être opposée au locateur au moyen des actes qui l'ont interrompue, ce ne serait plus se mettre en rapport avec les principes qui la régissent que de faire perdre au locateur l'accessoire principal de la créance dont il a conservé le droit de se faire payer. Les Cours ont objecté qu'il n'est pas ordinaire qu'un propriétaire laisse arrérager pendant plus de cinq ans les loyers qui lui sont dus, et que l'on doit craindre sa collusion avec le locataire. Si ce danger est véritable, le pouvoir des tribunaux est en pareil cas discrétionnaire, et, si des présomptions suffisantes s'élèvent, la mauvaise foi du locateur est punie par le rejet de son indue réclamation, mais on ne peut condamner à l'avance les demandes de tous les propriétaires, ni ériger en principe qu'ils agiront en fraude, lorsque l'équité et le droit défendent de le supposer.

A plus forte raison ne peut-on réduire à un an ou même à deux années le privilége du locateur pour les loyers échus, car on le priverait du gage de sa créance lorsqu'il n'aurait fait que se refuser à occasionner la ruine du locataire en arrêtant ses travaux, ou en compromettant son crédit par les poursuites qu'il aurait exercées contre lui. C'est donc le cas d'adopter la jurisprudence de la Cour suprême, en accordant aux locateurs, quelle qu'ait été la nature du bail, un privilége pour tous les loyers échus qu'ils ont conservé le droit de réclamer.

A l'égard des loyers à échoir, toutes les Cours ont été d'accord qu'il convenait de maintenir la disposition du Code qui, lorsque le bail est authentique ou a une date certaine, étend le privilége à tous les loyers qui écherront pendant la durée de ce bail. La Faculté de droit de Caen a demandé à quelle époque il faudrait que cette date eût été acquise pour produire un pareil effet, et elle a proposé d'indiquer la faillite du locataire, la saisie de ses meubles ou même un simple commandement, pourvu que cet acte eût été suivi d'une exécution prompte; mais nous ne pensons pas que, même alors, on puisse se contenter d'un pareil acte. Il suffit que le locataire ait été libre de disposer de son mobilier au jour où le bail a acquis une date certaine, et si une main-mise de justice par suite de sa faillite ou d'une saisie mobilière lui a ôté ce droit, un simple commandement n'a jamais eu ce caractère, ni été réputé dans le cas de produire un semblable effet.

Lors donc qu'un bail sous seing privé n'a pas acquis de date certaine avant l'époque à compter de laquelle le locataire a perdu la disposition de ses meubles, il ne peut être opposé aux tiers, et il doit être assimilé, à leur égard, à un simple bail verbal. S'il perd ainsi une grande partie de sa force quant aux loyers à échoir, il n'existe pas moins, quant aux loyers échus, une preuve qui en est indépendante, et qui équivaut à son authenticité. C'est celle qui résulte de la jouissance qu'a eue le locataire pendant le temps à raison duquel les loyers sont réclamés. C'est donc avec raison que la Cour de cassation et plusieurs Cours royales ont reconnu le privilége du locateur pour toutes les années échues, lors même que le bail n'avait été que verbal. En vain a-t-on voulu se prévaloir, pour soutenir le contraire, de la discussion qui a eu lieu au conseil d'État sur l'art 2102 du Code civil. On voit, en y recourant, qu'un membre du conseil demandait que les baux ruraux, même faits sous seing privé, donnassent au propriétaire le même privilége que s'ils étaient authentiques, et M. Treilhard répondait que l'on avait craint de donner ouverture à la collusion, en attachant cet effet aux baux qui n'auraient pas de date certaine, pour un temps plus long que l'espace d'une année. L'année à laquelle M. Treilhard réduisait le privilége était donc celle qui a été accordée par le Code à partir de l'expiration de l'année courante, et on ne peut en tirer aucune induction quant aux loyers échus. Le Code ne s'explique pas même sur le privilége attaché à cette année courante, et cependant personne n'entend le contester. On ne peut davantage s'armer de son silence sur les années échues, à raison desquelles la jouissance du locataire forme le titre du locateur.

Les mêmes principes s'appliquent aux locations qui n'ont été que verbales ; mais la Faculté de droit de Caen a dit avec raison qu'il importait de ne pas mettre l'art. 2102 en opposition avec les règles du contrat de louage. Or, aux termes de l'art. 1774 du Code civil, le bail verbal d'un fonds rural est réputé avoir été consenti pour tout le temps nécessaire afin que le preneur puisse recueillir tous les fruits que les immeubles affermés sont dans le cas de produire, et ainsi, s'il s'agit de terres labourables dont la culture soit divisée par soles, le bail est censé fait pour autant d'années qu'il y avait de soles à pratiquer au moment où il a été consenti, ou qui se sont renouvelées par l'effet de la tacite reconduction. Si donc le propriétaire est forcé, à l'époque où son privilége s'exerce, de laisser se prolonger la jouissance du fermier pendant plus d'une année, il ne peut être exposé à perdre ses fermages, et il y a nécessité de lui accorder le droit d'user de son privilége pour tout le temps durant lequel le bail verbal devra se continuer. A la vérité, la vente des meubles et des ustensiles qui garnissent la ferme fait supposer que le bailleur demandera, en vertu de l'art. 1766 du Code, la résiliation du bail ; mais comme les récoltes importantes peuvent avoir été celles des années qui ont précédé, et que le bailleur a alors intérêt à ce que la jouissance du fermier se prolonge, sauf à exercer son privilége sur les récoltes à provenir de ses fonds, il peut arriver que l'addition que la Faculté propose ait une certaine utilité.

Il n'en est pas de même des baux à loyer qui n'ont été que verbaux. Chacune des parties a alors le droit de donner congé à l'autre en se conformant pour le terme de sortie à l'usage des lieux, et le privilége du locateur ne peut être exercé que pour le temps pendant lequel aura duré la jouissance du locataire, sans que ce temps puisse excéder, pour les termes à échoir, une année à partir de l'expiration de l'année courante.

Enfin, si le bail est authentique ou s'il a une date certaine et que le locateur exerce son privilége pour tous les loyers à échoir, les créanciers du locataire ont le droit de sous-louer les lieux lors même que le bail contiendrait à cet égard une clause prohibitive. La disposition de l'art. 2102 qui les y autorise ne saurait, en effet, être entendue autrement. Elle serait sans cela tout à fait inutile, puisque, si cette clause prohibitive n'existe point dans le bail, la faculté de sous-louer appartient de plein droit au locataire et à ses créanciers, d'après ce qui est dit en l'art. 1717 du Code civil.

Il serait juste, comme la Faculté de Caen le demande, que les soins donnés et les médicaments fournis dans l'année aux animaux servant à la culture fussent admis, à l'instar des semences et des frais de récolte, à primer le privilége qui appartient au locateur, car ils ont eu la même utilité ; mais nous ne pensons pas que l'on puisse refuser au bailleur, comme le fait la même Faculté, l'exercice de son droit de revendication contre le détenteur, même à titre onéreux, du mobilier qui garnissait la ferme. Vainement ce détenteur exciperait-il de sa bonne foi. Par cela seul que les meubles se trouvaient dans les lieux loués, il a dû savoir que le propriétaire avait sur eux un privilége, et sa négligence à s'en enquérir ne peut l'excuser. On doit cependant en excepter le cas où des animaux appartenant au fermier ont été vendus en foire, car la rapidité de ces sortes de marchés ne permet pas de se livrer à cette investigation.

Le privilége accordé même par préférence à celui du propriétaire aux sommes dues pour semences, pour les frais de récolte, ou pour le prix de l'achat ou de la restauration des ustensiles, doit, à plus forte raison, comme la Cour royale de Dijon l'a dit, primer tous les créanciers ordinaires. Il est certain aussi, comme l'a remarqué la Cour royale d'Orléans, que par ce mot : *ustensiles*, la loi n'a entendu parler que des ustensiles aratoires et non de ceux de ménage du fermier, la faveur ne s'attachant qu'à ce qui a servi àprocurer la récolte. Ce serait, au plus, une légère addition à faire à l'art. 2102.

Les frais faits pour la conservation de la chose ne doivent comprendre, ainsi que la Cour royale de Douai l'a demandé, que ceux qui ont été nécessaires pour préserver les biens d'un accident fortuit, tel qu'un incendie, une ruine, un pillage, une inondation, ou tout autre événement causé par une force majeure. Comme ces frais ont profité à tous les créanciers dont le gage aurait été perdu ou compromis, et qu'il importe de ne point décourager ceux qui se portent au secours de la chose d'autrui en péril, il conviendra même de faire passer ce privilége avant tous ceux qui portent sur les mêmes objets ; mais on ne peut assimiler à ces frais extraordinaires, comme le voudrait la Faculté de droit de Grenoble, ceux de simple réparation ou d'amélioration des meubles, lors même que l'on réduirait le privilége des ouvriers qui auraient opéré ces travaux à la plus value qui en serait résultée. Outre qu'un pareil droit pourrait être la source d'une foule d'abus, il n'existerait aucun moyen légal de constater le montant de cette plus value, puisque l'état antérieur des meubles n'aurait pas été reconnu. On ne peut donc faire dépendre les droits des autres créanciers d'une opération où règnerait une telle incertitude.

Les Cours et les Facultés ont presque toutes émis l'avis d'étendre le privilége accordé par le Code au vendeur non payé d'un objet mobilier, au cédant d'un office ou de tout autre droit incorporel. Il ne saurait, en effet, y avoir de différence entre les droits de ces vendeurs, et il n'est pas une des causes qui ont fait considérer la créance des uns comme privilégiée, qui ne s'applique à tous. Aucun d'eux ne doit être victime de sa confiance ni de l'impossibilité où le cessionnaire s'est trouvé de lui procurer des sûretés plus grandes que celles qu'il en a obtenues. Ce cessionnaire n'a droit, et ses créanciers avec lui, qu'à ce qui restera des valeurs provenues de la chose cédée lorsque le cédant aura été satisfait, car la propriété de cette chose ne lui a été transférée qu'à cette condition implicite, et nul ne peut exciper du contrat qui est intervenu, sans être en même temps tenu de l'exécuter. Il ne peut y avoir lieu à la revendication des droits incorporels, surtout à celle des offices publics qui sont à la nomination du souverain. Les créances qui ont été vendues à terme ne peuvent non plus, et par ce fait seul, être revendiquées. Les cédants de ces sortes de droits se trouveraient donc complétement désarmés vis-à-vis des créanciers du cessionnaire, et les valeurs qui composent souvent la plus grande partie de leur fortune serviraient, à leur détriment, à acquitter des dettes dont ils ne sont aucunement tenus, si on leur refusait le privilége que réclament pour eux les Cours.

Nous devons cependant reconnaître que ce privilége n'a conservé toute son importance qu'en ce qui concerne les cessions de créances et la vente des patrocines et clientèle qui dépendent d'un office public, mais qu'il a beaucoup perdu de son intérêt depuis le nouvel art. 550 du Code du commerce qui ne permet plus d'admettre de privilége ni même de droit de revendication en cas de faillite de l'acheteur, au profit du vendeur non payé d'un fonds de commerce ou d'effets mobiliers. On conçoit que le public ne doit point être abusé par de fausses apparences, ni les créanciers d'un failli être frustrés de leurs droits par des priviléges secrets ; qu'une plus grande faveur ne peut être accordée au vendeur du fonds de commerce qu'exploitait le failli, ou des marchandises qui faisaient l'objet de son négoce, qu'aux créanciers qui, sur la foi de la solvabilité qu'il paraissait présenter, lui ont livré leurs capitaux. On a voulu aussi tarir la source des nombreuses difficultés qui s'élevaient lorsqu'il s'agissait de reconnaître quelle avait été, lors de la vente, la consistance du fonds revendiqué ; mais aucun de ces motifs n'existe à l'égard des offices ou des droits corporels. L'opération se borne à procurer au cédant sur le prix provenu de sa chose la somme moyennant laquelle il s'en est dessaisi. Les tiers ne sont pas fondés à se plaindre, car ils n'ont pas dû compter sur la créance cédée pour assurer leurs droits, et s'ils ont traité en vue de l'office, ils ont dû s'assurer de la libération de son possesseur. Quant aux faits de charge, ils sont garantis par le cautionnement de l'officier public. Tout fait donc espérer que ce privilége, admis depuis longtemps par la jurisprudence, sera consacré par la loi.

Une question plus délicate est celle de savoir si le vendeur d'un objet mobilier peut exercer son privilége quoique cet objet ait été incorporé à un immeuble, ou qu'il soit devenu immeuble, même par simple destination. La Cour de cassation s'est constamment prononcée sur cette question pour la négative. Ses motifs ont été que ce privilége ne pouvait avoir lieu que sur le prix d'objets purement mobiliers ; que le meuble vendu avait perdu depuis son immobilisation sa nature primitive, et qu'il était devenu une des parties intégrantes du gage des créanciers inscrits sur la propriété.

Ces raisons de décider n'ont pas été positivement contestées par les Cours royales qui ont émis un avis plus ou moins opposé. La Cour royale de Rouen a paru seule se refuser à les admettre, en disant que le caractère purement moral imprimé à une chose mobilière par son immobilisation, ne pouvait être mis en balance avec le maintien matériel de cette chose dans les mêmes formes et les mêmes éléments ; que peu importait, d'ailleurs, la nouvelle qualité qui avait été donnée à l'objet mobilier qui, étant resté en la possession de l'acheteur, servait toujours de gage au prix qui en était resté dû. La Cour a ajouté que le refus d'autoriser le privilége du vendeur entraverait les ventes à crédit des ustensiles dont une foule d'industries éprouvent journellement le besoin.

Il est cependant évident qu'un caractère nouveau, non-seulement moral mais physique, a été imprimé à la chose mobilière par l'effet de son incorporation à un immeuble, et que cette chose a obtenu une nature opposée à celle qu'elle avait avant cette immobilisation. Son existence à cette époque était individuelle, et absolument distincte de celle de l'immeuble auquel depuis elle a été unie. Elle était soumise à un genre de poursuites et d'actions dont sa nouvelle nature ne la rend plus susceptible. Elle pouvait être saisie, revendiquée ou vendue, abstraction faite des autres biens de son possesseur; mais du moment qu'elle est devenue partie d'un immeuble, elle a dû en suivre le sort. Elle s'est trouvée grevée des mêmes hypothèques, et les droits qu'ont acquis sur elles les créanciers inscrits sur cet immeuble ont rendu impossible l'exercice d'aucun privilége mobilier.

On ne peut, au surplus, se prévaloir, pour faire admettre ce privilége, de l'utilité qu'il y aurait à ménager le crédit à l'aide duquel l'industrie se procure les ustensiles qui lui sont nécessaires, puisqu'il ne peut plus y avoir lieu, aux termes de l'art. 550 du Code de commerce, à l'exercice d'aucun privilége à raison des objets mobiliers dont le prix est encore dû par un failli. Or, ce ne peut être qu'à l'égard d'un négociant en faillite que le vendeur d'un objet mobilier a intérêt d'exercer son privilége, puisque, si l'acheteur est encore à la tête de ses affaires, ce vendeur ne court aucun risque et a d'autres moyens de se faire payer.

La Cour royale de Rouen propose, il est vrai, pour ménager les droits des créanciers hypothécaires, de n'accorder de privilége au vendeur de l'objet mobilier qui a été incorporé à un immeuble, que jusqu'à concurrence de la plus value que l'immeuble en aura éprouvée à l'époque de la réclamation; mais outre qu'il y aurait toujours violation des principes de la matière, puisque les créanciers inscrits sur un immeuble doivent profiter de toutes les améliorations que leur gage a pu recevoir, à combien d'opérations difficiles ne faudrait-il pas se livrer pour arriver à reconnaître quelle était l'ancienne valeur de l'immeuble, et quelle a été l'augmentation de valeur qui est résultée de cette immobilisation? Cette plus value serait même purement relative : elle dépendrait de l'emploi auquel l'acquéreur entendrait consacrer la propriété. Dans une foule de cas le meuble incorporé lui devient inutile, et la valeur de l'ustensile incorporé n'a pu que faiblement influer sur le prix qu'il a donné. La plus value que l'on établirait sans égard pour cette circonstance compromettrait donc les droits des autres créanciers du vendeur.

La Cour royale d'Angers, qui a reconnu que si l'art. 593 du Code de procédure permet au vendeur non payé d'un objet mobilier, quoique devenu immeuble par destination, de faire saisir mobilièrement cet objet, ce ne peut être au détriment des créanciers inscrits sur la propriété, a été cependant d'avis qu'une distinction devrait être établie à l'égard du privilége qui est accordé à ce vendeur. La Cour a admis que la chose matériellement incorporée à l'immeuble en avait acquis la nature, et que le privilége du vendeur devait s'effacer devant les hypothèques dont cet immeuble était grevé ; mais elle a pensé que si la chose n'avait été immobilisée que par l'effet d'une simple destination, le privilége du vendeur devrait pouvoir encore être exercé. Le principe qui s'y oppose nous paraît être le même que celui que nous venons de rappeler. La destination donnée à l'objet mobilier l'a immobilisé aussi bien que l'aurait fait son incorporation réelle. Son ancienne nature n'en a pas moins été changée. De simple meuble, il est devenu l'accessoire d'un immeuble, et comme tel il s'est trouvé grevé des hypothèques inscrites sur la propriété. On ne peut donc plus l'en distraire pour le soumettre à l'exercice d'un privilége mobilier.

La Cour royale de Pau voudrait néanmoins que le vendeur d'un objet mobilier qui a été incorporé à un immeuble pût opposer son privilége aux créanciers inscrits sur l'acheteur, s'il prouvait que lorsque ces créanciers ont acquis leur hypothèque, ils savaient que le prix de cet objet était encore dû, ou lorsque l'immobilisation n'aurait eu lieu qu'après l'acquisition de ces hypothèques. Ainsi, au premier cas, on ferait dépendre d'une preuve qui ne serait presque jamais qu'orale les droits de créanciers porteurs de titres authentiques, lorsque, indépendamment des principes généraux qui y mettent obstacle, nous tenons pour constant que quelque connaissance que les tiers aient pu acquérir de droits appartenant à autrui, rien n'a pu suppléer à l'existence des conditions et à l'accomplissement des formalités prescrites pour que l'on ait pu obtenir et conserver un privilége ou une hypothèque. C'était plutôt au vendeur de l'objet incorporé à prévoir la perte de son privilége, car la destination de l'objet qu'il livrait à crédit n'a pu lui rester que rarement inconnue.

Dans la seconde hypothèse énoncée par la Cour, l'admission du privilége du vendeur sur le prix des objets qui n'ont été immobilisés qu'après l'acquisition des hypothèques inscrites sur l'immeuble ne contreviendrait pas moins au principe porté en l'art. 2133 du Code qui veut que l'hypothèque s'étende à toutes les améliorations qu'a reçues l'immeuble hypothéqué, puisque l'on soustrairait à l'effet des hypothèques des créanciers de l'acquéreur les objets mobiliers qui par leur incorporation ont augmenté la valeur de la propriété. Nous sommes donc fondé à croire que, loin d'admettre ces diverses propositions, il y a lieu d'énoncer, dans la loi projetée, que le privilége du vendeur d'un objet mobilier cessera de pouvoir être exercé si cet objet a été incorporé à un immeuble, ou s'il est devenu immeuble même par simple destination.

La Cour royale d'Angers s'est aussi occupée des sommes dues par suite d'un remplacement militaire, et elle a proposé d'accorder un privilége au remplaçant sur la somme dont serait encore redevable la personne remplacée envers la compagnie d'assurance avec laquelle le remplaçant a aussi traité.

La Cour a reconnu que, dans l'état actuel de la législation à cet égard, ce privilége n'avait pu être admis faute d'une disposition qui l'ait autorisée, et qu'il ne pouvait non plus résulter des conventions qui étaient intervenues, puisque le remplaçant et le remplacé étaient restés étrangers l'un à l'autre, tous deux n'ayant traité qu'avec la compagnie qui leur avait servi d'intermédiaire, et ne pouvant avoir des droits à exercer ou des obligations à remplir qu'à l'égard de cette compagnie seulement; mais la Cour a rappelé combien la créance des remplaçants devait paraître favorable, ayant formé le prix du temps qu'ils ont employé au service, des risques qu'ils y ont courus, et devant quelquefois assurer leur avenir. Elle a dit avec juste raison que la loi devait empêcher que l'indemnité accordée à tant de sacrifices pût échapper à ces jeunes militaires, pour enrichir à leur préjudice de coupables spoliateurs. Un tel abus, qui ne s'est que trop souvent répété, requiert une répression, et le Code doit préparer les voies que consacrera une loi spéciale sur le recrutement militaire, en accordant aux remplaçants le privilége qu'ils méritent si bien d'obtenir.

La Cour royale de Rouen a rappelé le principe d'après lequel le droit de demander la résolution d'une vente d'objets mobiliers est soumis, malgré les termes généraux de l'art. 1184 du Code, aux conditions moyennant lesquelles il est permis à un vendeur de revendiquer les objets de cette nature dont il n'a pas reçu le prix. C'est ce qu'a reconnu la jurisprudence qui a constamment refusé d'admettre ces actions en résolution lorsque les meubles vendus ne se trouvaient plus en la possession de l'acheteur. Il ne peut y avoir, comme on le sait, de droit de suite en matière mobilière, et cette règle s'applique aussi bien aux demandes en résolution qu'à celles à fin de revendication des objets mobiliers. Il serait cependant à propos, pour prévenir des réclamations frustratoires, d'énoncer cette disposition dans la loi.

La Cour royale d'Angers voudrait que le privilége accordé sur le cautionnement de certains fonctionnaires publics, à raison des abus et des prévarications qu'ils ont commis dans l'exercice de leurs fonctions, fût étendu à la somme que quelques-uns de ces officiers sont dans le cas de recevoir de leurs successeurs. Une discussion s'est même établie dans le sein de la Cour sur les inconvénients de la vénalité des offices. Nous n'entendons point aborder une aussi grave question, mais nous ne pouvons nous empêcher de dire que la loi ayant admis le droit de présentation à l'égard de certains offices, et en ayant formé la récompense de l'augmentation du cautionnement que fournissaient avant ces officiers, a suffisamment autorisé par là les traités qui en ont été la conséquence. Les possesseurs actuels de ces offices ne les ayant acquis que moyennant une indemnité, les priver aujourd'hui du droit de récupérer la somme qu'ils ont déboursée, même d'en obtenir une plus considérable si leur office a augmenté de valeur, ne serait pas conforme aux principes de justice qui doivent guider le législateur. L'accroissement de la clientèle et des patrocines doit être attribué au zèle, aux talents et à la bonne conduite du fonctionnaire qui veut se faire remplacer, et le prix à en recevoir n'en forme que la légitime récompense. L'intérêt général requiert seulement que l'autorité prévienne l'exagération du prix des offices, afin que leurs nouveaux possesseurs ne soient point exposés, par suite des charges trop considérables qui leur ont été imposées, à méconnaître les bornes de leur profession. Nous ne pensons pas, au reste, que l'extension du privilége que réclame la Cour soit dans le cas d'être admise. Le cautionnement que fournissent les officiers publics a été établi de manière à ce qu'il pût suffire à la garantie de leurs faits de charge, et il a été mis pour cela à couvert des poursuites des autres créanciers. Il est juste, dès lors, que le surplus de la fortune de ces officiers serve à les libérer de leurs dettes ordinaires, pour lesquelles autrement on pourrait manquer de recours.

Plusieurs Cours royales ont demandé que les voituriers ne perdissent point leur privilége par le fait seul de la remise des objets dont ils ont opéré le transport, mais seulement lorsqu'ils n'en auraient point réclamé le bénéfice dans un délai qui serait déterminé. Ces Cours ont fait observer que non-seulement l'usage avait autorisé cette interprétation de la loi, au moins quant aux maisons de commerce, mais que la nécessité de procéder à la vérification des effets ou des marchandises transportées en avait fait un devoir. La Cour royale de Montpellier, assimilant seule les voituriers aux créanciers nantis d'un gage, ferait cesser leur privilége du moment qu'ils se sont dessaisis des objets sur lesquels ce privilége devait être exercé. Nous avons déjà exprimé l'avis qu'il n'était guère possible de pousser jusque-là la rigueur. Les objets transportés par un voiturier ne lui ont point été remis à titre de gage; il ne peut exercer à leur égard qu'un droit de rétention, mais comme il arrive souvent que le prix de la voiture ne peut être réclamé au moment même de la remise des objets voiturés, on ne peut punir par la perte du privilége ce qui n'a été que l'effet de la nécessité. Il ne s'agirait donc que de déterminer le délai pendant lequel les voituriers devraient exercer leur réclamation pour conserver l'exercice de leur privilége. Il a été proposé de leur accorder quinze jours. Ce délai pourra paraître long, mais on ne devra point oublier, en le fixant, que la vérification des colis exige un certain temps, surtout si des mesures fiscales ont mis obstacle à ce que l'on pût de suite y procéder.

Art. 2103. Les créanciers privilégiés sur les immeubles sont:

1° Le vendeur, sur l'immeuble vendu, pour le paiement du prix;

S'il y a plusieurs ventes successives dont le prix soit dû en tout ou en partie, le premier vendeur est préféré au second, le deuxième au troisième, et ainsi de suite;

2° Ceux qui ont fourni les deniers pour l'acquisition d'un

immeuble, pourvu qu'il soit authentiquement constaté, par l'acte d'emprunt, que la somme était destinée à cet emploi, et, par la quittance du vendeur, que ce paiement a été fait des deniers empruntés;

3° Les cohéritiers, sur les immeubles de la succession, pour la garantie des partages faits entre eux, et des soulte ou retour de lots;

4° Les architectes, entrepreneurs, maçons et autres ouvriers employés pour édifier, reconstruire ou réparer des bâtiments, canaux, ou autres ouvrages quelconques, pourvu néanmoins que, par un expert nommé d'office par le tribunal de première instance dans le ressort duquel les bâtiments sont situés, il ait été dressé préalablement un procès-verbal, à l'effet de constater l'état des lieux relativement aux ouvrages que le propriétaire déclarera avoir dessein de faire, et que les ouvrages aient été, dans les six mois au plus de leur perfection, reçus par un expert également nommé d'office;

Mais le montant du privilége ne peut excéder les valeurs constatées par le second procès-verbal, et il se réduit à la plus value existante à l'époque de l'aliénation de l'immeuble et résultant des travaux qui y ont été faits;

5° Ceux qui ont prêté les deniers pour payer ou rembourser les ouvriers jouissent du même privilége, pourvu que cet emploi soit authentiquement constaté par l'acte d'emprunt et par la quittance des ouvriers, ainsi qu'il a été dit ci-dessus pour ceux qui ont prêté les deniers pour l'acquisition d'un immeuble.

Il serait juste, comme il a été demandé, d'étendre aux soultes qui ont été promises à raison d'un échange le privilége qui est accordé aux vendeurs. Ces soultes ont, en effet, imprimé au contrat qui est intervenu le caractère d'une vente jusqu'à concurrence du montant de leur valeur. Il en est de même, en cas d'éviction de la chose que l'échangiste avait reçue, de la valeur que cette chose est reconnue avoir, mais non des dommages-intérêts auxquels cet échangiste a droit, ou qui lui ont été accordés pour une tout autre cause. Ces dommages, ainsi que l'a fait remarquer la Cour royale d'Angers, ne forment, à l'instar de ceux que l'on accorde en pareil cas à un acquéreur, qu'une créance ordinaire, à laquelle le jugement qui les a adjugés n'a pu attribuer qu'une simple hypothèque. Le prix seul de la soulte est dû par privilége, et non ce qui a été accordé par suite de l'inexécution du contrat.

On n'éprouvera sans doute aucune difficulté à reconnaître aussi qu'un donateur a droit à un privilége à raison des charges qu'il a imposées au donataire, car il n'y a eu de donné que ce qui l'a été à titre purement gratuit, et les conditions qu'a dû accomplir le donataire ont formé le prix du surplus des biens qu'il a reçus. Le caractère principal de la disposition a déterminé sa nature, mais il n'empêche pas que le donataire n'ait acquis qu'à un titre onéreux la portion des biens qui a équivalu aux charges qu'il a été tenu d'exécuter. Peu importe, comme l'ont dit les Cours, que la donation puisse être révoquée faute d'accomplissement de ces charges. Le même droit existe au profit du vendeur, qui n'est pas moins fondé à user de son privilége s'il opte pour l'exécution du contrat.

Ce principe n'est point applicable aux aliments que peut réclamer un donateur, lorsqu'ils n'ont point été stipulés au contrat de donation. Ces aliments ne sont dus alors que par suite d'une obligation naturelle, tandis que le privilége ne peut résulter que d'un engagement positif. Le refus que fait le donataire de délivrer ces aliments peut, il est vrai, entraîner la révocation de la donation pour cause d'ingratitude, mais ce droit, quoique plus ample, ne peut faire attribuer un privilége à ce qui n'a point été convenu.

Les tiers qui ont été subrogés d'une manière conventionnelle ou légale aux droits d'un créancier privilégié doivent jouir de tous les avantages attachés à la créance, et notamment du privilége qui appartenait à ce créancier. Quoique l'art. 2103 n'énonce qu'un seul des cas où cette subrogation s'effectue, on ne peut douter que sa disposition ne s'applique à tous ceux mentionnés dans les articles 1250 et 1251 du Code civil, car il y a même raison à leur égard. Il pourra cependant paraître convenable, comme l'a proposé la Faculté de droit de Grenoble, d'énoncer dans cet article les divers cas de subrogation dont il n'a point parlé, mais la Faculté demande que l'on accorde cette subrogation aux femmes et aux mineurs, même en dehors des termes de la loi, et par cela seul que leurs deniers ont servi, avec une simple mention de leur origine, à rembourser la créance privilégiée. Quelque faveur que méritent les deniers dotaux ou pupillaires, nous avons peine à nous persuader que l'on puisse les exempter des conditions prescrites en pareil cas, lorsqu'il a été si facile de les accomplir.

La Cour royale d'Angers a proposé d'accorder un privilége aux frais de défrichement, ainsi qu'à ceux de semis ou de plantations qui ont été faits par des tiers sur des terrains auparavant vains et vagues. La Cour s'est fondée sur l'intérêt général qui porte à favoriser de semblables travaux. Cet intérêt est de même nature que celui qui a fait protéger le desséchement des marais, dont les frais doivent être payés par privilége sur le prix des terrains assainis, si l'on a rempli les formalités prescrites en pareil cas; mais une difficulté pourra se présenter à l'égard de la fixation des dépenses qu'aura exigées le défrichement, ainsi que l'ensemencement et les plantations qui auront été pratiquées sur les terres cultivables qui en seront provenues. Un marais ne peut que rarement être desséché d'une manière partielle. On en charge le plus souvent une seule entreprise, et il est nécessaire, pour arriver à l'assainissement total de ce marais, de se livrer à des travaux dont la valeur a pu ensuite être assez facilement reconnue. Un défrichement, au contraire, n'est presque toujours, dans les premiers temps, qu'extrêmement circonscrit. Il n'est exécuté, dans ses autres parties, qu'à de longs intervalles. Il est ordinairement confié à une foule de mains, qui sont dans le cas de changer sans cesse. On ne saura alors comment remplir les conditions sans l'accomplissement desquelles il ne peut exister de semblable privilége. Cependant, comme cette assimilation du défrichement des terres au desséchement des marais serait conforme à la nature des choses et qu'elle pourrait devenir profitable au pays, le principe qui accorderait un privilége aux entrepreneurs de travaux de cette espèce paraît devoir être admis, sauf à ne permettre d'en réclamer le bénéfice qu'à ceux qui auront rempli les conditions qui seront déterminées par la loi.

Les Cours royales de Douai et de Lyon ont cherché à faire réparer une omission commise dans les dispositions de l'art. 2103 du Code civil. L'art. 2102 accorde un privilége aux frais qui ont été faits pour la conservation des choses mobilières, mais il n'est rien dit de semblable dans l'article 2103 quant aux frais qui ont été néces-

saires pour conserver un immeuble en danger de périr. Il y a cependant, à l'égard de tous ces frais, identité dans les motifs qui
doivent en faire admettre le privilége, et les deux Cours ont proposé
de faire réparer cet oubli par la loi nouvelle. On ne peut assurément qu'applaudir à leurs efforts. Si le privilége qu'elles invoquent
est admis par le Code, il ne s'agira plus que de préciser les moyens
qui devront être employés pour arriver à reconnaître le montant
des frais auxquels ce privilége aura été accordé. On sent qu'il ne
pourra être question, en ce qui les concerne, d'accomplir les formalités qui ont été prescrites à l'égard des architectes et des ouvriers constructeurs, puisque, lorsqu'il a fallu parer à un danger
pressant, il a été impossible de recourir à justice pour faire apprécier le risque que l'immeuble allait courir. On ne pourrait non
plus réduire le privilége à la plus value que les biens auront obtenue des travaux, puisque, lors même qui'ls auraient perdu une
partie de leur valeur par l'effet du désastre, les dépenses qui les auraient préservés d'un mal plus considérable ne devraient éprouver
aucune réduction. Les deux seules opérations qui seraient possibles
alors ne consisteraient donc, d'une part, qu'à établir l'urgence
qu'il y a eu de pourvoir à la conservation de l'immeuble ; de l'autre, qu'à constater le montant de la somme qui a été employée
pour parer au danger, sauf, en cas de contestation, à faire régler
par experts la quotité des frais qui auraient seulement dû y être
consacrés.

Plusieurs Cours royales ont demandé que le privilége mentionné
au n° 3 de cet article fût étendu aux communistes qui ont partagé
les biens qui étaient indivis entre eux. Il n'est en effet question dans
cet article que des cohéritiers, mais outre que les règles relatives
au partage des successions ont été déclarées communes aux partages
des communautés entre époux ou entre sociétaires, par les articles
1476 et 1872 du Code civil, l'art. 2109 du même Code a mis en
termes formels le privilége des copartageants sur la même ligne
que celui des cohéritiers. Ce ne serait donc que pour rendre plus
complète la réduction de l'art. 2103 que l'on y ferait aussi mention
des copartageants.

La Cour royale de Montpellier, fidèle en cela à sa jurisprudence
qui n'a point été adoptée par plusieurs autres Cours et notamment
par la Cour de cassation, a proposé de réduire le privilége accordé

à raison des fruits d'une hérédité qu'un des successibles a perçus avant le partage à ceux qu'il a perçus pendant les cinq dernières années de l'indivision. La Cour s'est fondée (tome 1er des documents, p. 299) sur ce que le silence qu'avaient gardé les autres successibles pouvait être considéré comme une renonciation à leurs droits, ou comme une libéralité qu'ils avaient voulu exercer au profit de leur cohéritier, s'il n'avait pas été le résultat d'un concert frauduleux qui méritait d'être puni. La Cour s'est prévalue aussi des dispositions de l'art. 2277 du Code, qui frappent de prescription au bout de cinq années, les intérêts, les arrérages, les loyers et tous les fruits civils.

Les restitutions de fruits qui sont dues à la succession par l'un des successibles ne donnent lieu, à proprement parler, à aucun privilége en faveur des autres héritiers. L'obligation qui est imposée à l'héritier qui en est débiteur de faire le rapport de ces fruits à la masse a pour objet d'empêcher que cet héritier ne reçoive deux fois ce qui lui revient pour sa part. Aussi le droit d'exiger ces restitutions de fruits n'est-il pas de nature à former l'objet d'une inscription hypothécaire, et les articles 2103 et 2109 du Code civil n'ont pas eu à s'en occuper. Lorsqu'il s'agit de procéder au partage de l'hoirie, si l'héritier qui a reçu des fruits ou des revenus provenant des biens du défunt n'en effectue pas le rapport en nature, les sommes dont il est constitué débiteur s'imputent sur la portion qui doit lui revenir, et il ne peut réclamer que le surplus de ses droits. Les copartageants n'ont donc pas, à proprement parler, de créance contre cet héritier. Ils n'agissent aucunement sur ses biens personnels par voie de privilége ou d'hypothèque ; ils ne font qu'imputer sur la part qui lui revient les sommes qu'il a déjà reçues et qui proviennent du patrimoine commun. Il ne leur est rien dû ; c'est leur cohéritier qui a moins à prendre dans la masse, parce qu'il a déjà été rempli d'une partie de ce qui lui revenait. L'opération n'a pour résultat que d'établir l'égalité entre les copartageants, et il n'est pas besoin pour cela qu'ils aient un privilége. La nécessité de procéder ainsi résulte de la nature même des partages, et tant que les héritiers ne veulent pas agir sur les biens personnels de leur cosuccessible, ils n'ont pas eu à faire inscrire de pareils principes sur les registres des conservateurs.

Aucune prescription autre que celle trentenaire ne peut non plus être opposée aux demandes à fin de restitution des fruits qui ont été perçus par un cohéritier, car il faudrait, pour que cette prescription se fût opérée par un laps de temps plus court, que cet héritier eût pu être forcé de se libérer. Or, avant le partage, aucun des successibles n'a pu réclamer la part qui lui revenait dans les fruits qui étaient à restituer à la masse, puisque ses droits n'avaient point encore été déterminés. L'accessoire doit subsister autant que le principal, et l'action en partage pouvant être exercée pendant trente ans, toutes les conséquences qu'elle entraîne doivent avoir la même durée. On ne peut assimiler le silence qu'ont gardé les autres héritiers à une renonciation tacite au droit qui leur appartenait d'exiger le rapport des fruits perçus par leur cosuccessible, ou à une donation indirecte qu'ils lui ont faite de ces fruits, car, outre que personne n'est facilement présumé avoir renoncé à ses droits et en avoir gratifié son débiteur, le retard qu'a éprouvé le partage peut avoir eu une foule de causes qu'on ne doit imputer à aucun des héritiers, ou à raison desquelles ils sont excusables. On ne peut non plus ériger d'avance en principe qu'ils ont agi en fraude, une pareille intention ne pouvant jamais se supposer, et ayant toujours besoin d'être prouvée. On n'aperçoit pas l'intérêt que ces héritiers ont eu à retarder le partage, puisque en le provoquant ils auraient plus tôt été mis en possession des biens qui devaient leur revenir. On doit croire davantage à leur ignorance du décès de leur auteur ou de l'existence de leurs droits, à leur éloignement, à leur absence. En laissant la succession si longtemps indivise, ils s'exposaient à perdre et ils n'avaient rien à gagner. Si les créanciers d'un successible ont pu craindre les résultats de cette indivision, la loi les autorisait à former la demande en partage, et on ne concevrait pas que leur silence devînt pour eux un titre dont ils seraient dans le cas de profiter.

La Cour royale de Grenoble voudrait que l'on réduisît de moitié le délai de six mois qui est accordé par l'art. 2103 pour la réception des ouvrages qui donnent lieu au privilége des architectes et des ouvriers constructeurs. Elle en a donné pour motif que rien n'empêche ces créanciers privilégiés de se mettre en mesure de remplir cette obligation, et que l'intérêt du débiteur et des tiers requiert que le montant de ce privilége ne reste pas trop longtemps inconnu. Une certaine procédure est cependant nécessaire pour que ces travaux puissent être reçus. Il faut que l'expert ait été nommé par le tribunal, qu'il ait prêté serment, que ses occupations lui aient permis de se livrer à l'opération pour laquelle il a été commis et de rédiger son rapport. Si quelques vices se sont glissés dans son travail ou que quelques reproches d'exagération ou de baisse dans les prix qu'il a fixés soient articulés par les parties, le juge peut avoir besoin d'être éclairé par une seconde expertise. Toutes ces circonstances, qui acquièrent plus de force lorsque les travaux ont eu une certaine importance, ont dû engager le législateur à accorder le délai qui est porté au Code, et que rien, au surplus, n'empêche le débiteur d'abréger en accélérant les opérations de l'expert.

La même Cour a aussi demandé qu'il fût fixé un délai pour l'inscription de ce second procès-verbal. Cette condition, que rien n'empêcherait le créancier privilégié de remplir, mettrait le public à même de ne pas ignorer trop longtemps quelle est la somme qui ne pourra, dans aucun cas, dépasser le montant du privilége des ouvriers constructeurs.

La Cour royale de Metz a émis l'avis que le procès-verbal de l'état où se trouvaient les lieux avant que les réparations eussent été commencées devrait contenir l'estimation de cet immeuble tel qu'il se trouvait alors. La vérification de ce fait ne nous paraît pas dans le cas de pouvoir être utile. La plus value à laquelle pourra se réduire le montant du privilége accordé aux ouvriers constructeurs doit être celle qui existera à l'époque de l'aliénation de l'immeuble, et qui sera résultée des travaux qui y auront été faits. La valeur de l'immeuble à cette dernière époque est donc la seule qui doit être prise pour base, et les ouvriers constructeurs ne peuvent aucunément profiter de l'augmentation de valeur que les biens ont obtenue depuis la première expertise, indépendamment des travaux qu'ils y ont exécutés. Peu importerait donc de savoir quelle était, avant ces travaux, la valeur des immeubles, puisque, au moment de la fixation définitive de la créance privilégiée des ouvriers, cette valeur ne doit être d'aucune considération.

La même Cour a dit que l'expert qui est chargé de procéder à chacune des opérations mentionnées en cet article devrait être nommé par le juge de paix des lieux. Il serait mieux, comme plusieurs autres Cours royales l'ont pensé, de faire nommer cet expert par le président du tribunal civil de la situation de l'immeuble. On éviterait ainsi les frais du jugement qui doit être rendu, le Code exigeant que cet expert soit nommé par le tribunal.

La Cour royale de Grenoble s'est aussi occupée des réparations qui ont été faites par les tiers détenteurs pendant leur jouissance des biens que depuis ils ont délaissés, ou dont la propriété leur a été ravie. Elle a dit, quant aux réparations nécessaires auxquelles ces détenteurs ont été forcés de se livrer, que la dépense devait leur en être remboursée en entier, ce qui est conforme au principe porté quant aux frais qui ont été faits pour la conservation de la chose. A l'égard des autres réparations, la Cour a reconnu que le tiers détenteur n'avait de privilége que pour la plus value qui était résultée des travaux auxquels il s'était livré, et elle a ajouté qu'ayant travaillé pour son propre compte, il avait été dispensé de remplir les formalités imposées aux architectes et aux ouvriers constructeurs.

Ce dernier principe ne nous paraît pas contestable ; mais, quant au surplus, le droit des tiers détenteurs à l'égard des réparations utiles qu'ils ont faites dans les immeubles dont ils ont été plus tard dépossédés est réglé par l'art. 555 du Code civil, aux termes duquel le vrai propriétaire ne peut demander la suppression des ouvrages, et a seulement le choix de payer la valeur des matériaux qui y ont été employés ainsi que le prix de la main-d'œuvre, ou de rembourser une somme égale à l'augmentation de valeur qu'a éprouvée le fonds. Le tiers détenteur qui a délaissé l'immeuble est aussi autorisé, par l'art. 2175 du Code, à répéter ses impenses et améliorations jusqu'à concurrence de la plus value que cet immeuble en a obtenue. Le Code a donc pourvu à ces différents cas ; mais comme le droit qu'il accorde aux tiers détenteurs s'exerce aussi contre les créanciers inscrits sur la propriété et qu'il procure un privilége, il conviendrait de le comprendre dans les dispositions de l'art. 2103.

Toutes les discussions qui ont été établies sur le privilége qui est attribué au vendeur ont été reportées à l'art. 2108 du Code. Nous aurons même occasion de revenir sur quelques-uns des autres priviléges, lorsque nous serons arrivé aux dispositions des art. 2109 et suivants.

Art. 2104. Les priviléges qui s'étendent sur les meubles et les immeubles sont ceux énoncés en l'article 2101.

La Faculté de droit de Caen a mis au nombre des priviléges qui peuvent s'exercer sur les meubles et sur les immeubles le droit qui appartient aux créanciers d'un défunt de demander la séparation des patrimoines, et elle a étendu ce privilége aux créanciers d'une communauté entre époux ou d'une société légalement établie, quant aux biens qui dépendent de l'association.

Le droit de demander la séparation des patrimoines ne constitue pas ce que l'on peut appeler un privilége, quoique le Code se soit servi de cette expression dans son art. 2111 pour le désigner. Ce droit n'opère que la réalisation du principe qui ne permet aux héritiers de recueillir les biens de l'hoirie que déduction faite des dettes du défunt. Aussi la Cour royale de Douai et la Faculté de droit de Poitiers ont-elles dit avec raison sur l'art. 2111, que la séparation des patrimoines donnait moins lieu à un privilége proprement dit qu'à une préférence exclusive de tous les créanciers d'une personne sur les créanciers d'une autre personne, et qu'elle avait pour résultat de former deux classes de créanciers et de débiteurs différents, tandis qu'un privilége s'exerce par un créancier contre les créanciers du même débiteur. Il n'est donc pas étonnant que le Code n'ait point rangé la séparation des patrimoines parmi les priviléges qu'il a reconnus.

La Faculté de droit de Caen a trouvé, au surplus, que le droit de demander la séparation des patrimoines avait été mal et imparfaitement organisé par le Code civil. Elle voudrait que tant que les biens sont restés indivis ce droit fût absolu, et qu'il ne fût soumis à aucune déchéance ni à aucune restriction. Ce ne serait, selon elle, qu'après le partage de la succession que les créanciers du défunt devraient prendre leurs mesures, et avertir par une inscription qui serait prise dans un bref délai les tiers qui voudraient contracter avec les héritiers.

Nous ne pouvons admettre la distinction que la Faculté propose d'établir entre les demandes qui seraient formées avant le partage de l'hoirie et celles qui n'auraient lieu qu'après l'accomplissement de cette opération. Si le Code n'a accordé aux créanciers et aux légataires du défunt qu'un délai de six mois à compter de l'ouverture de la session pour conserver par une inscription le droit de demander la séparation des patrimoines, c'est qu'il ne convenait pas de laisser ignorer au public le droit de préférence que ces créanciers et ces légataires étaient dans le cas d'obtenir, ni de paralyser pendant un trop long temps la faculté qu'ont les héritiers du défunt de soumettre à des hypothèques, pour sûreté des dettes qui leur sont personnelles, les biens qui leur sont advenus. Or cette nécessité existe dès avant le partage, et à défaut d'inscription du droit qu'il est permis d'exercer, rien ne garantirait les tiers du danger qu'ils auraient à courir. Si le droit de demander la séparation des patrimoines se prescrit, quant aux meubles, par le laps de trois ans, qu'il y ait eu ou non partage, c'est que le législateur a supposé qu'après ce temps la confusion des meubles du défunt avec ceux des héritiers se sera presque toujours opérée, ce qui arrive effectivement, dans le plus grand nombre des cas, par suite d'arrangements à l'amiable, quoiqu'un partage régulier ne soit pas encore intervenu. Si, enfin, l'action en séparation des patrimoines ne peut être exercée, même avant le partage, à l'égard des immeubles qui ne sont plus dans la main des héritiers, ce n'est qu'autant que le prix qui en est provenu a cessé d'être dû par les acquéreurs, parce qu'alors ce prix s'est confondu avec le patrimoine des héritiers qui l'ont reçu, lors même qu'un partage définitif n'en a pas encore réglé le sort.

Nous ne pensons pas non plus que le bénéfice qui résulte de la séparation des patrimoines puisse être accordé aux créanciers d'une association. La dissolution de la société n'a point saisi les sociétaires de la propriété des biens qui sont restés communs, comme des héritiers l'ont été du patrimoine de leur auteur dès avant le partage. Tous les biens de l'association restent jusqu'au partage la propriété de l'être moral qui représente tous les sociétaires, et les créanciers de cette association ont conservé le droit de se faire payer sur le prix qui est provenu de ces biens, avant qu'aucun des associés ou de leurs créanciers personnels puisse en rien recevoir. La séparation des patrimoines existe donc alors de plein droit. Au contraire, par l'effet du partage des biens qui leur étaient communs, chacun des associés est réputé, d'après les dispositions des art. 883 et 1872 du Code civil, avoir acquis seul et immédiatement tous les biens compris dans son lot ou qui lui ont été adjugés par l'effet d'une licitation, et n'avoir jamais eu de droits sur les autres. Ces biens se trouvent donc dépendre de son patrimoine personnel comme s'ils en avaient toujours fait partie, et il n'est aucunement possible de les en séparer. Les créanciers de la société en sont, au reste, indemnisés au moyen de l'action solidaire qu'ils ont conservée contre chacun des anciens associés.

Il en est de même, et à plus forte raison, à l'égard des biens appartenant à une société conjugale. Toutes les dettes de ces associa-
tions conditionnelles sont purement personnelles au mari tant que la
communauté dure, et elles ne doivent être supportées pour une
moitié par la femme, au moins jusqu'à concurrence de son émolu-
ment, que dans le cas où la communauté a été acceptée par elle;
mais alors il n'existe pas de double patrimoine qui puisse donner
lieu à une séparation. Chacun des époux est aussi réputé avoir été
propriétaire de la part qu'il a obtenue au moment même de l'acquisition des biens, et il n'y aurait aucune raison de distinguer ce qu'il
a acquis ainsi de ce qui compose le surplus de sa fortune.

Art. 2105. Lorsqu'à défaut de mobilier les privilégiés énoncés en l'article précédent se présentent pour être payés sur le
prix d'un immeuble en concurrence avec les créanciers privilégiés sur l'immeuble, les paiements se font dans l'ordre
suivant :

1° Les frais de justice et autres énoncés en l'art. 2101;
2° Les créances désignées en l'art. 2103.

La jurisprudence a admis ce que la Cour royale de Pau demande,
que faute par les créanciers à qui l'art. 2101 accorde un privilége
général de s'être fait payer sur le mobilier du défunt quand ils l'auraient pu, ils ont perdu leur recours sur les immeubles laissés par
le débiteur. Ce recours, en effet, n'est que subsidiaire. Il ne peut
être exercé qu'en cas d'insuffisance du mobilier qui forme le gage
principal de ces créanciers. Si donc l'emploi des valeurs mobilières
de la succession n'a point été exigé, comme il aurait dû l'être, pour
acquitter le montant de ces créances privilégiées, les immeubles
sont affranchis de l'obligation conditionnelle qu'ils auraient eu à
remplir. Ce principe est d'autant plus incontestable, que le Code a
pris soin d'énoncer que les priviléges généraux ne pourraient être
exercés sur les immeubles *qu'à défaut du mobilier*, ce qui indique
suffisamment que les créanciers ayant droit à ces priviléges doivent
en réclamer le bénéfice, avant tout, sur les meubles, sous peine de
ne pouvoir en exciper.

La Faculté de droit de Caen ne voudrait pas que les priviléges
portés en l'art. 2101 du Code pussent primer sur le prix des im-

meubles les créanciers qui ont sur ces sortes de biens un privilége particulier. Elle demanda pourquoi un vendeur ou son copartageant est exposé à perdre une partie de ses droits, pour que l'on puisse acquitter ce qui est dû par l'acquéreur ou par l'héritier débiteur de la soulte à ses domestiques ou à ses fournisseurs. Cette objection ne s'appliquerait, en effet, que difficilement aux priviléges généraux mentionnés dans les trois premiers numéros de l'art. 2101, et ainsi aux frais de justice, aux frais funéraires et à ceux de dernière maladie, à raison de la nature de ces priviléges, et de l'espèce d'intérêt général qui existe à ce que ces sortes de frais soient acquittés. Quant aux deux autres priviléges portés au même article, la préférence qui leur est accordée par la loi sur toutes autres créances a eu aussi pour motif la faveur qu'ils méritent d'obtenir. Il importe effectivement que nul ne soit exposé à être privé, dans les derniers temps de sa vie, des services et des subsistances dont sa famille et lui éprouvent le besoin. Le préjudice que les créanciers privilégiés sur les immeubles sont exposés à éprouver ne peut être, au surplus, que peu considérable, puisque le prix des meubles doit servir à acquitter le montant de tous les priviléges généraux, et que l'on a dû n'attacher dès lors qu'une légère importance au faible sacrifice que, dans quelques cas rares, les créanciers hypothécaires sont dans le cas de supporter.

SECTION IV. — Comment se conservent les priviléges.

Il a été reconnu par les magistrats et par les jurisconsultes dont nous examinons l'avis, que les priviléges sur les immeubles, si ce n'est ceux généraux qui en ont été formellement dispensés par la loi, devaient continuer à rester soumis à la nécessité d'être inscrits pour produire leur effet, les tiers ayant autant d'intérêt à connaître l'existence de ces priviléges que celle des hypothèques; mais le même accord n'a pas régné sur le point de savoir s'il convenait d'abréger les délais qui ont été spécialement accordés à plusieurs de ces créanciers pour prendre l'inscription qui doit faire connaître leur droit.

Il nous semble que ce n'est point le cas de chercher dans l'uniformité du délai qui serait fixé à cet égard une prétendue harmonie pour l'établissement de laquelle on ne s'occuperait point de la diversité de position de chacun de ces créanciers. La Cour royale de Limoges a dit avec raison que si soixante jours suffisent aux co-héritiers pour faire inscrire leur privilége, six mois sont souvent nécessaires pour que les créanciers du défunt aient pu être informés du décès de leur débiteur, qu'ils se soient enquis de la situation des biens, et qu'ils aient reconnu la nécessité de demander la séparation des patrimoines. Les dispositions du Code à cet égard nous paraissent donc devoir être maintenues.

La Cour royale d'Angers a trouvé de la difficulté à faire concorder les dispositions de l'art. 834 du Code de procédure avec celles contenues aux articles 2108 et 2109 du Code civil. Le premier de ces articles n'a cependant eu pour objet que d'empêcher que par des transcriptions hâtées les créanciers du vendeur n'encourussent la perte de leur hypothèque sur les biens vendus, et il a effectivement réservé aux vendeurs et aux cohéritiers les autres avantages qui résultent à leur profit des articles 2108 et 2109. Si donc les créanciers du vendeur, quels qu'ils soient, ne se sont pas fait inscrire dans la quinzaine qui a suivi la transcription du contrat, ils ne peuvent plus exercer de surenchère, et ils ont perdu tout droit de suite contre le tiers détenteur. Il en est de même des vendeurs primitifs qui ne conservent plus alors que la faculté de demander la résolution de la vente qu'ils ont consentie, faute de paiement du prix qui leur est resté dû; mais si les cohéritiers du vendeur ont fait inscrire leur privilége dans le délai qui leur a été accordé par l'art 2109, ils ont conservé le droit d'en exciper contre les autres créanciers de leur débiteur. Telles sont les distinctions que la jurisprudence a admises. L'on sait, en effet, qn'il n'a pu dépendre du vendeur de frustrer ces cohéritiers du délai qui leur a été accordé pour s'inscrire, en vendant précipitamment les biens sur lesquels leur privilége est établi. S'il en devait être autrement, il conviendrait d'adopter l'avis qu'a émis la Faculté de droit de Strasbourg, et d'interdire aux héritiers débiteurs d'une soulte, d'un retour de lots ou du prix d'une licitation, la faculté de vendre les biens grevés du privilége pendant la durée des soixante jours durant lesquels l'inscription de ses cohéritiers peut avoir lieu ; mais il est préférable, pour ne pas gêner ces héritiers dans la disposition qu'ils entendent faire de leurs immeubles, de s'en tenir au principe que nous venons d'énoncer, et qui, pour qu'aucun doute ne puisse s'élever sur son application, mériterait d'être exprimé par le Code.

Art. 2106. Entre les créanciers, les priviléges ne produisent d'effet à l'égard des immeubles qu'autant qu'ils sont rendus publics par inscription sur les registres du conservateur des hypothèques, de la manière déterminée par la loi, et à compter de la date de cette inscription, sous les seules exceptions qui suivent.

Les Cours et les Facultés se sont aussi accordées pour reconnaître que le privilége étant un droit qui résulte de la qualité de la créance, ainsi que le Code civil l'a proclamé d'une manière expresse dans son art. 2095, ce n'était point, comme semble l'annoncer l'art. 2106, à compter de la date de leur inscription que les priviléges sont appelés à produire leur effet, mais bien en remontant à la cause qui leur a donné naissance. Ce principe a été tenu pour si certain par les Cours de Colmar et de Rennes qu'elles sont allées jusqu'à soutenir qu'il n'existait aucune contradiction entre ces deux dispositions de la loi ; que l'art. 2095 indiquait la cause de la préférence accordée aux priviléges, et que l'art. 2106 ne parlait que de la formalité qui doit en assurer l'effet. Nous sommes convaincu que telle a été la pensée du législateur, mais il faut convenir que les expressions contenues en l'art. 2106 peuvent fournir matière à équivoque. Il serait donc à propos de les en retrancher. Il ne resterait plus qu'une seule exception au principe général qui est porté en cet article, celle qui est énoncée en l'art. 2107 à l'égard des priviléges généraux énoncés en l'art. 2101, et l'on pourrait ainsi, comme le demandent les Cours royales de Paris et de Grenoble, retrancher de l'art. 2106 la phrase qui le termine, et commencer l'art. 2107 par ces mots : *sont néanmoins exceptées*, etc., ce qui ferait éviter une redondance entre les deux dispositions.

Art. 2107. Sont exceptées de la formalité de l'inscription les créances énoncées en l'art. 2101.

Le principe posé par cet article a également été admis sans contradiction. Les Cours ont seulement proposé d'établir une distinction qui ne paraît pas non plus contestable. Elles ont reconnu que les créanciers à qui un privilége a été accordé par l'art. 2101 devaient, en cas d'insuffisance du mobilier, être colloqués, même sans inscription, sur le prix des immeubles, tant que ce prix n'a pas été attribué définitivement aux autres créanciers ; mais, en ce qui concerne l'acquéreur, les Cours ont dit avec pleine raison que la transcription du contrat de vente qui n'avait point été suivie dans la quinzaine de l'inscription de ces priviléges devait en avoir purgé la propriété, sauf aux créanciers privilégiés à faire valoir leurs droits en intervenant à l'ordre, et la Cour royale de Pau a proposé de faire de cette règle l'objet d'une mention expresse dans la loi. Il faut, en effet, qu'il existe un moyen d'affranchir l'acquéreur de toute inquiétation avant qu'il puisse être forcé de se libérer ; mais le Code y a pourvu par son art. 2180, qui porte en termes absolus que les priviléges et les hypothèques s'éteignent par l'accomplissement des formalités et des conditions prescrites aux tiers détenteurs pour purger les biens qu'ils ont acquis. Les priviléges généraux portés en l'art. 2101 sont nécessairement compris dans cette disposition, et une répétition du même principe pourra ne pas paraître nécessaire.

Art. 2108. Le vendeur privilégié conserve son privilége par la transcription du titre qui a transféré la propriété à l'acquéreur, et quiconstate que la totalité ou partie du prix lui est due ; à l'effet de quoi la transcription du contrat faite par l'acquéreur vaudra inscription pour le vendeur et pour le prêteur qui lui aura fourni les deniers payés, et qui sera subrogé aux droits du vendeur par le même contrat : sera néanmoins le conservateur des hypothèques tenu, sous peine de tous dommages et intérêts envers les tiers, de faire d'office l'inscription sur un registre, des créances résultant de l'acte translatif de propriété, tant en faveur du vendeur qu'en faveur des prêteurs, qui pourront aussi faire faire, si elle ne l'a été, la transcription du contrat de vente, à l'effet d'acquérir l'inscription de ce qui leur est dû sur le prix.

Le privilége du vendeur se conserve, aux termes de cet article, par l'effet seul de la transcription du contrat de vente, et ce n'est que pour annoncer aux tiers l'existence de ce privilége, que le conservateur doit, sous sa responsabilité, prendre une inscription d'office à raison des créances qui résultent de l'acte translatif de la propriété. Le Code n'a pas fixé de délai pendant lequel cette transcription devait être faite, en sorte que, tant que les biens n'ont pas été purgés par un nouvel acquéreur, le privilége des vendeurs primitifs peut être encore utilement conservé.

La Cour royale d'Agen a dit que la jurisprudence n'a pas résolu cette question d'une manière positive à l'égard des créanciers de l'acquéreur qui se sont fait inscrire sur les biens avant la transcription du contrat. Nous pourrions citer cependant un grand nombre d'arrêts, dont cinq au moins sont émanés de la Cour suprême, et qui ont reconnu que le privilége du vendeur avait pu être conservé à l'égard de toutes personnes, savoir, pendant la durée de la loi du 11 brumaire an VII, jusqu'à la transcription d'un des contrats de vente postérieurs; depuis le Code civil et avant la promulgation du Code de procédure, jusqu'à la passation d'un nouvel acte de vente; et enfin depuis ce dernier Code, avant l'expiration du délai de quinzaine après la transcription de l'un des contrats d'acquisition. On aurait créé arbitrairement un cas de déchéance, si l'on avait imposé aux vendeurs l'obligation de conserver leur privilége dans un autre délai, puisque ceux que nous venons d'exprimer sont les seuls que ces différentes lois ont fixés; mais pour obvier aux inconvénients qui peuvent résulter des dispositions du Code, plusieurs Cours royales ont proposé de n'accorder qu'un délai de deux mois, ou au plus de six mois, pour l'inscription de ce privilége. Elles en ont donné pour motif le besoin d'empêcher que des tiers ne soient induits en erreur faute d'avoir pu connaître le privilége qui devra les primer. La Cour royale de Bordeaux a cependant fait remarquer qu'il n'est pas toujours facile aux héritiers d'un vendeur de connaître les droits qu'on les astreindrait à inscrire dans un terme aussi court, et qu'il ne convient pas de rendre périlleux l'exercice d'un pareil privilége, dont la perte forcerait le vendeur d'exercer l'action en résolution du contrat, bien autrement préjudiciable aux créanciers de l'acquéreur.

Cette dernière raison nous paraît devoir déterminer à maintenir les dispositions actuelles du Code, et nous ne doutons point qu'elle n'ait fourni le motif qui les a fait porter par le législateur. La déchéance d'un privilége a pour cause la négligence que l'on a mise à le conserver, et elle a pour résultat d'en affranchir l'immeuble au profit des autres créanciers. La publicité que l'on doit donner à ces priviléges est aussi le seul moyen qui existe souvent de connaître leur existence; mais il n'en est pas de même quant au privilége qui est attribué aux vendeurs ; les tiers ont pu s'assurer de la libération de l'acquéreur en exigeant, avant de traiter avec lui, la preuve de l'affranchissement de l'immeuble, et c'est ce qui se pratique toujours, à moins d'une extrême imprudence, dans toutes les opérations qui ont pour base une affectation hypothécaire. Lors même que la loi ferait perdre au vendeur son privilége faute de l'avoir fait inscrire dans un certain délai, les tiers seraient loin d'en avoir obtenu le moindre avantage, puisque leur débiteur serait presque infailliblement exposé à perdre la propriété des biens par suite de la résolution du contrat. Ce n'était donc pas ainsi le cas de l'ordonner.

Il n'en serait autrement que si l'on faisait déclarer à la loi, comme il a été proposé, qu'un vendeur ne pourra faire rejaillir sur les tiers l'effet de son action résolutoire qu'autant qu'il aura fait inscrire son privilége dans un certain délai. Les Cours qui ont émis cet avis l'ont fondé sur ce que la résolution de la vente faisant perdre aux créanciers de l'acquéreur les hypothèques qu'ils avaient acquises sur les biens, il était nécessaire qu'une inscription fît connaître le danger qu'ils avaient à courir ; que la transcription du contrat ne suffisait point pour rendre ce fait public, l'inscription prise d'office par le conservateur pouvant ne pas être renouvelée ; que les tiers avaient dû croire alors que le prix de la vente avait été payé, erreur qui pouvait entraîner la perte de leurs créances. Les Cours ont ajouté qu'une inscription était d'autant plus nécessaire en ce cas que l'action en résolution pouvait être intentée non seulement à raison du défaut d'acquittement du prix de la dernière vente, mais du prix de toutes les aliénations qui l'avaient précédée, ou à défaut d'accomplissement des conditions moyennant lesquelles ces ventes ont été consenties, en sorte que, dans l'état actuel des choses, il n'y avait de sûreté ni pour les acquéreurs ni pour les créanciers. Les Cours ont dit enfin que si la loi avait paré à ce danger à l'égard des ventes faites en justice par suite d'une saisie immobilière, la même disposition devait être étendue aux ventes volontaires qui ne le méritent pas moins.

Ces motifs sont assurément plausibles ; mais on ne peut se dissimuler que l'obligation qu'ils feraient imposer aux vendeurs de faire inscrire leur privilége sous peine de ne pouvoir exercer leur action résolutoire serait en opposition manifeste avec les principes qui régissent cette action. Il est impossible de ne pas distinguer le privilége qui procure à un vendeur le moyen de se faire payer du prix qui lui est dû, de l'action qui tend, faute d'exécution du contrat, à faire prononcer la résolution de la vente. Le privilége seul est soumis aux dispositions du titre des priviléges et hypothèques. L'action résolutoire est régie par les règles relatives à l'inexécution des contrats en général. La condition qui donne naissance à cette action est de l'essence des contrats synallagmatiques, et elle résulte du seul défaut d'accomplissement des obligations de l'acquéreur. Si l'intérêt des tiers est à considérer, ce ne peut être une raison de priver le vendeur d'un droit qui est inhérent au contrat qu'il a consenti, et qui y est toujours sous-entendu, dit la loi, lorsque surtout les tiers auraient pu, en prenant des renseignements plus exacts, ne point s'exposer à la perte qu'ils sont dans le cas d'éprouver.

Ce serait donc excéder la nature d'une inscription hypothécaire que de faire dépendre de son existence non seulement la conservation du privilége du vendeur, mais la faculté d'exercer une action réelle qui est indépendante de l'exercice de ce droit particulier. Cependant les dangers dont les Cours ont parlé sont de nature à se réaliser fréquemment, et il importe d'aviser aux moyens d'y pourvoir. Il en est deux auxquels nous pensons qu'on pourrait recourir. Le premier serait employé lorsque le vendeur s'est présenté à l'ordre ou qu'il a été sommé d'y paraître. Les créanciers produisants ou l'acquéreur pourraient alors l'interpeller d'avoir à opter dans un certain délai entre sa demande en collocation et son action en résolution de la vente, faute de quoi il serait déchu de ce dernier droit. On appliquerait ainsi, autant que cela est possible, aux ventes volontaires, la disposition portée à l'égard des ventes forcées, et on mettrait les acquéreurs à l'abri du danger d'être évincés, lorsqu'ils n'ont fait qu'obéir à justice en acquittant les bordereaux de collocation qui ont été délivrés contre eux.

La Cour royale de Rouen s'est refusée à l'admission de ce moyen en se fondant sur ce que le vendeur que l'on forcerait à faire cette option choisirait probablement toujours le droit le moins contestable, mais aussi le plus rigoureux, en demandant la résolution de la vente. Il est néanmoins bien des cas où cela pourrait ne pas convenir au vendeur ; et, par exemple, s'il fallait qu'il remît la propriété en vente au risque de n'en pas obtenir le même prix, ou s'il ne se trouvait pas en mesure de rembourser les sommes qu'il a reçues à compte.[Une perte évidente de ce qui lui [reste dû pourra seule le forcer alors d'intenter une action en résolution de la vente. Si le vendeur voulait y trouver une occasion de lucre à raison de l'augmentation de valeur qu'aurait éprouvée la propriété, les créanciers de l'acquéreur auraient le droit de prévenir l'effet de cette action en consentant à ce qu'il lui fût accordé une collocation utile. Dans tous les cas, on aurait évité que le nouvel acquéreur ne fût dépouillé des biens après en avoir acquitté le prix.

On n'aurait donc plus à s'occuper que des vendeurs qui n'auraient pas paru à l'ordre ou qui n'auraient pas été sommés d'opter entre l'exercice de leur privilége et l'action en résolution qui leur est accordée par la loi. On ne pourrait prononcer contre ces vendeurs la même déchéance, puisqu'ils n'auraient pas été mis en demeure d'agir. Le seul moyen qui resterait pour parer dans ce cas à une partie au moins des résultats fâcheux de l'action résolutoire consisterait à abréger la durée de cette action. Quelques Cours royales ont proposé de ne donner que deux ans au vendeur pour demander cette résolution ; mais ce délai ne devra pas paraître suffisant. Il empêcherait que l'on pût accorder aux acquéreurs le temps qui leur est souvent nécessaire pour qu'ils soient à même de se libérer, et on empêcherait ainsi la consommation d'une foule de ventes. La durée de l'action résolutoire nous paraît devoir être fixée à dix ans, ce qui satisferait à tous les intérêts. On aurait l'avantage de faire coïncider ce terme avec les délais fixés pour la prescription des actions en nullité ou en rescision des contrats, ou pour exercer une demande en revendication contre les tiers détenteurs qui ont un titre légitime et qui ont été de bonne foi. On préviendrait aussi la difficulté des recherches sur la personne des anciens vendeurs, puisqu'on n'aurait à s'occuper que de ceux dont le titre aurait moins de dix ans de date. Il conviendrait seulement, pour empêcher que ce délai ne se prolongeât en certains cas d'une manière qui pourrait être indéfinie, d'ordonner, à l'instar de ce qui est dit en l'art. 2278 du Code civil, qu'il courra contre les femmes mariées et contre les mineurs, sauf leur recours contre leur mari ou contre leur tuteur.

ART. 2109. Le cohéritier ou copartageant conserve son privilége sur les biens de chaque lot ou sur le bien licité, pour les soulte et retour de lots, ou pour le prix de la licitation, par l'inscription faite à sa diligence, dans soixante jours, à dater de l'acte de partage ou de l'adjudication par licitation ; durant lequel temps aucune hypothèque ne peut avoir lieu sur le bien chargé de soulte ou adjugé par licitation, au préjudice du créancier de la soulte ou du prix.

Plusieurs Cours royales ont demandé que l'on ajoutât à l'énumération des créances dont les héritiers et les copartageants doivent conserver le privilége par une inscription la garantie des partages pour laquelle l'art. 2103 leur accorde aussi un droit privilégié, et elles ont considéré le silence que l'art. 2109 a gardé à cet égard comme l'effet d'un simple oubli ; mais il nous semble que les plus graves motifs ont dû déterminer le législateur à ne point assujéttir cette garantie à la nécessité d'être inscrite pour que l'on pût y avoir recours.

Il existe, en effet, de grandes différences entre la garantie des partages et les soultes ou retours de lots, et le prix dû par suite d'une licitation. Ces dernières créances sont fixes, liquides, presque toujours promptement exigibles, et rien ne met obstacle à ce que les cohéritiers à qui elles appartiennent ne puissent veiller immédiatement à leur conservation. La garantie en matière de partage ne repose, au contraire, que sur une hypothèse, sur un fait possible, mais dont la réalisation est encore incertaine et dont les causes sont ignorées, car on doit croire que si les héritiers avaient su que les biens appartenaient à autrui, ils ne les auraient pas compris dans le partage, et que, dans le doute, ils auraient pris les mesures nécessaires pour que l'éviction qu'ils auraient pressentie ne vînt bouleverser toute leur opération. Il s'agirait donc d'astreindre les cohéritiers et les copartageants à prendre une inscription dont ils ignoreraient absolument les causes, et pour une somme dont ils ne pourraient déterminer même approximativement le montant. Ce serait véritablement les astreindre à l'impossible, ou les forcer, pour n'avoir rien à perdre quoi qu'il pût arriver, à exagérer les motifs supposés de leurs recours.

Les conséquences en seraient d'autant plus fâcheuses que ce n'est pas un seul des partageants qui a droit à cette garantie. Elle est due également à tous, et par chacun de ceux qui ont concouru au partage. Si donc il fallait que le privilége qui en résulte fût rendu public par des inscriptions qui devraient être prises dès les premiers temps qui suivraient le partage, des charges énormes pèseraient sur les biens de presque toutes les familles, au grand détriment du crédit foncier. La plupart des immeubles ne seraient plus inaliénables, faute par les acquéreurs de pouvoir se libérer avec sécurité.

Ce qui met, au surplus, à la condition que l'on voudrait imposer aux copartageants un obstacle invincible, c'est que les créances seules sont dans le cas d'être inscrites, tandis que l'action en garantie qu'exerce un héritier qui a été dépossédé de quelques-uns des biens qui avaient été compris dans son lot, ayant pour objet de lui faire attribuer d'autres immeubles en remplacement de ceux qu'il a perdus, est une action réelle pour l'exercice de laquelle aucune inscription n'est nécessaire. Ce n'a donc pas été par le résultat d'un oubli que les rédacteurs du Code n'ont point compris la garantie des partages au nombre des droits qui doivent être inscrits pour conserver le privilége qui leur a été attribué, et ils n'ont fourni en cela qu'une preuve de plus de leur profonde sagesse.

Malgré le danger que fait courir aux tiers le privilége accordé à la garantie des partages, ce n'est cependant pas le cas de l'abréger, comme la Cour royale de Poitiers le propose. Si les créanciers des héritiers sont quelquefois dans le cas d'en souffrir, on ne doit point oublier que l'égalité forme la base essentielle des partages, et qu'elle serait rompue si l'un des copartageants n'était point indemnisé lorsqu'il a été évincé en tout ou en partie des biens qui lui ont été attribués pour sa part. La garantie que cet héritier exerce dans ce cas ne peut être entravée par les hypothèques qu'ont consenties les autres héritiers et qui ont été soumises de droit, aux termes de l'art. 2125 du Code, à l'effet de cette condition.

La Cour royale d'Angers a proposé de réduire à trente jours le délai qu'ont les héritiers pour faire inscrire leur privilége, et la Faculté de Rennes voudrait au contraire que ce délai fût étendu à six mois. La Cour s'est fondée sur ce que les soixante jours accordés par le Code excèdent le temps qui serait nécessaire, et sur ce que l'on ne doit entraver que le moins possible les ventes que les héritiers débiteurs des soultes peuvent être dans le cas de faire des biens qui leur sont advenus ; mais, d'une part, rien dans le privilége ne paralyse la disposition de la propriété, et, d'un autre côté, il est rare qu'un héritier veuille si promptement disposer des immeubles qui lui sont échus en partage, et que l'acquéreur soit à même de purger les biens avant l'expiration du délai pendant lequel le privilége a pu être inscrit utilement. Une telle précipitation pourrait être le résultat d'une fraude dont on ne doit aucunement favoriser l'effet. Les titres de propriété ont d'ailleurs fait connaître aux tiers l'existence de ce privilége, et l'acquéreur n'a pu ainsi être trompé. Quant à la Faculté, elle s'est bornée à dire que l'uniformité des délais pour l'inscription des priviléges serait un avantage, et qu'on ne voyait pas pourquoi les héritiers auraient moins de temps pour faire inscrire le leur que n'en ont les créanciers et les légataires du défunt. Nous avons déjà eu occasion de dire que l'on ne doit point chercher à établir cette uniformité lorsque la position des divers privilégiés offre si peu de ressemblance. Les héritiers ont un titre direct qui leur procure une créance certaine sur un individu désigné ; ils sont donc à même de faire assez promptement inscrire leur privilége. Les créanciers et les légataires qui veulent demander la séparation des patrimoines peuvent au contraire avoir ignoré le décès de leur débiteur, ou l'existence du testament qui les a institués. Leur domicile est quelquefois éloigné, et ils ne connaissent pas toujours la situation des biens sur lesquels ils ont à s'inscrire. Il a donc été nécessaire de leur accorder un temps plus considérable qu'aux héritiers, et la prévoyance de la loi ne s'est point encore en cela démentie.

La Cour royale de Montpellier a dit que si le délai accordé pour faire inscrire le privilége des copartageants doit commencer à courir, à l'égard des partages volontaires, à compter de l'acte qui a fait acquérir la créance, le point de départ de ce délai ne devrait être, quant aux adjudications sur licitation et lorsque le partage a eu lieu en justice, que du jour du jugement d'homologation des opérations définitives qui ont ensuite eu lieu. La Cour en a donné pour motif que ce n'est que de ces opérations que peut résulter l'attribution à chacun des autres héritiers des portions de la soulte ou les retours de lots pour lesquels existe le privilége. Il est vrai que jusqu'au jour du jugement d'homologation du partage, les opérations n'ont formé qu'un simple projet et qu'elles n'ont fait encore acquérir de droit à personne ; mais il n'est pas nécessaire, à l'égard du prix des licitations, que le partage ait été consommé pour que les licitants aient été mis à même de s'inscrire sur celui d'entre eux qui s'est rendu adjudicataire des biens. Il suffit que l'adjudication ait eu lieu. Le privilége qui en provient appartient dès lors à tous les communistes, et les opérations subséquentes n'ont fait que répartir entre eux la créance à laquelle ce privilége est attaché. Si aucun délai n'était fixé avant le partage pour que cette inscription dût être prise et que ce partage eût tardé à s'effectuer, l'acquéreur sur licitation serait privé trop longtemps de pouvoir conférer des hypothèques utiles sur les biens qu'il a acquis, ou ses créanciers courraient le risque d'être trompés par de fausses apparences, et seraient primés par l'effet d'un privilége qui n'aurait pas été rendu public.

Une autre distinction a été proposée par la même Cour à l'égard des partages qui ont été faits par des ascendants. Nous pensons avec elle que le délai pour faire inscrire les soultes auxquelles ces partages ont donné lieu doit courir, quant à ceux contenus dans des actes entre-vifs, du jour de l'acceptation des donataires ; mais à l'égard de ceux de ces partages qui ont été réglés par un testament, la Cour a proposé de ne faire courir ce délai que du jour de l'exécution du partage par le cohéritier créancier de la soulte, sans indiquer à quels caractères on pourrait reconnaître que cette exécution a eu lieu. Il nous semble qu'à raison de la multiplicité des actes d'exécution dont un partage est susceptible, ce serait jeter beaucoup trop d'incertitude sur le point de départ du délai. Les tiers à qui l'on opposerait le privilége ne pourraient établir la date d'une foule de ces actes qui leur seraient restés étrangers. Plusieurs jurisconsultes sont d'avis que ce délai doit courir à compter du décès du testateur. Cela paraît sans difficulté si le testament a été authentique. Au cas contraire, ce ne devrait être que du jour où le testament a été déposé chez un notaire, en exécution de l'art. 1007 du Code civil, car les enfants n'ont pu s'inscrire tant que leur titre est resté ignoré.

La Cour royale de Montpellier a dit aussi que le jour à compter duquel commence le délai qui a été accordé pour faire inscrire un privilége ne devait pas être compris dans ce délai. Il a toujours été reconnu, en effet, que les délais que la loi accorde devaient être francs et entiers, et ce principe, admis depuis longtemps parmi nous, a été consacré par l'art. 1033 du Code de procédure. On n'en fera qu'une juste application au cas dont la Cour a parlé.

ART. 2110. Les architectes, entrepreneurs, maçons et autres

ouvriers employés pour édifier, reconstruire ou réparer des bâtiments, canaux ou autres ouvrages, et ceux qui ont, pour les payer et rembourser, prêté les deniers dont l'emploi a été constaté, conservent, par la double inscription faite, 1° du procès-verbal qui constate l'état des lieux , 2° du procès-verbal de réception, leur privilége à la date de l'inscription du premier procès-verbal.

Une des premières difficultés que les dispositions de cet article ont soulevées devant les Cours a été relative au point de savoir à quelle époque devait remonter le privilége accordé aux architectes et aux ouvriers constructeurs. Ce doute étonne au premier abord, puisque l'art. 2110 porte que ce privilége est acquis à la date de l'inscription du premier procès-verbal qui a constaté l'état où se trouvaient les lieux avant le commencement des travaux ; mais on a fait observer que le privilége en question donnait à l'architecte et aux autres ouvriers un rang préférable à l'hypothèque des créanciers dont l'inscription était même antérieure à celle de ce procès-verbal. Il nous semble que pour donner une saine entente à la loi, il conviendrait de distinguer ce qui , dans la créance des architectes et des ouvriers constructeurs, est de nature à leur procurer un privilége de ce qui ne peut leur donner droit qu'à une simple hypothèque. Le montant du privilége ne peut excéder, d'après l'art. 2103, les valeurs constatées par le second procès-verbal, et il se réduit à la plus value existante à l'époque de l'aliénation de l'immeuble, et qui est résultée des travaux auxquels il a été procédé. Il est juste dès lors que le montant de cette plus value passe avant les créances précédemment inscrites, puisque ceux à qui ces créances appartiennent n'ont dû compter que sur la valeur des immeubles dans l'état où ils se trouvaient à l'époque du titre qu'ils ont obtenu ; mais il arrivera souvent que les ouvrages qui ont été exécutés seront d'un prix supérieur au montant de cette plus value, et il serait à propos, pour que cette portion de la créance des ouvriers ne restât pas sans garantie, d'y attacher une hypothèque qui ne prendrait rang qu'à la date de l'inscription du premier procès-verbal. Les tiers qui auraient traité plus tard avec le débiteur auraient ainsi été avertis de l'existence de cette hypothèque. Il n'existerait plus d'opposition entre les termes de la loi et la nature des priviléges , et l'on aurait accordé à la créance entière des ouvriers constructeurs les différentes sûretés qu'elle est dans le cas d'obtenir.

Une autre condition a été réputée par presque toutes les Cours devoir être imposée au privilége des ouvriers constructeurs. Elle consisterait à soumettre ces ouvriers à la nécessité de prendre leur première inscription avant le commencement des travaux, sous peine de ne pouvoir exercer leur privilége qu'à raison des ouvrages postérieurs à l'époque où cette inscription aurait été requise. Les Cours ont fait remarquer que, faute de cette publicité, les tiers avaient dû croire que les travaux exécutés avaient été payés par le propriétaire, et qu'ils s'étaient fiés à l'augmentation de valeur que les biens en avaient obtenue, lorsqu'ils doivent être primés par un privilége secret. La jurisprudence tend déjà à imposer cette obligation aux architectes et aux autres ouvriers, mais il serait à propos qu'une disposition législative ne permît plus de la révoquer en doute, et qu'elle fît ainsi entrer le privilége accordé à ces ouvriers dans le système de publicité qui nous régit.

Il serait même utile de fixer un délai à l'inscription du second procès-verbal qui contient la réception et l'estimation des travaux. Les tiers et même le débiteur ont intérêt à connaître la somme que ne pourra dépasser, dans aucun cas, le privilége des ouvriers constructeurs, et aucun motif ne peut faire excuser le retard qui y est apporté, pourvu que ce délai ne parte qu'à compter du dépôt du second procès-verbal. La peine à infliger, en cas de négligence, serait la même que celle portée pour les cas semblables par l'art. 2113 du Code civil. Le privilége dégénèrerait en une simple hypothèque, qui ne prendrait rang que du jour où cette inscription aurait eu lieu.

La Cour royale d'Angers a proposé de réduire les deux procès-verbaux exigés par le Code pour assurer l'existence et le montant du privilége accordé aux architectes et aux ouvriers constructeurs, à un seul procès-verbal par lequel serait constaté l'état des lieux avant le commencement des travaux, et de remplacer le procès-verbal de réception des ouvrages par les devis et marchés qui auraient été passés avec les entrepreneurs. Ces actes, a dit la Cour, feraient provisoirement foi des dépenses auxquelles devraient s'élever les travaux, et serviraient de base à l'estimation que l'on mentionnerait dans la seule inscription qui devrait être prise avant le commencement des travaux, sauf à régler définitivement la plus value qui serait résultée des ouvrages après la vente de la propriété.

Quelque désir que l'on éprouve de réduire les frais qu'entraînent les formalités prescrites à cet égard par le Code, on ne peut croire qu'il soit possible de prendre pour base de l'évaluation du montant du privilége des ouvriers des devis et marchés dont rien ne garantirait l'exactitude, et qui, quant à la fixation des dépenses à faire, pourraient manquer de sincérité. Il convient d'ailleurs que des constructions dont la valeur doit obtenir un droit de préférence sur les autres créances soient visitées après leur confection pour que l'on soit assuré qu'elles ont été faites selon les règles de l'art. Les frais de ce procès-verbal, que doit rédiger un seul expert, ne peuvent au surplus être considérables, et l'on a obtenu une garantie contre toute exagération de la créance des ouvriers constructeurs.

Une dernière proposition qui est émanée de la Cour royale de Grenoble a été de faire mentionner dans ce titre l'espèce de privilége qui est attribué, par l'art. 2175 du Code, au tiers détenteur qui a délaissé les biens à raison des impenses et des améliorations qu'il y a faites pendant la durée de sa jouissance. Les formalités qui doivent être accomplies alors n'étant indiquées nulle part, la Cour a demandé que le tiers détenteur fût astreint à faire inscrire sa créance avant d'opérer le délaissement des biens ; qu'il eût ensuite à faire reconnaître le montant de ses impenses par un expert qui serait nommé d'office, et enfin qu'il dût porter le résultat de cette estimation dans une seconde inscription, sauf aux créanciers du vendeur à contester, s'ils le jugeaient convenable, l'opération de l'expert.

Les créanciers inscrits sur l'immeuble auraient assurément le droit d'exercer cette critique, puisque l'opération aurait été faite hors de leur présence et sans aucun contradicteur, mais cela même ôte à la marche tracée par la Cour royale de Grenoble une grande partie de son utilité. A quoi servirait-il, en effet, de faire estimer ces impenses en l'absence des principaux intéressés, puisque l'opération devrait presque toujours être recommencée, et comment le tiers détenteur pourrait-il être tenu de s'inscrire, lorsqu'il n'a pas encore de titre de sa nouvelle créance et qu'il ne sait pas même ce qui lui sera dû ? Cette inscription n'aurait pas pour objet de prévenir des hypothèques nouvelles en annonçant aux tiers l'existence du privilége dont les biens sont frappés, car, par le seul effet de la vente qui a eu lieu, le vendeur s'est trouvé hors d'état de pouvoir en constituer plus tard. Pour que les biens aient pu être délaissés, il faut qu'ils soient grevés pour des causes qui excèdent le montant du prix de la vente. Nous croyons donc que si le tiers détenteur a une réclamation de ce genre à former, c'est à l'ordre du prix de la revente de l'immeuble qu'il doit intervenir. Il s'adresse alors à tous les créanciers inscrits qui sont ses vrais contradicteurs. L'opération qui fait fixer par un expert nommé d'office le montant de la plus value a été contradictoire, et il est possible de rendre un jugement définitif, ce que ne permettraient point les formalités qui ont été indiquées par la Cour. Il conviendrait même d'imposer au tiers détenteur l'obligation d'énoncer sa réclamation dans un dire inséré à la suite du cahier des charges de la vente, afin de mettre le poursuivant à même de faire supporter à l'adjudicataire futur les résultats de cette réclamation.

ART. 2111. Les créanciers et légataires qui demandent la séparation du patrimoine du défunt, conformément à l'art. 878, au titre *des Successions*, conservent, à l'égard des créanciers des héritiers ou représentants du défunt, leur privilége sur les immeubles de la succession, par les inscriptions faites sur chacun de ces biens, dans les six mois à compter de l'ouverture de la succession.

Avant l'expiration de ce délai, aucune hypothèque ne peut être établie avec effet sur ces biens par les héritiers ou représentants au préjudice de ces créanciers ou légataires.

Plusieurs Cours ont demandé que l'acceptation bénéficiaire d'une succession ne dispensât pas les créanciers du défunt de la nécessité de s'inscrire dans le délai qui a été accordé par la loi à l'effet de conserver le droit de demander la séparation des patrimoines. Elles se sont fondées sur ce que ces sortes d'acceptations n'ont été autorisées que dans l'intérêt des héritiers seulement, tandis que la séparation des patrimoines a pour objet de mettre à couvert les droits des créanciers du défunt. Elles se sont prévalues aussi des difficultés qu'éprouve cette séparation lorsque l'acceptation n'a été bénéficiaire que de la part de quelques-uns des héritiers, ou lorsque ces héritiers ont renoncé au bénéfice d'inventaire pour lequel ils avaient opté d'abord. Quelques arrêts aussi ont été rendus en ce sens; mais la jurisprudence de la plus grande partie des Cours, et notamment de la Cour de cassation, a toujours été contraire à la proposition que l'on voudrait faire adopter.

A quelle fin, en effet, est demandée une séparation de patrimoines? Ce n'est que pour empêcher que les biens qui composent la succession ne se confondent pas avec ceux des successibles, et pour conserver aux créanciers du défunt le droit d'être payés sur le prix des biens de l'hoirie avant que les créanciers des héritiers en puissent rien recevoir. Ce double résultat est produit par le seul fait de l'acceptation bénéficiaire et des formalités qui ont dû l'accompagner, puisque l'inventaire a rendu, quant aux meubles, toute confusion impossible, et que l'héritier bénéficiaire qui n'est plus qu'un simple administrateur des immeubles de la succession doit rendre compte aux créanciers du défunt de tout ce qu'il a retiré de ces immeubles, avant que ses créanciers personnels puissent exercer sur leur prix aucun droit. Les deux patrimoines sont donc restés complétement distincts l'un de l'autre, et les créanciers du défunt n'ont pu dès lors être obligés de se pourvoir pour obtenir une séparation qui s'est opérée de plein droit.

On objecte que les acceptations bénéficiaires n'ont pas les mêmes causes et ne sont pas destinées à produire les mêmes effets que les séparations de patrimoines. Cela importe peu, puisque la séparation des deux patrimoines ne s'est pas moins accomplie, et que les mêmes formalités ont mis à couvert les droits des héritiers et ceux des créanciers du défunt. Ce qui est nécessaire, en pareil cas, c'est que les patrimoines ne puissent se confondre, et l'inscription requise par l'art. 2111 n'est prescrite que pour empêcher l'héritier de pouvoir conférer une hypothèque utile sur les immeubles de l'hoirie au détriment des créanciers du défunt. Ces deux avantages étant précisément ceux que procure une acceptation bénéficiaire, on ne voit pas ce que ces créanciers auraient de plus à demander.

Lors même que quelques-uns des successibles se sont portés héritiers purs et simples, toutes les conditions requises ont dû être accomplies au moyen de l'acceptation bénéficiaire des autres héritiers. Ainsi le mobilier de la succession a dû être inventorié et les immeubles ne peuvent être vendus qu'en justice. La séparation des patrimoines n'a donc pas moins existé pour le tout. Si, cependant, on doutait que cette séparation dût produire son effet à l'égard de ceux des héritiers dont l'acceptation a été pure et simple, parce qu'ils ont été à même de confondre leur part dans le mobilier du défunt avec leur mobilier personnel, et que rien ne les a empêchés de constituer des hypothèques sur les immeubles de l'hoirie qui leur sont advenus, ce serait, au plus, le cas de prendre sur ces héritiers l'inscription destinée à conserver le droit de demander la séparation des patrimoines, mais ce ne serait pas une raison d'abroger le principe qui en dispense à l'égard des autres héritiers.

L'avantage qu'ont obtenu les créanciers du défunt par suite de l'acceptaion bénéficiaire de l'hoirie n'est pas non plus dans le cas d'être perdu quoique les successibles se soient depuis portés héritiers purs et simples. Il ne peut dépendre de ces héritiers, en renonçant à la qualité qu'ils avaient prise, de frustrer ces créanciers du droit qu'ils ont acquis. On aurait à craindre qu'un héritier insolvable s'entendît avec ses créanciers personnels pour leur faire obtenir sur les biens du défunt des droits qu'ils ne devaient point avoir. La séparation des patrimoines doit donc continuer à subsister malgré cette acceptation pure et simple, et cela ne peut être sujet à aucun inconvénient, puisque l'inventaire suffit pour l'opérer quant aux meubles, et que les immeubles du défunt ne peuvent se confondre avec ceux qui sont personnels aux héritiers. Il suffit, pour que cette séparation soit dans le cas de produire tout son effet, que les créanciers du défunt exercent à temps leur droit de préférence sur ces deux natures de biens.

On réduirait, au surplus, les créanciers du défunt à l'impossible, s'ils devaient prendre inscription dans le délai qui leur est accordé à compter de la mort du défunt, pour conserver le droit de demander la séparation des patrimoines, puisque, à l'époque où aurait eu lieu l'acceptation pure et simple de la succession par l'héritier bénéficiaire, ce délai serait presque toujours depuis longtemps expiré. Il est vrai que la Faculté de droit de Paris a proposé, pour prévenir ce danger, d'accorder trente jours à ces créanciers pour s'inscrire, à compter du jour où l'héritier bénéficiaire aura perdu sa qualité, et d'après le système émis par cette Faculté, que tout héritier devrait être tenu de prendre une inscription pour constater son acceptation de l'hoirie, ce délai devrait courir à compter de l'accomplissement de cette formalité; mais si l'obligation dont parle la Faculté n'est point imposée par la loi, comme on est autorisé à le croire, de quel jour partirait donc le délai qui serait accordé aux créanciers du défunt ? En supposant même que les héritiers bénéficiaires soient tenus de faire inscrire le changement de leur qualité, ne deviendraient-ils plus héritiers purs et simples par le seul fait qu'ils auraient disposé, sans remplir les formalités prescrites, de tout ou partie des biens de la succession, et ceux d'entre eux qui auraient mérité d'être déchus de leur acceptation bénéficiaire auraient-ils fait inscrire les actes secrets qui leur auraient fait encourir cette pénalité ? Les créanciers du défunt devraient donc s'inscrire par suite d'un fait qui leur serait resté inconnu, et une pareille obligation n'est point assurément dans le cas de leur être imposée. Tout porte donc à croire que les principes proclamés par la Cour de cassation sur ces différents points seront consacrés par la loi.

La Cour royale d'Angers a dit qu'il serait à propos d'énoncer dans le Code que les créanciers et les légataires ne sont pas obligés d'intenter leur action en séparation des patrimoines dans le délai de six mois qui leur est accordé pour s'inscrire à l'effet de conserver le droit d'exercer cette action quant aux immeubles du défunt. Cet avis peut avoir été suscité par l'opinion qu'a manifestée un auteur justement estimé [1], que ce délai était fatal, même pour former la demande en séparation des patrimoines; cependant le Code civil ayant accordé trois ans aux créanciers et aux légataires pour former cette demande relativement aux meubles, et permettant de l'accueillir à l'égard des immeubles tant que ces biens existent dans la main de l'héritier, a suffisamment prouvé qu'il n'est pas nécessaire que l'action en séparation des patrimoines soit intentée, à peine de déchéance, dans les six mois du décès du débiteur. Vainement voudrait-on arguer des expressions contenues en l'art. 2111, qui semblent dire qu'il n'y a que les créanciers et les légataires *qui ont demandé* la séparation des patrimoines qui conservent leur privilége par une inscription prise dans les six mois de l'ouverture de la succession. Les autres dispositions du Code, notamment celles que nous venons de citer, prouvent jusqu'à l'évidence que la loi n'a entendu parler que des créanciers et des légataires qui *veulent* conserver le droit *de demander un jour* cette séparation. Il suffirait, pour faire cesser toute équivoque à cet égard, d'adopter la rédac-

____
[1] M. Merlin.

tion qui a été proposée par la Cour royale d'Orléans, et d'après laquelle l'art. 2111 serait ainsi conçu : « Les créanciers et légataires « ne sont reçus à demander la séparation du patrimoine du défunt « contre les créanciers de l'héritier, conformément à l'art. 878 du « Code civil au titre *des Successions*, qu'autant qu'ils en auront « conservé le droit par des inscriptions prises sur chacun des im- « meubles de la succession, dans les six mois à compter du décès « de leur débiteur. » Nous n'admettons pas, néanmoins, que l'inscription doive indiquer nominativement tous les immeubles laissés par le défunt ; car les créanciers et les légataires pourraient ne pas les connaître dans un si grand détail. Une mention, même générale, suffit pour tous les biens situés dans l'arrondissement du bureau. Il serait aussi nécessaire d'ajouter dans l'article que cette inscription n'est nécessaire qu'à l'égard des immeubles seulement, étant absolument étrangère aux meubles. La nouvelle rédaction ne conserverait pas le terme de privilége qu'emploie l'art. 2111 pour désigner le droit attribué aux créanciers et légataires du défunt, et nous avons eu déjà occasion de faire remarquer que cette expression n'était pas celle qui devait être employée, la séparation des patrimoines ne donnant pas lieu à un privilége, mais à un simple droit de préférence au profit d'une masse d'individus sur tous les créanciers d'un autre débiteur. Ceci n'est point une vaine querelle de mots. Il importe que la loi ne se serve que d'expressions propres, et le terme en question, appliqué au droit de demander une séparation de patrimoines, ne l'est véritablement pas.

La Faculté de droit de Grenoble a prétendu que le privilége de la séparation des patrimoines comprend le droit conféré aux légataires par l'art. 1017 du Code civil, et qui, selon elle, doit être qualifié d'hypothèque légale. La Faculté croit que cette hypothèque ne saurait être autre que le droit à la conservation duquel il est pourvu par l'art. 2111, mais elle ne voudrait pas que les légataires pussent, en prenant une inscription, acquérir un droit de préférence sur les créanciers même chirographaires du défunt.

Il existe, en effet, de grandes différences entre les droits qui appartiennent à ces deux classes de personnes. Aux termes de l'art. 873 du Code civil, les héritiers sont tenus des dettes et charges de la succession personnellement pour leur part et portion virile et hypothécairement pour le tout. Les legs faits par le défunt font évidemment partie de ces charges, et le Code n'a fait que leur appliquer, par son article 1017, le principe général qu'il avait porté contre les héritiers. Les légataires n'ont donc pas besoin de demander la séparation des patrimoines pour être à même d'exercer le droit hypothécaire qui leur a été conféré par la loi sur ceux des immeubles du défunt qui se trouvent encore en la main des héritiers, mais s'ils veulent empêcher que leurs legs ne soient primés sur ces immeubles par les créances inscrites sur les successibles, ils doivent prendre à temps l'inscription mentionnée en l'art. 2111, de même que s'ils veulent conserver leur droit de suite contre les tiers acquéreurs, ils doivent faire inscrire leurs legs sur les immeubles laissés par le testateur avant que ces acquéreurs ne les aient purgés. Dans tous les cas, et quelles que soient les inscriptions qui aient été prises, les légataires ne peuvent, même en demandant la séparation des patrimoines, être préférés ni même venir en concurrence avec les créanciers du défunt, qui doivent être satisfaits avant que les libéralités exercées par leur débiteur puissent produire leur effet.

La Faculté de droit de Grenoble a dit encore que les créanciers du défunt qui ont pris l'inscription mentionnée en l'art. 1411 du Code doivent être préférés à ceux de leurs cocréanciers qui n'ont point accompli cette formalité. Ce droit de préférence ne doit certainement pas être admis en thèse générale. Il ne peut exister que dans un cas qu'il importe de préciser. L'inscription requise par l'un des créanciers du défunt pour conserver le droit de demander la séparation des patrimoines ne profite qu'à lui et non à ceux dans l'intérêt desquels il n'a point agi. Ce créancier a donc seul obtenu le droit de primer les créanciers de l'héritier qui se sont fait inscrire, et, par suite, il doit être préféré à ceux de ses cocréanciers qui sont primés par les inscriptions prises sur l'héritier. C'est le cas de la règle *si vinco vincentem te, a fortiori te vinco;* mais si la concurrence ne s'établit qu'entre ce créancier et les autres créanciers du défunt, son inscription ne peut lui être utile, car ce n'est pas à l'égard de ceux-ci, mais des seuls créanciers de l'héritier, que la séparation des patrimoines est admise, ainsi que le porte en termes positifs l'art. 2111 du Code, et la Cour royale d'Orléans en a fait la remarque avec juste raison. On ne peut, au reste, comme le fait la Faculté de droit de Grenoble, assimiler ce cas à celui où se trouvent les créanciers d'une succession bénéficiaire qui doivent être payés par l'héritier à mesure qu'ils se présentent, car nous supposons que tous les créanciers du défunt se sont présentés à la distribution. Autrement ceux d'entre eux qui ont gardé le silence doivent être considérés comme s'ils n'existaient pas.

La Cour royale de Grenoble a émis l'avis que les inscriptions prises par les créanciers du défunt pour conserver le droit de demander la séparation des patrimoines leur ont fait acquérir un droit de suite sur les biens que l'héritier a vendus, et elle demande que l'art. 2111 en contienne une mention expresse. Cette disposition ne s'accorderait point avec la teneur de cet article, qui porte que ces créanciers ne conservent leur privilége qu'à l'égard des créanciers des héritiers ou des représentants du défunt, ni avec ce qui est dit en l'art. 880, que l'action ne peut être exercée à l'égard des immeubles que tant qu'ils sont encore en la main de l'héritier. La séparation des patrimoines ne peut donc jamais donner lieu à un droit de suite contre les tiers acquéreurs. L'inscription mentionnée en l'art. 2111 ne procure pas un droit hypothécaire aux créanciers du défunt; elle ne fait que les mettre à même d'obtenir la séparation des patrimoines s'ils la demandent à temps, et elle ne produit d'autres effets que ceux qui résultent de cette séparation même. C'est ce que la Cour royale d'Orléans a dit aussi avec beaucoup de sagesse, en ajoutant que si le prix des biens est encore dû par les acquéreurs, les créanciers qui se sont inscrits dans les six mois du décès peuvent exercer leurs droits sur ce prix qui représente les immeubles à raison desquels la séparation des patrimoines aurait été obtenue. Il est à désirer que ce cas soit prévu par le Code et qu'il soit résolu en ce sens qui est conforme aux principes généraux du droit, ainsi que la Cour de cassation, dont la Cour royale d'Orléans a invoqué l'autorité, l'a reconnu dans un de ses arrêts.

La Faculté de droit de Paris a prévu le cas où l'héritier aurait vendu les immeubles de la succession avant l'expiration du délai de six mois qui est accordé aux créanciers du défunt pour faire inscrire leur droit de préférence, et elle a demandé que, même en ce cas, l'inscription qui a été prise dans ce délai produisît son effet à l'égard des tiers acquéreurs. Cette disposition ne serait pas non plus en rapport avec le droit que la loi a seulement accordé à ces créanciers. L'art. 2111 n'interdit aux héritiers que la faculté d'établir une hypothèque utile pendant ce délai de six mois sur les immeubles du défunt, et elle ne leur a aucunement ôté le droit de les aliéner. Le législateur a sans doute pensé que des ventes aussi hâtives ne seraient pas fréquentes, que les créanciers du défunt conserveraient le droit de demander, malgré la vente, la séparation des patrimoines quant au prix qui est provenu de l'aliénation, en prenant leur inscription avant la clôture de l'ordre s'ils se trouvaient encore dans le délai qui leur est imparti, mais, surtout, qu'il ne convenait pas d'entraver la vente des immeubles qui dépendraient de toutes les hérédités qui s'ouvriraient en France; et il faut convenir que si aucun héritier ne pouvait disposer avant six mois des biens qui lui sont échus, lors même qu'aucun créancier du défunt ne se serait fait connaître, l'état d'interdiction qui serait imposé pendant un si long temps à tous les successibles, ne pourrait manquer d'avoir les plus graves inconvénients.

La Faculté de droit de Paris voudrait aussi que l'inscription prise par les créanciers du défunt pour conserver le droit de demander la séparation des patrimoines valût opposition à ce qu'il fût procédé en leur absence au partage de l'hérédité; mais ce serait évidemment confondre deux droits de nature différente, et il existe un obstacle invincible à ce qu'il soit possible de les assimiler. La séparation des patrimoines ne peut être demandée que par les créanciers et les légataires du défunt, et ce ne sont que les créanciers des héritiers qui ont le droit de s'opposer à ce que le partage de la succession soit fait hors de leur présence. Les créanciers et les légataires du défunt n'ont aucun intérêt d'assister au partage, puisque, quel que soit le résultat de cette opération, ils conservent contre chaque héritier une action personnelle, et sur chacun des immeubles de la succession l'action hypothécaire qui leur appartenait du vivant du défunt, tandis que les créanciers des héritiers pourraient être frustrés par l'événement du partage non-seulement des hypothèques que leur a conférées l'héritier leur débiteur ou qu'ils ont acquises sur ses biens à venir, mais des moyens mêmes de se faire payer, par la mauvaise composition du lot qui aurait été plus ou moins frauduleusement attribué à cet héritier. Ce n'est donc qu'à ces créanciers que la loi a dû accorder la faculté de s'opposer au partage ou d'y intervenir, et ce droit n'a rien de commun avec la demande en séparation des patrimoines que ne peuvent former que les créanciers et les légataires du défunt.

A la vérité, la Faculté de droit de Paris n'a proposé de faire servir l'inscription que doivent prendre, aux termes de l'art. 2111 du
Code civil, les créanciers et légataires du défunt, comme valant opposition à ce qu'il soit procédé sans eux au partage de l'hoirie, que
par suite d'une réforme qu'elle voudrait que l'on fît à une des règles
les plus importantes de notre droit. La Faculté considère comme
étant encore fort controversable la question de savoir si l'immeuble
qui fait partie du lot d'un héritier est resté grevé de la totalité des
dettes hypothécaires auxquelles il était soumis au décès du défunt,
ou si, au contraire, les immeubles que le partage a attribués à chacun des héritiers ne sont tenus que de la portion que ces héritiers
doivent personnellement supporter dans les dettes et charges de
l'hoirie. Elle s'est déclarée en faveur de ce dernier avis, qu'elle trouve
plus conforme à l'esprit général de notre législation sur la division
des dettes entre les héritiers, et elle a dit que l'on préviendrait ainsi
les divers recours qui surgissent de l'espèce de solidarité qu'on a
établie entre ces héritiers à l'égard des dettes hypothécaires. Il résulterait de ce nouveau système que les créanciers et les légataires
du défunt auraient aussi intérêt à être présents au partage, afin de
s'opposer à ce que les immeubles de la succession fussent tous
abandonnés aux héritiers solvables, ce qui compromettrait, outre
leurs hypothèques, l'utilité de leur action contre les autres héritiers.

Il nous est impossible d'admettre le principe nouveau que la
Faculté propose d'établir. Les règles posées à cet égard par le Code
civil ne nous paraissent pas susceptibles d'être mises en doute, et
nous ne pouvons croire que ce soit aucunement le cas de les changer.
Nous avons déjà eu occasion de dire que les créanciers et les légataires du défunt n'ont pas, à proprement parler, sur les biens de la
succession ce que l'on peut appeler un privilége. Ils conservent seulement sur les biens de leur débiteur les droits qui leur appartenaient
à l'époque de sa mort, à une modification près que rend indispensable
l'appel de plusieurs personnes à recueillir l'hérédité. Ces créanciers
avaient contre le défunt une action personnelle, et ils la conservent
contre ses héritiers ; mais cette action mobilière, qui est essentiellement
divisible, se répartit entre les successibles et ne peut être exercée contre chacun d'eux que dans la proportion de ses droits personnels sur
les biens du défunt. On créerait autrement au profit du créancier une

solidarité qui n'a point été stipulée, si on lui procurait plusieurs débiteurs qui seraient tenus tous de la totalité de la dette, lorsque, aux termes de la convention, il ne devait en avoir qu'un seul. On contreviendrait enfin à la règle qui ne fait représenter le défunt par ses héritiers que jusqu'à concurrence de la portion que chacun d'eux a recueillie dans les biens. La division des dettes et des legs entre tous les successibles s'opérerait donc par la seule force des choses, lors même qu'elle ne serait pas établie par la loi, et les principes que nous a laissés le droit romain à cet égard n'établissent que la réalisation du fait qui s'est accompli ; mais ce qui est incontestable quant à l'action personnelle qui continue d'appartenir aux créanciers du défunt et qu'ils peuvent exercer contre chacun des successibles ne peut être appliqué à l'hypothèque que ces créanciers avaient acquise au jour du décès sur les biens de leur débiteur. Cette hypothèque, que l'événement de ce décès n'a pu modifier, était indivisible, et elle est restée telle. Elle portait, quelle que fût sa nature, sur la totalité des biens qui en étaient grevés et sur chacune de leurs parties, et elle doit les suivre en quelques mains que ces biens aient passé. Ce serait donc porter une grave atteinte à cette hypothèque, que de la réduire à ne pouvoir être exercée que pour une portion seulement de la créance dont elle forme le gage, sur ceux des immeubles qui en sont tenus pour le tout. On la diviserait, ce qui serait contraire à son essence, et on traiterait plus favorablement les héritiers qui représentent le défunt que les tiers étrangers à la dette et qui auraient acquis une partie des biens de l'hérédité avant qu'il ait été procédé à leur partage, car le droit hypothécaire des créanciers du défunt pourrait être exercé dans toute sa plénitude contre ces acquéreurs. Ce n'est point en ce sens qu'un partage est réputé n'avoir été que déclaratif ; ce n'est qu'en ce qui concerne les créanciers des héritiers qui ne peuvent agir que sur les biens que le partage a déclaré devoir appartenir à leur débiteur, cet héritier devant être réputé n'avoir jamais eu de droit sur les autres.

Si ces principes sont maintenus, comme on a tout lieu de le croire, l'opposition à partage que l'on ferait résulter de l'inscription prise par les créanciers du défunt pour conserver le droit de demander la séparation des patrimoines n'aurait, comme on le voit, aucune utilité.

Ce que nous venons de dire s'applique aux légataires à qui la loi a accordé, sinon une hypothèque, au moins une action hypothécaire sur les immeubles laissés par le testateur ; car cette action est aussi indivisible et peut s'exercer, aux termes de l'art. 1017 du Code, pour le montant total de chaque legs, sur l'universalité des immeubles de l'hoirie. Les héritiers n'ont pu s'approprier les biens de la succession avant d'avoir acquitté les legs qu'ils doivent délivrer, et faute par eux de s'en être libérés avant de procéder au partage, ils n'ont pu mettre obstacle à l'accomplissement des dernières volontés du défunt.

Il nous reste à faire observer que les créanciers qui ont une hypothèque légale dispensée d'inscription ne sont pas obligés de s'inscrire pour conserver le droit de demander la séparation des patrimoines, ni même de requérir cette séparation, puisque leur hypothèque, qui est réputée inscrite, prime forcément celles des créanciers des héritiers, et leur donne un droit de suite sur tous les biens qui n'en ont pas été purgés. Aussi la jurisprudence est-elle constante à cet égard, et ce ne serait que surabondamment que l'on insérerait cette disposition dans le Code.

Art. 2112. Les cessionnaires de ces diverses créances privilégiées exercent tous les mêmes droits que les cédants, en leur lieu et place.

Les Cours royales d'Amiens et de Douai ont demandé que le cessionnaire d'une créance privilégiée fût tenu, pour être saisi, indépendamment de la signification du transport qui lui a été consenti, de faire inscrire le titre qui lui a fait acquérir cette créance. Nous avouons ne pas apercevoir l'utilité qu'aurait cette mesure. L'inscription d'un privilége sur des immeubles est utile pour donner de la publicité à ce droit. Elle empêche que les tiers soient exposés à traiter avec le débiteur dans l'ignorance de la créance qui devra les primer ; mais la cession d'un privilége est sans intérêt à l'égard des créanciers inscrits sur les immeubles du débiteur : elle n'en a qu'à l'égard des créanciers du cédant, et, quant à ceux-ci, cette cession n'a porté que sur un droit purement mobilier, à raison duquel aucune inscription ne peut être requise. Le cessionnaire a été saisi au regard de ces créanciers et des tiers par le seul effet de l'acceptation consentie par le débiteur, ou de la signification qui lui a été faite du transport. Ce serait donc compliquer sans nécessité les formalités que le cessionnaire doit accomplir la saisie que de l'astreindre à faire en outre inscrire la cession. La remise qu'a dû lui faire le cédant des titres de la créance prévient l'abus que le cédant voudrait faire des droits qu'il n'a plus.

Il n'en serait pas de même du principe qui déclarerait que les cessionnaires partiels d'une créance privilégiée n'ont droit entre eux à aucune préférence, quelle que soit la date des cessions qui leur ont été faites, à moins que, par l'effet d'une déclaration expresse, le cédant n'ait attribué cette faveur à quelques-uns d'entre eux à une époque où aucun des autres cessionnaires n'était encore saisi de droits que l'on entend primer. Ce principe serait fondé sur ce que toutes les parties d'une créance doivent jouir des mêmes avantages, s'il n'a été convenu du contraire à un temps opportun.

ART. 2113. Toutes créances privilégiées soumises à la formalité de l'inscription, à l'égard desquelles les conditions ci-dessus prescrites pour conserver le privilége n'ont pas été accomplies, ne cessent pas néanmoins d'être hypothécaires; mais l'hypothèque ne date, à l'égard des tiers, que de l'époque des inscriptions qui auront dû être faites ainsi qu'il sera ci-après expliqué.

Le désir de procurer aux priviléges le plus de publicité possible a fait dire à la Cour royale d'Angers que le vendeur jouissait , par la dispense d'inscription qui lui a été accordée à raison du prix qui lui est encore dû, d'une latitude qui était préjudiciable aux tiers. La Cour a supposé, il est vrai, que la transcription du contrat de vente sera rendue nécessaire pour le transfert de la propriété, et qu'une inscription d'office aura été prise par le conservateur. Elle ne s'est donc occupée que du cas où cette inscription n'aurait pas été renouvelée dans les dix ans de la date, et elle voudrait que dans ce cas le privilége du vendeur ne pût valoir que comme nne simple hypothèque , ne prenant rang que du jour de la nouvelle inscription. Il nous semble qu'on doit aussi admettre le cas où la transcription des contrats translatifs de la propriété d'immeubles ou de droits immobiliers continuera à rester volontaire et à n'exercer aucune influence sur l'acquisition de cette propriété. La question à résoudre serait donc celle de savoir s'il convient dans l'un et l'autre cas de fixer un délai au vendeur pour qu'il ait à faire inscrire son privilége, sous peine de ne pouvoir en réclamer l'effet.

Nous avons eu déjà occasion de faire remarquer, sur l'art. 2108, que si nos législateurs n'ont pas poussé jusque-là la rigueur, ils avaient été retenus sans doute par l'idée que la perte du privilége forcerait le vendeur à demander la résolution de la vente, ce qui serait presque toujours infiniment plus préjudiciable que l'exercice du privilége aux créanciers de l'acquéreur. Il a donc fallu être moins difficile sur les conditions moyennant l'accomplissement desquelles ce privilége pouvait être exercé. La faveur qu'a obtenue le vendeur n'est, au reste, pas grande : son privilége est purgé par la transcription d'un contrat de vente postérieur, s'il n'a été inscrit dans la quinzaine qui a suivi cette formalité. Le vendeur n'est donc, sous ce rapport, que dans la condition commune ; mais s'il s'est fait inscrire à temps, il résulte de la nature de ses droits qu'il doit primer tous les créanciers inscrits sur les divers acquéreurs.

Mais, a dit la Cour royale d'Angers, le privilége du vendeur est dans le cas de rester longtemps inconnu. Il ne peut être porté sur les états que délivrent les conservateurs et sur la foi desquels les tiers ont traité avec les acquéreurs. Cette absence d'avertissement détruit la publicité qui est une des bases fondamentales de notre système hypothécaire. C'est la clandestinité avec ses fâcheuses conséquences que l'on a rétablie à cet égard.

Ce n'est pas sur les seuls extraits d'inscription que les conservateurs délivrent, que les prêts sont réalisés au profit des possesseurs de biens immobiliers. Les capitalistes exigent de plus avant de remettre leurs fonds, s'ils n'agissent avec une extrême imprudence, la représentation des titres de la propriété qui leur est offerte pour gage, et ils sont ainsi à même de reconnaître si les biens se trouvent libérés des prix qui étaient dus à leurs précédents possesseurs. La loi ne s'est montrée plus rigoureuse, quant à la publicité des simples hypothèques, que parce que, à défaut d'inscription, rien n'aurait pu avertir les tiers de l'existence des droits qui doivent les primer. Les mesures prescrites par la loi ont donc été proportionnées aux risques que dans ces divers cas le public est exposé à courir, et il ne paraît pas que l'on doive changer ce qui a été prescrit à cet égard.

La Faculté de droit de Caen a proposé de faire déclarer par le

Code que lorsqu'un privilége sur des immeubles a dégénéré en une simple hypothèque faute d'avoir été inscrit à temps, cette hypo= thèque ne produira d'effet même sur les biens du défunt qui ont été attribués aux héritiers que jusqu'à concurrence de la part con- tributoire que chacun de ces héritiers devra supporter dans le montant de la créance.

Cette proposition revient à celle dont nous avons parlé sur l'art. 2111, et elle doit, à notre avis, être écartée par les mêmes motifs. La portion que chaque héritier doit personnellement supporter dans les dettes privilégiées ou hypothécaires du défunt ne peut excéder la quotité des droits qu'il a obtenus dans l'hoirie, mais s'il lui a été attribué dans son lot des immeubles, cet héritier joint à sa qualité de représentant du défunt celle de détenteur de biens affectés à la garantie de ces dettes, et il est dès lors soumis aux actions que cette détention procure contre lui. Chacun des héritiers peut donc, dans ce cas, être poursuivi hypothécairement par ceux des créanciers du défunt qui en avaient acquis le droit au décès de leur débiteur, et comme toute hypothèque ainsi que tout privilége est indivisible par le fait seul de sa nature, ainsi que la Faculté de droit de Caen l'a elle-même reconnu sur l'art. 2114, chacun de ces héritiers doit acquitter la totalité de la dette ou délaisser les immeubles qui lui sont advenus du défunt, sauf son recours contre les autres héritiers.

Cette action hypothécaire n'appartient pas, ainsi que nous venons de le dire, à tous les créanciers du défunt, mais seulement à ceux qui auraient eu le droit de l'exercer du vivant de leur débiteur. Les créanciers chirographaires ne sauraient avoir une semblable action que l'ouverture de la succession ne leur a point fait acqué- rir. Les droits de ces créanciers sont restés ce qu'ils étaient à la mort de leur débiteur. Ils ne peuvent donc user que de l'action per- sonnelle, pour demander à chaque héritier la part contributoire dont cet héritier est tenu envers eux.

Ce principe général reçoit une exception à l'égard des légataires qui, n'ayant pu acquérir d'hypothèque du vivant du testateur, ont néanmoins le droit d'agir hypothécairement sur les immeubles pro- venus du défunt. Les légataires ne tiennent pas ce droit du testa- ment, mais de la loi, qui a voulu donner cette garantie de plus à l'exécution des dispositions testamentaires, et il suffit, pour que cette action soit dans le cas d'être exercée, de la détention par les héritiers ou les autres débiteurs d'un legs d'immeubles provenant de la succession du testateur, sans qu'une inscription ait été pour cela nécessaire; mais à l'égard des tiers et surtout des créanciers des héritiers, les légataires ont dû s'inscrire, soit pour conserver le droit de demander la séparation des patrimoines, soit pour se faire colloquer à leur rang sur le prix des immeubles vendus par les héritiers.

Les priviléges sur les immeubles peuvent donc s'exercer, pour la totalité de la créance à laquelle ils se rattachent, sur tous les biens qui s'en trouvent grevés; s'ils ont dégénéré en une simple hypothèque, ils ne doivent venir qu'à la date de l'inscription qu'ils ont autorisé à prendre, mais ils ont conservé tous les avantages que cette inscription leur a procurés. L'hypothèque que ces créanciers ont obtenue de la loi en remplacement de leur privilége a donc continué à être indivisible. Elle subsiste pour toute la créance sur l'universalité des biens qui y sont affectés, ainsi que sur chacune des parties qui les composent, et elle a fait acquérir au créancier une action hypothécaire contre les détenteurs de ces biens qui ne les ont pas purgés. Or, ce serait priver cette hypothèque de tous ces avantages, que de réduire les créanciers qui l'ont obtenue à ne pouvoir exiger de chacun des hérititiers, malgré sa détention d'immeubles provenant du défunt, qu'une part contributoire de la dette, et ce n'est pas non plus le cas de l'ordonner.

CHAPITRE III. — *Des hypothèques.*

ART. 2114. L'hypothèque est un droit réel sur les immeubles affectés à l'acquittement d'une obligation.

Elle est, de sa nature, indivisible, et subsiste en entier sur tous les immeubles affectés, sur chacun et sur chaque portion de ces immeubles.

Elle les suit dans quelques mains qu'ils passent.

ART. 2115. L'hypothèque n'a lieu que dans les cas et suivant les formes autorisés par la loi.

ART. 2116. Elle est ou légale, ou judiciaire, ou conventionnelle.

Si le Code, qui a déterminé les trois espèces d'hypothèques qu'il reconnaît, n'a pas dit, comme l'aurait voulu la Faculté de droit de Caen, que l'hypothèque est générale ou spéciale, c'est sans doute parce que ce caractère ne constitue pas une nature qui soit propre à l'hypothèque considérée en elle-même, et parce que la spécialité ne forme qu'une modification de l'une des espèces d'hypothèques dont la loi a plus particulièrement déterminé les effets. Il ne paraît donc pas que l'on puisse considérer comme une répétition à éviter la mention qui se trouve dans chacun des art. 2122 et 2123 du Code civil, sur l'étendue de l'hypothèque légale et de l'hypothèque judiciaire, car lors même que l'on dirait, comme la Faculté le propose, que l'hypothèque générale frappe les immeubles présents et à venir du débiteur, il faudrait toujours attribuer ce caractère de généralité à chacune de ces deux espèces d'hypothèques, ce qui entraînerait la même répétition.

On doit également tenir pour incontestable que le Code ne permettant d'exercer les hypothèques générales que sur les biens du débiteur, et l'hypothèque conventionnelle se restreignant, d'après sa propre nature et aux termes de l'art. 2129, aux immeubles qui y ont été affectés, les biens propres aux héritiers se trouvent suffisamment exclus de l'exercice de toutes ces hypothèques, et il ne devra pas paraître utile, comme le demande aussi la Faculté de droit de Caen, de le mentionner plus expressément dans le Code.

ART. 2117. L'hypothèque légale est celle qui résulte de la loi.

L'hypothèque judiciaire est celle qui résulte des jugements ou actes judiciaires.

L'hypothèque conventionnelle est celle qui dépend des conventions et de la forme extérieure des actes et des contrats.

La même Faculté n'a proposé de modifier le second alinéa de cet article, qui est relatif à l'hypothèque judiciaire, que parce qu'elle pense qu'il conviendrait de faire déterminer plus précisément par la loi quels sont les jugements desquels peut résulter cette hypothèque ; mais la discussion à établir sur ce point doit être reportée, comme l'a dit la Faculté elle-même, sur l'art. 2123.

ART. 2118. Sont seuls susceptibles d'hypothèques :

1° Les biens immobiliers qui sont dans le commerce, et leurs accessoires réputés immeubles ;

2° L'usufruit des mêmes biens et accessoires pendant le temps de sa durée.

Nous avons discuté dans la première partie la question de savoir si l'indemnité due en cas de sinistre par une compagnie d'assurances devait être attribuée aux créanciers inscrits sur l'immeuble qui a péri, à l'exclusion des autres créanciers du propriétaire de l'immeuble, et nous n'avons plus que quelques mots à ajouter à cet égard.

Les biens immeubles et leurs accessoires réputés immobiliers sont seuls, comme on le sait, susceptibles d'être grevés d'hypothèques, et de donner lieu à l'exercice des actions qui résultent de ce droit. Or, l'indemnité due en cas de sinistre n'a point ce caractère. Elle ne forme pas, comme le ferait le prix d'une vente, la représentation de l'immeuble qui avait été assuré. Cette indemnité n'est acquise que par l'effet d'un pacte aléatoire dont l'immeuble a été l'occasion, mais dont la transmission de sa propriété n'a point été la cause. L'assuré s'est procuré un dédommagement de la perte qu'il a éprouvée au moyen d'un sacrifice annuel; mais n'ayant entendu transférer, ni la compagnie acquérir aucuns droits sur l'immeuble, le résultat de l'assurance n'a pu former qu'un droit purement mobilier.

Les Cours royales qui ont été d'une opinion contraire reconnaissent, il est vrai, ces principes; mais elles trouvent que dans la circonstance ils sont trop rigoureux, et elles leur opposent des notions qu'elles présentent comme étant plus conformes à l'équité. Selon elles, il serait juste que l'indemnité fût dévolue aux créanciers qui auraient du recevoir le prix de l'immeuble s'il avait été vendu, et ainsi aux créanciers qui avaient sur cet immeuble un privilége ou une hypothèque inscrite. L'équité, d'accord en cela avec les principes du droit, veut que la fortune entière d'un débiteur soit employée à acquitter la totalité de ses dettes, à moins qu'il n'existe des causes de préférence à l'égard de quelques-uns de ses créanciers. L'égalité des droits de tous les créanciers forme donc la règle générale, et ce n'est que par exception qu'il doit y être dérogé. Il faut, pour qu'il en soit ainsi, que la nature de certaines créances ou une stipulation expresse en ait fait une devoir; mais lorsque aucun de ces motifs n'existe, l'équité ne commande pas de faire perdre à une partie des créanciers tout ou partie de la part qui leur revient dans les sommes dues à leur débiteur, pour l'attribuer à d'autres créanciers qui n'ont que les mêmes droits qu'eux.

Nous avons aussi fait remarquer combien il serait difficile d'assurer l'exercice du droit exclusif que l'on attribuerait sur le montant de l'assurance aux créanciers inscrits sur la propriété, puisque les assureurs n'auraient aucune purge à faire, ni aucune formalité à remplir avant de pouvoir se libérer valablement. Les Cours ont dit que les créanciers inscrits formeraient des oppositions entre les mains des compagnies. Cela seul suffirait pour prouver que le montant de l'assurance ne forme qu'une créance mobilière, puisque, s'il en était autrement, les inscriptions devraient suffire pour que les droits des créanciers qui les ont prises ne pussent être méconnus. Lors même que l'on adopterait la voie que les Cours indiquent, il s'agirait encore de savoir si l'on ne devrait appeler à l'ordre que les seuls créanciers opposants, ce qui ne s'accorderait point avec les principes du droit hypothécaire, ou si l'on devrait faire participer à la répartition ceux des créanciers inscrits au nom de qui aucune opposition n'aurait été formée, ce qui ne serait pas moins contraire aux règles des contributions en général. Enfin, nous avons dit qu'il était facile aux créanciers qui acquéraient une hypothèque sur un immeuble exposé à périr par les accidents dont doit indemniser l'assurance, d'obtenir un droit privatif sur la somme que pourront devoir les assureurs, et qu'il suffisait pour cela qu'ils se fissent céder ce droit éventuel par le débiteur assuré. Les Cours ont avoué que ce moyen était fréquemment employé. Les créanciers qui ont négligé d'y avoir recours ne peuvent donc accuser que leur négligence, et ce n'est pas le cas de méconnaître tous les principes de la matière pour venir à leur secours.

La Cour royale d'Angers a discuté la question de savoir quels étaient les biens que l'on devait réputer immobiliers, et elle a reconnu que l'on ne pouvait ranger dans cette catégorie les actions en revendication d'un immeuble. L'art. 526 du Code a réputé, il est vrai, immobilières les actions de cette nature; mais ce n'est que par l'objet auquel elles s'appliquent, ainsi que cet article a eu soin de l'exprimer, et conséquemment d'après la fin que ces actions sont dans le cas d'avoir, et non à raison de la nature qui leur est propre indépendamment des biens qu'elles peuvent faire obtenir. Aussi l'art. 2118 du Code civil ne reconnaît-il comme étant susceptibles d'hypothèques que les biens immobiliers qui sont dans le commerce et leurs accessoires réputés immeubles, ce qui ne peut s'appliquer à une simple action. Les accessoires d'un immeuble n'ont aussi acquis une nature immobilière que lorsqu'ils y ont été incorporés, qu'ils ont pour objet l'exploitation du fonds ou qu'ils y ont été attachés à perpétuelle demeure. Si l'art. 2181 du Code énonce comme étant susceptible de purge, non-seulement la propriété des immeubles, mais celle des droits réels immobiliers, il n'entend nécessairement parler que des droits irrévocablement acquis à la jouissance d'un immeuble, tels que ceux que procure un usufruit légalement concédé, un contrat d'emphytéose, une concession de mines, etc. Enfin, si l'art. 2125 du Code civil permet d'hypothéquer un immeuble sur lequel on n'a qu'un droit suspendu par une condition, résoluble en certains cas ou sujet à rescision, il faut que ce droit, quoique conditionnel dans ses effets, soit certain quant à son existence, et ne repose pas sur une simple prétention qui a besoin d'être admise pour que le droit soit réputé acquis. C'est ainsi qu'un vendeur à pacte de rachat ne peut hypothéquer les biens qu'il a transmis à ce titre, quoiqu'il soit à même de les récupérer, tandis que l'acquéreur peut consentir cette hypothèque, au moins d'une manière éventuelle, quoique son droit sur la propriété puisse être résolu. Rien ne semble donc devoir engager à modifier les termes suffisamment clairs de l'art. 2118. Si de plus grandes explications sont nécessaires à l'école, elles ne doivent point entrer dans le langage des lois.

Nous avons déjà applaudi à la proposition qu'a faite la Cour royale de Paris, de comprendre au nombre des biens qui sont susceptibles d'être grevés d'hypothèques les immeubles qui ont fait l'objet d'un bail emphytéotique, ainsi que ceux cédés à titre de domaine congéable. Ces deux sortes de droits doivent être considérés, à plus forte raison encore qu'un usufruit, comme étant de nature à pouvoir être hypothéqués, puisqu'ils procurent au preneur une jouissance plus longue que celle d'un usufruit ordinaire, qui a été reconnu suffisant pour produire un pareil effet. Aussi la jurisprudence de la Cour de cassation et de plusieurs autres Cours s'est-elle prononcée en ce sens.

Il serait à propos de comprendre nommément dans la même disposition, comme la Cour royale de Pau le propose, tous les autres droits immobiliers que nous venons d'énoncer comme étant susceptibles d'être grevés d'hypothèques, quoiqu'ils se trouvent virtuellement compris dans les termes dont se sert l'art. 2118. Il ne suffit pas, en effet, que le Code pose en pareille matière un principe général; il convient, pour lever toute incertitude, qu'il énonce les cas particuliers qu'il a entendu y soumettre, quoiqu'ils soient exprimés dans quelques autres lois ; mais nous ne pouvons croire que l'on puisse ranger au nombre de ces droits, comme la même Cour le demande, le prix que doit restituer un vendeur lorsque l'aliénation qu'il a consentie a été annulée, résolue, ou rescindée pour cause de lésion. On a dit qu'il y aurait une certaine justice à dédommager par ce moyen les tiers à qui l'acquéreur a conféré hypothèque sur les biens dont il a été dépossédé; mais, d'une part, cette hypothèque a été subordonnée, aux termes de l'art. 2125 , aux conditions expresses ou implicites qui étaient imposées à l'acquisition de la propriété, et, d'un autre côté, l'acquéreur devant, dans ces divers cas, être réputé n'avoir jamais été propriétaire des immeubles dont il a été dépossédé, le prix qui doit lui être restitué ne forme qu'une créance mobilière, sur laquelle aucune hypothèque ne peut produire d'effet.

Art. 2119. Les meubles n'ont pas de suite par hypothèque.

Art. 2120. Il n'est rien innové par le présent Code aux dispositions des lois maritimes concernant les navires et bâtiments de mer.

SECTION Iʳᵉ. — Des hypothèques légales.

Nous nous sommes beaucoup occupé dans la première partie des hypothèques légales des femmes, des mineurs et des interdits, et nous avons exprimé notre avis sur la nécessité de laisser subsister la dispense accordée par le Code d'inscrire ces hypothèques, si ce n'est pour empêcher que les biens du mari ou du tuteur n'arrivent à en être purgés. Nous n'avons fait en cela qu'exprimer l'opinion presque unanime des Cours, qui en ont donné pour motif principal que les femmes, les mineurs et les interdits, étant incapables de veiller à la conservation de leurs droits, les assujettir à cette obligation serait occasionner presque indubitablement leur ruine. Les Cours ont rappelé les effets désastreux qu'avait produits la disposition que contenait à cet égard la loi du 11 brumaire an VII, et les réclamations universelles qui s'étaient élevées lors de la rédaction du Code, contre sa maintenue dans la nouvelle loi. On ne peut douter, en effet, que les mêmes périls ne se renouvelassent, au grand détriment des familles, et ainsi de l'intérêt public. Depuis près d'un demi-siècle que les hypothèques légales des femmes et des mineurs ont été dispensées d'inscription, leur existence tacite ne trompe plus personne, et chacun connaît les moyens d'empêcher qu'elles ne puissent préjudicier. Aussi malgré le tableau effrayant que l'on a présenté des dangers auxquels ces hypothèques exposent les tiers, s'est-il si peu réalisé de cas où on ait eu à s'en plaindre, quoique les droits des femmes et des mineurs aient été habituellement conservés.

Il a été proposé de charger plusieurs sortes d'officiers publics ou de fonctionnaires du soin de faire inscrire ces hypothèques, et plusieurs Cours ont indiqué à cet effet les notaires, les greffiers de justice de paix, les receveurs des domaines et les conservateurs des hypothèques; mais nous avons cherché à démontrer que ces officiers publics ne seraient point en état de remplir l'obligation qui leur serait imposée, ou au moins de donner une connaissance suffisante des droits qu'ils seraient tenus de publier; qu'ils ne pourraient apprécier l'importance de la plupart des créances des femmes et des mineurs qui sont presque toujours incertaines, éventuelles ou indéterminées; qu'ils manqueraient de renseignements lorsque les époux se seraient mariés sans contrat, ou lorsque les pères et mères auraient pris la tutelle de leurs enfants sans faire dresser d'inventaire; qu'ils ne pourraient apprécier les dommages dont les maris et les tuteurs seraient dans le cas d'être tenus par suite des vices de leur administration, ou pour avoir laissé perdre les droits dont ils étaient responsables; que même, faute de connaître la portion de l'actif des mineurs que le tuteur a pu réaliser, les dettes qu'il a acquittées et les dépenses faites pour les pupilles, les fonctionnaires ou employés dont nous avons parlé seraient hors d'état de pouvoir préciser la somme dont, en définitive, le tuteur devra être constitué débiteur. Les notions qu'ils fourniraient aux conservateurs ou les inscriptions qu'ils seraient tenus de prendre seraient donc forcément incomplètes, et ne pourraient qu'induire le public en erreur. Si ces inscriptions ne servaient qu'à annoncer le fait du mariage ou de la tutelle, on conviendra sans peine qu'elles n'auraient que bien peu d'utilité.

La question peut donc être réduite à ce point, que si l'on exigeait de ces fonctionnaires l'énumération exacte des créances qu'ils devraient faire inscrire au nom des femmes et des mineurs, on les astreindrait à l'impossible, et on les obligerait à couvrir à chaque instant de toute leur fortune les erreurs et les omissions qu'ils n'auraient pu s'empêcher de commettre, ou que si on devait se contenter des données approximatives qu'ils seraient à même de fournir, le public ne devrait être aucunement rassuré par les annonces qu'ils auraient faites, et supposerait toujours qu'il est d'autres créances que celles qui ont été inscrites dont l'hypothèque légale viendrait encore le primer. Les tiers devraient donc, pour s'en garantir, continuer à employer les moyens dont on use aujourd'hui à l'égard de ces sortes d'hypothèques, en sorte que rien ne rachèterait les inconvénients nombreux du système que l'on aurait si fâcheusement rétabli.

C'est donc avec raison que les Cours royales de Limoges et de Rennes ont dit que l'expédient proposé ne pourrait donner lieu qu'à des inscriptions vagues, insuffisantes ou exagérées, nuisibles au crédit du débiteur, et de nature à décevoir les tiers ; que la nécessité de prendre ces inscriptions serait funeste aux femmes et aux mineurs dont il serait permis de purger trop facilement l'hypothèque légale, et que ces inscriptions seraient inutiles au public à qui elles n'annonceraient que le fait du mariage ou de la tutelle qui peut être si facilement connu. Nous recommandons aussi le souvenir qu'a rappelé la Cour royale de Rouen, de l'espèce d'état d'inaliénabilité dans lequel se trouvèrent la plus grande partie des immeubles en France, lorsque, dans les premiers temps du Code civil, les procureurs impériaux crurent devoir exécuter à la rigueur l'obligation qui semblait leur être imposée, en frappant d'inscriptions les biens des maris et des tuteurs. L'autorité supérieure, effrayée d'un tel état de choses, se vit obligée de tempérer le zèle de ces magistrats. Que serait-ce si ces inscriptions devaient aujourd'hui être prises, sous les peines les plus graves, par cette foule de fonctionnaires que l'on en voudrait charger !

Art. 2121. Les droits et créances auxquels l'hypothèque légale est attribuée sont :

Ceux des femmes mariées, sur les biens de leur mari ;

Ceux des mineurs et interdits, sur les biens de leur tuteur ;

Ceux de l'Etat, des communes et des établissements publics, sur les biens des receveurs et administrateurs comptables.

La Faculté de droit de Rennes voudrait que l'on ajoutât aux hypothèques légales qu'énonce cet article celles qui, selon elle, résultent des art. 1017 et 2113 du Code civil, ainsi que de l'art. 490 du Code de commerce.

Ce n'est cependant pas une hypothèque que le Code civil accorde aux légataires par son art. 1017, ce n'est que le droit d'exercer une action hypothécaire contre ceux des héritiers qui sont détenteurs d'immeubles provenant de la succession du testateur. Aussi ces légataires sont-ils primés, quoique inscrits, par tous les créanciers du défunt, même par ceux qui ne sont que simples chirographaires. Ils peuvent l'être aussi par les créanciers personnels des héritiers, s'ils n'ont pas fait inscrire à temps leur droit de demander la séparation des patrimoines, seule ressource qu'ils puissent employer contre ces créanciers. Enfin, une inscription est inutile entre les légataires, puisqu'elle ne peut faire accorder aucune préférence à celui qui l'a requise sur les autres légataires du défunt qui n'ont point accompli cette formalité. L'hypothèque que le Code aurait attribuée aux legs n'aurait donc produit aucun des effets attribués aux créances hypothécaires, et ce n'était pas ainsi le cas de l'accorder.

Il n'en est pas de même à l'égard des créances dont le privilége qui n'a point été conservé à temps a dégénéré en une simple hypothèque, ne prenant rang que du jour qu'elle a été inscrite. Cette hypothèque, ne résultant que de la loi, aurait pu être réputée légale; mais comme elle ne peut s'exercer que sur les biens qui auraient été soumis au privilége, le Code n'a pas dû la comprendre au nombre des hypothèques qui frappent sur tous les immeubles du débiteur. Ce n'était pas non plus le cas d'en former une classe séparée, puisque cette hypothèque, malgré son origine, est soumise, quant à son inscription, à toutes les conditions prescrites par l'art. 2148 du Code civil.

Les créanciers d'une faillite n'ont acquis, au contraire, par cet événement, aucune hypothèque nouvelle sur les biens du failli. Aussi l'inscription que doivent prendre en leur nom les syndics, aux termes de l'art. 490 du Code de commerce, n'a-t-elle pour objet que de rendre public le fait qui ne permet plus d'acquérir de droits sur les biens dévolus à la masse des créanciers, et laisse-t-elle tous ces créanciers dans la même position que celle où se ils trouvaient au moment de la faillite. C'était donc bien moins encore le cas de les comprendre parmi ceux à qui est attribuée une hypothèque légale, qui, au surplus, aurait appartenu à tous, et qui, conséquemment, n'aurait profité à aucun d'eux en particulier.

Nous avons exprimé l'opinion qu'aucune hypothèque ne devait être accordée aux enfants mineurs sur les biens de leur père pendant la durée du mariage dont ces enfants sont issus. Ce serait autrement, comme l'a dit la Cour royale d'Amiens, mettre en interdit la plus grande partie des fortunes, lorsque les enfants n'ont encore que si rarement alors de droits à exercer. A la vérité, quelques Cours royales ont proposé de soumettre cette hypothèque à la nécessité d'être inscrite; mais on n'en diminuerait que de bien peu les inconvénients, puisque les biens des pères seraient toujours grevés d'une charge qui entraverait toutes les opérations auxquelles ils voudraient se livrer. L'intérêt des enfants ne paraît pas commander cette mesure rigoureuse. Ils ne peuvent guère avoir acquis des biens dans un âge aussi tendre, si ce n'est à titre gratuit ; mais le donateur a pu parer aux dangers que pourrait faire courir aux enfants l'administration qu'allait exercer leur père, et ce n'est pas à raison de quelques cas exceptionnels qu'il convient d'ajouter aux obstacles que les hypothèques légales apportent déjà à la circulation des propriétés. Ajoutons que si le père ne remplit pas les obligations qui lui sont imposées par l'art. 385 du Code civil, à raison de la jouissance légale qu'il a du bien de ses enfants, ou si sa conduite est de nature à causer de sérieuses inquiétudes, un conseil de famille, que peut convoquer tout parent, est à même de provoquer des mesures que la justice s'empresse d'accueillir.

Nous avons pensé, au contraire, que non-seulement l'hypothèque légale devait continuer à subsister sur les biens de la mère qui, après avoir perdu la tutelle de ses enfants par le fait de son second mariage, a néanmoins continué à l'exercer, mais que cette hypothèque devait être étendue aux biens du second mari de la mère. Les mineurs ne peuvent avoir à souffrir du défaut d'accomplissement des conditions moyennant lesquelles leur mère aurait pu conserver leur tutelle, et cette extension de leur hypothèque sur les biens du second mari serait d'autant plus naturelle, que celui-ci est solidairement tenu, aux termes de l'art. 395 du Code, des suites de la gestion que sa femme a indûment conservée sous son autorité, des biens appartenant aux mineurs.

Il serait également conforme aux principes de la matière qu'une hypothèque légale frappât les biens des tuteurs qui ont été chargés de la gestion des biens de certains condamnés, puisque ces condamnés se trouvent aussi dans un état d'interdiction complète. On s'est prévalu, pour s'y opposer, de la surveillance que doit exercer le subrogé tuteur, et de la possibilité de recourir à un conseil de famille; mais si la loi n'a pas cru pouvoir se fier à cette double garantie des intérêts des mineurs et des interdits, il y a même raison de ne pas s'en contenter à l'égard des tuteurs des condamnés.

Enfin nous partageons l'avis qu'a émis la Faculté de droit de Caen, qu'il n'y a pas lieu de grever d'une hypothèque légale les biens des conseils judiciaires qui ont été donnés aux prodigues, ceux des héritiers qui ont été envoyés en possession des biens d'un absent, ni ceux des curateurs nommés aux successions vacantes, et nous avons exprimé les motifs qui nous ont déterminé à le penser.

Art. 2122. Le créancier qui a une hypothèque légale peut exercer son droit sur tous les immeubles appartenant à son débiteur, et sur ceux qui pourront lui appartenir dans la suite, sous les modifications qui seront ci-après exprimées.

SECTION II. — Des hypothèques judiciaires.

Art. 2123. L'hypothèque judiciaire résulte des jugements, soit contradictoires, soit par défaut, définitifs ou provisoires, en faveur de celui qui les a obtenus. Elle résulte aussi des reconnaissances ou vérifications faites en jugement, des signatures apposées à un acte obligatoire sous seing privé.

Elle peut s'exercer sur les immeubles actuels du débiteur et sur ceux qu'il pourra acquérir, sauf aussi les modifications qui seront ci-après exprimées.

Les décisions arbitrales n'emportent hypothèque qu'autant qu'elles sont revêtues de l'ordonnance judiciaire d'exécution.

L'hypothèque ne peut pareillement résulter des jugements rendus en pays étranger qu'autant qu'ils ont été déclarés exécutoires par un tribunal français, sans préjudice des dispositions contraires qui peuvent être dans les lois politiques ou dans les traités.

On ne peut regarder comme sérieux le doute qui a été élevé sur la question de savoir s'il convenait de conserver dans notre droit l'hy-pothèque judiciaire. Si une seule Cour, dont les membres n'ont pas même été d'accord à cet égard, a penché pour la suppression de cette hypothèque, il n'est aucune des autres Cours ou des Facultés de droit du royaume qui soit allée jusque-là. Toutes ont reconnu qu'un créancier n'était pas toujours à même d'obtenir une hypothè-que conventionnelle; que cela lui a été notamment impossible dans tous les cas de quasi-contrats, de délit et de quasi-délits; qu'en ôtant tout espoir d'obtenir un jour une hypothèque judiciaire à ceux qui se contentent d'un titre sous seing privé, on porterait un coup mortel aux actes de cette nature, qui sont d'une si grande utilité, surtout dans les opérations commerciales. Le créancier n'a con-senti, dans tous les cas semblables, à se passer d'une garantie hy-pothécaire, que sur la foi de l'engagement qui était contracté envers lui que la dette serait acquittée à son échéance, et le défaut d'ac-complissement de la promesse qui lui a été faite le relève de sa re-nonciation temporaire. Tous les créanciers porteurs de titres de cette espèce resteraient autrement à la merci de leurs débiteurs, ce qui serait l'atteinte la plus grave que l'on pourrait porter à leurs droits.

Si donc l'hypothèque judiciaire doit être conservée, convient-il que le Code détermine quels sont les jugements qui sont dans le cas de la conférer ? Les Facultés de droit de Caen, de Grenoble et de Strasbourg voudraient qu'il n'y eût que les jugements qui contien-draient une condamnation définitive ; mais cette opinion n'a point été celle des Cours. Il importe, en effet, de ne pas laisser les créan-ciers attendre, pour assurer l'effet de leurs réclamations, que leur débiteur ait épuisé les moyens de retarder le cours de la justice. Il serait trop facile d'abuser de cette latitude pour soustraire ses biens aux suites des condamnations qui devraient survenir, et la loi aurait ouvert une large porte à la fraude. L'inscription qu'un créancier prend en vertu du jugement qui n'a fait que reconnaître la possibilité de son droit ne peut, au reste, grever longtemps les biens du débi-teur, sans qu'un jugement définitif soit intervenu.

L'énumération des cas dans lesquels une hypothèque judiciaire peut résulter d'un jugement qui ne contient pas une condamnation définitive serait très difficile. L'on devrait craindre de ne pas les énoncer tous, et de laisser planer sur les autres une trop grande incertitude. Il convient de laisser aux magistrats, appréciateurs souverains des faits qui leur sont soumis, le soin de reconnaître si le germe de la créance a été suffisamment reconnu par le jugement duquel on a fait résulter l'hypothèque. Il suffit que la loi ait posé à cet égard le principe général qu'ils devront appliquer.

Un léger changement de rédaction d'un des termes employés dans l'art. 2123 devra seulement paraître convenable. Il porterait sur l'expression qui attribue aux jugements provisoires le droit de conférer une hypothèque judiciaire. Les jugements de cette nature ne sont plus connus aujourd'hui que sous le nom d'interlocutoires, et on répute tels, d'après l'art. 452 du Code de procédure, tous ceux qui, en ordonnant qu'un compte sera rendu ou que toute autre instruction aura lieu, ont préjugé le fond de la contestation. Ces jugements sont assurément ceux que le Code a entendu désigner ; mais comme la qualification de *provisoire* n'est plus attribuée parmi nous à aucun jugement, celle à donner aux jugements non définitifs, et qui peuvent néanmoins conférer hypothèque, devra être mise en rapport avec l'expression consacrée par la loi.

Si la créance dont le germe a été reconnu par un jugement est conditionnelle, éventuelle ou indéterminée, le créancier devrait être tenu, comme la Cour royale de Montpellier le demande, d'énoncer dans son inscription la condition de l'accomplissement de laquelle sa créance dépend, ou de donner à ses répétitions une valeur estimative. On appliquerait ainsi aux hypothèques judiciaires la disposition de l'art. 2132 qui impose cette obligation au créancier qui fait inscrire une hypothèque conventionnelle, lorsqu'il se trouve dans l'un de ces cas. La loi nouvelle réparerait l'omission sans doute involontaire qui a été commise à cet égard.

Il ne paraîtra sans doute pas possible, d'après les principes que nous venons de rappeler, de ne pas faire résulter une hypothèque judiciaire de la reconnaissance en jugement des écritures et signatures qui composent un acte sous seing privé, car une semblable reconnaissance fournit une preuve bien plus certaine de l'existence de la créance qu'un jugement interlocutoire qui n'a fait que la préjuger. Il suffira de mentionner dans le Code la restriction qu'ont apportée à la faculté d'inscrire cette hypothèque les dispositions de la loi du 3 septembre 1807, qui l'ont mise en rapport avec les véritables droits du créancier.

La Cour royale d'Aix, dont la majorité ne voudrait pas que cette hypothèque fût reconnue, a dit que l'on accorde au porteur d'un tel titre un trop grand avantage, celui d'avoir acquis par anticipation une hypothèque qu'il pourra inscrire à jour fixe, quoique le débiteur ne se soit lié que par un engagement qui ne l'oblige point à supporter sur ses biens une semblable charge ; mais il n'y a rien là qui ne doive paraître très naturel, puisque du moment que le débiteur n'a point acquitté sa dette à son échéance, le créancier qui a fait reconnaître son titre a obtenu un droit nouveau qui assure son recours, notamment sur le prix de tous les immeubles du débiteur. La majorité de la Cour a ajouté que le porteur d'un acte sous seing privé est dans une position plus favorable que celle du créancier dont le titre, quoique authentique, ne contient point de stipulation d'hypothèque ; mais il a été répondu par la minorité de la Cour que le cas si rare où un titre de cette nature a été souscrit ne pouvait engager à faire courir aux nombreux porteurs d'actes sous seing privé le risque d'être victimes de la mauvaise foi des débiteurs. Il importe en effet davantage d'assurer le recouvrement des créances que de conserver le crédit de ceux qui en sont tenus et qui n'ont point accompli leurs promesses. On ne voit pas non plus, comme il en a été fait la remarque, que depuis la loi de 1807 on ait eu a se plaindre des effets qu'elle a produits. Nous sommes allés bien moins loin encore sous ce rapport que plusieurs peuples voisins qui ont établi chez eux le régime des prénotations, c'est-à-dire des inscriptions autorisées par le juge avant qu'il soit intervenu de décision judiciaire, et l'on se trouverait dans la nécessité d'admettre ce régime en France, si l'on portait atteinte aux principes que nous venons d'énoncer.

La Faculté de droit de Caen, qui admet les dispositions de la loi de 1807, voudrait cependant qu'on retranchât de cette loi le droit qu'elle accorde de stipuler le contraire de ce qu'elle prescrit, et, ainsi, d'attribuer au créancier le droit de s'inscrire en vertu d'un acte sous seing privé, même avant l'échéance du terme. La Faculté a dit que si l'on doit réputer qu'une semblable hypothèque est judiciaire, elle ne peut être inscrite avant l'exigibilité de la dette, et que si cette hypothèque doit être considérée comme ayant été conventionnelle, elle a dû être spéciale et qu'elle ne peut résulter que d'un contrat notarié. L'hypothèque que peut acquérir même en ce cas le porteur d'un acte sous seingprivé n'est certainement que judiciaire, puisqu'elle n'est résultée que du jugement qui a été obtenu, et si la loi permet néanmoins d'accorder au créancier la faculté de s'inscrire avant que la dette ne soit devenue exigible, lorsque le débiteur y a formellement consenti, ce droit n'intervertit pas le titre, et ne rend pas conventionnelle l'hypothèque que le jugement seul a pu faire acquérir. Ce serait donc le consentement donné par le débiteur qu'il s'agirait d'annuler, mais on ne saurait lui interdire la faculté de l'émettre, car il a toujours été permis à chacun de renoncer aux droits personnels qui n'ont été établis qu'en sa faveur. La Cour royale d'Aix a dit aussi qu'aucun créancier n'omettra d'exiger que le débiteur lui accorde ce pouvoir, ce qui réduira la disposition principale de la loi à n'être qu'une œuvre morte. Il est pourtant permis depuis quarante années de stipuler ainsi, et l'on n'en a eu que bien peu d'exemples. La forme des engagements sous seing privé y met un suffisant obstacle, et il est même très peu de personnes qui sachent aujourd'hui qu'elles pourraient exiger cette autorisation.

La Cour royale de Colmar et la Faculté de droit de Strasbourg ont demandé que l'hypothèque judiciaire soit restreinte aux immeubles qui appartenaient au débiteur lors du jugement qui a été obtenu contre lui. Elles se sont fondées sur ce que l'hypothèque conventionnelle ne peut porter, en thèse générale, sur les biens à venir, et que l'hypothèque judiciaire ne saurait être traitée plus favorablement, puisqu'elle repose sur la supposition que le débiteur a consenti tacitement à ce qu'elle fût acquise, et qu'elle ne peut dès lors produire plus d'effet que si ce consentement était formellement intervenu.

L'hypothèque judiciaire ne peut être assimilée, même sous ce rapport, à l'hypothèque conventionnelle, lors de l'établissement de laquelle le créancier a pu apprécier les biens qui lui étaient offerts à titre de garantie de ses droits, et se refuser à traiter s'ils ne lui ont pas paru d'une valeur suffisante. Le créancier qui a acquis une hypothèque judiciaire devrait, au contraire; se contenter des immeubles présents du débiteur, quels qu'ils fussent et de quelques charges qu'ils se trouvassent grevés, lors même que la sûreté qu'ils devraient présenter serait purement illusoire. Cette hypothèque serait ainsi fréquemment exposée à n'être d'aucune valeur, et tandis que le créancier à qui elle appartiendrait serait privé des moyens de faire exécuter les condamnations qu'il aurait obtenues de justice, on lui préférerait, sur les biens acquis depuis par le débiteur, des tiers dont les droits seraient postérieurs aux siens. Une telle injustice serait évidemment contraire aux principes de la matière. Il est aussi bien de l'essence de l'hypothèque judiciaire que de toutes celles qui sont générales, de n'avoir pour limite que la suffisance des biens qui doivent en acquitter les causes, et puisque le débiteur est réputé avoir tacitement consenti à ce que cette hypothèque fût acquise s'il ne remplissait pas son engagement, on ne peut supposer qu'il a voulu forcer le créancier à ne la faire porter que sur des biens qui seraient cependant insuffisants.

Il serait encore moins possible d'astreindre les juges à désigner, en rendant chacune de leurs sentences, les immeubles du débiteur sur lesquels l'hypothèque qu'ils accordent devrait seulement produire ses effets. Il faudrait pour cela que la consistance des biens du débiteur, leur valeur et les charges dont ils sont déjà grevés, pussent être appréciés instantanément par les juges, et ces magistrats ne seraient presque jamais à même de se livrer à cette vérification au moment où ils ont à prononcer sur la cause.

La Faculté de droit de Paris s'est prévalue, pour faire admettre ce principe nouveau, d'une disposition analogue consignée dans l'art. 34 de la loi du 30 juin 1838 sur les aliénés ; mais dans les cas peu fréquents où cette loi est appliquée, l'hypothèque sur les biens du tuteur de l'interdit ne devient spéciale que sur la réquisition de la partie intéressée, qui doit prouver alors la suffisance des biens sur lesquels elle entend faire restreindre cette hypothèque. La rapidité des affaires courantes rendrait une telle opération absolument impossible pendant la tenue des audiences, surtout lorsque les jugements étant rendus par défaut, nul ne viendrait faire les justifications qui seraient nécessaires. La Faculté de droit de Poitiers, qui partage notre manière de voir à cet égard, a dit aussi que les créances que les aliénés pourront obtenir contre leur tuteur ne sont qu'éventuelles, et grèveraient souvent inutilement les biens de leur tuteur, tandis que les droits d'un créancier qui a obtenu une hypothèque judiciaire sont presque toujours certains et déterminés. Nous devons ajouter que le législateur n'a pas voulu que les fonctions de tuteurs des aliénés fussent rendues trop gênantes, afin de ne point augmenter la répugnance qu'on peut éprouver à les accepter ;

mais que rien de semblable ne peut avoir lieu à l'égard des débiteurs.

Les Facultés de droit de Paris et de Strasbourg ont encore demandé que le créancier qui a obtenu une hypothèque judiciaire fût tenu de spécialiser dans son inscription les immeubles qu'il entendrait grever. Cette exigence aurait le double inconvénient de réduire presque toujours le créancier à l'impossible, faute de connaître suffisamment les biens du débiteur, et de lui faire perdre son hypothèque sur les biens à venir, qui pourront former un jour sa meilleure garantie. Les deux Facultés ont objecté que la généralité de l'hypothèque judiciaire tend à grever plus d'immeubles que ne l'exige la sécurité du créancier ; mais cet inconvénient, moins grand que le danger de laisser la créance dépourvue d'une garantie suffisante, est d'ailleurs tempéré par le droit accordé à chaque créancier de faire réduire cette hypothèque si elle est excessive, et l'inscription ne pouvant être prise que pour une créance exigible, n'est pas dans le cas de tarder longtemps à produire son effet. La Faculté de droit de Strasbourg a dit aussi qu'il était rare qu'un créancier ne connût pas les biens de son débiteur, et qu'il est au moins à même de s'en enquérir. Le créancier pourrait, il est vrai, recourir au cadastre et à la matrice du rôle des contributions ; mais outre les frais qu'il aurait à faire pour se procurer les renseignements nécessaires, que de temps ne devrait-il pas employer à toutes ces recherches, lorsqu'il a si souvent besoin de grever promptement les biens du débiteur ? On ne retirerait enfin aucun avantage de la disposition, car le créancier ne manquerait pas, pour calmer ses inquiétudes, de comprendre dans son inscription l'universalité des immeubles qu'il pourrait découvrir.

Nous n'avons plus à nous occuper que de l'hypothèque qui peut résulter d'un jugement rendu en pays étranger. La Faculté de droit de Caen a proposé de faire déclarer par le Code que cette hypothèque ne pourra être acquise sur les biens sis en France qu'autant que le jugement aura été déclaré exécutoire, après examen, par un tribunal français, sans préjudice néanmoins des dispositions contraires portées par les lois politiques ou contenues dans les traités ; mais la Faculté de droit de Grenoble a établi cette distinction que si le jugement rendu hors de notre territoire l'a été entre deux étrangers, l'examen ne doit porter que sur l'authenticité des pièces qui établissent l'existence légale de la décision judiciaire, et sur le point de savoir si les dispositions qu'il contient ne contreviennent à aucune règle de notre droit public, tandis que si un Français s'y trouve intéressé, la révision du jugement doit porter sur la forme et sur le fond des dispositions qu'il contient, sauf toujours le cas des dispositions contraires exprimées dans les traités.

La distinction qu'a établie à cet égard la Faculté de droit de Grenoble était effectivement admise sous l'empire de l'ordonnance de 1629 par plusieurs de nos meilleurs jurisconsultes, et avait été consacrée par d'assez nombreux arrêts. On avait même pensé, dans les premiers temps qui ont suivi la promulgation du Code, que les dispositions de l'art. 2123 n'y étaient point contraires; mais nos Cours et surtout la Cour de cassation ont depuis longtemps reconnu qu'il n'en était point ainsi ; qùe l'art. 121 de l'ordonnance de 1629 voulait en termes absolus, qui ne comportaient aucune exception, que les jugements rendus à l'étranger ne fussent point exécutoires en France, ce qui était un hommage rendu à l'indépendance de notre territoire, et que l'art. 2123 du Code civil n'autorisait nos tribunaux à rendre ces jugements exécutoires parmi nous qu'après en avoir fait l'examen; que cet examen sans limite était indispensable, puisque si l'on avait voulu que nos tribunaux rendissent ces jugements exécutoires sans avoir été à même de les apprécier, on serait allé contre l'esprit de leur institution ; que le tribunal qui devait s'en occuper ne pouvait procéder que par voie délibérative, et que délibérer c'était nécessairement s'occuper de l'appréciation de la chose qui y est soumise. Tout jugement, a-t-on dit, et les Cours ont par leurs arrêts sanctionné ce langage, suppose que les juges qui l'ont rendu n'ont pas eu seulement la faculté, mais que la loi leur imposait le devoir d'examiner ce qui leur a été déféré. Telle est la jurisprudence actuelle, et les motifs sur lesquels elle se fonde nous persuadent que la doctrine qu'elle consacre doit continuer à subsister.

La Faculté de droit de Paris a présenté sur cette matière un travail particulier, dans lequel elle a distingué les différents cas où il peut résulter une hypothèque conventionnelle, légale ou judiciaire, d'un acte passé, d'un mariage contracté, d'une nomination de tuteur, ou d'un jugement rendu en pays étranger. A l'égard des hypothèques conventionnelles, la Faculté a reconnu que si les actes par lesquels elles ont été consenties hors de notre territoire ont une force probante, ils n'en ont aucune exécutoire parmi nous, et qu'ils ne peuvent l'obtenir que de l'autorité d'un de nos tribunaux. Elle voudrait donc, pour qu'il fût permis au créancier de s'inscrire, que l'acte eût été soumis sur une simple requête, et sans qu'il fût besoin d'appeler le débiteur, au tribunal de la situation des biens, qui vérifierait si les conditions prescrites par nos lois pour la validité de l'hypothèque ont été observées, sans qu'il fût néanmoins nécessaire que l'acte eût été authentique, pourvu qu'on eût fait emploi de la forme la plus solennelle du pays où il aurait été passé.

La Faculté a distingué, quant aux hypothèques légales, celle qui résulte du fait d'une tutelle, de l'hypothèque qu'une femme peut avoir sur les biens de son mari. A l'égard des premières, la Faculté ne leur ferait produire d'effet parmi nous que sur les immeubles des administrateurs comptables qui auraient été nommés en France pour régir les biens qu'y posséderaient des mineurs ou autres incapables étrangers. Quant aux tuteurs qui auraient été nommés hors de notre territoire, elle ne frapperait leurs biens d'une hypothèque légale que s'ils y étaient soumis dans leur propre pays. Le tribunal français aurait à s'occuper alors non-seulement de ce point de droit, mais de la reconnaissance du fait qui a donné lieu à l'hypothèque des mineurs.

Passant aux hypothèques légales qui résultent du mariage, la Faculté a dit que si des étrangers qui avaient fixé leur domicile en France ont soumis leurs conventions matrimoniales à nos lois, l'hypothèque légale de la femme sur les biens français du mari est résultée, au moins implicitement, de cette stipulation ; mais que si les époux se sont mariés hors de notre territoire, on ne doit reconnaître d'hypothèque légale à la femme que si elle l'a obtenue de la loi par laquelle son mariage est régi, ce que nos juges seraient chargés de vérifier. La Faculté exigerait en outre que toutes ces hypothèques, quoique légales, fussent inscrites, sauf celles qui résulteraient directement de nos lois.

A l'égard des hypothèques judiciaires résultant de jugements rendus à l'étranger, la Faculté de droit de Paris s'est bornée à établir la distinction qu'a proposée la Faculté de droit de Grenoble, entre ceux de ces jugements qui n'ont été rendus qu'entre des étrangers et ceux qui ont fait subir à un Français une condamnation. Elle se contenterait aussi, à l'égard des premiers de ces jugements, d'un simple paréatis que l'on obtiendrait sur requête, pour qu'ils pussent produire une hypothèque en France, et elle ne permettrait qu'aux Français d'attaquer les jugements rendus contre eux par un tribunal étranger.

Nous ne reviendrons point sur ce que nous venons de dire quant à ce dernier point ; mais au surplus il nous paraît résulter de toutes les propositions faites par la Faculté de droit de Paris, que quelle qu'ait été la nature de l'hypothèque acquise en pays étranger, elle doit être réduite à ne pouvoir produire en France que les effets d'une hypothèque judiciaire, et qu'il ne peut y avoir de différence que sur les moyens à employer pour les lui procurer. S'il s'agit en effet d'une hypothèque conventionnelle, la Faculté a reconnu que cette hypothèque ne peut frapper les biens qui sont situés en France qu'en vertu d'un jugement rendu par un tribunal français, quelle que soit la nature de cette obligation. Il est dès lors évident que l'hypothèque que ce créancier a obtenue parmi nous est purement judiciaire, puisqu'elle ne résulte que du jugement qui a été rendu par un de nos tribunaux. L'acte authentique a seulement conservé toute sa force probante, et a rendu plus difficiles les contestations qu'on a voulu élever sur son exécution. Quant aux voies à prendre pour acquérir cette hypothèque, nous ne pouvons admettre qu'il suffise d'une simple requête pour qu'on puisse se faire accorder, en l'absence du débiteur et à raison d'un titre qu'il n'aurait pas été à même de contester, le moyen de grever ses biens d'hypothèques et de le poursuivre par voie d'exécution parée. Cela devra d'autant moins être admis, qu'il pourra souvent être douteux si l'acte étranger a été revêtu d'une forme authentique, ce dont nos tribunaux ne pourront pas toujours s'assurer, en raison de la diversité des usages admis à cet égard dans une foule de pays éloignés. Il serait donc beaucoup plus convenable de ne considérer ces actes, qui sont dépouillés parmi nous de toute force exécutoire, que comme de simples promesses, et de confier l'appréciation de leur validité au tribunal du domicile du débiteur, ou de sa résidence si c'est un étranger, en y appelant l'obligé pour qu'il ait à faire connaître ses moyens de défense. La lenteur de la procédure ne devrait point empêcher d'adopter cette marche qui serait conservatrice de tous les intérêts, puisque sur une simple assignation à trois jours en reconnaissance des écritures ou signatures qui constatent l'existence matérielle du contrat, le demandeur, lors même que sa créance ne serait pas exigible, aurait obtenu le droit de prendre une inscription.

Si le tuteur ou l'administrateur de biens appartenant à des mineurs étrangers a été nommé hors de notre territoire, la Faculté reconnaît que l'hypothèque sur les biens que le tuteur possède en France ne peut résulter que d'un jugement rendu par un tribunal français. Cette hypothèque, dès lors, ne peut être légale, car elle serait acquise en vertu d'une loi étrangère qui n'a aucune autorité parmi nous. Les immeubles situés sur notre territoire, même ceux possédés par des étrangers, sont soumis, il est vrai, aux dispositions du Code, mais l'état des personnes étrangères et les droits qui sont dans le cas d'en résulter ne sont régis que par les lois de leurs pays respectifs. Il nous semble seulement que la Faculté de droit de Paris a excédé les bornes de ce principe, en disant qu'aucune hypothèque ne doit être accordée en France aux mineurs étrangers qu'autant qu'ils en auront obtenu une de la loi sous l'empire de laquelle la tutelle a été déférée. Si cette loi a refusé aux mineurs une hypothèque légale, ce n'a été, sans doute, qu'à raison des garanties d'une autre nature que le tuteur a été obligé de fournir ou des bornes qui ont été mises à son administration; mais ces garanties n'ont pu être fixées par les juges étrangers qu'à raison des droits des mineurs qu'ils ont été à même de connaître, en sorte que les intérêts que les mineurs ont en France ne se trouveraient pas protégés. C'est pour obvier à ce danger qu'il convient de soumettre les biens que les tuteurs des mineurs étrangers possèdent sur notre territoire à l'hypothèque légale des mineurs quant aux droits que ces mineurs ont à y exercer. La même règle s'appliquerait à l'hypothèque légale des femmes qui seraient soumises aux lois d'un pays étranger.

Dans toutes les circonstances que nous venons d'énumérer, l'acte qui a confié la tutelle des mineurs ou le contrat qui contient les conventions matrimoniales des époux étrangers, n'ayant pu procurer par le fait seul de son existence une hypothèque effective sur les biens dont jouit en France le mari ou le tuteur, et le jugement d'un de nos tribunaux ayant dû intervenir pour la conférer, cette hypothèque ne peut encore être que judiciaire. Il faut dès lors, comme l'a dit la Faculté, que la créance ou les droits que ce jugement a reconnus soient inscrits pour que l'hypothèque qui s'y rattache puisse être opposée aux autres créanciers. Cela est d'autant plus nécessaire que, à raison de l'éloignement du domicile des époux ou du tuteur, le fait de la tutelle ou du mariage pourrait ne pas être connu, et que le jugement dont provient l'hypothèque ne parviendrait à la connaissance que de peu de personnes. Les tiers n'auraient donc pas été mis à même d'apprécier l'hypothèque qui plus tard viendrait les primer.

Il ne peut y avoir que moins de difficultés encore à réputer judiciaire l'hypothèque qui a été accordée en France par suite de jugements rendus hors de notre territoire. Cette hypothèque n'a certainement pas un autre caractère, puisqu'elle n'est provenue que du jugement qu'a rendu le tribunal français, qui a été chargé de procéder à l'examen de la décision des juges étrangers.

Il ne paraît donc pas nécessaire que le Code civil entre à l'égard de chacune de ces hypothèques dans de trop longs détails. Il suffirait, sauf les modifications que nous avons énoncées, qu'il appliquât à toutes ces hypothèques les règles qu'il a posées quant à l'hypothèque judiciaire, qui est la seule, comme on le voit, que les contrats passés sous une autre domination que la nôtre, que les mineurs, les époux étrangers, ainsi que les condamnations portées par les juges d'autres nations, peuvent acquérir parmi nous.

SECTION III. — Des hypothèques conventionnelles.

ART. 2124. Les hypothèques conventionnelles ne peuvent être consenties que par ceux qui ont la capacité d'aliéner les immeubles qu'ils y soumettent.

La Cour royale d'Angers a mis en doute si le Code devait se prononcer sur le sort des ventes qui ont été consenties par un héritier seulement apparent pendant le cours de sa détention de l'hoirie, et elle s'est décidée pour la négative, « dans la crainte, a-t-elle dit, de favoriser de coupables projets» ; » elle a pensé « qu'il était préférable de laisser les magistrats appréciateurs souverains des circonstances, et de ne gêner leurs décisions par aucun texte de la loi. »

Si l'on se décide pourtant à résoudre, sous le titre dont nous nous occupons, les difficultés qui résultent d'actes de cette nature, ce ne devrait pas être à l'égard des ventes qui sont étrangères à ce titre, mais des hypothèques que l'héritier apparent a imposées sur les biens de la succession pendant le temps qu'a duré sa jouissance. Les principes sont, au surplus, les mêmes dans les deux cas. Ils ont été consacrés par une foule d'arrêts, notamment de la Cour suprême, par lesquels il a été reconnu que toutes les fois qu'un héritier qui n'était qu'apparent s'est mis publiquement et sans contradiction en possession de l'hoirie qui paraissait lui être déféré; que le silence des autres successibles a pu faire présumer qu'il n'en existait point, ou qu'ils entendaient s'abstenir d'exciper de leur qualité, et qu'un tiers de bonne foi a acquis de cet héritier, quoique seulement apparent, la propriété de biens provenant du défunt, ou le droit de les frapper d'hypothèque, ce tiers ne doit point être frustré des avantages qu'il a ainsi obtenus, sauf le recours de l'héritier, véritable contre l'héritier putatif.

Ces décisions ont eu pour motif principal, qu'il était d'un intérêt véritablement public que nul ne pût être trompé par des droits ostensibles dont il lui avait été impossible de connaître le défaut de réalité; que le véritable héritier qui ne s'était point présenté avait à se reprocher sa négligence, dont il ne pouvait faire retomber la peine sur autrui; que si les tiers étaient exposés à ne pouvoir exciper des actes qu'ils ont passés avec l'héritier apparent pendant tout le temps durant lequel une demande en revendication d'hoirie est dans le cas d'être admise, nul héritier ne pourrait disposer pendant trente ans au moins, si ce n'est d'une manière très désavantageuse, des biens qu'il a recueillis dans la succession du défunt, car les acquéreurs auraient toujours à craindre, pendant ce laps de temps, qu'il ne survînt un héritier plus proche à qui ces biens devraient être rendus, ou qui viendrait les dépouiller des droits qu'ils auraient obtenus; mais il est deux conditions sans l'accomplissement desquelles ce principe conservateur des intérêts des tiers ne peut être appliqué. Il faut que la possession de l'hoirie par l'héritier apparent ait été publique et paisible; qu'elle ait même duré assez longtemps pour qu'aucune surprise n'ait pu être exercée à l'égard des véritables héritiers, et que le tiers qui a traité avec l'héritier putatif ait été de bonne foi; qu'il ait conséquemment ignoré l'existence ou les droits des autres héritiers. Aucun doute ne s'élève sur la nécessité d'imposer ces deux conditions dans tous les cas semblables; mais on n'est pas également d'accord sur la nature des circonstances qui doivent les faire considérer comme s'étant accomplies, et c'est sur ce point, mais sur ce point seulement, qu'on peut dire avec la Cour royale d'Angers que la conscience du juge ne doit point être enchaînée par la loi. Rien n'empêche donc de poser la règle générale que nous venons de rappeler, et d'exiger que les deux conditions qu'elle comporte se soient réalisées, sans entrer dans le détail des faits nombreux qui sont de nature à prouver qu'elles ont existé en effet, en déclarant s'en remettre sous ce rapport à la prudence des magistrats.

Nous avons émis l'avis qu'il ne paraissait aucunement possible d'imposer aux fonctionnaires désignés par quelques Cours royales l'obligation de faire connaître par une inscription au bureau des hypothèques tous les actes constatant l'état des personnes et les incapacités qui résultent de leur interdiction, de la nomination d'un conseil judiciaire, d'une faillite, ou d'une privation des droits civils par suite d'une condamnation. Nous nous sommes fondé sur l'encombrement qu'un si grand nombre de mentions occasionneraient sur les registres des conservateurs, sur l'énormité des droits fiscaux qui en seraient la conséquence, et sur l'extrême difficulté qu'il y aurait à établir un système de pénalité contre ceux de ces fonctionnaires qui n'auraient pas accompli cette formalité. Les moyens de s'assurer de l'état des personnes sont d'ailleurs étrangers au système hypothécaire. Ils sont déterminés par les dispositions qui leur sont particulières, et il nous a paru que l'on pouvait s'en contenter.

Il en est de même de la déclaration que l'on voudrait que les époux dussent faire, lors de leur mariage, à l'officier de l'état civil, du régime auquel ils ont soumis leur union; car, si cette annonce était incomplète, elle induirait les tiers en erreur, et si elle devait comprendre toutes les stipulations du contrat de mariage, par exemple celles qui ont modifié le régime de la communauté légale, on imposerait aux parties et même à un grand nombre d'officiers de l'état civil, surtout dans les campagnes, une obligation qu'il leur serait difficile de remplir.

Art. 2125. Ceux qui n'ont sur l'immeuble qu'un droit suspendu par une condition, ou résoluble dans certains cas, ou sujet à rescision, ne peuvent consentir qu'une hypothèque soumise aux mêmes conditions ou à la même rescision.

On a vu, sur l'art. 2118 du Code, que la Cour royale d'Angers s'était occupée du point de savoir si l'on pouvait hypothéquer une action tendant à revendiquer un immeuble. Tout en se décidant pour la négative, la Cour a dit que l'on se servait, pour étayer l'opinion contraire, des termes de l'art. 2125 du Code, et pour ôter tout prétexte à l'abus qui en était fait, elle a proposé de borner cet article à énoncer que « ceux qui sont actuellement propriétaires d'un immeuble, même sous une condition résolutoire, peuvent seuls l'hypothéquer. »

Il faudrait au moins ajouter à cette rédaction la mention de ceux qui ne possèdent un immeuble que sous une condition suspensive ou dont le droit est sujet à être rescindé; mais il nous semble qu'il est tellement certain qu'une simple prétention, quelque fondée qu'elle puisse être, ne donne pas le droit d'hypothéquer les biens dont on a au moins en apparence perdu la propriété, que l'on peut se dispenser de le mentionner dans la loi.

La Cour royale de Rennes a aussi proposé de faire déclarer par le Code que l'inscription prise par le créancier d'un héritier sur la part indivise de son débiteur dans les immeubles du défunt vaudra opposition à ce qu'il soit procédé au partage de la succession en l'absence de ce créancier. On peut objecter, il est vrai, que ces deux sortes de droits sont de nature différente; que chacun d'eux a un objet distinct, et qu'il ne peut être exercé qu'en remplissant la forme qui lui est propre. Cependant, comme le résultat du partage pourrait être de rendre inutile l'inscription prise par le créancier si tous les immeubles de la succession étaient attribués à d'autres successibles, et que le créancier ne peut se garantir de ce danger qu'en surveillant les opérations du partage, on doit croire qu'en s'inscrivant il a voulu empêcher qu'on ne pût se livrer à aucune opération de nature à compromettre ses droits, et ainsi que l'on pût procéder sans lui au partage des biens de l'hérédité. Ce motif d'équité devra donc faire admettre la proposition de la Cour, quoiqu'elle ne soit peut-être pas parfaitement conforme aux principes.

Art. 2126. Les biens des mineurs, des interdits, et ceux

des absents, tant que la possession n'en est déférée que provisoirement, ne peuvent être hypothéqués que pour les causes et dans les formes établies par la loi, ou en vertu de jugements.

Il ne paraît pas qu'il soit nécessaire d'énoncer dans le Code, comme le demande la Faculté de droit de Caen, que les biens régis par un administrateur légal ne peuvent être hypothéqués que pour les causes et dans les formes établies par la loi, car il est impossible que l'on puisse concevoir le moindre doute à cet égard.

Art. 2127. L'hypothèque conventionnelle ne peut être consentie que par acte passé en forme authentique devant deux notaires ou devant un notaire et deux témoins.

La Cour royale d'Angers a émis l'avis qu'un mandataire ne devrait être réputé avoir été suffisamment autorisé à constituer une hypothèque au nom de son mandant que lorsque la procuration qui lui en a donné le pouvoir a été passée dans la forme authentique. La Cour s'est fondée sur ce qu'il est trop facile au débiteur d'attaquer l'hypothèque en déniant les écritures et signature de la procuration. La Cour de cassation a néanmoins admis le principe contraire, par le motif que le Code n'exige point que le mandat ait été notarié; mais cette raison, très suffisante sous le régime actuel, pourra ne pas paraître telle lorsqu'il s'agira de reconnaître ce qu'il convient d'ordonner à cet égard.

On ne peut se dissimuler que le danger signalé par la Cour royale d'Angers n'existe, et qu'il ne soit plus grand, à raison de la facilité de la dénégation, que celui de voir imprudemment attaquer un mandat authentique par une inscription de faux. Cependant il ne s'agit pas ici d'un acte dont les suites soient irréparables, et l'inscription qui a été prise n'a pas dû rester longtemps ignorée de la personne à qui le mandat a été faussement attribué. La mainlevée de cette inscription sera donc poursuivie aussitôt. Si le mandant, au contraire, a gardé le silence, les juges n'admettront pas facilement sa dénégation. On a peu d'exemples d'un pareil désaveu, parce que le débiteur sait que le mandataire, qui serait gravement compromis, aidera le créancier à repousser l'attaque, et ne manquera pas de moyens pour y parvenir. Si le créancier ne connaît pas l'écriture du mandant, il peut exiger un pouvoir authentique. C'est le droit dont ne manquent jamais d'user les conservateurs lorsqu'il s'agit de leur faire radier une inscription hypothécaire, car ils s'exposeraient autrement à de fréquentes déceptions. Si le créancier se contente de la procuration qui lui est présentée, pourquoi la loi se montrerait-elle plus rigoureuse et veillerait-elle mieux à ses droits?

La Faculté de droit de Caen voudrait que l'obligation qui a conféré une hypothèque fût toujours passée en minute. Le Code s'est contenté d'exiger que cette obligation soit authentique, sans doute d'après le principe qui permet que les actes unilatéraux soient passés en brevet. La Faculté a dit qu'il serait plus difficile d'altérer ou de supprimer le titre, et que toute partie intéressée aurait plus de facilité pour s'en enquérir ; mais la supposition qu'un faux pourra être commis ne peut suffire pour empêcher l'usage d'un mode légitime de contracter, et les tiers ont le droit d'exiger la représentation du titre toutes les fois qu'on entend s'en prévaloir contre eux.

La même Faculté a dit avec raison qu'il n'est pas nécessaire que le créancier ait paru à l'obligation pour accepter l'hypothèque qui lui a été conférée. Les actes non synallagmatiques n'ont aucun besoin, en effet, du concours de la personne qui doit en profiter. L'engagement n'a point alors formé l'objet d'une simple pollicitation. Il n'a été que le résultat du fait qui a occasionné la promesse, et il n'appartient pas au débiteur de le rétracter. Personne, en pareil cas, n'a stipulé pour autrui, et ce n'est pas faire rétroagir l'acceptation du créancier au préjudice des tiers, puisque cette acceptation n'a pas eu besoin d'intervenir.

Il ne serait enfin peut-être pas inutile de faire déclarer, par l'art 2127, qu'une hypothèque qui n'a été consentie que par un acte sous seing privé devient néanmoins valable si cet acte a été reconnu authentiquement par le débiteur, et qu'elle doit, à compter de cette reconnaissance, produire tous ses effets.

Art. 2128. Les contrats passés en pays étranger ne peuvent donner d'hypothèque sur les biens de France, s'il n'y a des dispositions contraires à ce principe dans les lois politiques ou dans les traités.

Les Cours et les Facultés ont reconnu que le principe général porté en cet article devait être conservé par respect pour la puissance publique, qui seule peut donner aux contrats une force exécutoire ; mais presque toutes ont pensé qu'il serait à propos que les stipulations d'hypothèque consenties hors de notre territoire sur des biens sis en France pussent être déclarées valables par nos tribunaux, si elles ont été trouvées conformes à notre droit civil.

Ce principe serait d'une exacte justice. Si les contrats passés en pays étrangers sont dépourvus de voie exécutoire en France et ne peuvent suffire pour y conférer hypothèque, ils n'en subsistent pas moins, et il importe d'assurer l'accomplissement des obligations qu'ils contiennent. Les Cours ont ajouté que l'on procurerait par là un moyen de crédit aux Français qui se trouvent hors de leur patrie et dans des circonstances où ils éprouvent le besoin d'y avoir recours. L'indication des biens que le Français offre alors d'hypothéquer peut contribuer en effet à prouver sa solvabilité ; mais puisque le créancier doit nécessairement s'adresser à un de nos tribunaux pour faire revêtir son titre de la force exécutoire qui lui manque, il n'obtiendra, par le seul fait du jugement qui aura été rendu, qu'une hypothèque judiciaire, et il ne pourra prendre inscription qu'après l'exigibilité de sa créance, tandis que si l'hypothèque conventionnelle qui lui a été consentie en pays étranger est reconnue valable par un de nos tribunaux, elle lui donnera le droit de s'inscrire de suite et dans tous les cas sur les biens qui y auront été soumis.

La Faculté de Rennes a aussi demandé que les hypothèques portées aux contrats reçus par les consuls français dans les pays étrangers où ils exercent leurs fonctions fussent déclarées valables quant aux biens situés sur notre territoire. Les consuls ont, en pareil cas, agi comme officiers publics et au nom du souverain qu'ils représentent. Leur résidence est considérée, quant aux fonctions qu'ils y ont remplies, comme faisant partie du sol de leur pays. L'admission du principe professé par la Faculté, et que notre ancien droit consacrait, ne paraît donc pas susceptible de difficulté.

Art. 2129. Il n'y a d'hypothèque conventionnelle valable que celle qui, soit dans le titre authentique constitutif de la créance, soit dans un acte authentique postérieur, déclare spécialement la nature et la situation de chacun des immeubles actuellement appartenant au débiteur, sur lesquels il consent l'hypothèque de la créance. Chacun de tous ses biens présents peut être nominativement soumis à l'hypothèque.

Les biens à venir ne peuvent pas être hypothéqués.

Personne ne s'est élevé contre la nécessité de maintenir la spécialité des hypothèques conventionnelles. Il est bien évident qu'on ne pourrait autrement procurer à ces hypothèques la publicité qui forme un de leurs éléments constitutifs. Toutes redeviendraient générales, et l'on verrait renaître les inconvénients dont les lois actuelles ont voulu nous garantir. Il ne s'est élevé de dissentiment que sur les moyens à employer pour donner à cette spécialité toute l'étendue qui lui est nécessaire, sans rendre trop difficiles les indications de nature à la procurer.

Les Cours n'ont point admis que la loi pût se contenter de l'hypothèque qui serait accordée sur tous les biens présents du débiteur. Ce ne serait là, à proprement parler, qu'une hypothèque générale, et l'on perdrait tous les avantages de la spécialité. Les créanciers ne connaîtraient plus les immeubles qui doivent leur servir de garantie. Nul ne pourrait comparer la valeur des biens hypothéqués avec le montant des créances inscrites. Le crédit du débiteur serait ainsi ou trompeur ou perdu. Cependant la nécessité d'énoncer dans tous les contrats et sur les registres des conservateurs la totalité des parcelles qui composent les biens que l'on a grevés d'une hypothèque serait d'une exécution impossible, et l'usage a dû venir au secours de la loi. On a trouvé le moyen de satisfaire aux exigences du Code, sans entraver l'établissement des hypothèques conventionnelles. S'agit-il d'un domaine entier ? on se contente de la désignation de ce domaine par son nom, sa situation, sa contenance totale et par l'énumération des diverses espèces de biens qui le composent. Le débiteur n'entend-il hypothéquer que certaines parcelles de terre ? il doit désigner chacune d'elles par son nom, sa nature, sa situation, sa contenance et même par deux de ses confins au moins. Il faut enfin qu'il soit impossible de les méconnaître. Cet usage a depuis longtemps été admis par la jurisprudence, et on ne voit pas qu'on ait eu occasion de s'en repentir, ce qui est un grand témoignage en sa faveur. Aurait-il même donné lieu à quelques controverses, qu'à raison des difficultés qu'il a aidé à vaincre ce serait à son résultat général qu'il faudrait s'attacher. On est donc fondé à croire que les énonciations qui ont été jugées suffisantes pour satisfaire à la loi seront reconnues telles par la loi nouvelle, ainsi que plusieurs Cours royales en ont manifesté le désir.

Art. 2130. Néanmoins, si les biens présents et libres du débiteur sont insuffisants pour la sûreté de la créance, il peut, en exprimant cette insuffisance, consentir que chacun des biens qu'il acquerra par la suite y demeure affecté à mesure des acquisitions.

Nous avons émis l'avis, dans la première partie, que non-seulement l'autorisation accordée aux débiteurs dont la fortune immobilière est insuffisante d'hypothéquer leurs biens à venir ne devait pas être abrogée, mais qu'il serait à propos de l'étendre à ceux qui ne possèdent encore aucuns biens. Nous avons dit également que l'inscription prise par le créancier en vertu d'une obligation de cette nature devait porter sur les biens à venir, sans qu'il ait été nécessaire d'en prendre de nouvelles à mesure de chacune des acquisitions faites par le débiteur, et nous en avons exposé les motifs.

Tout ce que l'on pourrait craindre, en admettant ces propositions, serait que les hypothèques conventionnelles n'arrivassent à porter toujours sur les biens à venir, ce qui leur donnerait un caractère de généralité que la loi défend de leur attribuer; mais ce danger existe dès à présent, d'après les dispositions de l'art. 2130, puisqu'il suffit, pour que l'hypothèque des biens à venir puisse être consentie, de l'insuffisance des biens présents attestée par la seule déclaration du débiteur, que l'on n'est point admis à contester. Les Cours les plus opposées à ce genre d'hypothèque ont cependant été forcées de convenir qu'il n'en était résulté aucun inconvénient. Il ne s'agirait donc, avec moins de risques peut-être, que d'étendre la faculté accordée par l'art. 2130 à ceux qui, faute de biens présents, ne peuvent donner l'essor à leurs talents et à leur industrie. La difficulté de trouver des fonds sur une pareille garantie ne permettra pas d'en abuser.

Art. 2131. Pareillement, en cas que l'immeuble ou les immeubles présents, assujettis à l'hypothèque, eussent péri ou éprouvé des dégradations, de manière qu'ils fussent devenus insuffisants pour la sûreté du créancier, celui-ci pourra ou poursuivre dès à présent son remboursement, ou obtenir un supplément d'hypothèque.

La Faculté de droit de Caen a proposé d'établir, dans les dispositions de cet article, une distinction qui rentrerait dans l'esprit de la loi. Elle voudrait que si la cause des pertes et des dégradations éprouvées par les immeubles ne peut être imputée au débiteur, celui-ci fût admis à offrir un supplément d'hypothèque, pour être dispensé de rembourser la créance dont le gage ne serait plus suffisant.

Ce que le Code a voulu, c'est que la créance ne restât pas privée de garantie. Si le débiteur a causé par son fait la détérioration des biens qu'il a hypothéqués, il est juste que sa mauvaise conduite soit punie par l'exigibilité de la dette; mais si la diminution de valeur des immeubles n'est provenue que d'un cas fortuit, il suffit que la créance soit assurée au moyen d'un supplément d'hypothèque pour que le créancier n'ait rien à redouter. On serait même tenté de croire que, au moyen des seules dispositions de l'art. 1131, les tribunaux ont le droit de forcer le créancier à accepter alors le supplément d'hypothèque qui lui est offert par le débiteur.

Art. 2132. L'hypothèque conventionnelle n'est valable qu'autant que la somme pour laquelle elle est consentie est certaine et déterminée par l'acte; si la créance résultant de l'obligation est conditionnelle pour son existence, ou indéterminée dans sa valeur, le créancier ne pourra requérir l'inscription dont il sera parlé ci-après que jusqu'à concurrence d'une valeur estimative par lui déclarée expressément, et que le débiteur aura droit de faire réduire, s'il y a lieu.

La Cour royale de Grenoble a demandé que lorsque la créance à inscrire n'est que conditionnelle, le créancier fût tenu de mentionner dans son inscription la condition de laquelle l'existence de son droit dépend. Cette disposition serait utile, puisqu'elle donnerait à la nature des droits de ce créancier la publicité qui est de l'essence des hypothèques conventionnelles, et que les tiers seraient à même d'apprécier les chances de réalisation de la créance qui est dans le cas de les primer. Cette mention pourrait influer aussi sur le crédit du débiteur.

Nous avons eu aussi occasion de dire, sur l'art. 2123, qu'il serait à propos d'étendre aux inscriptions prises pour sûreté d'une hypothèque judiciaire, lorsque la créance n'est pas encore définitivement acquise ou que sa quotité n'est pas encore fixée, comme, par exemple, lorsque son règlement ne pourra résulter que du compte que la justice a ordonné, toutes les conditions prescrites pour l'inscription des créances éventuelles, conditionnelles ou indéterminées, y ayant, à leur égard, identité de motifs.

Les Cours et les Facultés n'ont que faiblement contesté que l'hypothèque qui a été consentie pour sûreté d'un crédit seulement ouvert devait être considérée comme valable. Elles n'ont émis quelques doutes que sur le point de savoir si cette hypothèque devait prendre rang du jour de l'inscription qui en a été la suite, ou seulement à compter de chacun des versements qui ont été effectués par le créditeur.

Il suffit, pour la validité d'une semblable hypothèque, qu'il existe une obligation, quoique le débiteur ne se soit engagé que d'une manière conditionnelle, puisque le Code reconnaît, dans plusieurs de ses articles, que les créances de cette nature peuvent y donner lieu. L'obligation qui a été contractée par le crédité de rembourser le montant des avances qui lui auront été faites ne suffit pas sans doute; il faut que le créditeur se soit obligé à remettre le montant du crédit, car, s'il est resté libre à cet égard, aucun contrat ne s'est véritablement réalisé, et aucune hypothèque n'a pu conséquemment être accordée à ce créditeur; mais si ce double consentement est intervenu, l'obligation s'est formée par les engagements respectifs qui ont lié les parties, et a pu être assurée sur leurs biens.

On a dit, pour s'opposer à ce que l'hypothèque du créditeur remontât au jour où elle a été inscrite, que le crédité a le droit de ne pas se servir du crédit qui lui a été ouvert. Cela est vrai, mais il a acquis la faculté d'en user, et ce droit ne lui a été accordé qu'à raison des garanties hypothécaires qu'il a fournies. Il serait donc injuste de laisser subsister l'obligation du créditeur, et d'empêcher l'effet de la condition qui l'a occasionnée. On rendrait d'ailleurs impossible, au grand détriment du commerce et même de l'agriculture, l'ouverture de ces sortes de crédits. On ne pourrait, en effet, constater les remises successives de fonds qui auraient été faites, et, ainsi, le rang de l'hypothèque, que par les livres du créditeur qui ne font pas foi contre les tiers, ou par les quittances du crédité, qui, surtout dans les affaires commerciales, ne sont jamais enregistrées Il faudrait, en outre, qu'à chaque versement le créditeur constatât, avant de livrer ses fonds, l'état des hypothèques qui auraient été inscrites depuis l'ouverture du crédit sur les biens affectés au remboursement de ses avances, et cela ne serait pas toujours en son pouvoir. Enfin, on a fait observer que l'hypothèque du créditeur ne pouvait induire personne en erreur, puisqu'elle n'a rang que du jour de l'inscription qui l'a fait connaître au public. Il est donc à désirer que ces motifs déterminent à maintenir les hypothèques accordées pour sûreté de semblables crédits, et que le Code mette un terme aux doutes qui se sont élevés à leur égard.

Quant aux collocations que l'on peut réclamer à raison de créances éventuelles ou soumises à une condition, ainsi que celles qui doivent assurer le service d'une rente viagère, nous aurons à nous en occuper dans nos observations sur l'art. 2218 du Code civil.

Art. 2133. L'hypothèque acquise s'étend à toutes les améliorations survenues à l'immeuble hypothéqué.

La Faculté de droit de Grenoble a demandé que l'hypothèque qui a été acquise sur un terrain nu, situé dans l'enceinte d'une ville ou de ses faubourgs, n'affectât les bâtiments qui ont été établis sur ce terrain que jusqu'à concurrence du quart de leur valeur. Elle en a donné pour motif que l'on favoriserait les constructions qui augmentent l'importance des villes, en mettant les propriétaires de semblables terrains à même d'offrir un gage plus considérable aux capitalistes qui leur procureraient les moyens de s'y livrer.

Malgré ce motif d'intérêt public, cette proposition qui, au reste, a été combattue dans le sein même de la Faculté, ne nous paraît pas dans le cas d'être admise. Les créanciers qui se sont fait inscrire les premiers sur un terrain, quel que fût l'état où il se trouvait alors, doivent être préférés, sur le prix entier provenu de la vente de l'immeuble, à ceux qui ne se sont inscrits qu'après eux. Aucune distinction ne peut être établie entre la valeur primitive du terrain et celle des constructions qui y ont été pratiquées. Il ne peut y avoir lieu à privilége sur le prix provenu de ces constructions qu'en faveur des ouvriers constructeurs, s'ils ont rempli les formalités prescrites en pareil cas, et jusqu'à concurrence seulement de la plus value qui est résultée de leurs travaux ; mais un pareil privilége ne peut jamais appartenir au propriétaire du terrain lorsqu'il a fait élever les constructions à ses frais, ni à aucun de ses autres créanciers. On ne concevrait pas, si les créanciers antérieurs n'étaient pas satisfaits, que l'on dût colloquer avant eux des créanciers à qui ils seraient préférables. L'hypothèque acquise s'étend, comme le dit notre article, à toutes les améliorations survenues à l'immeuble hypothéqué. Le créancier qui en a acquis une sur un terrain propre à recevoir des constructions a pu compter sur l'augmentation de valeur que la propriété était à même de recevoir, et il serait déçu s'il devait en perdre une partie. Enfin, on atteindrait les parties intéressées, comme il a été dit au sein de la Faculté, à des procédures longues et coûteuses, s'il fallait, avant de pouvoir distribuer les deniers, faire constater la valeur originaire du terrain, ainsi que la plus value qui est résultée des constructions qui y ont été établies. On entraverait par là les opérations des ordres, lorsqu'il importe, au contraire, de les accélérer.

SECTION IV. — Du rang que les hypothèques ont entre elles.

La Faculté de droit de Caen a proposé d'énoncer, dans les dispositions qui vont suivre, que les créanciers des précédents vendeurs doivent être préférés aux créanciers des vendeurs subséquents, pourvu qu'ils aient conservé leur droit de suite à l'égard des derniers acquéreurs.

Le principe exprimé par la Faculté ressort avec une telle évidence de plusieurs dispositions du Code civil, qu'en y ajoutant celles contenues en l'art. 834 du Code de procédure, on ne peut penser qu'il soit nécessaire de faire de ce principe l'objet d'un article spécial. Il résulte de toutes ces dispositions, que tant que les dernières ventes n'ont pas été transcrites, les créanciers des vendeurs primitifs ont conservé le droit de s'inscrire sur les immeubles vendus, à raison des hypothèques qu'ils avaient acquises sur leur débiteur avant l'aliénation qui a eu lieu, et d'exercer un droit de suite contre le détenteur. Ces créanciers doivent être préférés, quelle que soit la date des inscriptions qu'ils ont prises, aux créanciers des vendeurs postérieurs, qu'ils priment par l'effet seul du privilége qui appartient à leur débiteur. On ne ferait donc que répéter ce qui ressort des règles les plus positives de notre législation à cet égard.

La même Faculté voudrait aussi qu'une hypothèque ne produisît effet sur les immeubles qui, lorsqu'elle a pris naissance, n'appartenaient pas encore au débiteur, que lorsqu'elle aurait été inscrite postérieurement à l'acquisition qu'il a faite de ces biens. Nous avons eu déjà occasion de faire remarquer que ce serait exposer les créanciers qui ont une hypothèque de cette nature à des dangers évidents, puisqu'ils seraient primés non-seulement par toutes les hypothèques légales même postérieures à la leur, et qui, sans inscription, ont frappé les biens au moment même où ils ont été acquis, mais par tous les créanciers à qui, cependant, ils seraient préférables, et qui, plus à portée de s'inscrire, les auraient gagnés de vitesse au bureau du conservateur. A la vérité, la Faculté propose d'accorder aux premiers de ces créanciers un délai pour s'inscrire après l'acquisition des biens, et de donner à leurs inscriptions un effet rétroactif à la date du titre constitutif de leur hypothèque ; mais ce sont les tiers qui seraient alors victimes de l'ignorance où ils seraient restés, pendant tout cet intervalle, de l'hypothèque qui viendrait les primer, tandis qu'en laissant l'inscription des premiers créanciers produire tous ses effets, même sur les biens à venir, aucune surprise ne peut être exercée à l'égard de qui que ce soit.

Art. 2134. Entre les créanciers, l'hypothèque, soit légale, soit judiciaire, soit conventionnelle, n'a de rang que du jour de l'inscription prise par le créancier sur les registres du conservateur, dans la forme et de la manière prescrites par la loi, sauf les exceptions portées en l'article suivant.

Art. 2135. L'hypothèque existe, indépendamment de toute inscription.

1° Au profit des mineurs et interdits, sur les immeubles appartenant à leur tuteur, à raison de sa gestion, du jour de l'acceptation de la tutelle ;

2° Au profit des femmes, pour raison de leurs dot et conventions matrimoniales, sur les immeubles de leur mari, et à compter du jour du mariage.

La femme n'a hypothèque pour les sommes dotales qui proviennent de successions à elle échues, ou de donations à elle faites pendant le mariage, qu'à compter de l'ouverture des successions ou du jour que les donations ont eu leur effet.

Elle n'a hypothèque pour l'indemnité des dettes qu'elle a contractées avec son mari, et pour le remploi de ses propres aliénés, qu'à compter du jour de l'obligation ou de la vente.

Dans aucun cas, la disposition du présent article ne pourra préjudicier aux droits acquis à des tiers avant la publication du présent titre.

Nous avons dit, dans la première partie et sur l'art. 2121, que presque toutes les Cours du royaume avaient été d'avis qu'il importait presque autant à l'état qu'aux familles de conserver l'hypothèque légale des femmes et des mineurs telle qu'elle a été établie par le Code civil, et qu'il était impossible d'espérer que le bénéfice que la loi accorde à ces sortes de personnes pût être remplacé par les inscriptions que seraient chargés de prendre pour elles certains fonctionnaires ou officiers publics. Il ne nous reste qu'à rappeler les questions subsidiaires qui se sont élevées à raison de ces hypothèques, et dont nous avons aussi été déjà dans le cas de parler.

Plusieurs Cours ont pensé que, quoique en thèse générale toutes les répétitions que les femmes et les mineurs ont le droit d'exercer contre leur mari ou tuteur doivent donner lieu à leur hypothèque légale, l'on devait en excepter les créances qui résultaient des contrats de vente ou autres que la femme ou les mineurs avaient le droit de faire annuler. Il est certain, en effet, que les biens et les droits de cette nature ayant été abusivement aliénés, peuvent être repris par les femmes et les mineurs, et on ne doit point dès lors accorder à ces diverses personnes le droit d'en obtenir le prix du tuteur ou du mari, si ce n'est dans le cas où les biens ont péri, ou lorsqu'ils ont éprouvé des dégradations depuis leur aliénation illégale, les femmes et les mineurs conservant, au reste, leur action, quant à ces dégradations, contre les détenteurs. Les frais de la demande en nullité des contrats irrégulièrement consentis doivent être supportés par le mari ou le tuteur qui y a donné lieu.

Il a été regardé comme incontestable par un grand nombre de Cours, que l'hypothèque des femmes devait porter sur les conquêts de la communauté aussi bien que sur les biens personnels du mari, sauf, dans le cas où à l'époque de l'ordre cette communauté subsisterait toujours, à colloquer sur le prix des biens qui en dépendaient les créanciers du mari, à la charge par eux de donner caution à la femme de lui restituer, si le cas échéait, le montant de sa collocation, par exemple, si, ayant renoncé à la communauté, elle n'a pu recouvrer autrement le montant de ses droits, et ce principe nous a paru aussi fondé en droit qu'en équité.

Plusieurs Cours ont aussi pensé que les femmes devaient avoir une hypothèque légale sur les biens de leur mari, à raison de ceux de leurs biens paraphernaux que leur mari les a autorisées à vendre, et des dégradations qu'il a commises sur les biens paraphernaux dont l'administration lui avait été confiée par la femme.

Les Cours ont également été d'avis qu'on ne pouvait donner à l'hypothèque légale des femmes et des mineurs d'autres dates que celles énoncées en l'art. 2135 du Code, en ne faisant remonter l'hypothèque légale qui est accordée aux femmes à raison de leur dot et de leurs conventions matrimoniales qu'au jour de leur mariage, et non à la date du contrat qui a précédé leur union, comme on pourrait l'induire de quelques autres articles du Code civil, qui auraient besoin d'être modifiés en cela.

Les Cours ont exprimé le désir que les créanciers du mari qui avaient la femme pour obligée fussent astreints à faire inscrire les droits qu'ils ont acquis contre elle, sous peine de ne pouvoir en exciper même à son égard. On préviendrait ainsi une foule d'hypothèques occultes, qui sont dans le cas de décevoir les tiers. Les Cours ont aussi fait remarquer combien il serait nécessaire que toutes les cessions consenties par une femme des créances qu'elle a sur son mari, ou les renonciations qu'elle a faites au bénéfice de son hypothèque légale, dussent être inscrites pour être à même de produire leur effet, et elles ont fait remarquer qu'on obtiendrait que cette formalité fût accomplie, en faisant dépendre le rang que la créance du cessionnaire devrait obtenir à l'égard des tiers, de la date de l'inscription qui aurait fait connaître les droits dont il voudrait exciper.

Nous n'avons point admis qu'il convînt d'accorder une hypothèque légale aux enfants mineurs sur les biens de leur père pendant le cours du mariage dont ils sont provenus. Nous nous sommes fondé sur ce que la loi frapperait autrement d'une hypothèque indéfinie la plus grande partie des immeubles de France, et qu'elle obligerait à des frais de purge qui devraient à chaque instant être renouvelés, lorsqu'il est si rare que des enfants aient acquis pendant leur minorité et du vivant de leurs père et mère des biens pour la sûreté desquels il est d'ailleurs d'autres moyens à employer.

Il nous a aussi paru que si, après l'apurement d'un compte de tutelle, des erreurs ou des omissions ont été reconnues avoir été commises au préjudice des mineurs, la créance que ces anciens pupilles ont conservée devait jouir du bénéfice de l'hypothèque légale qui y était attachée, puisque le compte de tutelle se trouvait n'avoir point été définitivement soldé. Tout en avouant qu'il peut arriver que des tiers en éprouvent quelque dommage, nous croyons que lorsque aucune faute ne peut être imputée aux mineurs, on ne saurait les rendre victimes d'un oubli ou d'un dol dont ils n'ont pas été à même de se garantir.

Enfin les Cours ont reconnu la nécessité de fixer un délai qui serait au plus d'une année, et qui commencerait à courir de l'époque où a cessé l'incapacité des femmes et des mineurs, pour que l'inscription de leur hypothèque légale dût être prise par eux ou par leurs successeurs, sous peine de ne prendre rang que du jour où cette inscription aurait été requise après l'expiration de ce délai.

Art. 2136. Sont toutefois, les maris et les tuteurs, tenus de rendre publiques les hypothèques dont leurs biens sont grevés, et, à cet effet, de requérir eux-mêmes, sans aucun délai, inscription aux bureaux à ce établis, sur les immeubles à eux appartenant, et sur ceux qui pourront leur appartenir par la suite.

Les maris et les tuteurs qui, ayant manqué de requérir et de faire faire les inscriptions ordonnées par le présent article, auraient consenti ou laissé prendre des priviléges ou des hypothèques sur leurs immeubles, sans déclarer expressément que lesdits immeubles étaient affectés à l'hypothèque légale des femmes et des mineurs, seront réputés stellionataires, et, comme tels, contraignables par corps.

Les Cours royales qui ont proposé de modifier quelques-unes des dispositions de cet article nous paraissent s'être préoccupées de l'idée que les inscriptions que doivent requérir sur leurs biens les maris et les tuteurs ont été prescrites dans l'intérêt des femmes et des mineurs. Elles auraient eu raison alors de contester l'efficacité de cette prescription de la loi, car rien n'est plus rare peut-être que de la voir accomplir ; mais ces inscriptions n'ont été ordonnées que dans l'intérêt des tiers et pour empêcher que, faute de connaître ces hypothèques légales, ils ne soient abusés sur la solvabilité du débiteur. Aussi le Code n'a-t-il infligé aucune peine aux maris et aux tuteurs au profit des femmes et des pupilles, faute par eux d'avoir accompli cette formalité. Ce n'est que dans le cas où, en affectant leurs biens, ils n'ont pas déclaré l'existence de ces hypothèques, qu'ils doivent être réputés stellionnataires. On ne concevrait pas même qu'une peine plus sévère que la contrainte par corps dût alors leur être imposée. Il y aurait d'autant moins lieu de la leur infliger, que le fait dont ils n'ont pas déclaré l'existence était moins dans le cas d'être resté secret. Plusieurs Cours ont dit aussi avec raison qu'il y aurait à craindre que la nature presque infamante que l'on infligerait alors au mari ne détournât les juges de l'appliquer, et que beaucoup de femmes préféreraient laisser compromettre leurs droits plutôt que d'exposer leur époux à l'encourir.

Les dispositions de l'art. 2136 pourront plutôt paraître trop rigoureuses, en ce qu'elles portent que ce n'est pas seulement lorsque les maris ou les tuteurs ont consenti à établir sur leurs biens des priviléges ou des hypothèques, sans avoir déclaré les hypothèques légales dont ces biens étaient grevés, qu'ils doivent être déclarés stellionnataires, mais même lorsqu'ils en ont seulement laissé prendre sur leurs biens. Il est cependant certain que le stellionat ne peut résulter que de la déclaration faite dans un contrat d'un fait matériellement inexact, ou de l'omission qui y est faite sciemment d'un fait vrai, dans l'intention de tromper la personne avec qui l'on a contracté. Or, dans tous les cas où les maris ou les tuteurs n'ont point concouru à l'obtention du droit hypothécaire qui a été acquis contre eux, et, par exemple, lorsque l'hypothèque n'a été que le résultat d'une condamnation judiciaire, toute déclaration de leur part lors de l'acquisition de cette hypothèque a été impossible, et les tiers n'ont point été amenés à acquérir leur droit, qui alors n'était que chirographaire, par l'apparence plus ou moins grande du dégrèvement des biens du débiteur. Il ne saurait donc y avoir de stellionat dans ce cas, et l'on pourrait, sans inconvénient, retrancher de la loi la disposition qui paraît reconnaître le contraire.

La Cour royale de Pau a fait en outre la remarque que le Code force la main aux magistrats, en ordonnant que les maris et les tuteurs qui n'auront pas déclaré les hypothèques légales qui existent sur leurs biens devront être déclarés stellionataires, tandis que l'omission qu'ils ont commise peut n'avoir été que le résultat d'un oubli ou d'une négligence excusable, en sorte qu'il conviendrait que le juge pût user de la faculté de ne réputer tels que les débiteurs dont la bonne foi ne serait pas prouvée. On ne ferait en cela qu'appliquer le principe que le stellionat n'existe que quand il a été commis sciemment et avec intention de nuire. A la vérité, la Faculté de droit de Dijon pense que cette interprétation tend à affaiblir la loi. Elle veut que les maris et les tuteurs soient réputés stellionataires par le fait seul qu'ils n'ont pas fait inscrire les hypothèques légales qui pesaient sur leurs biens, abstraction faite de toute idée coupable, et lors même qu'ils auraient été dans l'impossibilité de les déclarer à ceux que la justice a reconnus leurs créanciers ; mais cela nous paraît excéder l'intention qu'a eue le législateur, et l'avis de la Cour royale de Pau nous semble devoir être de beaucoup préféré.

Art. 2137. Les subrogés tuteurs seront tenus, sous leur responsabilité personnelle, et sous peine de tous dommages et intérêts, de veiller à ce que les inscriptions soient prises sans délai sur les biens du tuteur, pour raison de sa gestion, même de faire faire lesdites inscriptions.

La Faculté de droit de Dijon, tout en avouant que la subrogée tutelle n'a été instituée que dans l'intérêt des mineurs, a cependant proposé d'astreindre les subrogés tuteurs qui n'ont pas fait inscrire l'hypothèque légale des mineurs à des dommages et intérêts même à l'égard des tiers. Elle s'est fondée sur ce que, en ne remplissant pas le devoir qui leur était imposé, le subrogé tuteur avait commis ce que la Faculté a appelé un délit, ou au moins un quasi-délit, qui le rendait responsable du préjudice qui en était résulté, quelle que fût la personne qui avait dû en souffrir.

Cette conséquence ne résulte assurément pas du principe que la Faculté n'a pu s'empêcher de reconnaître. Il est évident, au contraire, que la subrogée tutelle n'ayant été établie que dans le seul intérêt des mineurs, ce n'est qu'envers ces mineurs que le subrogé tuteur peut être responsable des fautes et des omissions qu'il a commises et qui ont compromis leurs droits, et qu'il n'est tenu à rien à l'égard des tierces personnes. Les subrogés tuteurs n'ont été chargés de veiller à ce qu'une inscription fût prise au nom des pupilles sur les biens de leur tuteur, et, à défaut, ils n'ont dû la requérir eux mêmes, que pour assurer la conservation de l'hypothèque légale des mineurs et empêcher qu'elle ne pût être purgée, mais non pour garantir les autres créanciers du tuteur de l'effet de cette hypothèque. Les peines qu'ils sont dans le cas d'encourir par suite de leur négligence doivent donc être proportionnées à la cause de l'obligation qu'ils avaient à remplir. On devrait craindre, si l'on étendait jusqu'aux tiers la responsabilité des subrogés tuteurs, d'effrayer les personnes qui seraient appelées à remplir ces fonctions gratuites, lorsqu'il est d'un intérêt public de ne pas augmenter la répugnance qu'elles éprouvent à les accepter.

Art. 2138. A défaut par les maris, tuteurs, subrogés tuteurs, de faire faire les inscriptions ordonnées par les articles précédents, elles seront requises par le procureur du roi près le tribunal de première instance du domicile des maris et tuteurs ou du lieu de la situation des biens.

Cet article accorde au défenseur né des femmes et des pupilles un pouvoir qu'il ne faut certainement pas lui ôter, quoique l'expérience ait démontré qu'il en est rarement fait usage, et qu'il n'est pas même désirable qu'il soit plus souvent exercé.

La Cour royale de Metz a cependant proposé d'astreindre les procureurs du roi à prendre une inscription sur les biens des maris et des tuteurs dans un délai qui serait déterminé, en chargeant les notaires et les juges de paix de donner connaissance à ces magistrats du fait qui aurait donné naissance à une de ces hypothèques légales ; mais une disposition semblable ne pourrait manquer d'avoir toutes les suites fâcheuses que nous avons eu occasion de rappeler. Les notaires et les juges de paix seraient aussi dans l'impossibilité de faire connaître la totalité des créances dotales et le solde que le compte de tutelle devra mettre à la charge du tuteur. Les instructions qui seraient prises par suite des renseignements qu'ils auraient fournis ne rassureraient donc point le public, et en nous reportant à ce qui est arrivé dans les premiers temps du Code, époque où les magistrats qui exerçaient alors le ministère public crurent devoir exercer avec rigueur le devoir qui semblait leur être imposé de prendre des inscriptions semblables, on ne croit pas qu'il soit à propos d'aggraver les dispositions portées à cet égard.

Art. 2139. Pourront les parents, soit du mari, soit de la femme, et les parents du mineur, ou, à défaut de parents, ses amis, requérir lesdites inscriptions; elles pourront aussi être requises par la femme et par les mineurs.

L'autorisation accordée par cet article n'est non plus presque jamais mise en usage. Les parents, et à plus raison les amis, craignent de s'entremettre dans les affaires des époux, et ne se croient point obligés de veiller aux intérêts des mineurs qu'ils regardent comme suffisamment protégés par leur hypothèque légale qui n'a pas besoin d'être inscrite, et qui ne peut être purgée sans que le subrogé tuteur n'en demeure garant. On ne peut espérer qu'il en soit autrement à l'avenir.

Toutes les dispositions portées en faveur des mineurs et des interdits nous paraissent devoir être étendues aux condamnés qui ont été privés de leurs droits civils et à qui l'on a nommé un tuteur, la situation de tous, sous le rapport des biens, étant en effet identique.

Art. 2140. Lorsque, dans le contrat de mariage, les parties majeures seront convenues qu'il ne sera pris d'inscription que sur un ou certains immeubles du mari, les immeubles qui ne seraient pas indiqués pour l'inscription resteront libres et affranchis de l'hypothèque pour la dot de la femme et pour ses reprises et conventions matrimoniales. Il ne pourra pas être convenu qu'il ne sera pris aucune inscription.

La Faculté de droit de Caen a proposé de faire ordonner par le Code que l hypothèque légale des femmes ne pourra être restreinte par le contrat de leur mariage. Elle en a donné pour motif qu'une hypothèque de cette nature était d'une espèce d'ordre public.

Il importe assurément à la société que les droits des femmes ne soient pas exposés à rester sans garantie, et c'est pour l'empêcher que la loi ne permet pas de stipuler qu'il ne sera pris aucune inscription sur les biens du futur époux; mais il est aussi d'un intérêt général que l'hypothèque de la femme ne porte pas sur plus de biens qu'il n'est nécessaire pour la conservation de leurs droits, et que les opérations du mari ne se trouvent pas par là trop entravées. On ne doit pas craindre que si la réduction de cette hypothèque reste abandonnée au libre arbitre des familles, la garantie qui est due à la femme pourra être restreinte à des biens insuffisants. Lors même que le futur époux voudrait abuser de sa position, il trouverait des contradicteurs dans les parents et les conseils de la future. Aussi ces sortes de réductions ne sont-elles que très rarement requises. Il faut, pour qu'on les accorde, qu'il n'y ait aucune crainte à concevoir, et l'on ne citerait que bien peu d'exemples où il en ait été autrement. La Faculté de Caen borne le droit du mari à demander pendant le mariage le dégrèvement d'une partie de ses immeubles, et elle se prévaut de l'avantage qu'il y aurait à ce que la justice dût intervenir pour apprécier sa réclamation. Il serait donc impossible d'éviter qu'un procès n'éclatât entre les deux époux dès les premiers temps de leur mariage, lors même que la suffisance de quelques-uns des immeubles du mari pour assurer les créances de la femme ne pourrait être mise en doute par personne. La disposition du Code pourvoit donc autant qu'il est nécessaire à la conservation de l'hypothèque légale de la femme, et ce n'est pas le cas de l'abroger. Nous ne faisons, au surplus, qu'exprimer en cela l'opinion qui a été manifestée par un assez grand nombre de Cours.

Nous avons dit cependant dans la première partie qu'il n'était pas à propos que l'hypothèque légale des femmes mineures sur les biens de leur futur époux pût être réduite pas leur contrat de mariage. On pourrait se borner à en donner pour raison que les mineurs sont, en général, hors d'état de renoncer à leurs droits, sans que la justice ait été mise à même d'en apprécier la convenance. Si les Cours royales qui ont émis l'avis que nous ne pouvons admettre ont dit que les mineures sont alors assistées de tous les parents dont le consentement est nécessaire à leur mariage, nous avons fait remarquer qu'à défaut du père et de la mère, le consentement d'un aïeul et même celui d'une aïeule suffit, et que ce serait confier alors à de bien faibles mains le soin de peser les conséquences d'une semblable mesure. Ce motif a dû principalement influer sur cette disposition du Code, et il est dans le cas de la faire maintenir.

Art. 2141. Il en sera de même pour les immeubles du tuteur, lorsque les parents, en conseil de famille, auront été d'avis qu'il ne soit pris d'inscription que sur certains immeubles.

La Faculté de droit de Caen a proposé de refuser aux conseils de famille le droit de consentir, par l'acte de nomination du tuteur, la restriction de l'hypothèque légale des mineurs, en se fondant sur ce qu'il pourrait arriver que l'on réduisît cette hypothèque à une parcelle de biens de la valeur la plus minime, ce qui équivaudrait presque à la renonciation absolue que prohibe la loi. Il serait peut-être impossible d'en citer un seul exemple. Les conseils de famille, dont les délibérations sont dirigées par le juge de paix qui les préside, ne se sont jamais mis peut-être dans le cas d'encourir un tel reproche, et cependant si le pouvoir que la loi leur accorde leur était retiré, une foule de gens refuseraient d'accepter des fonctions gênantes qui grèveraient leurs biens d'une hypothèque indéfinie, ou qui les forceraient d'intenter une action toujours fâcheuse contre les mineurs. Il pourra seulement paraître utile, pour écarter toute crainte à cet égard, de soumettre la délibération du conseil de famille à la nécessité d'être homologuée par le tribunal.

Art. 2142. Dans le cas des deux articles précédents, le mari, le tuteur et le subrogé tuteur ne seront tenus de requérir inscription que sur les immeubles indiqués.

Art. 2143. Lorsque l'hypothèque n'aura pas été restreinte

par l'acte de nomination du tuteur, celui-ci pourra, dans le cas où l'hypothèque générale sur ses immeubles excéderait notoirement les sûretés suffisantes pour sa gestion, demander que cette hypothèque soit restreinte aux immeubles suffisants pour opérer une pleine garantie en faveur du mineur.

La demande sera formée contre le subrogé tuteur, et elle devra être précédée d'un avis de famille.

Les dispositions de cet article et des deux précédents s'appliquent nécessairement aux interdits que l'on devra y mentionner, et elles sont dans le cas d'être étendues à l'hypothèque légale que l'on ferait acquérir aux condamnés sur les biens de leur tuteur, car il y a même raison à leur égard.

Art. 2144. Pourra pareillement le mari, du consentement de sa femme, et après avoir pris l'avis des quatre plus proches parents d'icelle, réunis en assemblée de famille, demander que l'hypothèque générale sur tous ses immeubles, pour raison de la dot, des reprises et conventions matrimoniales, soit restreinte aux immeubles suffisants pour la conservation entière des droits de la femme.

Il a été proposé par plusieurs Cours royales et quelques Facultés de droit de substituer le dégrèvement de certains biens du mari à la réduction de l'hypothèque légale de la femme sur quelques immeubles désignés. Il en a été donné pour raison que les biens à venir du mari se trouvent affranchis par le mode que le Code a choisi, et que les créances dotales que la femme a acquises par la suite peuvent rendre insuffisant le gage qui lui a été réservé. Nous demandons la permission de dire que cette crainte ne nous paraît pas fondée. La réduction de l'hypothèque légale de la femme ne peut avoir lieu qu'à raison des créances qui lui appartenaient au jour où elle a été demandée. Elle est restée complétement étrangère aux obligations que la femme a contractées plus tard dans l'intérêt de son mari, ainsi qu'aux successions ou autres droits qui lui sont échus depuis cette époque, et dont la valeur n'a pu servir de base à l'appréciation que l'art. 2162 exige qui soit faite en pareil cas. Il ne peut donc être douteux que l'hypothèque légale qui est résultée de ces nouvelles créances doit porter même sur les biens qui ont été dégrevés, ainsi que sur les immeubles que le mari a acquis par la suite, et que la femme doit jouir à l'égard de ces nouvelles créances de la plénitude du droit qui a été établi en sa faveur. Les tiers qui, dans l'intervalle, ont traité avec le mari, n'ont point, au reste, à en souffrir, puisque cette hypothèque n'est acquise à la femme que du jour où elle a obtenu les droits qu'il s'agit de garantir. Le changement proposé ne procurerait donc pas l'avantage qui pourrait le faire autoriser.

Nous pensons, avec plusieurs Cours, que le consentement de la femme ne devrait pas être nécessaire pour que la justice pût ordonner la réduction de son hypothèque légale. Le refus mal fondé que la femme oppose à cette réduction est dans le cas de provoquer des dissensions domestiques, et le consentement qu'elle a prêté peut n'avoir été que le résultat de l'obsession du mari. Les magistrats qui ont pour s'éclairer l'avis des quatre plus proches parents de la femme, et à qui l'on doit fournir tous les renseignements exigés par la loi, ne s'arrêteraient pas plus alors à une contradiction déraisonnable qu'ils ne se déterminent aujourd'hui par un consentement qui a pu être arraché.

Les Cours royales de Dijon et de Metz ont cherché les moyens de simplifier la procédure qui doit avoir lieu pour arriver à obtenir la réduction d'une hypothèque légale. Elles ont dit que la loi devrait se contenter de l'avis d'un conseil de famille composé toujours, quand il s'agirait de l'hypothèque légale d'une femme, de quatre de ses plus proches parents, et d'un jugement qui serait rendu sur requête en la chambre du conseil, sur les conclusions du ministère public. Cette marche, qui éviterait les frais et les lenteurs d'une action principale ainsi que les débats publics si fâcheux entre époux, nous paraîtrait préférable à celle indiquée par le Code; mais si le consentement préalable de la femme n'est point requis par la loi, il importera de la mettre à même de se défendre. Dans tous les cas, rien n'empêcherait les tribunaux de rendre les décisions interlocutoires dont le résultat serait de nature à les éclairer.

La Faculté de droit de Grenoble voudrait que l'on accordât aux créanciers des maris et des tuteurs, et même aux acquéreurs de leurs biens, le droit de requérir la réduction des hypothèques légales qui pèsent sur leur débiteur ou sur les immeubles qu'ils ont acquis de lui, afin de procurer aux créanciers le moyen d'exercer leurs droits sur des biens devenus libres, et d'éviter aux acquéreurs les difficultés et les lenteurs que la purge légale leur fait éprouver.

Cette proposition ne nous paraît aucunement dans le cas d'être accueillie. Le droit de demander la réduction d'une hypothèque légale ne peut appartenir qu'au débiteur à qui elle tend à conserver une partie de son crédit, et non aux tiers qui se trouvent en simple rivalité d'intérêt avec la femme ou les mineurs. On ne concevrait pas que des étrangers fussent à même de fournir les renseignements nécessaires pour que la justice pût prononcer sur une demande de cette nature, et la Faculté elle-même n'a pu se dissimuler les inconvénients graves qu'il y aurait d'autoriser les tiers à venir s'immiscer dans les secrets des familles, soit pour établir les créances et les reprises de la femme, soit pour faire apprécier la fortune et les dettes du mari. Ce motif suffirait seul pour empêcher que la proposition fût admise. A l'égard des acquéreurs, la loi leur a permis d'affranchir les biens qu'ils ont acquis en recourant à la purge légale, et l'emploi de ce moyen offre certainement moins de difficulté que ne le ferait la demande en réduction qu'ils seraient autorisés à former.

Art. 2145. Les jugements sur les demandes des maris et des tuteurs ne seront rendus qu'après avoir entendu le procureur du roi, et contradictoirement avec lui.

Dans le cas où le tribunal prononcera la réduction de l'hypothèque à certains immeubles, les inscriptions prises sur tous les autres seront rayées.

La Cour royale de Grenoble a proposé de réduire à un mois le délai pendant lequel le procureur du roi peut interjeter appel du jugement qui a autorisé la réduction d'une hypothèque légale, mais quelque intérêt que puisse avoir le débiteur à faire dégager le plus promptement possible les biens qu'il a fait affranchir de cette hypothèque, il y aurait un certain danger à abréger ainsi le délai ordinaire des appels, à raison du besoin qu'a le ministère public de recueillir les renseignements d'après lesquels il doit se décider.

La Cour royale d'Orléans a aussi demandé que le mari qui a obtenu la réduction de l'hypothèque légale de sa femme fût tenu, à peine de perdre l'avantage qui lui a été accordé, de faire inscrire dans la quinzaine, au bureau du conservateur, le jugement qui est intervenu. La Cour en a donné pour motif qu'il importait que les tiers connussent d'une manière positive les biens qui sont restés grevés de l'hypothèque légale, afin qu'ils ne pussent être trompés en acceptant la cession d'une partie de cette hypothèque ; mais les tiers ne nous paraissent pas dans le cas d'avoir à en souffrir. Si la réduction de l'hypothèque légale de la femme a été obtenue, c'est qu'il a été reconnu que le mari possédait des biens plus que suffisants pour répondre de la totalité des créances dotales, et le cessionnaire de tout ou partie de cette hypothèque n'a dès lors aucun risque à courir. Quant aux tiers, à qui le mari veut hypothéquer ceux de ses biens qui sont devenus libres, il ne peut parvenir à les leur faire accepter qu'en leur faisant connaître le jugement qui les a dégagés. L'inscription du droit qu'il a acquis ne paraît donc pas nécessaire.

Chapitre IV. — *Du mode de l'inscription des priviléges et hypothèques.*

Art. 2146. Les inscriptions se font au bureau de conservation des hypothèques dans l'arrondissement duquel sont situés les biens soumis au privilége ou à l'hypothèque. Elles ne produisent aucun effet si elles sont prises dans le délai pendant lequel les actes faits avant l'ouverture des faillites sont déclarés nuls.

Il en est de même entre les créanciers d'une succession, si l'inscription n'a été faite par l'un d'eux que depuis l'ouverture, et dans le cas où la succession n'est acceptée que par bénéfice d'inventaire.

La disposition de cet article relative aux inscriptions prises sur un débiteur qui depuis est tombé en faillite, ayant été modifiée par le nouvel art. 448 du Code de commerce, doit nécessairement être mise en rapport avec cette dernière loi. Plusieurs Cours ont proposé de faire répéter par le Code civil les termes mêmes dans lesquels l'article du Code de commerce est conçu, mais il semble préférable de se borner à énoncer, comme l'a dit la Cour royale de Grenoble, que « l'effet des inscriptions prises contre un failli (ou plutôt sur les biens d'un débiteur qui depuis est tombé en faillite), est réglé par l'art. 448 du Code de commerce. » On éviterait ainsi d'établir une duplication dans les termes de ces lois.

La Cour royale de Dijon est allée beaucoup plus loin. L'art. 448 du Code de commerce lui a paru devoir être lui-même modifié en ce qui concerne les priviléges qui étaient acquis à l'époque de la faillite sur les biens du failli, et que cet article ne permet pas de faire inscrire. La Cour voudrait que, malgré la faillite, l'inscription de ces priviléges pût encore avoir lieu. Elle s'est fondée sur ce que, en faisant perdre au vendeur l'effet de son privilége, on le force de demander la résolution de la vente ; qu'en privant les cohéritiers du failli de la soulte qui leur est due, on blesse l'égalité qui doit exister entre copartageants, et enfin sur ce qu'on ôte aux créanciers du défunt le droit de demander la séparation des patrimoines, au moment où ils ont le plus besoin d'y avoir recours.

On doit cependant convenir que les créanciers qui avaient un privilége sur les immeubles qui depuis ont été dévolus à la faillite ont à se reprocher d'avoir contribué, par leur négligence à s'inscrire, à induire le public en erreur sur la solvabilité du failli. C'est par ce motif que l'on a puni de déchéance, par le même art. 448 du Code de commerce, les créanciers qui ont laissé s'écouler un trop long temps après l'obtention de leur titre, sans avoir pris inscription sur les biens du failli. Le vendeur n'a rien à craindre, puisque, s'il a perdu son privilége, il peut demander à reprendre les biens qu'il a vendus. Si la résolution de la vente est dommageable aux créanciers du failli, les syndics sont à même de prévenir les suites de cette action en satisfaisant le vendeur, et il leur suffit pour cela d'user des pouvoirs que les art. 487 et 535 du Code de commerce leur confèrent. A l'égard des cohéritiers ou copartageants, ainsi que des architectes ou autres ouvriers constructeurs, nous sommes parfaitement d'avis avec la Cour, que, s'ils sont encore dans le délai qui leur est accordé par les art. 2109 et 2110 du Code civil pour faire inscrire leur privilége, la faillite du débiteur ne doit point leur en faire perdre le droit, parce que ces différents créanciers ont dû compter sur tout le temps pendant lequel ils pouvaient prendre une inscription conservatrice de leur privilége, et qu'il ne doit exister aucune contradiction entre les dispositions des Codes à cet égard. Ce serait donc le cas d'en faire l'objet d'une mention dans cet article ; mais si ces héritiers ont laissé s'écouler le délai qui leur était imparti sans avoir pris l'inscription qui leur était nécessaire, leur privilége, qui est réduit à ne valoir que comme une simple hypothèque, a été soumis à toutes les conditions imposées aux droits de cette nature, notamment à son inscription à temps sur les immeubles du failli.

Quant aux demandes à fin de séparation de patrimoines, s'il s'agit de la succession du failli, on n'a pas à craindre que les biens du défunt se confondent avec ceux des successibles, car les formalités que l'on a dû remplir après la déclaration de faillite les ont suffisamment distingués, et d'ailleurs la succession du failli sera nécessairement répudiée par ses héritiers. Si c'est, au contraire, le failli qui a été appelé à recueillir l'hoirie, la séparation des patrimoines doit être réputée avoir eu lieu de plein droit, à l'instar des successions qui n'ont été acceptées que sous bénéfice d'inventaire, puisque l'état de faillite a eu les mêmes résultats qu'une semblable acceptation. L'inscription que les créanciers du défunt auront prise dans les six mois du décès doit donc produire tout son effet malgré la faillite de l'héritier. Elle n'est point requise, au surplus, pour sûreté d'un privilége, mais pour conserver seulement le droit de préférence que doivent avoir les héritiers du défunt contre les créanciers de l'héritier, et dont l'état de faillite, loin d'y avoir mis obstacle, a fait une véritable nécessité.

Les Cours et les Facultés se sont ensuite occupées de la prohibition portée par l'art. 2146 du Code civil à l'égard des inscriptions a prendre sur les immeubles dépendant d'une succession bénéficiaire, et toutes ont été d'accord que les dispositions de cet article devaient être modifiées à l'égard des priviléges et des hypothèques acquis avant le décès du débiteur. On est d'autant plus porté à croire qu'elles n'ont fait en cela qu'aller au-devant des intentions du législateur, que les motifs qui ont dicté les changements opérés quant aux inscriptions prises sur les biens d'un failli entraînent, à plus forte raison, les réformes qui, en ce qui concerne les successions bénéficiaires, sont sollicitées de toutes parts.

Le principe fondamental en pareille matière est, en effet, que les droits acquis par les créanciers du défunt doivent rester, quant à l'hoirie bénéficiaire, ce qu'ils étaient au moment du décès du débiteur, et que nul ne peut s'en procurer de nouveaux au détriment des autres créanciers. L'acceptation bénéficiaire d'une succession fait supposer, en thèse générale, de même que la faillite du débiteur, que les biens du défunt seront insuffisants pour acquitter la totalité de ses dettes. Dans ce malheur commun, ceux des créanciers du défunt qui n'ont pas obtenu avant le décès de leur débiteur un droit de préférence, doivent supporter une part de la perte qui est à éprouver. Aucun d'eux ne peut donc acquérir une hypothèque qui rendrait ses droits préférables, et qui le mettrait à même de recevoir un paiement intégral au préjudice des autres créanciers.

En prenant ainsi l'époque de l'ouverture de la succession bénéficiaire pour établir une ligne infranchissable entre les droits qui appartenaient alors aux créanciers du défunt et ceux que depuis ils ont voulu acquérir, on doit arriver à reconnaître que les hypothèques obtenues par quelques-uns de ces créanciers du vivant de leur débiteur ne peuvent avoir été perdues par le fait de son décès, qui ne peut exercer sur elles aucune espèce d'influence. Ces hypothèques doivent donc continuer à subsister dans toute leur plénitude et à produire tous leurs effets. S'il n'en était ainsi, il ne serait pas vrai de dire que les droits acquis à l'ouverture de la succession sont restés ce qu'ils étaient à cette époque, puisque les créanciers hypothécaires auraient perdu les leurs, et que les créanciers chirographaires, qu'ils devaient primer sur le prix des immeubles, viendraient par concurrence avec eux.

A la vérité on objecte que les hypothèques autres que celles légales ne produisent d'effet qu'au moyen de leur inscription sur les biens des débiteurs, et que sans cette formalité elles sont restées incomplètes ; mais ces termes, au moins quant à la question qui nous occupe, nous paraissent trop absolus. Une hypothèque existe indépendamment de son inscription qui ne fait rien acquérir. Cette inscription n'est nécessaire que pour assurer le rang de l'hypothèque, et, quelle que soit l'époque à laquelle elle a été prise, elle n'a fait que conserver un droit qui était antérieurement acquis. Le créancier qui s'inscrit après la mort du débiteur n'accomplit donc qu'une formalité purement conservatoire, et il faudrait aller jusqu'à dire que l'acceptation bénéficiaire de la succession lui a fait perdre son hypothèque, pour soutenir qu'il n'a plus eu le droit de veiller à sa conservation.

C'est donc le cas de revenir à la distinction que n'avait point méconnue la loi du 11 brumaire an VII, entre les hypothèques que l'on voudrait acquérir sur une succession bénéficiaire et les inscriptions qui ne font que conserver celles qui ont été acquises du vivant du débiteur. Si l'acquisition d'un pareil droit est devenue impossible, nos législateurs ne feront, en permettant l'usage de cette voie conservatrice à l'égard des hypothèques antérieures au décès, qu'un acte de justice et de simple équité.

Quelques Cours ont proposé de fixer un délai, à partir de l'ouverture de la succession bénéficiaire, pendant la durée duquel les créanciers du défunt auraient à faire inscrire les priviléges et hypothèques auxquels ils ont droit ; mais nous n'apercevons pas l'utilité qu'aurait cette mesure. Il ne s'agirait pas, comme en cas de faillite, d'empêcher le débiteur de conserver mal à propos son crédit. Le retard qu'apporteraient les créanciers du défunt à prendre une inscription n'a pu préjudicier à personne, puisque aucune hypothèque nouvelle n'a pu être obtenue contre la succession. Rien ne doit donc engager à enfreindre à cet égard les principes ordinaires, et à ne pas laisser à ces créanciers le droit de s'inscrire tant que les biens n'ont pas été purgés.

ART. 2147. Tous les créanciers inscrits le même jour exercent en concurrence une hypothèque de la même date, sans distinction entre l'inscription du matin et celle du soir, quand cette différence serait marquée par le conservateur.

ART. 2148. Pour opérer l'inscription, le créancier représente, soit par lui-même, soit par un tiers, au conservateur des hypothèques, l'original en brevet ou une expédition authentique du jugement ou de l'acte qui donne naissance au privilége ou à l'hypothèque.

Il y a joint deux bordereaux écrits sur papier timbré, dont l'un peut être porté sur l'expédition du titre ; ils contiennent :

1° Les nom, prénom, domicile du créancier, sa profession s'il en a une, et l'élection d'un domicile pour lui dans un lieu quelconque de l'arrondissement du bureau ;

2° Les nom, prénom, domicile du débiteur, sa profession s'il en a une connue, ou une désignation individuelle et spéciale telle que le conservateur puisse reconnaître et distinguer dans tous les cas l'individu grevé d'hypothèque ;

3° La date et la nature du titre ;

4° Le montant du capital des créances exprimées dans le titre ou évaluées par l'inscrivant, pour les rentes et prestations, ou pour les droits éventuels, conditionnels ou indéterminés, dans les cas où cette évaluation est ordonnée ; comme aussi le montant des accessoires de ces capitaux, et l'époque de l'exigibilité ;

5° L'indication de l'espèce et de la situation des biens sur lesquels il entend conserver son privilége ou son hypothèque.

Cette dernière disposition n'est pas nécessaire dans les cas des hypothèques légales ou judiciaires : à défaut de convention, une seule inscription, pour ces hypothèques, frappe tous les immeubles compris dans l'arrondissement du bureau.

La Cour royale d'Agen, qui a proposé de substituer le mode de transcription des titres de créance à l'inscription qui est prescrite par la loi, a été obligée de reconnaître les inconvénients qui résulteraient des écritures immenses et des frais auxquels un semblable changement donnerait nécessairement lieu. Nous ajouterons que l'on imposerait une tâche des plus difficiles aux conservateurs, qui devraient rechercher dans chacun des actes transcrits sur leurs registres les éléments des extraits qu'ils seraient tenus de délivrer, et qu'on ferait encourir à ces préposés une responsabilité ruineuse, en les exposant à omettre quelques-unes des mentions sans lesquelles ces extraits auraient induit le public en erreur. Cette nouveauté ne saurait donc être introduite dans la loi.

Il ne paraît pas non plus qu'il convienne d'ordonner que les inscriptions devront être signées par un officier public. Ce serait augmenter les frais qu'occasionnent ces sortes d'actes lorsque l'on doit, autant que possible, chercher à les amoindrir. Le même motif doit empêcher d'ordonner que les bordereaux d'inscription seront rédigés par un notaire, et il semble tout à fait en dehors des fonctions des receveurs de l'enregistrement d'être chargés de constater si ces bordereaux sont conformes à ce que la loi exige, et de les transmettre aux conservateurs pour que ceux-ci aient à les rectifier. Ces receveurs ne pourraient presque jamais accomplir ce devoir. Ils seraient notamment hors d'état d'apprécier le mérite des termes équivalents qui auraient remplacé les énonciations directes, ainsi que la suffisance des mentions qui seraient contenues aux bordereaux. L'administration de l'enregistrement a dit avec raison qu'elle ne devait point intervenir en semblable matière, ni ses agents être transformés en hommes d'affaires des particuliers ; que le gouvernement, protecteur des intérêts généraux, n'a point à s'immiscer dans la gestion des affaires privées. Il faudrait aussi accorder un salaire à ces employés, et les soumettre à une pénalité dont on ne pourrait déterminer l'étendue, car la suffisance des mentions contenues dans une inscription, et qui dépend de circonstances multiples, ne serait que rarement dans le cas d'être reconnue par eux.

Le Code exige que le titre original de la créance soit représenté au conservateur lorsque l'on veut faire opérer l'inscription. Cette disposition aurait eu pour effet de retarder les inscriptions qui sont quelquefois si urgentes, si elle n'avait été adoucie par l'usage qui s'est établi. Ainsi, par exemple, la jurisprudence a admis qu'un créancier pouvait prendre inscription en vertu du jugement qu'il a obtenu, quoique ce jugement n'ait point encore été levé ni même enregistré, et conséquemment avant que son expédition ait pu être produite. Il en doit être de même à l'égard des actes notariés, quoiqu'ils n'aient point encore été expédiés, de même si la grosse se trouve égarée ou dans un lieu trop éloigné. Si toutes ces exceptions étaient admises par la loi, elles détruiraient le principe qui peut, en certains cas, avoir de l'utilité. Il vaut donc mieux laisser aux conservateurs le droit que la loi leur accorde d'exiger la représentation du titre, sauf à eux à ne s'en prévaloir que lorsqu'ils croiront y trouver de la nécessité.

Il importe que l'inscription puisse être prise par un tiers, même non porteur d'un mandat que le créancier n'est pas toujours à même de donner. Cette question de l'affaire d'autrui peut, comme dans les autres cas, avoir lieu sans pouvoirs, sauf au tiers, dont le conservateur doit requérir la signature, à répondre de l'abus qu'il aura commis.

Le débiteur dont les biens ont été soumis à l'hypothèque inscrite ne doit point être admis à contester le mérite à la forme de l'inscription qui a eu lieu, puisque, à son égard, cette inscription est inutile, et qu'elle ne doit servir qu'à fixer le rang de la créance au regard des autres créanciers. Ce ne sont donc que les personnes sur les biens desquelles une hypothèque a été mal à propos inscrite qui doivent être admises à faire lever l'inscription qu'on n'était pas autorisé à prendre sur leurs biens; mais ce droit résultant des principes ordinaires n'a pas besoin d'être plus expressément mentionné dans la loi.

On ne peut qu'applaudir à l'avis qui a été manifesté par presque toutes les Cours, que quoique la distinction admise par la jurisprudence entre les formalités substantielles des inscriptions et les formalités seulement secondaires soit fondée sur les motifs les plus déterminants, il ne convient pas de la faire établir par le Code, car on abolirait de fait toutes les formalités à raison desquelles la peine de nullité n'aurait pas été prononcée en termes positifs. Il est infiniment préférable de laisser aux magistrats le soin d'apprécier les circonstances que la loi ne pourrait prévoir, et d'après lesquelles une inscription peut être reconnue avoir ou non accompli le vœu du législateur.

Nous nous sommes occupé dans la première partie des modifications qui ont été proposées à l'égard de chacune des formalités énoncées en cet art. 2148, et ce n'est pas le cas d'y revenir. Nous dirons seulement que plusieurs Cours ont admis qu'une inscription ne devait être déclarée nulle pour vice de forme qu'autant qu'il serait prouvé que son irrégularité a causé un préjudice irréparable au créancier qui argue de la nullité ; mais ce principe ne nous paraît pas dans le cas d'être admis. L'omission d'une des formalités que l'on a reconnues être substantielles suffit pour que l'inscription doive être réputée n'avoir pas suffisamment averti les tiers de l'existence de l'hypothèque que l'on a voulu conserver, et ne lui avoir conséquemment point donné ce caractère de publicité sans lequel elle ne peut aucunement valoir. On serait exposé autrement à voir des contestations interminables s'élever sur l'existence du dommage que l'omission commise dans l'inscription a pu faire éprouver à chacun des créanciers du même débiteur, et l'on arriverait à ce résultat que l'inscription serait déclarée valable à l'égard de certains de ces créanciers et nulle à l'égard des autres, ce qui opérerait le renversement du rang qui aurait dû être assigné à tous. Nous avons pensé que pour prévenir les dangers qu'une telle perturbation ne pourrait manquer d'entraîner, le mérite d'une inscription devait être apprécié d'après les termes mêmes dans lesquels elle est conçue, et indépendamment du besoin qu'ont pu en avoir les tiers pour être à même de connaître les droits du créancier. Si cette inscription est reconnue avoir été conforme à la loi, elle doit produire son effet à l'égard de toutes personnes. Au cas contraire, elle doit être réputée n'avoir jamais eu lieu. Le préjudice qu'elle a causé est réputé, de plein droit, avoir été éprouvé alors.

Il sera peut-être à propos de mentionner dans le Code cette règle admise par la jurisprudence, d'après laquelle une inscription doit être déclarée nulle lors même que le bordereau qui en a été dressé se trouve régulier, si le conservateur a omis de porter sur son registre une des énonciations du nombre de celles qui sont réputées substantielles. Ce principe est sans doute rigoureux, puisqu'on n'a rien à reprocher au créancier dont les droits vont ainsi se trouver compromis, mais les hypothèques resteraient autrement sans publicité véritable, car les tiers ne peuvent les apprécier que d'après les inscriptions qui sont portées sur les registres auxquels seuls ils sont autorisés à recourir. Le créancier dont l'inscription a été déclarée nulle par ce motif a, au surplus, un recours assuré contre le conservateur qui a méconnu ses devoirs.

On ne ferait enfin que reconnaître un droit que nous réputons devoir être tenu pour incontestable, en énonçant dans le Code que les inscriptions qui ont été prises pour sûreté d'une hypothèque judiciaire ont porté sur tous les biens présents et à venir du débiteur, sans que les créanciers qui les ont prises aient dû en requérir de nouvelles à mesure de chacune des acquisitions qui en ont été faites dans l'étendue de la même conservation. Ce principe, que la Cour de cassation a consacré par plusieurs de ses arrêts, n'est, au surplus, que le résultat de la disposition du Code d'après laquelle la nature de l'hypothèque judiciaire est d'être générale, et de porter ainsi, au moyen de l'inscription qui la conserve, sur tous les immeubles du débiteur, quelle que soit l'époque à laquelle il en est devenu propriétaire. Le public n'est point exposé à être déçu, puisque cette inscription, pour grever les biens à venir, doit les avoir mentionnés d'une manière expresse. On n'aurait pu d'ailleurs, comme nous en avons fait la remarque, astreindre le créancier à prendre de nouvelles inscriptions sur les biens à venir à mesure de chacune des acquisitions faites par le débiteur, sans l'exposer à perdre le plus souvent ses droits, faute d'avoir connu à temps le fait par suite duquel il aurait dû s'inscrire de nouveau, et à être primé, dans tous les cas, par les hypothèques légales, quoique postérieures à la sienne, mais qui auraient grevé ces immeubles au moment même de leur acquisition.

Art. 2149. Les inscriptions à faire sur les biens d'une personne décédée pourront être faites sous la simple désignation du défunt, ainsi qu'il est dit au n° 2 de l'article précédent.

Art. 2150. Le conservateur fait mention, sur son registre, du contenu aux bordereaux, et remet au requérant, tant le titre ou l'expédition du titre, que l'un des bordereaux, au pied duquel il certifie avoir fait l'inscription.

Art. 2151. Le créancier inscrit pour un capital produisant intérêt ou arrérage a droit d'être colloqué pour deux années seulement, et pour l'année courante, au même rang d'hypothèque que pour son capital, sans préjudice des inscriptions particulières à prendre, portant hypothèque à compter de leur date, pour les arrérages autres que ceux conservés par la première inscription.

Le législateur a voulu compléter, au moyen des dispositions contenues en cet article, le régime de publicité des hypothèques, et empêcher que des intérêts non portés en l'inscription et qui seraient admis au même rang que le principal ne vinssent augmenter au delà de ce qu'il aurait été possible de prévoir la somme pour laquelle ce créancier s'est inscrit. Aussi ne s'est-il élevé aucune controverse sur la nécessité de conserver les règles tracées à cet égard par le Code civil. Un doute a seulement été présenté par la Cour royale de Grenoble sur ce que l'on devait entendre par l'année courante, et la Cour a proposé, pour le faire cesser, d'accorder sans fraction, dans le cas prévu par cet article, trois années entières d'intérêts.

Ce ne sont cependant que deux années d'intérêts que le Code, d'accord en cela avec la loi du 11 brumaire, a voulu qui pussent venir au même rang que le principal, mais comme l'échéance de ces deux années ne coïncide presque jamais avec l'époque où la collocation a été obtenue, le Code y a pourvu en ajoutant aux deux années qui étaient accordées avant lui ce qui sera dû pour l'année courante, et la Cour royale de Montpellier a parfaitement exprimé ce que l'on doit entendre par ces mots, en disant qu'ils comprennent la portion de temps qui s'est écoulée depuis l'expiration de la précédente année jusqu'au jour où les intérêts doivent cesser d'être à la charge du débiteur. Les termes dans lesquels est conçu l'art. 2151 sont, au reste, si clairs, que l'on ne peut croire qu'il y ait rien à y changer.

La plus grave des questions qui ont été débattues à l'occasion de cet article a été relative au nombre d'années d'intérêts dont un vendeur pouvait demander la collocation par privilége. Il a été généralement reconnu que, d'après le droit actuel, le privilége du vendeur étant dispensé de toute publicité quant au principal, et pouvant être utilement inscrit jusqu'à la purge des biens par un nouvel acquéreur, il en devait être de même à l'égard des intérêts qui ne forment qu'un accessoire de ce principal ; mais la Cour royale de Montpellier, d'après l'opinion qu'elle a émise que la transcription des contrats de vente devait seule pouvoir transférer la propriété des biens, a dit que la conservation du privilége accordé au prix et aux intérêts dus au vendeur devait dépendre de l'accomplissement des mêmes conditions de publicité que les autres créances, et que ces intérêts notamment devaient être soumis à la restriction portée en l'art. 2151 du Code civil. La Cour royale de Pau s'est montrée moins rigoureuse. Elle a reconnu que les intérêts dus à un vendeur devaient continuer à être privilégiés, pourvu que le contrat de vente ait été transcrit ou que le vendeur ait pris une inscription lui-même ; mais elle a restreint ce privilége aux intérêts des cinq dernières années qui se sont écoulées depuis l'aliénation, attendu que ceux antérieurs devaient être considérés comme prescrits aux termes de l'art. 2277 du Code, et dans le cas même où cette prescription aurait été interrompue, la Cour voudrait que le vendeur ne pût être colloqué pour des intérêts excédant ce terme de cinq ans que du jour de l'inscription qu'il aurait prise pour en assurer le rang.

Le retour au régime qu'avait introduit la loi du 11 brumaire sur les conditions moyennant lesquelles s'opérait la transmission de la propriété des immeubles n'aurait pas les conséquences portées en l'avis de la Cour royale de Montpellier, puisque, sous l'empire de cette loi , le vendeur conservait, par la transcription du contrat de vente, le droit d'être payé par privilége de tous les intérêts qui pouvaient lui être dus. Il doit en être de même, et à plus forte raison aujourd'hui, au moyen des dispositions du Code qui ne nous paraissent pas dans le cas d'être abrogées en cela. Si le prix principal d'une vente représente les biens qui ont été vendus, les intérêts de ce prix tiennent lieu au vendeur des fruits qu'a rapportés l'immeuble, et qui n'ont appartenu à l'acquéreur qu'à la charge d'indemniser le vendeur de la privation qu'il a éprouvée du capital moyennant lequel il s'est dépouillé de sa propriété. Si le vendeur a laissé prescrire quelques-uns de ces intérêts, il ne peut assurément exercer, quant à eux, aucun privilége, puisqu'il a perdu le droit de les réclamer ; mais si cette prescription a été interrompue, on ne peut vouloir que le privilége du vendeur soit éteint à l'égard des intérêts qui lui sont restés dus, car on ne saurait en imaginer la cause. Encore moins pourrait-on réduire ces intérêts, quant à ceux postérieurs à la transcription du contrat ou à l'inscription que le vendeur a prise, à ne pouvoir être privilégiés que pour deux années seulement et pour l'année courante. S'il importe de ménager les intérêts des créanciers de l'acquéreur, il ne faut pas que ce soit au détriment du vendeur, qui, n'étant privilégié que sur le prix provenu de sa chose, doit leur être à cet égard évidemment préféré.

La Cour royale de Montpellier a aussi demandé que les dispositions de l'art. 2151 fussent déclarées applicables aux intérêts des autres créances privilégiées sur les immeubles, et ainsi des sommes dues dans les cas énoncés par la loi, aux cohéritiers ou copartageants, et aux architectes ou autres ouvriers constructeurs. A la différence de ce que nous venons de dire sur les intérêrs dus par suite d'une vente d'immeubles, le principe posé par la Cour ne nous paraît devoir souffrir aucune difficulté. La Cour a distingué, avec raison, les fruits ou les intérêts dont un cohéritier se trouvait débiteur envers la masse au moment du partage, de ceux qui n'ont couru que depuis l'attribution des lots. Aucune prescription autre que celle trentenaire n'a pu être acquise à l'égard des premiers de ces intérêts, qui, avant le partage, n'étaient point exigibles, tandis que les seconds n'ont été dus qu'à raison d'une créance ordinaire, et ont été soumis aux conditions prescrites en pareil cas. Ces derniers intérêts n'ont point représenté les fruits des immeubles compris au lot de l'héritier qui en est débiteur, car cet héritier est réputé tenir directement du défunt tous les biens qui lui sont échus en partage ou qu'il a obtenus par l'effet d'une licitation. On ne peut donc distinguer ces intérêts de ceux de toute autre créance. Il en est à plus forte raison de même à l'égard des architectes et des ouvriers constructeurs. Quant aux arrérages des rentes viagères dont s'est aussi occupée la Cour royale de Montpellier, nous pensons avec elle que l'art. 2151 du Code en a suffisamment réglé le sort.

Nous aurons occasion de nous expliquer sur la proposition faite par la Faculté de droit de Caen relativement aux intérêts dus aux créanciers inscrits à compter de l'aliénation de l'immeuble, lors de la discussion à établir sur les dispositions de l'art. 2218.

Art. 2152. Il est loisible à celui qui a requis une inscription, ainsi qu'à ses représentants ou cessionnaires par acte authentique, de changer sur le registre des hypothèques le domicile par lui élu, à la charge d'en choisir et indiquer un autre dans le même arrondissement.

Les Cours se sont occupées sur cet article de la question de savoir s'il convenait de faire autoriser par la loi l'émission des obligations à ordre dont la jurisprudence a admis la validité. Nous avons énoncé, dans la première partie, les avantages qui résultent de la facilité qui a été ainsi accordée à la circulation des titres hypothécaires. On ne peut douter, en effet, que ce qui nuit le plus aux créances de cette nature, ce qui leur fait préférer les rentes sur l'État ou des actions dans des entreprises chanceuses, provient, en partie, de la difficulté que l'on éprouve à en transmettre la propriété. La cession des créances hypothécaires exige des frais considérables que chaque mutation laisse à la charge du cédant, et cet inconvénient grave cesserait d'avoir lieu si les porteurs de ces obligations pouvaient les céder au moyen d'un simple ordre. La facilité qui serait donnée aux capitalistes de rentrer dans les fonds qu'ils auraient placés sur hypothèque les engagerait à venir plus souvent au secours de la propriété.

On a opposé le danger qu'il y aurait à mobiliser en quelque sorte le sol, et l'impossibilité où se trouveraient les cessionnaires de remplir les formalités nécessaires pour qu'ils pussent être saisis des créances de cette nature à l'égard des tiers. On a parlé aussi du risque que courraient les porteurs de ces obligations de ne pas recevoir les significations de purge que l'acquéreur ne pourrait leur adresser, faute de les connaître ; mais il a été répondu que la stabilité de la propriété ne serait point compromise par l'effet des obligations à ordre, puisque ce ne sont pas les biens hypothéqués, mais seulement les créances, qui sont dans le cas de circuler ; que les ordres qui ont été passés d'une obligation hypothécaire sont nécessairement dispensés de toute signification au débiteur, à l'instar des billets de cette nature qui sont dans le commerce ; que la remise entre les mains du cessionnaire de la grosse sur laquelle l'ordre a été énoncé empêche que le cédant puisse transférer une seconde fois ses droits à une autre personne ; enfin, que si le domicile élu dans l'inscription prise par le cédant n'a pas été changé, et que l'on ait dû conséquemment y adresser toutes les significations requises pour la purge des biens hypothéqués ou pour l'ouverture de l'ordre, le créancier primitif a un grand intérêt à les transmettre au cessionnaire, afin de prévenir les suites de la garantie à laquelle il est tenu envers lui. L'expérience qu'on a pu acquérir depuis un assez grand nombre d'années des résultats qu'ont eus les obligations à ordre prouve que les dangers que l'on prétend résulter de leur existence ne sont pas à redouter. Quant à la condition que l'on voudrait imposer aux endosseurs de faire inscrire l'ordre qui a été passé à leur profit, cette exigence priverait ce mode de transmission de tous les avantages qu'il procure, puisqu'elle forcerait de faire authentiquer tous les ordres, ce qui occasionnerait les frais que l'on désire précisément éviter.

Il ne doit point en être ainsi à l'égard des cessions de créances dotales et des renonciations ou subrogations qu'une femme a consenties au bénéfice de son hypothèque légale, et nous avons cherché à démontrer dans la première partie combien il serait important que les créanciers qui ont obtenu des droits de cette nature fussent tenus de les énoncer dans l'inscription qu'ils ont dû prendre sur les biens du mari, afin de rendre public le fait de cette convention C'est l'avis unanime des Cours. Ces sortes de stipulations sont celles qui font courir le plus de risques aux tiers qui, en traitant avec le mari sur la foi de l'engagemen t que contracte envers eux sa femme, ignorent si cette femme n'a pas déjà disposé des droits qu'ils croient acquérir. L'obligation que l'on imposerait à tous ces cessionnaires ne serait pas en opposition avec la faveur accordée aux hypothèques légales, car ce n'est qu'en faveur des femmes que la dispense d'inscription existe, et on ne ferait que soumettre ces cessionnaires à la condition que doit accomplir tout créancier, en les astreignant à faire inscrire les droits hypothécaires que, du chef de la femme, ils ont obtenu le droit d'exercer.

Art. 2153. Les droits d'hypothèque purement légale de l'Etat, des communes et des établissements publics sur les biens des comptables, ceux des mineurs ou interdits sur les tuteurs, des femmes mariées sur leurs époux, seront inscrits sur la représentation de deux bordereaux, contenant seulement :

1° Les nom, prénom, profession et domicile réel du créancier, et le domicile qui sera par lui, ou pour lui, élu dans l'arrondissement ;

2° Les nom, prénom, profession, domicile ou désignation précise du débiteur ;

3° La nature des droits à conserver, et le montant de leur valeur quant aux objets déterminés, sans être tenu de le fixer quant à ceux qui sont conditionnels, éventuels ou indéterminés.

La Faculté de droit de Caen a demandé que les inscriptions prises pour sûreté d'une hypothèque légale continssent de droit une élection de domicile en l'étude du président de la chambre des avoués près le tribunal civil du lieu. Elle en a donné pour motif que l'on assurerait ainsi la remise à la partie intéressée des significations qui seraient faites à ce domicile. Nous avons cru pouvoir indiquer dans la première partie différentes autres mesures qui nous ont paru plus efficaces pour empêcher qu'aucune purge ni aucune ouverture d'ordre du prix des biens grevés de ces hypothèques ne pût s'opérer à l'insu de la femme ou du subrogé tuteur des mineurs, et nous aurons occasion d'en parler encore sur l'art. 2194.

La Cour royale de Montpellier voudrait que lorsque l'hypothèque légale n'a été inscrite qu'après la dissolution du mariage ou l'époque à laquelle les mineurs ont atteint leur majorité, l'inscription fût soumise à toutes les conditions portées en l'art. 2148 du Code, mais l'accomplissement de cette obligation ferait éprouver des difficultés bien grandes. Les femmes et les pupilles seraient presque toujours dans l'impossibilité de fixer le montant de leurs créances, puisque la liquidation n'en aurait pas encore eu lieu, et d'indiquer, faute de les connaître, tous les biens du tuteur ou du mari. On les exposerait à compromettre leurs droits, s'ils en rabaissaient l'importance, ou, pour ne pas courir ce risque, à en exagérer la valeur, et on leur ferait perdre, faute de désignation d'une partie des biens du débiteur, le recours que la nature de leur hypothèque leur assure sur les immeubles qu'ils n'auraient pas connus. Tout ce que l'on doit désirer, c'est que les hypothèques légales restent le moins longtemps possible occultes ; mais il suffit pour cela de fixer un délai aux veuves et aux mineurs devenus majeurs pour qu'ils aient à faire connaître au public, dans les termes portés en l'art. 2153, les créances qu'ils ont à réclamer. Si les inscriptions ne doivent, comme nous le proposerons, être requises qu'après la liquidation définitive des créances des veuves et des mineurs, rien ne s'opposera a ce qu'ils soient tenus d'y énoncer les sommes pour lesquelles l'hypothèque devra continuer à subsister.

La Cour royale de Nîmes a appelé l'attention du gouvernement sur les inscriptions qui doivent être prises sur les biens des comptables de deniers publics. Elle a trouvé des inconvénients à laisser sans détermination la somme pour laquelle ces inscriptions ont eu lieu, et elle invite nos législateurs à y pourvoir. Il serait difficile que l'État, les communes et les établissements publics qui doivent s'inscrire à l'entrée en fonctions des comptables, puisque le rang de leur hypothèque en dépend, pussent apprécier dès lors la somme dont en définitive chaque comptable se trouvera débiteur. Le défaut de certitude du résultat qu'auront ces sortes d'hypothèques est sans doute fâcheux pour les tiers, mais il tient à la nature des choses, et on ne saurait faire courir de risque à des créances dont il importe que le recouvrement ne puisse être douteux.

Art. 2154. Les inscriptions conservent l'hypothèque et le privilége pendant dix années, à compter du jour de leur date;

leur effet cesse, si ces inscriptions n'ont été renouvelées avant l'expiration de ce délai.

Nous avons exposé, dans la première partie, les motifs qui nous ont déterminé à penser qu'il était nécessaire de laisser subsister le délai de dix ans accordé par la loi pour la durée d'une inscription hypothécaire, afin de ne pas rendre trop pénibles les recherches des conservateurs, et de laisser se périmer d'elles-mêmes une foule d'inscriptions dont les causes, pendant cet intervalle, ont cessé d'exister. Nous avons aussi cherché à reconnaître quelles étaient les circonstances qui devaient dispenser les créanciers de renouveler les inscriptions qu'ils ont prises, en indiquant les cas où ces inscriptions devaient être réputées avoir produit leur effet. Nous n'avons donc plus à nous occuper que de quelques questions secondaires.

A peine sera-t-il besoin de mentionner dans la loi que le jour où une inscription a été prise ne compte pas dans le délai qui a été accordé pour la renouveler, mais que le jour d'expiration de ce délai est compris dans le terme ; car ce principe, qui est admis depuis longtemps parmi nous, n'est aucunement contesté.

Il a été également reconnu par la jurisprudence, quant aux formes à employer pour le renouvellement d'une inscription hypothécaire, que lorsque l'inscription nouvelle s'est référée par une déclaration expresse à l'inscription dont on a entendu continuer l'effet, il n'a été besoin d'y mentionner que les noms et prénoms, la profession et le domicile du créancier et du débiteur ; mais qu'il en est autrement lorsque la dernière inscription ne mentionne pas la première, et que le créancier a dû accomplir alors toutes les formalités prescrites par la loi. Cette double règle, dont l'évidence paraît certaine, mériterait de trouver place dans l'art. 2154.

Il est encore moins douteux que, pour que l'inscription nouvelle conserve l'effet de l'inscription primitive, il est indispensable qu'elle énonce avoir été prise en renouvellement de cette inscription. Vainement dirait-on que les créanciers intermédiaires ont connu la première inscription, et que ceux qui ne se sont fait inscrire que postérieurement à la seconde n'ont pas d'intérêt à contester l'époque à laquelle l'hypothèque est dans le cas de remonter. On ne peut faire dépendre le sort d'une inscription de la connaissance que les tiers ont été à même d'acquérir de l'hypothèque du créancier, par d'autres moyens que ceux qui ont été indiqués par le Code. Faute d'énonciation de la première inscription dans celle qui a été prise en renouvellement, le conservateur n'a pas dû, après dix ans à compter de l'inscription première, la mentionner dans les extraits qu'il a délivrés, et le public a dû croire que les causes qui avaient autorisé à la prendre ont cessé d'exister. Les tiers qui ont traité avec le débiteur ou qui ont acquis sur lui des créances postérieurement inscrites ne doivent point avoir été trompés sur le rang que ces créances sont dans le cas d'obtenir. Il serait donc à propos que la condition qui préviendrait toutes ces causes d'erreur fût imposée par la loi.

Il resterait encore à résoudre la question de savoir si le créancier qui a acquis les immeubles qui lui étaient hypothéqués, ou l'acquéreur qui est devenu cessionnaire de créances inscrites sur les biens qui lui ont été vendus, sont tenus de renouveler, avant l'expiration du délai de dix ans, les inscriptions de leur cédant ou celles qui leur étaient personnelles ; mais nous aurons occasion de nous occuper de cette question sur l'art. 2177.

ART. 2155. Les frais des inscriptions sont à la charge du débiteur, s'il n'y a stipulation contraire ; l'avance en est faite par l'inscrivant, si ce n'est quant aux hypothèques légales, pour l'inscription desquelles le conservateur a son recours contre le débiteur. Les frais de la transcription, qui peut être requise par le vendeur, sont à la charge de l'acquéreur.

Les frais de transcription du contrat sont à la charge de l'acquéreur, comme faisant partie des droits que toute mutation entraîne. Les frais de purge des inscriptions doivent être au contraire supportés par le vendeur, ayant été occasionnés par les hypothèques dont il devait garantir le nouveau possesseur.

ART. 2156. Les actions auxquelles les inscriptions peuvent donner lieu contre les créanciers seront intentées devant le tribunal compétent, par exploits faits à leur personne, ou au dernier des domiciles élus sur le registre ; et ce, nonobstant le décès soit des créanciers, soit de ceux chez lesquels ils auront fait élection du domicile.

La Cour royale d'Angers a proposé de faire déclarer par le Code que toutes les actions auxquelles les inscriptions hypothécaires donnent lieu seront instruites et jugées comme matières sommaires. La Cour a eu pour objet de diminuer les frais que ces demandes occasionnent, mais on regardera sans doute comme trop générale la disposition qu'elle voudrait faire adopter. La qualification de sommaires est dans le cas d'être appliquée aux demandes qui n'ont été formées qu'à raison des vices de forme des inscriptions ou du défaut d'existence de l'hypothèque ; mais quant aux demandes qui portent sur la validité du titre en vertu duquel le créancier s'est inscrit, ou sur la quotité de la somme qui lui est restée due, il ne conviendrait pas de les ranger indistinctement dans la classe des affaires sommaires, car ces actions peuvent nécessiter une instruction que la procédure de ces sortes d'affaires ne saurait comporter.

La Cour royale de Grenoble voudrait que s'il n'y a pas eu de domicile élu dans une inscription, les actions à diriger contre le créancier qui l'a prise pussent être intentées par un exploit signifié à son domicile réel, pourvu que ce domicile fût établi dans l'arrondissement du bureau ; sinon, la Cour dispenserait de faire signifier à ce créancier les demandes ou les sommations qu'il aurait dû recevoir à raison de son hypothèque. Avant tout, il faudrait décider la question de savoir si l'élection de domicile n'est pas au nombre des formalités substantielles dont l'omission suffit pour faire annuler l'inscription. Si l'on admet qu'elle n'a point ce caractère, ce dont ont été d'avis un grand nombre de Cours, la première partie de la proposition de la Cour de Grenoble serait dans le cas d'être admise, et le domicile réel qui se trouverait dans l'étendue du bureau remplacerait le domicile qu'on aurait omis d'élire ; mais, quant au surplus de la proposition, ne serait-ce pas infliger au créancier une peine presque équivalente à celle de nullité dont il aurait été relevé, que d'autoriser à former contre lui des demandes dont on serait dispensé de lui donner connaissance ? L'action de la justice serait réduite à n'être, en ce cas, qu'illusoire. Nous pensons qu'il serait moins fâcheux pour les créanciers que les significations à leur faire dussent être déposées au bureau du conservateur, qui remplacerait le domicile élu omis dans l'inscription, et d'astreindre le conservateur à les transmettre au créancier à son domicile réel, par une lettre qui serait chargée à la poste. Ce mode ne remédierait peut-être pas à tous les inconvénients que l'on peut supposer, mais il est simple, il offre les garanties que la nature des choses comporte, et, dans tous les cas, ses résultats ne sauraient être pires que l'absence de toute signification à ce créancier.

La Faculté de droit de Caen a proposé une série de dispositions qui règleraient la marche à suivre à raison des demandes formées par suite d'une inscription hypothécaire, mais il nous semble que ce n'est pas le Code civil qui doit s'occuper de semblables détails. Les principes généraux que ce Code a émis à cet égard ont été expliqués par le Code de procédure, et les dispositions que ces deux Codes renferment sur ce point ne paraissent susceptibles de recevoir que bien peu d'améliorations. Ainsi, lorsque une demande en rectification, en réduction ou en radiation d'une inscription, est urgente, une simple ordonnance rendue sur requête permet d'assigner à bref délai et dispense du préliminaire de conciliation, même lorsqu'il n'y a qu'une seule partie d'assignée. Les jugements rendus sur assignation à un domicile élu n'ont pas besoin d'avoir été contradictoires pour que le tribunal ait pu statuer sur le sort de la créance, mais la partie qui a été condamnée par défaut jouit, aux termes du Code de procédure, d'une grande latitude pour attaquer le jugement, et cela suffit pour que ses intérêts soient réputés avoir été suffisamment mis à couvert. On ne peut, au surplus, se contenter d'une seule copie pour tous les défendeurs qui ont des intérêts différents, et, par exemple, pour tous les héritiers d'un créancier inscrit, car chacun de ces héritiers n'aurait pas été mis à même de se défendre. Quant aux inscriptions requises pour sûreté d'une condamnation dont le montant est éventuel ou indéterminé, le Code civil a réglé par son art. 2159 la compétence des juges qui en doivent connaître. Enfin, si les parties sont convenues, en traitant, du tribunal qui devra juger les contestations qui pourront survenir entre elles, l'art. 111 du Code civil veut que cette convention soit exécutée, et il serait inutile de le répéter.

Chapitre V.—*De la radiation et de la réduction des inscriptions.*

La Faculté de droit de Caen a proposé d'accorder à tous ceux qui ont intérêt au maintien d'une inscription, et elle en a donné pour exemple les cautions du débiteur principal, les coobligés, les créanciers postérieurement inscrits sur la propriété, enfin les tiers détenteurs des biens que cette inscription grève, le droit de s'opposer à ce qu'elle soit radiée. La Faculté étendrait même ce droit aux créanciers de la personne qui s'est inscrite, pourvu toutefois qu'ils eussent auparavant fait saisir la créance entre les mains de celui qui en est tenu, et elle en a donné pour motif que tout créancier pouvant prendre une inscription pour conserver les droits hypothécaires de son débiteur, doit à plus forte raison pouvoir s'opposer à ce que ce débiteur consente la mainlevée de l'inscription qu'il a prise ; mais elle a reconnu que, lorsque l'obligation s'est éteinte, l'hypothèque attachée à la créance devant s'évanouir, nul intéressé ne pouvait s'opposer à ce que l'inscription requise à raison de cette créance fût levée, s'il n'avait, avant la libération du débiteur, mis obstacle au paiement de ce qui lui était dû.

Nous ne saurions apercevoir l'intérêt des créanciers du débiteur grevé d'une créance inscrite à faire maintenir l'inscription qui les prime, s'ils n'ont pas acquis d'autres droits sur le même débiteur, car la mainlevée de cette inscription ne peut que leur être profitable. Il en est de même de l'acquéreur des biens hypothéqués, à moins qu'il ne se soit fait subroger à la créance inscrite ; mais alors il est devenu créancier personnel de l'ancien propriétaire, et il a dû, pour empêcher que son cédant n'abusât de sa qualité apparente, faire connaître par une inscription nouvelle le droit qu'il a acquis. A l'égard des cautions et des coobligés du débiteur sur les biens de qui l'inscription a été prise, il est de principe qu'ils ne peuvent se plaindre si le créancier n'a perdu le rang de son hypothèque que par l'effet d'une omission ou d'un oubli, et, ainsi, faute de l'avoir fait inscrire ou d'avoir renouvelé son inscription à temps, parce que, comme le disent nos meilleurs jurisconsultes , « ce créancier n'étant obligé à la cession de ses droits que par une pure raison d'équité, n'ayant contracté à cet égard envers les autres débiteurs ou fidé-jusseurs aucune obligation précise de les leur conserver, il suffit qu'il apporte à cet égard de la bonne foi, c'est-à-dire qu'il ne fasse rien de contraire à cette obligation, et il ne doit pas être tenu à cet égard d'une simple négligence. » C'est ainsi que s'exprime Pothier, en son *Traité des obligations*, n° 557, et sa doctrine a été sanctionnée par l'art. 2037 du Code civil, qui n'admet les cautions et les codébiteurs à se prévaloir contre le créancier de la perte de son hypothèque que lorsque cette perte est provenue de son fait, et ainsi de la renonciation qu'il a consentie à s'en servir, ou de la mainlevée qu'il a donnée de l'inscription qu'il avait prise ; mais, dans ces deux cas, les coobligés ou les cautions du débiteur jouissent dès à présent de moyens suffisants pour empêcher la perte de l'hypothèque du créancier principal, ou, au moins, pour qu'ils ne puissent avoir à en souffrir. S'ils ont craint cette perte par suite d'une simple négligence, ils ont pu prévenir ce danger en s'inscrivant eux-mêmes pour sûreté de leur recours, ou en renouvelant l'inscription que ce créancier a requise ; si l'hypothèque a été perdue par le fait du créancier, les cautions et les coobligés se trouvent déchargés de leur obligation, car le créancier ne pouvant plus, par le résultat de ce fait, les subroger dans les droits qui lui appartenaient, et notamment dans l'hypothèque sur la garantie de laquelle l'obligation des cautions ou des coobligés doit être réputée avoir été souscrite, n'est plus fondé à leur réclamer la portion de la dette que devait supporter le codébiteur dont il a libéré les propriétés, et les cautions de ce débiteur se trouvent déchargées pour le tout. Cette exception, connue en droit sous le nom de *cedendarum actionum*, et qu'a conservée, comme on a vu, l'art. 2037 du Code civil, rend inutile l'opposition que les cautions ou les débiteurs seraient autorisés à former à la mainlevée de l'inscription qui a été requise pour sûreté de la créance qu'ils doivent garantir. Il ne resterait donc que les créanciers du titulaire de la créance ; mais il suffit, quant à eux, que la loi leur ait accordé la faculté de prendre une inscription comme exerçant les droits de leur débiteur, pour qu'ils n'aient aucun besoin de s'opposer à la mainlevée que ce débiteur voudrait donner de la sienne. Si ces créanciers veulent empêcher que la somme due ne soit remboursée à leur détriment, ce n'est pas par la voie d'une inscription qu'ils peuvent y mettre obstacle, c'est en formant des oppositions entre les mains du tiers qui en est tenu ; mais ces poursuites d'exécution sont étrangères au système hypothécaire, et le Code civil n'a pas à s'en occuper.

Art. 2157. Les inscriptions sont rayées du consentement des parties intéressées et ayant capacité à cet effet, ou en vertu d'un jugement en dernier ressort ou passé en force de chose jugée.

Ce sont les conservateurs qui, d'après les principes actuels, sont chargés de vérifier si le titre en vertu duquel on veut faire procéder à la radiation d'une inscription hypothécaire a été souscrit par une personne capable d'exercer un pareil droit, et si ce titre a été revêtu des conditions nécessaires pour qu'il puisse produire un pareil effet. La Faculté de droit de Caen voudrait que ce fussent les notaires que l'on chargeât à leurs périls et risques de ce soin important, mais on doit convenir que cette obligation nouvelle aggraverait singulièrement la condition de ces officiers, qu'elle assumerait sur leur tête une responsabilité qui pourrait souvent compromettre leurs facultés personnelles, et qu'elle excéderait les fonctions qu'ils sont appelés à remplir.

C'est parce que la mainlevée des inscriptions ne peut être consentie que par un acte authentique que la Faculté a supposé que le notaire qui a reçu cet acte était appelé à se faire représenter les titres du créancier et à vérifier son droit ainsi que sa capacité. Les notaires doivent certainement s'assurer de l'identité des personnes qui se présentent pour contracter devant eux ; mais, quant aux stipulations ou aux consentements qu'ils sont chargés d'authentiquer, leur rôle est absolument passif. Il est même forcé, puisque, aux termes de la loi qui les concerne, ils sont tenus de prêter leur ministère lorsqu'ils en sont requis. On ne pourrait donc les mettre dans le cas de contrevenir à cette obligation en les autorisant à refuser, sous des prétextes plus ou moins plausibles, mais que leur appréhension des suites du contrat pourrait leur suggérer, de recevoir les actes qui contiendraient la mainlevée d'une inscription hypothécaire. Les conservateurs des hypothèques doivent, au contraire, refuser d'opérer la mainlevée d'une inscription si le titre qu'on leur présente ne leur paraît pas suffisant pour l'autoriser, et les dommages et intérêts auxquels ils sont exposés faute d'avoir accompli ce devoir ne les rendent quelquefois que trop difficiles. Si leur refus est mal fondé, la partie intéressée peut introduire contre eux une action en justice ; mais on ne concevrait pas que l'on pût assigner un notaire pour le contraindre à recevoir l'acte de mainlevée qu'il croirait dans le cas de le compromettre. Ce serait engager avec lui une discussion qu'il ne pourrait soutenir et dont le résultat pourrait être fâcheux pour les tiers si leurs intérêts n'étaient pas suffisamment défendus. Il semble donc impossible de charger les notaires d'une vérification semblable, lorsque la nécessité d'y procéder est, au contraire, inséparable des fonctions des conservateurs.

On doit admettre, au surplus, avec la même Faculté, que si le jugement qui a ordonné la radiation d'une inscription hypothécaire a été rendu par défaut, il serait à propos d'en faire l'annonce dans un journal judiciaire, car la non-comparution du créancier peut faire présumer que l'assignation qui lui a été donnée au domicile élu ne lui est pas parvenue, et qu'il n'a pas été ainsi mis à même de se présenter.

Art. 2158. Dans l'un et l'autre cas, ceux qui requièrent la radiation déposent au bureau du conservateur l'expédition de l'acte authentique portant consentement, ou celle du jugement.

La Cour royale d'Angers a demandé que le Code permette de faire radier une inscription, lors même que le consentement qu'y a donné le créancier ne se trouve contenu que dans un acte qui a été passé en brevet. On peut dire à l'appui de cette proposition que l'acte qui contient ce consentement devant rester déposé au bureau du conservateur et être annexé au registre, produit le même effet que s'il avait été passé en minute, chacun pouvant y recourir au besoin.

La même Cour voudrait que le Code exprimât que le dépôt au bureau du conservateur d'un simple extrait de l'acte par lequel la radiation d'une inscription a été consentie suffit pour que le conservateur puisse procéder à cette opération. Cette disposition ne ferait que consacrer un principe incontestable, d'après lequel la représentation de la partie d'un contrat suffit pour assurer l'exécution de la convention qui y est contenue, si elle se détache du surplus des stipulations. Or, la partie du contrat qui autorise cette mainlevée forme un acte complet à l'égard du conservateur.

La Cour royale d'Angers a ajouté qu'un mandataire ne devrait pouvoir consentir la mainlevée d'une inscription prise par son mandant qu'autant qu'un pouvoir *ad hoc* lui aurait été conféré par un acte authentique. Cette condition doit être considérée, en effet, comme étant de rigueur ; mais la Cour s'est bornée à renvoyer, pour les développements de sa proposition, aux observations qu'elle a présentées sur l'art. 2127 à l'égard des hypothèques qui ont été constituées en vertu d'un mandat, et pour lesquelles elle exigerait aussi l'authenticité des pouvoirs qui ont été donnés au mandataire. Il nous semble qu'il existe une notable différence entre les motifs qui doivent guider dans les deux cas. Si une hypothèque a été mal à propos consentie par un prétendu mandataire, le préjudice peut être facilement réparé par la mainlevée de l'inscription qui en a été la suite, tandis que les conséquences de la radiation d'une inscription hypothécaire sont souvent irrémédiables ou ne peuvent être détruites qu'au détriment de tiers de bonne foi. Il importe donc bien davantage que l'acte qui a autorisé cette mainlevée inspire une parfaite sécurité. Aussi les conservateurs exigent-ils toujours que cet acte ait été authentique, ce qui seul peut mettre à couvert leur responsabilité.

Enfin, la Cour royale d'Angers a dit que l'intervention d'une femme dans le contrat de vente des biens de son mari devrait suffire pour que le conservateur pût opérer la radiation de l'inscription qui a été prise pour sûreté de son hypothèque légale. La femme ne peut assurément opposer en ce cas son hypothèque à l'acquéreur, puisqu'elle mettrait obstacle à l'exécution de l'obligation de garantie qu'elle a contractée envers lui; mais cette femme a conservé le droit d'exciper de son hypothèque à l'égard des créanciers de son mari, et la mainlevée de son inscription pourrait rendre ce droit contestable. Il faudrait, en outre, que l'on constatât lors du contrat de vente, comme la Cour l'a reconnu, que la femme n'a pas déjà cédé sa créance ou son hypothèque légale à des tiers, ce qui, en l'absence de ceux-ci, ne pourrait pas être établi. Il nous semble qu'il vaut mieux que cette hypothèque continue à subsister, mais seulement sur le prix provenu de l'immeuble, ou que, dans tous les cas, si l'inscription prise au nom de la femme doit, en effet, être levée, ce ne soit que par suite du consentement formel que la femme y aura donné, sans néanmoins qu'elle ait pu porter atteinte aux droits qu'elle a cédés aux tiers, si ceux-ci sont reconnus les avoir suffisamment assurés.

Il ne paraît pas que l'on doive insérer dans le Code civil, ainsi que la Cour royale de Montpellier et la Faculté de droit de Caen le proposent, les conditions moyennant l'accomplissement desquelles un jugement par défaut qui autorise la radiation d'une inscription hypothécaire est dans le cas d'être exécuté. Le Code de procédure les a toutes énumérées en son article 548, et nous ne croyons pas qu'il y ait rien à ajouter aux dispositions qu'il contient à cet égard.

La nature de ces conditions les rend, au surplus, étrangères aux principes de droit que le Code civil doit seulement contenir.

ART. 2159. La radiation non consentie est demandée au tribunal dans le ressort duquel l'inscription a été faite, si ce n'est lorsque cette inscription a eu lieu pour sûreté d'une condamnation éventuelle ou indéterminée, sur l'exécution ou liquidation de laquelle le débiteur et le créancier prétendu sont en instance ou doivent être jugés dans un autre tribunal; auquel cas la demande en radiation doit être portée ou renvoyée.

Cependant la convention faite par le créancier et le débiteur, de porter, en cas de contestation, la demande à un tribunal qu'ils auraient désigné, recevra son exécution entre eux.

La Faculté de droit de Caen a trouvé fort obscures les règles de compétence tracées par cet article. Elle voudrait que si la demande en mainlevée d'une inscription est principale, elle dût être intentée devant le tribunal de la situation des biens, et que, dans le cas où cette demande ne serait qu'incidente, elle fût portée devant le tribunal qui doit être saisi du fond de la contestation.

Tel est aussi le résultat des dispositions portées en l'art. 2159, qui ne fait que particulariser davantage les circonstances où cette distinction est dans le cas d'être établie. Cet article pose, en effet, en thèse générale, que toute mainlevée d'inscription doit être demandée devant le tribunal du lieu où l'inscription a été prise. Cette règle est fondée sur ce que ce que l'on doit le plus considérer en pareil cas, c'est le débiteur, qui ne peut être forcé d'aller plaider au loin pour faire libérer ses biens d'une charge qu'ils ne doivent pas supporter. Il y a lieu d'appliquer cette disposition lorsque la cause de l'inscription est fausse, l'hypothèque mal à propos exercée ne résultant point de la loi ni d'aucun juste titre, ou lorsque cette cause a cessé d'exister, la créance se trouvant incontestablement éteinte. Il n'est question alors que de l'existence de l'hypothèque de la personne inscrite; la demande en mainlevée de l'inscription est alors non-seulement principale, mais la seule sur laquelle le tribunal du lieu soit appelé à statuer. Lorsque, au contraire, la réclamation est fondée sur la libération douteuse du débiteur ; lorsqu'il s'agit de procéder à l'examen des titres du créancier et de discuter les preuves de la libération du débiteur, la demande en mainlevée de l'inscription n'est réellement qu'incidente, et on ne peut s'en occuper qu'après le jugement de la question au fond. Aussi l'art. 2159 excepte-t-il de la compétence du tribunal dans le ressort duquel l'inscription a été prise, non-seulement le cas où l'inscription a eu lieu pour sûreté d'une condamnation éventuelle ou indéterminée sur l'exécution ou la liquidation de laquelle le débiteur et le créancier sont déjà en instance, mais tous ceux où les parties doivent être jugées dans un autre tribunal. La mainlevée de l'inscription dépend du jugement à intervenir sur le fond de la contestation, et l'on a procuré aux parties l'avantage de faire statuer par le même jugement sur toutes leurs demandes.

Cette seconde exception comprend nécessairement les cas où il y a attribution de juridiction, quant au fond de l'action, à un autre tribunal que celui du lieu où l'inscription a été prise, ce qui existe lorsqu'il s'agit de l'apurement d'un compte de tutelle, du règlement et du partage d'une succession, de la liquidation d'une communauté entre époux , etc. La demande en mainlevée d'inscription n'est encore, en ce cas, qu'incidente, et elle doit être portée devant le tribunal qui est ou qui doit être saisi de la demande au fond.

Nous ne pouvons cependant admettre avec la Faculté de Caen que lorsqu'une demande en mainlevée d'inscription a été mal à propos portée devant les juges du lieu où cette inscription a été prise, le jugement à intervenir ne doit jamais porter sur le fond même du droit, à moins que le débat n'ait été engagé à cet égard par des conclusions contradictoires. Cela rendrait impossible, en pareille matière, tout jugement par défaut, et même dans les instances où l'assigné se serait présenté, il dépendrait de lui d'empêcher, en ne fournissant pas au fond ses moyens de défense, que la cause pût être jugée, puisque, faute de pouvoir reconnaître si la créance subsiste encore, les juges ne pourraient savoir si l'hypothèque inscrite doit continuer à subsister. La Faculté a motivé son avis sur ce que le tribunal du lieu de l'inscription n'est compétent qu'à raison de cette hypothèque. Cela est parfaitement exact, et le créancier peut décliner, quant au fond, la compétence de ce tribunal ; mais si cette exception n'est point opposée en son nom, le juge n'est point autorisé à y suppléer d'office, car son incompétence ne résulte aucunement de la matière : elle ne provient que du domicile de la personne assignée dans le ressort d'un autre tribunal, et cette personne a pu renoncer à se prévaloir du droit qui n'a été établi qu'en sa faveur.

Art. 2160. La radiation doit être ordonnée par les tribunaux, lorsque l'inscription a été faite sans être fondée ni sur la loi ni sur un titre, ou lorsqu'elle l'a été en vertu d'un titre, soit irrégulier, soit éteint ou soldé, ou lorsque les droits de privilége ou d'hypothèque sont effacés par les voies légales.

La Cour royale de Grenoble a proposé de faire ordonner par le Code que les conservateurs des hypothèques seront forcés de radier une inscription lorsque le jugement qui aura prescrit cette mesure sera passé en forme de chose jugée.

L'art. 2157 impose ce devoir aux conservateurs dans les termes les plus positifs. Nul ne peut s'opposer à l'exécution des jugements qui sont devenus irréfragables. S'il arrive à un conservateur de méconnaître l'obligation qui lui est imposée en ce cas, une simple ordonnance de référé a bientôt fait justice de sa résistance, et il s'est exposé à supporter les dommages et intérêts qu'il a fait éprouver. Il semble donc inutile d'ajouter à cette disposition du Code et à celles contenues en l'art. 550 du Code de procédure, qui portent que sur le certificat du greffier qu'il n'existe aucune opposition ni mention d'appel sur son registre, le conservateur sera tenu de satisfaire au jugement.

Art. 2161. Toutes les fois que les inscriptions prises par un créancier qui, d'après la loi, aurait droit d'en prendre sur les biens présents ou sur les biens à venir d'un débiteur, sans limitation convenue, seront portées sur plus de domaines différents qu'il n'est nécessaire à la sûreté des créances, l'action en réduction des inscriptions, ou en radiation d'une partie en ce qui excède la proportion convenable, est ouverte au débiteur. On y suit les règles de compétence établies par l'art. 2159.

La disposition du présent article ne s'applique pas aux hypothèques conventionnelles.

La Cour royale d'Angers a demandé que l'on appliquât les dispositions de cet article aux hypothèques même conventionnelles qui résultent de titres passés sous l'empire de l'ancien droit, et cette mesure nous paraîtrait conforme à l'équité. On peut dire, il est vrai, que la loi qui existait à l'époque où le contrat s'est formé a servi de stipulation aux parties, et que la généralité de l'hypothèque accordée au créancier est résultée de cette loi aussi bien que d'une déclaration expresse ; mais on doit convenir en même temps que nul ne prévoyait alors la législation actuelle sur la matière, et que si l'affectation de tous les biens du débiteur n'a pas été restreinte par le contrat, quoiqu'elle fût excessive, c'est que l'usage ne le comportait pas. On ne ferait donc qu'autoriser ce qui serait entré dans l'intention des contractants, s'ils avaient cru pouvoir le stipuler, en accordant l'autorisation de faire réduire cette hypothèque aux immeubles qui seront reconnus suffisants pour assurer les droits du créancier, d'après les bases posées par le Code civil. Nul n'aurait alors d'intérêt véritable à s'y opposer, et le débiteur peut en avoir un considérable à faire affranchir de cette hypothèque le surplus de ses biens.

La même faveur ne saurait être accordée à l'égard des hypothèques conventionnelles qui n'ont été consenties que depuis la promulgation de nos lois nouvelles. Les contractants ont su ce qu'ils avaient à faire lorsqu'ils les ont stipulées, et la convention qui est intervenue doit leur tenir lieu de loi. Tout porte donc à croire que la Faculté de droit de Caen aura vainement demandé que ces hypothèques soient aussi déclarées dans le cas d'être réduites, quoiqu'elle se soit fondée sur un intérêt qu'elle a dit être général, car l'exécution des engagements légalement contractés est aussi d'un grand intérêt public. Les créanciers ne pourraient jamais être sûrs autrement de conserver les droits qu'ils ont acquis, et de ne pas être obligés de soutenir des contestations fâcheuses, si l'hypothèque qui leur a été accordée pouvait devenir l'objet de semblables contestations. La disposition du Code qui prohibe en pareil cas toute demande en réduction d'hypothèque doit donc être maintenue par la nouvelle loi.

La Cour royale d'Angers a fait aussi quelques observations sur les termes dans lesquels est conçu l'art. 2161. Elle a dit, avec pleine raison, que la réduction de l'hypothèque étant dans le cas d'être ordonnée lors même qu'une seule inscription a été prise par le créancier, il y avait lieu de modifier en ce sens le texte de cet article qui semble ne devoir être appliqué que lorsque plusieurs inscriptions ont été requises pour sûreté de la même créance. La Cour a ajouté que ce n'était pas l'inscription, mais l'hypothèque elle-même qui devait être réduite, afin d'ôter au créancier le droit de s'en prévaloir sur les autres biens du débiteur ; et comme la volonté de la loi ne peut être douteuse sur ces deux points, ce serait le cas de se servir des expressions qui pourraient mieux l'exprimer.

Il nous semble, au surplus, tout à fait impossible de confier aux conservateurs des hypothèques, comme la Faculté de droit de Rennes le propose, le pouvoir d'opérer la réduction des hypothèques légales ou judiciaires sur un simple appel devant eux des parties intéressées, et en prenant pour base de la valeur des biens les évaluations du cadastre. La question de savoir si l'on peut réduire ces hypothèques, surtout celles qui appartiennent aux femmes et aux mineurs, oblige à des opérations si longues et si difficultueuses, qu'on ne se persuadera jamais que les conservateurs pussent y procéder. Il n'entre, d'ailleurs, aucunement dans les fonctions que ces employés remplissent, de s'occuper de pareilles discussions, et ils procéderaient d'une manière peu sûre s'ils se servaient pour les décider des opérations du cadastre, ainsi que la Cour de cassation et l'administration des domaines l'ont, à diverses reprises, parfaitement démontré.

ART. 2162. Sont réputées excessives les inscriptions qui frappent sur plusieurs domaines, lorsque la valeur d'un seul ou de quelques-uns d'entre eux excède de plus d'un tiers en fonds libres le montant des créances en capital et accessoires légaux.

L'avis émis sur les dispositions de cet article par la Faculté de droit de Caen nous paraît devoir être reporté à la discussion qui s'est établie sur l'art. 2165.

ART. 2163. Peuvent aussi être réduites comme excessives,

les inscriptions prises d'après l'évaluation, faite par le créancier, des créances qui, en ce qui concerne l'hypothèque à établir pour leur sûreté, n'ont pas été réglées par la convention, et qui, par leur nature, sont conditionnelles, éventuelles ou indéterminées.

La Cour royale de Limoges et la Faculté de droit de Rennes ont présenté sur cet article des observations qui se rattachent moins à la réduction des hypothèques qu'au résultat des collocations obtenues à raison de créances conditionnelles, éventuelles ou indéterminées, et qui trouveront mieux leur place à la suite de l'art. 2218 du Code, où nous aurons occasion de les examiner.

La Faculté de droit de Caen a demandé que les dispositions de l'art. 2163 ne s'appliquassent pas aux créances qui sont à la vérité conditionnelles, mais dont la quotité est certaine dès à présent. Elle a fait observer que les biens sur lesquels l'hypothèque doit être conservée doivent être suffisants pour assurer le paiement de la somme qui sera due si la condition s'accomplit, et qu'aucune évaluation n'est alors à faire du montant de la créance, puisque sa quotité est fixée par le titre dont elle est résultée. L'art. 2164 confirme cette opinion en ne parlant que des créances indéterminées, mais pour lever tout doute sur ce point, il conviendra d'avoir égard à cette observation lors de la rédaction future de la loi.

Art. 2164. L'excès, dans ce cas, est arbitré par les juges, d'après les circonstances, les probabilités des chances et les présomptions de fait, de manière à concilier les droits vraisemblables du créancier avec l'intérêt du crédit raisonnable à conserver au débiteur; sans préjudice des nouvelles inscriptions à prendre avec hypothèque du jour de leur date, lorsque l'événement aura porté les créances indéterminées à une somme plus forte.

Art. 2165. La valeur des immeubles dont la comparaison est à faire avec celle des créances et le tiers en sus est déterminée par quinze fois la valeur du revenu déclaré par la matrice du rôle de la contribution foncière, ou indiqué par la cote de contribution sur le rôle, selon la proportion qui existe dans les communes de la situation entre cette matrice ou cette cote et le revenu, pour les immeubles non sujets à dépérissement, et dix fois cette valeur pour ceux qui y sont sujets. Pourront néanmoins les juges s'aider, en outre, des éclaircissements qui peuvent résulter des baux non suspects, des procès-verbaux d'estimation qui ont pu être dressés précédemment à des époques rapprochées, et autres actes semblables, et évaluer le revenu au taux moyen entre les résultats de ces divers renseignements.

Les bases que cet article donne aux opérations à faire pour arriver à reconnaître la valeur des immeubles du débiteur n'ont été que faiblement attaquées par les Cours et par les Facultés de droit. La Cour royale d'Angers a seulement dit que la valeur des biens devrait être portée à vingt fois le montant du revenu qui leur a été attribué par la matrice des rôles, quelle que fût la nature de la propriété ; mais il ne serait pas certain que l'on pût toujours retirer de certains immeubles un prix correspondant à cette évaluation, surtout lorsqu'il s'agirait de bâtiments anciens et sujets à promptement dépérir. Il suffirait que quelques créanciers dont l'hypothèque aurait été réduite d'après cette donnée fussent dans le cas d'en souffrir, pour qu'un tel mode d'appréciation ne pût être érigé en principe. La distinction établie par l'art. 2165 entre les immeubles sujets à dépérissement et ceux qui n'y sont point sujets nous paraît donc devoir être soigneusement conservée dans le Code.

La Cour royale de Montpellier ne voudrait pas que l'on pût exciper, sur les demandes en réduction d'hypothèque, des éclaircissements que les juges sont autorisés à puiser dans les baux, dans les procès-verbaux d'estimation des biens et dans les autres actes semblables. Elle craint que la conscience des magistrats ne soit sujette à s'égarer par le désir qu'ils ont de maintenir la bonne harmonie dans les familles, et qu'ils n'attachent trop d'importance à des actes concertés dans lesquels on aurait usé de réticences funestes aux femmes et aux mineurs. On doit cependant convenir que lorsqu'il s'agit de se servir de moyens aussi sujets à tromper que ceux qui résultent des évaluations contenues en la matrice des rôles, on doit s'estimer heureux que la loi ait permis de recourir aux actes qui sont le plus en état de faire connaître la valeur véritable des biens, ces actes ne pouvant au surplus, comme le Code a eu soin de le dire, être consultés qu'à titre de simples renseignements. La loi, en accordant ce pouvoir, n'a pas autorisé les juges à admettre avec facilité des prétentions qui ne seraient pas raisonnables. Les actes présentés doivent offrir une base solide pour que les magistrats les préfèrent au résultat des opérations qui ont fixé l'impôt que supportent les biens. Ces actes servent au moins de contre-épreuve aux opérations fiscales, et ce serait gêner la conscience des juges que de leur interdire la faculté d'y avoir recours.

La Faculté de droit de Caen a proposé, sur l'art. 2162, de faire déterminer le revenu des biens par cinq fois le montant de la contribution foncière. Elle en a donné pour motif que ce mode laisserait moins d'arbitraire que celui établi par le Code civil, et que l'impôt foncier offrait une base plus exacte que le revenu non réel, mais seulement proportionnel indiqué par le cadastre. La Faculté a ajouté que l'on pourrait alors supprimer l'augmentation du tiers en fonds libres exigée par la loi. L'opération que l'on aurait à faire serait effectivement simplifiée, mais en nombre de cas elle pourrait manquer de justesse. L'impôt foncier n'est pas, dit-on, réparti en tous lieux d'une manière égale. Il est des pays qui prétendent être encore surchargés. Plusieurs parties de cet impôt sont d'ailleurs sans rapport avec le revenu des immeubles par suite de non-valeurs. Il semble donc préférable de s'en tenir au revenu déclaré par la matrice des rôles et qui est indépendant de ces causes d'erreur, surtout lorsque, au moyen de l'autorisation accordée par l'art. 2165 de recourir aux actes qu'il désigne, on peut se rapprocher davantage de la réalité. Nous ne croyons pas non plus qu'il fût possible, même en adoptant le mode de procéder proposé par la Faculté de Caen, de supprimer l'augmentation du tiers exigée par le Code, car la loi ne peut aller au delà de ce que l'on doit croire que la convention aurait accordé pour la sûreté de la créance, et l'on supposera toujours que pour parer aux éventualités, le créancier aurait exigé ce surcroît de garantie.

CHAPITRE VI. — *De l'effet des priviléges et hypothèques contre les tiers détenteurs.*

ART. 2166. Les créanciers ayant privilége ou hypothèque

inscrite sur un immeuble le suivent en quelque main qu'il passe, pour être colloqués et payés suivant l'ordre de leurs créances ou inscriptions.

La Cour royale d'Angers a demandé que les créanciers qui provoquent le partage ou la licitation des biens dont leur débiteur est appelé à obtenir une part, et ceux qui interviennent à une opération de cette nature ou qui s'opposent à ce qu'il y soit procédé en leur absence, fussent tenus de publier leur demande ou leur opposition en la faisant insérer dans un journal judiciaire, au moyen de quoi aucune aliénation ne pourrait être consentie par leur débiteur ni aucune charge hypothécaire ou autre être imposée à leur détriment sur les immeubles indivis.

Nous ne pouvons apercevoir de quelle utilité serait cette mesure, ni nous persuader qu'il fût possible de lui attribuer un tel résultat. Le public n'est aucunement intéressé à connaître la demande ou l'opposition que ces créanciers ont formée et qui ne concerne qu'eux seuls. Ce ne serait donc que pour empêcher que les tiers ne traitassent par voie d'acquisition ou autrement des biens sur lesquels ces créanciers veulent exercer leurs droits, mais on ne concevrait pas qu'une simple opposition pût suffire pour paralyser l'exercice du droit de propriété entre les mains du débiteur. L'appréhension de l'abus qui peut être fait de ce droit ne doit point aller jusqu'à en interdire l'usage, et les créanciers d'un héritier ont dès à présent des moyens suffisants pour veiller à la conservation de ce qui leur est dû sans paralyser toute disposition des immeubles de la part de l'héritier débiteur. Ils peuvent former des oppositions sur les valeurs mobilières qui dépendent de l'hoirie. Ils sont presque toujours à même d'obtenir promptement une hypothèque judiciaire. La loi les autorise à s'opposer à ce qu'il soit procédé au partage hors de leur présence. Les actes passés au mépris de cette opposition sont nuls s'ils sont intervenus entre les héritiers, et les circonstances peuvent facilement les faire réputer frauduleux s'ils ont été consentis au profit de tierces personnes. Ces moyens ont suffi jusqu'à présent pour garantir les droits des créanciers des héritiers. Ce n'est donc pas le cas de donner à la simple mesure conservatoire à laquelle il leur est loisible d'avoir recours, une force que la nature des choses ne permet pas de lui attribuer.

C'est dans cet article 2166 qu'il conviendrait d'insérer la disposition contenue en l'art. 834 du Code de précédure, et alors l'art. 2166 pourrait être ainsi conçu : « Les créanciers ayant privilége ou hypothèque [inscrite sur un immeuble ou qui l'auront fait inscrire dans la quinzaine au plus tard de la transcription de l'acte translatif de la propriété, suivent cet immeuble en quelques mains qu'il passe pour être colloqués et payés suivant l'ordre de leurs créances ou inscriptions. Ce délai de quinzaine courra à compter de l'insertion que le tiers détenteur aura fait faire, dans un journal d'annonces judiciaires du chef-lieu du département, de l'extrait de son contrat d'acquisition et de la transcription de cet acte.

« Le vendeur et les anciens propriétaires de l'immeuble, ainsi que les héritiers et les copartageants, conserveront, au surplus, les autres droits qui résultent à leur égard des autres dispositions du Code civil. » Cette dernière disposition comprendrait le droit qui appartient à tout vendeur de demander au besoin la résolution de la vente qu'il a consentie, droit qui ne se trouve point exprimé dans l'art. 834 du Code de procédure.

La Faculté de droit de Strasbourg, loin d'être de l'avis d'insérer cette nouvelle disposition dans le Code, voudrait qu'on la supprimât en entier, et elle n'admettrait les créanciers du vendeur à s'inscrire que jusqu'à la transcription du contrat d'aliénation. La Faculté suppose que le droit accordé à ces créanciers par l'art. 834 du Code de procédure n'a eu qu'un but purement fiscal, et elle croit qu'il n'a servi qu'à susciter une foule de difficultés et de controverses. Elle a cependant été obligée d'avouer que sans cette précaution de la loi les créanciers des vendeurs auraient pu souvent être frustrés de leurs droits par l'effet de transcriptions précipitées; mais elle ne soutient pas moins que la condition des acquéreurs est aussi favorable que celle de ces créanciers, et elle se prévaut de ce que le danger qu'on a voulu prévenir existe à l'égard des créanciers entre eux, puisque les plus diligents à s'inscrire doivent être colloqués les premiers, quoique leur hypothèque soit postérieure en date à celle des autres créanciers.

C'est faire, selon nous, une injure à la loi, que de prétendre que l'innovation qui est résultée de la disposition contenue en l'art. 834 du Code de procédure a eu une cause fiscale, lorsque tout démontre que cette disposition n'a eu pour objet que d'empêcher les pertes d'hypothèques que les créanciers des vendeurs étaient à chaque instant dans le cas d'éprouver. En supposant même le contraire, contre toute évidence, cet argument aurait cessé d'exister depuis que les droits de transcription doivent être acquittés en même temps que ceux dus pour la vente, et l'on ne devrait plus considérer que les effets avantageux que la disposition a produits. Si l'art. 834 du Code de procédure a présenté d'abord quelques doutes à résoudre, il n'en reste que bien peu aujourd'hui, et l'on s'accorde à reconnaître combien a été utile l'ampliation que la loi a donnée aux droits des créanciers. Lors même que la condition des acquéreurs pourrait être réputée égale à celle des créanciers des vendeurs, leur intérêt n'est pas à beaucoup près le même. Peu importe, en effet, aux tiers qui ont acquis les biens que l'on puisse s'inscrire sur le vendeur même après la transcription du contrat, pourvu que ce ne puisse être qu'à raison d'hypothèques antérieures à la vente, car il leur est indifférent que le prix dont ils sont débiteurs arrive en telles ou telles mains, tandis que les créanciers du vendeur qui seraient privés de la faculté de s'inscrire par le seul effet de la transcription d'un contrat qu'ils ont ignoré, éprouveraient fréquemment la perte de leur droit hypothécaire, et aussi la meilleure garantie qu'ils ont d'être payés. Si des créanciers, quoique derniers en date, sont admis à primer ceux qui leur sont antérieurs lorsqu'ils se sont fait inscrire les premiers, les créanciers qui ont perdu le rang qu'ils auraient dû obtenir n'en peuvent accuser que leur négligence, car la loi les avait avertis du danger qu'ils avaient à courir, et l'on n'aurait pu admettre le principe contraire sans rétablir les hypothèques occultes que notre législation actuelle a eu pour principal objet d'abroger, ou, au moins, de renfermer dans les plus justes bornes; mais aucun de ces motifs ne peut s'appliquer aux acquéreurs.

La Faculté de droit de Strasbourg a dit aussi que l'art. 2166 du Code était rédigé d'une manière incomplète, en ce qu'il n'exigeait pas, pour qu'un privilége emportât droit de suite, que les formalités prescrites pour sa conservation eussent été remplies avant l'aliénation des biens, et elle a fait remarquer que les hypothèques légales qui sont dispensées d'inscription jouissaient de ce droit quoiqu'elles n'eussent pas été inscrites, ce qui rendait la rédaction du même article fautive sous ce double rapport. Il doit paraître cependant évident, d'après les termes mêmes de l'art. 2166, que les priviléges doivent être inscrits aussi bien que les hypothèques, pour qu'ils puissent donner lieu au droit de suite, et que les rédacteurs du Code ont voulu seulement éviter la répétition du même mot. On ne peut en douter puisqu'aucun privilége, si ce ne sont ceux qui en ont été formellement exceptés par la loi, ne peut produire d'effet sur les immeubles du débiteur qu'autant qu'il a été inscrit. Les dispositions contenues en une loi doivent toujours s'interpréter les unes par les autres, et dans le sens du système général établi par le législateur. Il n'est pas nécessaire, au surplus, que les priviléges aient été inscrits, comme le dit la Faculté, avant l'aliénation des biens, puisque l'art. 834 du Code de procédure, dont la disposition fera sans doute partie du nouveau titre du Code civil, fait jouir les créanciers privilégiés du délai de quinzaine qu'il accorde aux créanciers hypothécaires pour remplir cette formalité. A l'égard des hypothèques légales, l'art. 2166 n'a pas eu à s'en occuper, ces hypothèques étant assimilées aux créances inscrites, et le mode de les purger se trouvant exprimé autre part. Ce ne serait donc que par un excès de précaution que les dispositions de cet article seraient rendues plus explicites sur ces différents points.

Art. 2167. Si le tiers détenteur ne remplit pas les formalités qui seront ci-après établies pour purger sa propriété, il demeure, par l'effet seul des inscriptions, obligé comme détenteur à toutes les dettes hypothécaires, et jouit des termes et délais accordés au débiteur originaire.

La Cour royale de Rouen a proposé sur cet article un changement de rédaction d'après lequel, au lieu de rendre le tiers détenteur qui n'a pas purgé la propriété qu'il a acquise obligé, comme détenteur, à toutes les dettes hypothécaires inscrites sur les biens qui lui ont été vendus, on ne le réputerait tenu, par l'effet seul de ces inscriptions, qu'à délaisser l'immeuble, si mieux il n'aimait payer toutes les dettes inscrites à mesure de leur exigibilité.

Tels sont, en effet, les termes que Loyseau aurait préférés à ceux qui ont été portés au Code; mais il nous semble, quelque respect que nous ayons pour ce grand jurisconsulte, que ce n'a pas été sans de graves motifs que l'on s'était refusé, même de son temps, à les admettre, et que le Code civil a consacré l'usage qui s'était établi avant lui. Lors même qu'un acquéreur a négligé de remplir les formalités de purge, il ne peut être forcé par les créanciers du vendeur de délaisser les biens. On suppose que cet acquéreur consent à supporter toutes les charges hypothécaires qui pèsent sur la propriété, puisqu'il ne s'est pas mis en état de s'en garantir. Chacun des créanciers inscrits devient donc son créancier direct et peut agir contre lui, tant que sa détention dure, comme s'il l'était en effet. Or, ce ne sont pas les immeubles vendus que ces créanciers ont le droit de réclamer du tiers détenteur, la propriété de ces biens leur étant absolument étrangère. Ils ne peuvent employer que les moyens qui sont dans le cas de leur procurer le paiement de ce qui leur est dû. C'est à l'acquéreur qu'appartient l'option de satisfaire ces créanciers ou de délaisser les immeubles. Il a donc été impossible d'accorder aux créanciers inscrits sur la propriété le droit d'exiger ce délaissement, l'acquéreur ne pouvant être contraint de l'effectuer.

La Faculté de droit de Caen a proposé d'ériger en principe que l'aliénation totale ou partielle de l'immeuble hypothéqué ne suffit pas pour rendre les capitaux inscrits exigibles, tant que les sûretés accordées aux créanciers n'ont pas été diminuées, que les intérêts échus des créances sont payés, et qu'une notification du contrat n'a pas fait craindre le morcellement des créances. Cette disposition ne nous semble pas nécessaire, le principe posé par la Faculté résultant suffisamment de plusieurs textes formels du Code civil. L'art. 2167 porte, en effet, que si l'acquéreur ne remplit pas les formalités de purge, il jouira des termes et délais qui ont été accordés au débiteur, et l'art. 2168 ne permet de poursuivre alors le tiers détenteur que pour les intérêts et les capitaux qui sont devenus exigibles. Les créanciers inscrits n'ayant éprouvé aucun changement dans leur condition et ayant conservé tous les droits hypothécaires qu'ils avaient acquis avant la vente, ç'aurait été sans motif que l'on aurait avancé le terme de libération du débiteur. Ce n'est donc que la purge des biens qui rend tous les capitaux exigibles ; mais elle suffit pour produire ce résultat, parce qu'il y a eu, par le fait de l'aliénation partielle, diminution des sûretés qui ont été accordées aux créanciers, et qu'il y aura lieu de morceler les créances pour le remboursement desquelles le prix provenu de la vente ne sera pas suffisant.

ART. 2168. Le tiers détenteur est tenu, dans le même cas, ou de payer tous les intérêts et capitaux exigibles, à quelque somme qu'ils puissent monter, ou de délaisser l'immeuble hypothéqué, sans aucune réserve.

ART. 2169. Faute par le tiers détenteur de satisfaire pleinement à l'une de ces obligations, chaque créancier hypothécaire a droit de faire vendre sur lui l'immeuble hypothéqué, trente jours après commandement fait au débiteur originaire, et sommation faite au tiers détenteur de payer la dette exigible ou de délaisser l'héritage.

La Faculté de droit de Caen remplacerait l'expression : *l'immeuble hypothéqué* dont se sert cet article, par celle-ci : *l'immeuble affecté au privilége ou à l'hypothèque de la créance.* Ces derniers termes exprimeraient mieux, en effet, les deux natures de droits qui sont dans le cas d'être exercés sur les biens.

La même Faculté a présenté une série de formalités que le créancier qui voudrait agir contre un tiers détenteur serait tenu d'accomplir. Quelques-unes de ces conditions ne nous paraîtraient pas d'une grande utilité, et les autres sont suffisamment exprimées par nos lois. Ainsi les énonciations imposées au commandement que l'on doit donner au débiteur originaire avant de pouvoir procéder à la saisie des biens sont fixées par l'art. 673 du Code de procédure, et il n'est pas besoin de les faire répéter par le Code civil. On ne voit pas pourquoi le créancier qui poursuit serait obligé de donner une copie de ce commandement en tête de la sommation qu'il doit faire signifier au tiers détenteur, ces deux actes étant indépendants l'un de l'autre et pouvant être signifiés en même temps, le délai de trente jours, pendant lequel on ne peut procéder à la saisie, ne commençant à courir que lorsqu'ils ont été notifiés tous deux. Le tiers détenteur n'a pas besoin qu'on lui donne copie de l'inscription qu'a prise le créancier qui dirige les poursuites, puisque cette inscription est portée sur un registre public et que le créancier doit être toujours prêt à la représenter. Les autres formalités dont la Faculté parle sont mentionnées au Code de procédure, où elles sont beaucoup mieux placées qu'elles ne le seraient dans le Code civil.

Enfin, la Faculté de droit de Caen a demandé que le remboursement du capital d'une rente perpétuelle ne pût être exigé, faute d'acquittement de deux années d'arrérages, que trente jours après la sommation que le créancier aurait faite au débiteur d'avoir à se libérer des termes échus, et nous croyons que ce serait modifier d'une manière heureuse les dispositions de l'art. 1912 du Code civil que l'on a eu occasion, surtout à l'égard des rentes quérables, d'accuser souvent de sévérité. On préviendrait par ce moyen l'effet d'un simple oubli, d'une négligence involontaire, et même de l'ignorance où peuvent avoir été les héritiers du débiteur de l'obligation qu'ils avaient à remplir; mais cette disposition désirable ne peut trouver place dans ce titre qui lui est étranger, surtout à l'égard des tiers détenteurs qui n'ont pas purgé et qui ne sont tenus que des créances exigibles.

La Faculté de Caen étendrait au surplus le droit de demander ce remboursement à l'égard des capitaux à terme; mais la peine devra paraître trop rigoureuse en ce cas. Le capital d'une rente perpétuelle n'a été aliéné qu'à la condition d'acquitter avec exactitude les arrérages de la rente qui devait en tenir lieu; mais, dans les obligations à terme, les ressources du débiteur ont été prises en considération lorsqu'il s'est agi de fixer le délai à l'expiration duquel seulement il serait tenu de se libérer, et ce serait s'exposer à porter la perturbation dans une foule de fortunes, que de faire perdre si facilement aux débiteurs le bénéfice du terme qui leur a été accordé. C'est donc le cas de conserver à l'égard de ces sortes de créances les dispositions contenues en l'art. 1188 du Code civil.

Art. 2170. Néanmoins le tiers détenteur qui n'est pas personnellement obligé à la dette peut s'opposer à la vente de l'héritage hypothéqué qui lui a été transmis, s'il est demeuré d'autres immeubles hypothéqués à la même dette dans la possession du principal ou des principaux obligés, et en requérir la discussion préalable selon la forme réglée au titre du *Cautionnement;* pendant cette discussion, il est sursis à la vente de l'héritage hypothéqué.

La Faculté de droit de Caen pense que les héritiers qui ont obtenu dans leur lot des immeubles provenant du défunt ne devraient être considérés que comme de simples détenteurs quant à la portion des dettes et des charges de la succession dont ils ne sont pas tenus d'une manière personnelle, et qu'ainsi ils devraient pouvoir se sous-traire à l'action hypothécaire des créanciers du défunt, en délaissant les biens qui leur sont advenus par l'effet du partage. La Faculté s'est prévalue à l'appui de l'avis de Pothier, contraire cependant à ce qu'enseignait Loyseau, et nous devons convenir que plusieurs auteurs qui ont écrit depuis le Code ont émis la même opinion; mais la Cour de cassation a repoussé cette assimilation de l'héritier à un tiers détenteur, et constamment jugé que les dispositions du titre des *Hypothèques* ne pouvaient s'appliquer aux héritiers.

Vainement la Faculté de Caen a-t-elle dit que la Cour de cassation ne s'était prononcée ainsi qu'à raison du texte précis de la loi existante. Ce n'est point comme se croyant enchaînée par une volonté arbitraire du législateur, mais d'après les vrais principes de la matière, que la Cour s'est prononcée en ce sens. Chaque héritier représente, en effet, la personne du débiteur et doit supporter personnellement une portion des dettes que son auteur a contractées, tandis que les tiers détenteurs sont restés étrangers aux engagements du vendeur. Si la nécessité des choses a fait établir la divisibilité des dettes de l'hoirie entre tous les successibles, ce n'a été qu'à l'égard de l'action personnelle; mais on a dû conserver aux créanciers du défunt la plénitude de leurs droits hypothécaires, afin de ne pas trop étendre l'atteinte portée par la division de la dette aux droits de ces créanciers, et aussi à raison de l'indivisibilité de l'hypothèque. Ce n'est donc pas seulement comme simples détenteurs, mais comme représentants du défunt, que les héritiers peuvent être poursuivis hypothécairement pour la totalité de la dette. Aussi ne peuvent-ils jamais purger les biens qui leur sont échus en partage, et il suffirait, aux termes de l'art. 2172, pour qu'ils ne pussent les délaisser, qu'ils fussent tenus personnellement, même pour une seule partie, de ce qui est dû au créancier qui les poursuit. Les acquéreurs et les donataires ne font, en délaissant les biens, que renoncer à se prévaloir d'un contrat qui leur serait plus onéreux que profitable. Ce délaissement fait cesser le fait qui, seul, aurait autorisé les créanciers du vendeur à les poursuivre ; mais un héritier ne peut renoncer à la qualité qu'il a prise, ni se soustraire aux actions qu'elle a fait acquérir contre lui. A la vérité, le droit hypothécaire des créanciers cessera après l'adjudication des immeubles que possédait l'héritier et la distribution légale de leur prix ; mais c'est le sort de toutes les hypothèques dont l'avantage ne peut excéder la valeur des biens qui y sont soumis. Ne comptera-t-on pour rien que ces créanciers aient été dispensés de mettre les biens en séquestre, comme ils l'auraient dû, aux termes de l'art. 2174 du Code, par suite du délaissement qu'aurait opéré l'héritier, et qu'il puisse lui réclamer le montant des dégradations que les immeubles auront éprouvées par son fait ou par sa négligence, jusqu'à l'entrée en possession du nouvel acquéreur ?

La Faculté de droit de Caen nous paraît avoir été mieux fondée lorsqu'elle a dit que l'exception de discussion que permet d'opposer l'art. 2170 du Code ne devrait être admise que dans le cas où le tiers détenteur indiquerait des immeubles suffisants pour que leur prix pût procurer aux créanciers le remboursement intégral de ce qui lui est dû. Cette condition mériterait effectivement d'être ajoutée à la loi. Si elle n'est pas dans le cas d'être imposée aux fidéjusseurs, c'est qu'un cautionnement non solidaire n'est destiné qu'à suppléer à l'obligation principale jusqu'à concurrence seulement de ce que les biens du débiteur n'auront pu procurer, tandis qu'un tiers détenteur qui veut empêcher un créancier inscrit d'user de son hypothèque sur les biens qui ont été vendus s'oppose à l'exercice d'un droit qui a primé le sien et qui lui est ainsi préférable. Si la loi a permis à ce détenteur, pour éviter la dépossession qui le menace, de renvoyer le créancier à poursuivre la vente des autres biens soumis à son hypothèque, il ne convient pas de rendre trop dure la condition de ce créancier, en l'obligeant de se livrer à une poursuite d'expropriation forcée dont les résultats seraient hors d'état de le satisfaire, qui retarderait l'époque de son remboursement final, et entraînerait le morcellement de sa créance. Il est d'autant plus naturel d'exiger que les immeubles indiqués par le tiers détenteur soient de nature à assurer le paiement intégral de la dette, que, s'ils ne sont pas tels, le créancier devra revenir sur les biens que ce détenteur a acquis, et que la dépossession de ce tiers n'aura ainsi été que retardée. On doit craindre aussi de laisser trop longtemps entre les mains de l'acquéreur les biens qu'il doit perdre, afin qu'il ne soit pas tenté d'abuser de leur détention ; seulement il conviendrait, pour reconnaître au moins approximativement la valeur des biens qui seraient indiqués par le tiers détenteur, de prendre pour base, non, comme le propose la Faculté, les dispositions de la loi du 14 novembre 1808 aux termes desquelles on fixerait cette valeur d'après les derniers baux authentiques sur le pied du denier vingt-cinq, et, à défaut de baux de cette nature, d'après le rôle des contributions foncières sur le pied du denier trente, mais le mode d'évaluation énoncé en l'art. 2165 du Code civil, en déduisant sur cette valeur présumée le montant des créances inscrites qui primerait l'hypothèque du créancier poursuivant.

Art. 2171. L'exception de discussion ne peut être opposée au créancier privilégié ou ayant hypothèque spéciale sur l'immeuble.

Art. 2172. Quant au délaissement par hypothèque, il peut être fait par tous les tiers détenteurs qui ne sont pas personnellement obligés à la dette, et qui ont la capacité d'aliéner.

La Faculté de droit de Caen permettrait aux tuteurs de faire un délaissement au nom de leurs mineurs, à la seule condition de s'y faire autoriser par un conseil de famille, et elle étendrait cette faculté aux mineurs émancipés qui seraient assistés de leur curateur, ainsi qu'aux administrateurs légaux des biens d'autrui qui y auraient été autorisés.

Il est rare que des mineurs, même émancipés, se trouvent dans le cas de délaisser des immeubles, car ils n'ont pu en acquérir, au moins d'une manière capable de les engager. Il en est à plus forte raison de même des simples administrateurs, qui n'ont d'autres pouvoirs que ceux qui leur ont été confiés. Cependant, comme il peut arriver que des mineurs soient poursuivis hypothécairement du chef de leur auteur, et qu'un délaissement soit dans le cas de leur offrir un avantage, si l'on estime qu'il convient d'étendre jusqu'à eux le droit que la loi accorde aux autres détenteurs, la gravité du fait, qui équivaudrait à une aliénation, exigerait, comme on l'a prescrit quant à tous les droits immobiliers des mineurs, que l'avis de la famille fût soumis à l'homologation du tribunal. A l'égard des administrateurs qui ont été autorisés à cet effet par l'autorité compétente, il n'est pas douteux qu'ils doivent être rangés dans la classe des autres détenteurs. Il n'est donc pas nécessaire qu'une disposition spéciale soit portée quant à eux.

Art. 2173. Il peut l'être même après que le tiers détenteur a reconnu l'obligation ou subi condamnation en cette qualité seulement ; le délaissement n'empêche pas que, jusqu'à l'adjudication, le tiers détenteur ne puisse reprendre l'immeuble en payant toute la dette et les frais.

Art. 2174. Le délaissement par hypothèque se fait au greffe du tribunal de la situation des biens, et il en est donné acte par ce tribunal.

Sur la pétition du plus diligent des intéressés, il est créé à l'immeuble délaissé un curateur sur lequel la vente de l'immeuble est poursuivie dans les formes prescrites pour les expropriations.

La même Faculté de Caen a présenté une rédaction de cet article d'après laquelle le délaissement se ferait au greffe du tribunal où la saisie immobilière des biens devrait être portée, et serait accompagné d'une demande en validité devant le même tribunal, qui donnerait acte du délaissement et nommerait un curateur aux biens qui auraient été délaissés.

La vente judiciaire des biens qui ont formé l'objet du délaissement doit être, en effet, poursuivie devant le tribunal du lieu de leur situation ; mais il arrive quelquefois qu'à raison de la connexité de ces biens avec d'autres immeubles appartenant au même débiteur, cette vente doit avoir lieu devant un autre tribunal. Le détenteur pourrait alors ne pas connaître le greffe auquel il devrait se présenter, et son délaissement se trouverait nul sans que l'on eût de reproche fondé à lui faire. Il est donc préférable de laisser subsister la disposition actuelle, qui, en indiquant pour faire le délaissement le greffe du tribunal de la situation des biens, ne laisse aucun doute sur la conduite que le détenteur doit tenir.

Le Code veut qu'il soit donné acte du désistement par le tribunal, mais comme il n'indique pas la procédure à suivre à cet égard, la Faculté de droit de Caen suppose qu'une assignation doit être donnée au créancier poursuivant, et qu'un jugement contradictoire est dans le cas d'intervenir. Il n'en est cependant point ainsi. Nul n'est appelé au jugement par lequel le tribunal, sur le vu du délaissement, donne acte du fait sans aucunement préjuger la validité de cet acte. Le tout est signifié au créancier qui a commencé les poursuites , et ce n'est que lorsque le délaissement est attaqué qu'une instance est devenue nécessaire. On peut donc éviter assez souvent les frais que le mode proposé par la Faculté de Caen forcerait de faire toujours.

Art. 2175. Les détériorations qui procèdent du fait ou de la négligence du tiers détenteur, au préjudice des créanciers hypothécaires ou privilégiés, donnent lieu contre lui à une action en indemnité ; mais il ne peut répéter ses impenses et améliorations que jusqu'à concurrence de la plus value résultant de l'amélioration.

Les règles générales posées par cet article n'ont point été contestées en elles-mêmes, mais il a été proposé d'imposer plusieurs conditions aux personnes qui sont appelées à s'en prévaloir.

Ainsi, la Cour royale de Grenoble voudrait que le tiers acquéreur qui a délaissé les biens ne pût réclamer ses impenses utiles qu'autant qu'il se serait conformé aux dispositions de la loi relatives au privilége des architectes et des ouvriers constructeurs, en faisant dresser préalablement par un expert nommé d'office un procès-verbal de l'état des lieux, et en faisant recevoir ses travaux dans les six mois de leur perfection par une autre expertise, dont le résultat, ainsi que celui de la première visite, devrait être inscrit dans un certain délai.

Il existe cependant de grandes différences entre la position où se sont trouvés les tiers détenteurs pendant leur possession des biens, et celle des architectes et des ouvriers constructeurs qui veulent acquérir un privilége. Ceux-ci ont travaillé pour le compte d'autrui, et ils ont connu la nécessité d'assurer leur privilége en accomplissant les formalités prescrites par le Code, tandis que le tiers détenteur n'a agi que pour son propre compte, et n'a pas dû penser qu'il aurait un jour à réclamer le montant des améliorations qu'il faisait aux biens dont il était devenu propriétaire, ni qu'il avait des précautions à prendre s'il voulait en être remboursé dans un cas qu'il ne pouvait prévoir. Les travaux pour lesquels les architectes et les ouvriers constructeurs ont droit à un privilége se composent, en outre, d'une suite d'ouvrages dont le propriétaire a pu déclarer l'importance, d'après les avis et les marchés qu'il était au moment de conclure, dès la première visite par expert à laquelle il doit être procédé, tandis qu'un tiers détenteur a été dans le cas de se livrer à des améliorations partielles sans cesse renaissantes, et à raison desquelles il devrait à chaque instant se livrer à de nouvelles formalités. Ce n'a donc été que guidé par les plus sages motifs que le Code a concentré la reconnaissance de tous les travaux auxquels a fait procéder le tiers détenteur dans une opération unique, qui doit porter, à la fin de sa jouissance, sur l'estimation de la plus value qu'il a procurée aux biens qu'il a délaissés.

La Faculté de droit de Caen a aussi présenté une nouvelle rédaction de l'art. 2175, d'après laquelle l'indemnité due par un tiers détenteur par suite des détériorations dont il est responsable serait jointe au prix provenu de l'immeuble et attribuée aux créanciers inscrits sur sa propriété. C'est ce qui se pratique toujours, quoique la loi ne s'en soit pas expliquée en termes explicites. L'indemnité due alors par le délaissant ne forme que la représentation de la valeur que les biens auraient eue s'ils n'avaient pas été détériorés; elle ne fait que remplacer la portion du prix qui a été perdue, et l'abandon qui en est fait aux créanciers hypothécaires ne sert qu'à les couvrir du tort que ces dégradations leur ont fait éprouver; mais la Faculté voudrait, en outre, que le tiers détenteur ne pût réclamer le montant de ses impenses que s'il en a formé la demande dans l'acte même du délaissement, ou par un dire qui serait inséré au cahier des charges de la revente des biens en justice, et le premier de ces modes ne nous paraît pas dans le cas d'être admis. Il obligerait le tiers à faire suivre le délaissement d'une instance principale à laquelle devraient être appelés tous les créanciers inscrits sur l'immeuble, puisque tous auraient intérêt à débattre les prétentions du tiers détenteur, et l'on occasionnerait ainsi des frais considérables qui, étant à prendre sur le prix provenu de l'immeuble, seraient supportés en définitive par les créanciers sur qui les fonds viendraient déjà à manquer. Le dire que le tiers détenteur ferait insérer au cahier des charges de la vente est, **au** contraire, la meilleure marche que la loi puisse tracer. Il procurerait l'avantage de mettre le poursuivant à même d'imposer à l'adjudicataire futur la condition de supporter sans diminution de son prix l'effet de la réclamation du tiers détenteur. A défaut de cette clause, le tiers détenteur n'aurait à exercer sa réclamation que par un dire sur le procès-verbal de l'ordre. Le juge-commissaire renverrait sur cet incident les parties à l'audience, où un expert serait nommé par le tribunal, et un simple avenir aurait remplacé la procédure coûteuse à laquelle il faudrait autrement se livrer.

Art. 2176. Les fruits de l'immeuble hypothéqué ne sont dus par le tiers détenteur qu'à compter du jour de la sommation de payer ou de délaisser, et si les poursuites commencées ont été abandonnées pendant trois ans, à compter de la nouvelle sommation qui sera faite.

La Faculté de droit de Caen a proposé de faire immobiliser par le Code les fruits que doit restituer le tiers détenteur qui a délaissé les biens, et d'en attribuer le montant aux créanciers inscrits d'après le rang de leurs hypothèques. Cette disposition sage aurait le même motif que celle qui a fait attribuer à ces créanciers les revenus des biens saisis immobilièrement, depuis la dénonciation de la saisie au débiteur. Il serait juste que les créanciers qui ont été empêchés par la vente qui a été faite au tiers détenteur, de se livrer à une poursuite immobilière qui leur aurait procuré sur les revenus des biens le droit exclusif que la loi leur accorde, en fussent indemnisés par les fruits que doit restituer l'acquéreur qui a délaissé. Ils ne les obtiendraient, au surplus, qu'en remplacement des intérêts du prix qu'aurait dus cet acquéreur, et qui leur auraient incontestablement été attribués sur l'ordre.

La même Faculté a aussi été d'avis que l'espèce de péremption que l'art. 2176 a établie en faveur du tiers détenteur dans le cas où les poursuites commencées contre lui ont été abandonnées pendant plus de trois ans, devrait être remplacée par une disposition au moyen de laquelle, faute par le créancier d'avoir agi sans interruption, les poursuites auxquelles il s'est livré seraient réputées comme non avenues. Ce serait, selon nous, remplacer le droit par l'arbitraire. Il est évident que si aucun temps n'était fixé pour reconnaître l'interruption qui a suffi pour faire tomber les poursuites, il serait difficile de reconnaître si le créancier doit être considéré comme les ayant ou non abandonnées, et qu'un silence de quelques jours ou de quelques semaines rendrait incertain le droit des créanciers sur les fruits. Il importe donc, pour prévenir ce danger, que la disposition du Code soit maintenue.

Art. 2177. Les servitudes et droits réels que le tiers détenteur avait sur l'immeuble avant sa possession renaissent après le délaissement ou après l'adjudication faite sur lui.

Ses créanciers personnels, après tous ceux qui sont inscrits sur les précédents propriétaires, exercent leur hypothèque à leur rang sur le bien délaissé ou adjugé.

La Cour royale de Grenoble a demandé que les inscriptions que l'acquéreur avait prises avant son acquisition sur les biens qu'il a délaissés soient déclarées sujettes à péremption, faute d'avoir été renouvelées à temps pendant la détention qu'il a eue de l'immeuble.

La solution de cette difficulté dépend de la question de savoir si les inscriptions qui ont produit leur effet doivent néanmoins être renouvelées, car s'il est admis qu'une nouvelle inscription est alors inutile, on devra reconnaître que la vente faite au profit du tiers détenteur et qui avait converti son hypothèque en un droit sur le prix, avait fait produire tout leur effet aux inscriptions qu'il avait prises sur l'immeuble. Il est vrai que le contrat de vente ne suffit pas à l'égard des autres créanciers ; qu'il faut en outre que ce contrat ait été transcrit et qu'il ait été notifié aux créanciers inscrits sur l'immeuble vendu, avec soumission par l'acquéreur de payer en leurs mains le prix de la vente qui lui a été faite ; mais l'acquéreur ne peut avoir à remplir cette formalité envers lui-même. La condition s'est accomplie, en ce qui le concerne, par le seul fait du contrat qui est intervenu, et ce serait occasionner des frais inutiles que de l'astreindre à s'inscrire de nouveau sur les biens dont il est devenu propriétaire. On pourrait aller jusqu'à dire qu'il s'était opéré une véritable confusion de sa créance, si elle devait venir en ordre utile, avec le prix dont il était débiteur et que l'ordre à faire n'avait plus qu'à la déclarer. Aussi la Faculté de droit de Caen a-t-elle été d'avis que la péremption des inscriptions prises par l'acquéreur ne devait point courir pendant tout le temps qui s'est écoulé depuis la vente jusqu'au délaissement de l'immeuble. En vain opposerait-on que ces inscriptions ne seront pas mentionnées dans les extraits délivrés par le conservateur lorsqu'elles auront plus de dix ans de date. Le public ne peut s'y trouver intéressé, puisque depuis la vente qui a été consentie au tiers qui a délaissé, nul n'a pu acquérir d'hypothèque sur les biens qui ont cessé d'appartenir au vendeur. Il serait donc sans inconvénient de conserver à l'acquéreur le droit de se présenter à l'ordre et de s'y faire colloquer à son rang, si, défalcation faite du temps qui s'est écoulé pendant sa détention des immeubles, ses inscriptions ont été renouvelées avant l'expiration du délai de dix ans.

La Faculté de droit de Caen s'est aussi occupée des servitudes qui ont été constituées sur des biens qui étaient grevés d'hypothèques inscrites, et elle a été d'avis que ces servitudes devaient être maintenues, mais à la charge par ceux qui les ont acquises d'en payer la valeur aux créanciers inscrits suivant l'estimation qui en serait faite par experts, si mieux ils n'aimaient renoncer aux droits qu'ils avaient obtenus. Le prix que l'acquéreur de la servitude s'obligerait à remettre à ces créanciers réparerait le préjudice causé à leurs droits hypothécaires. Nous avons même eu l'occasion de dire qu'un débiteur, ne pouvant diminuer par un contrat nouveau les sûretés que les créanciers ont acquises, devait être réputé hors d'état d'imposer sur ses biens, au détriment des hypothèques qui les grèvent, des charges telles qu'une servitude, un usufruit, un droit d'usage ou d'habitation, qui équivalent à des aliénations partielles, à moins que ces charges, donnant lieu à une récompense, fissent recouvrer aux créanciers le prix de ce qu'ils auraient perdu. Nous pensons donc que ce serait le cas d'exprimer dans le Code le principe qui réglerait ces divers intérêts.

Les formalités que la même Faculté indique pour que l'on puisse appliquer ce principe nous paraissent seulement être trop compliquées. Tant que les biens sont restés entre les mains du débiteur, les créanciers n'ayant point à souffrir de la charge qui leur a été imposée, ne peuvent être autorisés à exercer des poursuites contre le tiers qui doit en profiter. Ce n'est que lors de l'aliénation des immeubles que ces créanciers ont dû éprouver une perte, puisque le prix qui a été obtenu en a été d'autant diminué. Ce n'est donc qu'à cette époque que les créanciers du vendeur peuvent être autorisés à agir. Il importe même de distinguer, quant à la marche qu'ils ont à suivre, les divers modes d'après lesquels il peut être procédé à une aliénation. Si la vente doit avoir lieu par suite d'une saisie immobilière, l'acquéreur du droit concédé devrait être tenu de déclarer avant l'adjudication s'il entend acquitter le prix qui sera donné à ce droit, ou s'il préfère renoncer à en exiger l'exercice, et, faute par lui d'avoir fait cette déclaration, le réputer déchu de l'option qui lui était déférée, et tenu de payer le montant de l'estimation qui sera faite du droit qu'il a obtenu. Lorsque, au contraire, la vente a été volontaire, comme le prix des biens a été fixé par le contrat, et que l'abandon du droit accordé ne profiterait plus qu'au nouveau propriétaire, l'acquéreur de ce droit ne devrait point avoir la faculté d'y renoncer, et il devrait alors toujours payer l'indemnité, suivant estimation, aux créanciers utilement colloqués sur le prix de l'immeuble.

ART. 2178. Le tiers détenteur qui a payé la dette hypothécaire, ou délaissé l'immeuble hypothéqué, ou subi l'expropriation de cet immeuble, a le recours en garantie, tel que de droit, contre le débiteur principal.

Il a été proposé d'ajouter plusieurs dispositions à cet article, qui, en lui-même, n'a souffert aucune difficulté.

Ainsi, d'après la Cour royale de Grenoble, on accorderait un recours au détenteur qui a payé une dette hypothécaire, contre les acquéreurs des autres immeubles qui étaient affectés à la même créance et dont le titre d'acquisition est postérieur au sien. Il est certain que ce créancier a été subrogé, même sans stipulation et par le seul effet de l'art. 1251 du Code civil, à l'hypothèque du créancier qu'il a désintéressé, et qu'il est autorisé à agir sur les autres biens du débiteur comme ce créancier l'aurait pu lui-même. Il ne peut donc s'élever de doute que sur la manière dont ce recours est dans le cas d'être exercé. La Cour de Grenoble a pensé que la créance ainsi remboursée devait être mise à la charge de l'immeuble qui avait été vendu le dernier, et elle s'est fondée sur ce que, à l'époque où cet immeuble se trouvait dans les mains du débiteur, il était soumis en première ligne à l'action hypothécaire du créancier qui a été satisfait. La Faculté de droit de Strasbourg, qui professe le même système, s'est en outre prévalue des dispositions des articles 930 et 2170 du Code civil. Elle a ajouté [1] que le débiteur n'avait pu priver de ce recours le premier acquéreur en aliénant le surplus de ses biens, et que les tiers qui n'avaient acquis qu'ensuite étaient moins favorables que ceux qui avaient acquis les premiers.

Nous avouons que ces arguments ne nous paraissent aucunement décisifs. L'art. 930 du Code n'a trait qu'à un cas spécial qui est régi par de tout autres principes que celui dont nous nous occupons. Ainsi, lorsqu'une donation entre-vifs doit être réduite comme ayant excédé la quotité disponible, les héritiers à réserve du donateur ont le droit, après avoir discuté les biens du donataire, de déposséder les acquéreurs des biens donnés jusqu'à concurrence de ce qui reste à retrancher de la disposition. Il est juste en ce cas que la réduction s'opère en premier lieu sur les biens qui ont été le plus récemment aliénés et successivement sur les ventes antérieures, en remontant d'après l'ordre de leurs dates, puisque tant que le donataire n'a vendu que les biens dont le donateur a pu disposer, il n'a fait qu'user d'un droit légitime. Ce n'est que du moment où ces aliénations ont excédé la quotité disponible que le donataire se trouve avoir vendu les biens des héritiers du donateur, et que les tiers qui les ont acquis doivent en être dépouillés. Un débiteur, au contraire, quelles que soient les hypothèques dont ses biens sont grevés, peut disposer valablement et comme il lui plaît de tous ses immeubles, et il n'existe aucune cause de préférence entre leurs divers acquéreurs, quel que soit l'ordre des aliénations qui leur ont été consenties. Aussi l'art. 2170, dont excipe aussi la Faculté de Strasbourg, ne donne-t-il au tiers détenteur le droit de requérir la discussion des autres biens qui sont hypothéqués à la dette pour laquelle il est poursuivi qu'autant que ces biens *sont encore* en la possession du débiteur. Les dispositions de cet article ne résolvent donc pas non plus la difficulté.

On ne peut espérer d'y parvenir qu'en recourant à des règles plus simples mais mieux appropriées au cas qui nous occupe, et qui sont de nature à ménager les droits de tous les intéressés. Si l'hypothèque à laquelle le créancier a été subrogé est géné-

(1) Tome II des documents, page 888.

rale, si elle porte, au moins, sur plusieurs des immeubles qui appartenaient au débiteur, le montant de la créance qui a été acquittée par l'un des acquéreurs partiels doit être, dans l'intérêt des autres ayants droit, réparti au marc le franc sur chacun des immeubles qui en étaient tenus, même sur ceux aliénés, lorsque les biens possédés encore par le débiteur ne sont pas suffisants pour acquitter la dette, et l'on n'a point égard alors à la date des aliénations qui ont eu lieu, pourvu que les immeubles vendus n'aient pas été purgés de l'hypothèque à laquelle le détenteur qui veut agir a été subrogé, ou que leur prix n'ait pas été définitivement attribué à d'autres créanciers. Lorsque, au contraire, cette hypothèque n'est que spéciale, qu'elle ne porte nommément que sur les biens que le détenteur à acquis, ce détenteur ne peut exercer aucun recours hypothécaire sur le prix des autres biens du débiteur, car il ne saurait avoir plus de droits que le créancier qui l'a subrogé n'en avait. C'est aussi ce qu'a dit la Cour royale de Pau, dont l'avis nous paraît parfaitement conforme aux principes.

La même Cour a prévu le cas où un créancier a renoncé à son hypothèque sur une partie des biens qui en étaient tenus, ou a laissé périmer à l'égard de quelques-uns de ces biens l'inscription qu'il avait requise. Elle voudrait que le créancier ne pût alors réclamer, sur les autres immeubles du débiteur qui sont détenus par des tiers, que la part contributoire de la dette que chacun de ces biens était dans le cas de supporter ; mais la règle dont la Cour excipe ne nous paraît pas devoir être appliquée à ce cas. Les créanciers ne sont point obligés de conserver l'intégralité de leur hypothèque pour être à même de l'exercer dans toute sa plénitude sur les autres biens du débiteur. S'ils l'ont perdue sur quelques-uns de ces biens, ils l'ont conservée entière sur les autres. Les cautions ne sont déchargées, lorsque leur subrogation à l'hypothèque qui était attachée à la créance ne peut plus avoir lieu par le fait du créancier, que parce que ce créancier n'a pu renoncer à leur préjudice aux sûretés sur la foi desquelles elles se sont engagées; mais aucune obligation semblable n'existe à l'égard d'un créancier, même au regard des tiers. L'hypothèque de ce créancier, de générale qu'elle était, est seulement devenue spéciale, et le public n'a pu y être trompé, puisque les biens encore grevés sont restés frappés de l'inscription qu'il avait prise, et que les autres immeubles se sont trouvés seulement affran-

chis de son hypothèque. Ce n'est que lorsqu'une hypothèque générale continue de porter sur tous les biens du débiteur qu'elle doit
être répartie au marc le franc sur la totalité des prix qui en sont
provenus. Lorsque, au contraire, cette hypothèque a cessé d'être
générale, elle ne doit plus être supportée que par les biens qui en
sont restés grevés.

Art. 2179. Le tiers détenteur qui veut purger sa propriété
en payant le prix observe les formalités qui sont établies
dans le chapitre VIII du présent titre.

Les formalités que doit remplir un tiers détenteur qui veut purger
la propriété qu'il a acquise sont toutes mentionnées au chapitre VIII
du présent titre, et les articles 832 et suivants du Code de procédure ne faisant qu'énoncer comment ces formalités doivent être accomplies, mais n'en ayant ajouté aucune, on ne croit pas qu'il soit
nécessaire, comme la Cour royale de Grenoble le propose, et sauf
ce qui a été dit sur l'art. 2166, de mentionner les dispositions contenues en ces différents articles dans le Code civil.

Chapitre VII. — *De l'extinction des priviléges et hypothèques.*

Art. 2180. Les priviléges et hypothèques s'éteignent :
1° Par l'extinction de l'obligation principale ;
2° Par la renonciation du créancier à l'hypothèque ;
3° Par l'accomplissement des formalités et conditions prescrites aux tiers détenteurs pour purger les biens par eux
acquis ;
4° Par la prescription.
La prescription est acquise au débiteur, quant aux biens
qui sont dans ses mains, par le temps fixé pour la prescription
des actions qui donnent l'hypothèque ou le privilége.
Quant aux biens qui sont dans la main d'un tiers détenteur,
elle lui est acquise par le temps réglé pour la prescription de
la propriété à son profit ; dans le cas où la prescription suppose un titre, elle ne commence à courir que du jour où il a
été transcrit sur les registres du conservateur.
Les inscriptions prises par le créancier n'interrompent pas

le cours de la prescription établie par la loi en faveur du débiteur ou du tiers détenteur.

Les trois premières circonstances énoncées en cet article comme entraînant l'extinction des priviléges et hypothèques n'ont donné lieu à quelques observations que de la part de la Faculté de droit de Caen dont nous examinerons tout à l'heure l'avis, mais la quatrième de ces circonstances, qui fait résulter de la prescription la perte de l'hypothèque, a fourni matière à d'assez nombreuses propositions.

Ainsi la Cour royale de Rouen a demandé que la durée de cette prescription fût portée à trente ans. Tout en reconnaissant que le laps de dix ou de vingt ans suffit pour qu'un tiers possesseur qui a acquis de bonne foi et par un juste titre soit à couvert des réclamations du propriétaire véritable, la Cour a pensé que les acquéreurs ne devaient pas jouir de cet avantage à l'égard de créanciers inscrits sur la propriété. Ses motifs ont été que les acquéreurs se sont trouvés constitués en état de mauvaise foi par le fait seul des inscriptions existant sur la propriété, tandis que les créanciers ignorent presque toujours les ventes faites par leur débiteur lorsqu'elles ne leur ont point été notifiées, et qu'ils n'ont pas eu à s'en enquérir si le débiteur s'est acquitté à chaque échéance des intérêts qui leur étaient dus. Enfin, la Cour a dit que l'acquéreur qui avait négligé de purger les biens méritait peu de faveur. La Cour a cependant été obligée de reconnaître qu'il serait étrange que les tiers pussent purger la propriété à l'égard du vrai propriétaire par un temps plus court que celui qui serait nécessaire pour qu'ils fussent affranchis des charges qui la grèvent, mais elle a su trouver une cause de cette différence dans le besoin de ne pas laisser la propriété en butte à de trop longues incertitudes.

Il nous semble que le même motif doit empêcher de laisser subsister si longtemps les priviléges et les hypothèques à raison desquels un acquéreur peut être poursuivi. Si l'on a reconnu que les réclamations du propriétaire véritable ne devaient pas être écoutées après un certain temps, à combien plus forte raison ce délai doit-il suffire à l'égard des créanciers et des vendeurs qui ont pu mieux encore veiller à la conservation de leurs droits. La libération des acquéreurs serait autrement rendue trop périlleuse. Les inscriptions hypothécaires qui existent sur les immeubles vendus n'ont jamais été considérées comme suffisantes pour constituer les tiers détenteurs en état de mauvaise foi. Ces détenteurs ignorent, en effet, si les causes de ces inscriptions sont valables et si elles subsistent toujours. Le silence qu'ont gardé les créanciers doit même leur faire supposer que leurs droits n'ont plus de réalité. On ne peut non plus faire un crime à un détenteur de n'avoir pas purgé les biens qu'il a acquis, car il lui était loisible de ne pas accomplir cette formalité, et on ne serait en droit de le punir d'avoir négligé de la remplir que si la loi lui avait imposé le devoir de l'observer. Enfin, les créanciers n'ont pu ignorer que par leur faute l'aliénation qui a porté atteinte à leurs droits, puisque, outre la possession publique que doit avoir eue l'acquéreur, la prescription de dix ou vingt ans ne commence à courir contre eux que du jour de la transcription du contrat, qui arrivera d'autant mieux à la connaissance de tous que cette transcription aura, comme nous le proposons, été publiée dans un journal d'annonces judiciaires.

Cette disposition de l'art. 2180 du Code a fourni aux Cours royales de Rouen et de Besançon l'occasion de dire que la loi s'était mise en contradiction avec elle-même, puisqu'elle faisait courir la prescription contre l'action en revendication du vrai propriétaire du jour même de l'acte qui a été passé au profit du tiers détenteur, tandis qu'elle ne la faisait commencer à l'égard des créanciers inscrits que de l'époque de la transcription de cet acte. Il est cependant facile d'apercevoir la cause de cette différence. Le véritable propriétaire peut agir de suite contre l'un des possesseurs de ses biens. Son droit est entier et actuel. Il n'a pas besoin de connaître, pour former sa demande, les aliénations qui ont été consenties par les précédents détenteurs. Il s'adresse à la personne, quelle qu'elle soit, qui possède ses immeubles, pour qu'elle ait à les lui restituer. Il n'en est pas de même des créanciers inscrits qui n'ont pu se pourvoir contre le tiers détenteur tant que le contrat de vente leur est resté inconnu. La transcription de cet acte peut seule faire réputer ces créanciers avoir acquis, au moins d'une manière légale, connaissance du fait qui leur permet d'user de leur hypothèque à l'égard de ce tiers. Il a donc été naturel de ne faire courir que de cette transcription le délai qui affranchit l'acquéreur de l'action que ces créanciers pouvaient exercer contre lui, et les auteurs du Code, loin de se contredire, n'ont fourni en cela qu'une preuve de plus de leur profonde sagesse.

La Cour royale d'Orléans a manifesté le désir que le Code civil vidât la question de savoir si l'acquéreur qui a purgé sa propriété en remplissant les formalités requises pouvait néanmoins opposer la prescription de dix ou de vingt ans aux créanciers entre les mains de qui il avait déclaré être prêt d'acquitter le prix de son acquisition. Plusieurs jurisconsultes ont, en effet, émis l'avis que cet acquéreur ne pouvait plus opposer à ces créanciers que la prescription trentenaire, parce qu'il avait contracté envers eux une obligation personnelle au moyen de la soumission qu'il leur avait fait signifier de payer son prix entre leurs mains; mais cette opinion n'a point été admise par la Cour de cassation, qui a posé en principe, par plusieurs arrêts, que le détenteur n'avait entendu que purger les biens qu'il avait acquis, et non reconnaître aux créanciers inscrits des droits qu'il n'avait pas été à même de connaître; que cet acquéreur, qui n'avait vu que l'existence matérielle des inscriptions sur le registre du conservateur, n'avait agi que dans la supposition que les créances inscrites étaient sincères et véritables, ce qui devait se vérifier plus tard, mais que le silence gardé par ces créanciers pendant un si long temps avait suffi pour établir aux yeux de cet acquéreur la présomption contraire et pour avoir mis la prescription dans le cas de courir. Quoique ce point de doctrine soit tenu maintenant pour constant, il serait à propos, pour empêcher qu'il pût encore être remis en doute, de le faire consacrer, comme les Cours le demandent, par une disposition expresse de la loi.

Plusieurs Cours se sont aussi occupées des faits qui doivent être réputés de nature à avoir interrompu la prescription que les tiers détenteurs sont dans le cas d'opposer aux créanciers inscrits sur la propriété qu'ils ont acquise. La Cour royale de Metz a demandé que les inscriptions prises par ces créanciers pendant la jouissance de l'acquéreur fussent reconnues suffisantes pour avoir produit cet effet. Elle s'est fondée sur ce que l'acquéreur avait été à même de connaître ces inscriptions, puisqu'elles avaient été portées sur un registre public, et sur ce que ces créanciers avaient fait. en s'inscrivant, tout ce qu'ils devaient faire pour la conservation de leurs droits; mais ces motifs ne nous paraissent pas de nature à faire admettre la disposition proposée.

Le principe général est qu'une prescription ne peut être civilement interrompue que par un acte qui ait été signifié au débiteur. Encore est-il nécessaire, d'après le principe posé en l'art. 2244 du Code civil, que cet acte contienne une citation en justice, ou qu'il constitue une poursuite extra-judiciaire contre le prescrivant. Une simple signification du titre que l'on prétend avoir ne suffit pas pour interrompre la prescription, parce que si elle n'a point été suivie d'une demande en justice, le tiers qui l'a reçue a pu croire que le droit réclamé n'avait pas d'existence réelle ou qu'il y avait été satisfait. On voit dès lors qu'il est impossible qu'une simple inscription puisse suffire pour que la prescription soit interrompue à l'égard du tiers détenteur, ou pour l'empêcher de courir. Non-seulement cette inscription peut être restée inconnue à l'acquéreur s'il s'est contenté de faire transcrire le contrat qui lui a été consenti, mais lors même que cet acquéreur en a eu connaissance, il a été dans l'impossibilité de savoir si le titre était valide, s'il avait conféré une hypothèque utile, et enfin si la créance n'avait pas été acquittée. Une simple mesure conservatoire n'a pu dispenser le créancier d'agir, et elle ne le rend pas plus favorable que ne l'est le vrai propriétaire, qui, après avoir fait signifier ses titres au détenteur, ne s'est pas pourvu à temps contre lui.

La prescription établie par l'art. 2180 du Code ne peut donc être interrompue, si la purge a eu lieu, que par l'ouverture de l'ordre qui équivaut à une demande en justice, et après la distribution du prix de la vente, par les poursuites que les créanciers utilement colloqués ont exercées afin d'obliger l'acquéreur à verser entre leurs mains le montant de ce prix. Si, au contraire, les formalités de purge n'ont pas été remplies, cette prescription s'interrompt, non par la sommation que les créanciers ont fait signifier au tiers détenteur afin qu'il ait à les désintéresser ou à délaisser les immeubles, car un tel acte ne suffit pas, comme on vient de le voir, mais par la saisie immobilière que les créanciers inscrits sur la propriété ont le droit de faire interposer contre lui, ainsi que par les actes de procédure qui ont été la conséquence de cette poursuite, et qui ont tous les caractères requis en pareil cas.

On a souvent demandé, dans cette dernière hypothèse, comment un créancier pouvait interrompre la prescription de son action hypothécaire, lorsque la somme à lui due n'était pas encore exigible. Ce doute ne peut exister que dans le cas où l'acquéreur n'a point accompli les formalités de purge, car autrement toutes les créances inscrites sur les biens sont devenues exigibles de plein droit. Si donc les immeubles n'ont pas été purgés, il convient de distinguer les créances dont l'échéance doit arriver à jour fixe de celles dont le capital a été aliéné. A l'égard des premières, la prescription est suspendue, aux termes de l'art. 2257 du Code civil, jusqu'à ce que le terme soit échu, car les conditions imposées par l'art. 2180 pour que la prescription puisse s'accomplir au profit du tiers détenteur sont les mêmes, ainsi que cet article le dit d'une manière expresse, que celles qui ont été réglées pour la prescription de la propriété. On sait d'ailleurs qu'aucune prescription ne court, sauf dans les cas mentionnés en l'art. 2278 du Code, contre ceux qui ont été dans l'impossibilité d'agir. Après l'échéance de la dette, la prescription s'interrompt par les poursuites à fin de vente des immeubles que le créancier dirige contre le tiers détenteur. Il en est de même, et par les mêmes raisons, à l'égard des créances qui ne sont que conditionnelles. La prescription ne court aussi contre elles, d'après l'art. 2257 du Code, que du jour de l'accomplissement de la condition à l'événement de laquelle ces sortes de créances sont soumises.

Au second cas, celui où le capital de la créance a été aliéné, le créancier n'a pu exercer de poursuites contre le tiers détenteur, si les arrérages de sa rente lui ont été exactement servis. Il ne pourrait toujours attendre, à raison de la prescription décennale qui s'accomplirait contre lui, l'expiration des vingt-huit ans depuis la date du dernier titre pour demander, en vertu de l'art. 2263 du Code, un titre nouveau au tiers détenteur. Il ne lui reste donc de ressources, pour éviter la perte de son droit, que celle d'exercer une action en déclaration d'hypothèque contre ce tiers, afin de faire déclarer que les biens continueront d'être affectés à la sûreté de sa créance. Le Code ne s'est point expliqué sur cette action, et la jurisprudence a été obligée, comme l'a dit la Cour royale d'Orléans, de suppléer à son silence; mais si l'on ne peut douter que les créanciers sont quelquefois obligés de se pourvoir ainsi, et l'on voit que ce ne peut être que dans des cas rares, il conviendra que la loi détermine les circonstances dans lesquelles cette action pourra être intentée, et les formalités qui devront être remplies pour lui faire produire son effet.

La Cour royale de Metz a dit aussi que le tiers détenteur ne peut prescrire contre les hypothèques légales des femmes et des mineurs lorsqu'il ne les a pas purgées. Cela est, en effet, indubitable, non parce que ces créanciers n'ont pas été mis par l'acquéreur à même de s'inscrire, mais parce que la prescription ne court pas à l'égard des mineurs, et qu'elle est suspendue pendant le mariage, aux termes de l'art. 2256 du Code civil, dans le cas où l'action de la femme réfléchirait contre le mari, ce qui arriverait si cette femme exerçait des poursuites contre l'acquéreur que le mari devrait garantir. Ce n'est donc qu'après la dissolution du mariage ou la majorité des pupilles que la prescription peut alors commencer à courir.

La Faculté de droit de Caen a beaucoup ajouté, dans la rédaction qu'elle propose, au texte de l'art. 2180, mais on est fondé à croire qu'elle est entrée à cet égard dans de trop grands détails. La loi ne doit s'occuper que des principes généraux, et elle laisse aux magistrats le soin de développer les règles qu'elle a posées, par leur combinaison avec les autres dispositions du droit. Ainsi on ne peut douter, quoique le Code ne l'ait pas dit en termes positifs, que la renonciation d'un créancier à son privilége ou à son hypothèque est valable lors même qu'elle a été consentie en l'absence de la personne qui doit en profiter, pourvu qu'aucun engagement corelatif de cette personne n'ait formé la condition de cet abandon du droit du créancier, car dans ce cas l'acte qui est intervenu a été synallagmatique et il a exigé le concours de tous les obligés. Il n'est pas moins certain que la mainlevée donnée par un créancier de l'inscription qu'il a prise n'équivaut pas à une renonciation à son hypothèque, à moins que les circonstances ou les stipulations de l'acte qui contient cette mainlevée ne fassent présumer le contraire, et que ce créancier, s'il a changé d'avis, peut s'opposer à la radiation de son inscription ou en prendre une nouvelle si la radiation a eu lieu. La présence d'un créancier à l'acte d'aliénation des biens qui lui ont été hypothéqués lui a sans doute ôté le droit de surenchérir s'il a participé sans réserve aux conditions de la vente ou de la donation, mais ce créancier a conservé le droit de se faire colloquer sur le prix dû par l'acquéreur, s'il n'y a renoncé formellement, ou au moins d'une manière qui résulte suffisamment des termes du contrat auquel il a participé. Il n'est donc pas possible que le Code s'explique sur ces différents points à raison desquels il faut se livrer à l'appréciation des actes qui sont intervenus. Cela n'est pas au moins nécessaire, et tout ce qui est inutile doit être soigneusement évité dans la rédaction des lois.

La même Faculté a fait remarquer, et, selon nous, avec beaucoup de raison, que lorsque la créance n'a pas été cédée et que celui à qui elle appartient n'a fait que renoncer à se prévaloir de son hypothèque à l'égard d'une tierce personne, cette renonciation n'oblige le créancier qui l'a consentie qu'à ne point requérir de collocation au préjudice de ce tiers, ce qui équivaut à une cession de son droit de priorité. Une stipulation de cette nature doit être soigneusement distinguée de la cession qu'un créancier a faite de sa créance, ou de la subrogation qu'il a consentie de son hypothèque au profit d'un autre créancier du même débiteur. Si toutes ces conventions devaient produire le même effet, on restreindrait singulièrement les moyens à l'aide desquels on peut régler une foule d'intérêts qui se croisent. On ne permettrait pas au cédant de conserver les droits dont il n'a pas entendu disposer, et l'on s'exposerait à donner une trop grande extension aux pactes qui sont intervenus. Un capitaliste ne consentira que difficilement, par exemple, à confier ses fonds à un mari, si la femme n'a renoncé à se prévaloir contre lui de son hypothèque légale. D'autres exigeront que la femme les subroge à l'hypothèque qui lui appartient, ou même qu'elle leur cède ses créances dotales. On ne saurait confondre des stipulations d'une nature si différente. La simple renonciation ne peut avoir pour résultat que d'empêcher la femme d'user de son hypothèque au détriment du créancier à qui elle l'a consentie, tandis que la subrogation à l'hypothèque de la femme donne au créancier qui l'a obtenue le droit de se faire colloquer à raison de la créance qui lui est personnelle, au rang que l'hypothèque de la femme aurait eu, sauf à la femme à requérir sa collocation à la date de l'hypothèque du même créancier. Enfin, la cession faite par une femme de ses droits et reprises rend le créancier du mari propriétaire des valeurs qui lui ont été cédées et lui donne le droit de les réclamer comme la femme l'aurait pu elle-même, tandis que la femme n'acquiert une nouvelle hypothèque légale que du jour où elle a consenti cette cession dans l'intérêt de son mari. Toutes ces distinctions résultent de la nature des engagements qu'a contractés la femme, et, en les méconnaissant, on s'expose à aller au delà de ce qu'on a voulu. Il serait donc nécessaire, pour prévenir toute confusion à cet égard, que le Code s'en expliquât en termes positifs.

Chapitre VIII. — *Du mode de purger les propriétés des priviléges et hypothèques.*

La Faculté de droit de Grenoble demande qu'il soit ajouté à l'intitulé de ce chapitre que le mode de purge qu'il admet ne s'applique point aux aliénations qui ont eu lieu par expropriation forcée.

On ne peut assurément en douter, puisque d'autres lois ont indiqué le mode de purgation qui doit être employé à l'égard des biens qui n'ont été adjugés que par suite d'une saisie immobilière. Il n'est donc point nécessaire d'émettre de nouveau cette règle dans le Code civil. Dans tous les cas, ce serait moins dans l'intitulé de ce chapitre que dans les dispositions qn'il contient qu'il conviendrait de l'exprimer.

Il est certain, comme l'a dit la Faculté de Caen, que s'il est permis à un vendeur d'interdire à l'acquéreur la faculté de purger les biens qui lui ont été transmis, cette clause s'annule de plein droit si l'acquéreur est troublé par les créanciers inscrits sur la propriété, car, pour qu'elle dût continuer à être obligatoire, il aurait fallu que le vendeur prévînt les poursuites qui ont eu lieu. Aucune stipulation ne peut empêcher l'acquéreur de s'opposer à sa dépossession, et l'exposer à perdre le bénéfice du contrat qui a été passé à son profit. Cette condition doit toujours être sous-entendue, et c'est ce que la simple équité indique si clairement qu'il ne semble pas nécessaire de l'énoncer dans le Code.

Nous ne reviendrons pas sur la question de savoir quels sont les actes que l'on doit reconnaître dans le cas d'être transcrits, et nous ne chercherons pas à démontrer davantage que les dispositions du Code civil doivent être réputées suffisantes à cet égard, sauf à les étendre seulement aux contrats d'échange et d'emphytéose. Il en est de même des formalités prescrites pour la purge ordinaire des biens. Nous avons cependant manifesté le désir que l'acquéreur fût tenu de faire signifier son contrat aux créanciers qui se sont fait inscrire dans la quinzaine de la transcription de cet acte, ce qui ne retarderait que de peu l'ouverture des ordres et donnerait à ces créanciers un délai qui peut se trouver aujourd'hui insuffisant pour qu'ils soient à même de surenchérir, à raison de l'ignorance où ils sont restés de la vente pendant les premiers temps. Le poursuivant de l'ordre serait aussi mis à même d'appeler à la distribution des deniers tous ceux qui ont obtenu le droit d'y concourir. Ce n'est qu'à l'égard des hypothèques légales qu'il importerait extrêmement que les formalités à remplir pour arriver à leur purge fussent simplifiées, lorsque le prix de la vente n'a pas atteint une certaine somme que nous avons cru pouvoir fixer à 1,000 fr., car il est des aliénations dont le prix est doublé par les frais que cette purge occasionne, au grand détriment des acquéreurs, et nous avons indiqué la marche qu'il nous semble que l'acquéreur devrait tenir alors.

Il nous a aussi paru qu'une adjudication sur saisie immobilière devait suffire pour purger les hypothèques légales, à la charge par le poursuivant de faire signifier à la femme ou au subrogé tuteur des mineurs un placard annonçant la vente, et en obligeant l'adjudicataire à leur faire dénoncer le jugement d'adjudication pour que ces créanciers eussent à s'inscrire au plus tard dans les quarante jours. Si, à l'égard des autres créanciers, la publicité des poursuites d'une saisie immobilière les a mis à même de veiller à la conservation de leurs droits, et ainsi de s'inscrire avant l'adjudication définitive, nous ne pensons pas, malgré l'avis contraire de la Faculté de droit de Caen, que la disposition qui ôte aux créanciers du saisi ou de ses auteurs le droit de prendre une inscription sur les biens après cette adjudication, puisse être étendue au cas où la vente, quoique faite en justice, a été volontaire, comme il arrive toutes les fois qu'il s'agit de biens appartenant à des mineurs, à une succession bénéficiaire, de biens dépendant d'une faillite, et des ventes qui ont eu lieu par suite d'une surenchère ou d'une demande en conversion. La rapidité des procédures auxquelles ces ventes donnent seulement lieu empêche que les créanciers du vendeur puissent être réputés avoir été suffisamment avertis de leur existence, et avoir été mis en demeure de prendre une inscription ou de concourir aux enchères. Ils ne doivent donc point avoir perdu l'exercice de leur droit de s'inscrire dans la quinzaine de la transcription du jugement d'adjudication qui est intervenu.

Enfin, nous avons tenu pour certain que l'hypothèque légale qui avait été inscrite à temps sur les biens du mari ou du tuteur pouvait |être purgée comme le sont les hypothèques ordinaires , et que les conditions prescrites à l'égard de celles--ci devaient seulement être remplies alors. On n'a plus, en effet, à mettre les mineurs et les femmes en demeure de s'inscrire, puisqu'ils ont accompli cette forma-lité, et la purge de leur hypothèque ne peut leur être nuisible, puis-qu'ils ont conservé tous leurs droits sur le prix de l'aliénation.

ART. 2181. Les contrats translatifs de la propriété d'im-meubles ou droits réels immobiliers, que les tiers détenteurs voudront purger de priviléges et hypothèques, seront tran-scrits en entier par le conservateur des hypothèques dans l'ar-rondissement duquel les biens sont situés.

Cette transcription se fera sur un registre à ce destiné, et le conservateur sera tenu d'en donner reconnaissance au re-quérant.

La Cour royale de Rouen a proposé de remplacer par l'expres-sion générale *d'actes*, le mot *contrats* dont se sert cet article. Elle en a donné pour motif que la disposition s'appliquerait dans ce cas aux donations entre-vifs. Il a été, en effet, soutenu par plusieurs de nos jurisconsultes, qu'une donation entre-vifs ne formait pas un vé-ritable contrat, mais un simple acte, quoique synallagmatique, n'y ayant eu d'engagement contracté que de la part du donateur. Ce mode de transmission de biens exige cependant le concours du con-sentement de toutes les parties, puisqu'il ne devient parfait que par l'acceptation du donataire, et il produit des obligations réciproques, ne fût-ce, quant au donataire, que celle de fournir au besoin des ali-ments au donateur. Il semble donc qu'on ne devrait pas refuser à un acte semblable la qualification de contrat. Les donations entre-vifs se trouveraient alors suffisamment comprises dans les dispositions de l'art. 2181 du Code. Au surplus, la transcription de ces donations et le résultat du défaut d'accomplissement de cette formalité à leur égard formant dans le Code civil l'objet de règles particulières, les rédacteurs du Code ont pu se dispenser de s'en occuper plus spécialement ici.

On ne peut douter qu'un acquéreur qui veut purger la propriété qui lui a été transmise n'est tenu de faire transcrire que le contrat de vente qui a été passé à son profit. Il serait souvent impossible au dernier acquéreur d'indiquer les anciens propriétaires de l'immeuble, et de représenter les actes d'aliénation qu'ils ont consentis. On le forcerait de se livrer à des frais trop considérables, s'il devait faire transcrire d'autres actes que son titre de propriété. Les vendeurs primitifs et leurs créanciers doivent s'imputer de n'avoir pas veillé à la conservation de leur privilége ou de leurs hypothèques, et ils ne peuvent en faire retomber la peine sur le tiers détenteur. Cet avis, qui a été exprimé par plusieurs Cours royales, n'a point, parmi elles, trouvé de contradicteurs.

Quelques magistrats ont pensé que ce serait employer un excellent moyen de faire parvenir la transcription des contrats de vente à la connaissance de tous ceux que ces actes intéressent, que de faire insérer l'annonce de cette transcription dans un des journaux judiciaires du ressort. Ce mode de publicité remplacerait aussi avantageusement dans la purge des hypothèques légales l'affiche du contrat dans l'auditoire du tribunal, où il attire peu les regards.

Il a été soutenu, dans le sein de la Cour royale de Besançon, que la transcription des contrats de vente devait être considérée comme inutile depuis qu'il avait été établi en principe qu'une vente est parfaite, même à l'égard des tiers, par le seul fait du consentement des parties. On en a donné pour motif que cette transcription ne dispensait pas l'acquéreur de faire notifier son titre d'acquisition aux créanciers inscrits, et qu'elle ne produirait aucun effet quant à la purge de leurs hypothèques. C'est cependant sur la transcription de ces sortes de contrats qu'est fondé en partie le système de publicité qui forme une des bases principales de notre régime hypothécaire, puisqu'elle seule peut faire connaître légalement au public les mutations que la propriété a subies. Cette formalité n'est pas non plus étrangère à beaucoup près à la purge des biens. C'est, en effet, à compter du jour où elle a été accomplie que court le délai de quinzaine pendant lequel doivent s'inscrire, à peine de déchéance, les créanciers du vendeur qui n'ont point encore accompli cette formalité. On ne peut davantage admettre qu'en ne faisant courir la prescription de dix ou de vingt ans au profit du tiers détenteur que du jour de la transcription du contrat de vente, le législateur s'est mis en opposition avec lui-même, en supposant que la propriété était restée jusque-là au vendeur. La vente suffit pour que, du jour où elle a été consentie, la propriété ait été acquise à l'acquéreur, ainsi que la loi l'a dit en termes positifs, et pour que le vendeur ne puisse postérieurement la transmettre à nul autre ni la grever de nouvelles hypothèques. Si l'acquéreur ne peut néanmoins prescrire en vertu de son titre contre les créanciers du vendeur avant la transcription du contrat de son acquisition, ce n'est pas qu'il ne soit devenu propriétaire des biens, c'est que l'on présume que cet acte n'est point parvenu à la connaissance de ces créanciers, qui n'ont pas été conséquemment à même de faire valoir contre lui leur hypothèque. Les deux règles établies à cet égard sont donc indépendantes l'une de l'autre et ne se contredisent aucunement.

Art. 2182. La simple transcription des titres translatifs de propriété sur le registre du conservateur ne purge pas les hypothèques et priviléges établis sur l'immeuble.

Le vendeur ne transmet à l'acquéreur que la propriété et les droits qu'il avait lui-même sur la chose vendue : il les transmet sous l'affectation des mêmes priviléges et hypothèques dont il était chargé.

La Cour royale de Rouen a proposé de comprendre le donateur et le donataire dans l'énonciation des personnes à qui s'appliquent les dispositions du second alinéa de cet article.

Assurément un donateur ne peut transmettre au donataire que les droits qu'il a sur les biens dont il a disposé en sa faveur, et il ne dépend pas de sa volonté de soustraire ce donataire aux actions que les tiers sont dans le cas d'exercer contre lui; mais il existe cette différence entre les résultats d'un contrat de vente et ceux d'une donation entre-vifs que, à moins qu'une convention spéciale ne soit intervenue à cet égard, le donateur doit garantir le donataire de l'effet des priviléges et des hypothèques qui grèvent les biens donnés, tandis que l'acquéreur doit acquitter sans recours toutes les dettes inscrites, jusqu'à concurrence du prix dont il est débiteur. On doit croire que si le législateur n'a mentionné que le moins possible les donations dans ce chapitre, c'est parce que les obligations des donataires ainsi que les conséquences du défaut de transcription des dispositions entre-vifs ne sont pas les mêmes que celles relatives aux acquéreurs et aux contrats faits à titre onéreux. Le Code, pour prévenir toute confusion dans les principes qui sont relatifs à ces deux sortes d'actes, a dû laisser chacun de ces modes de transmission soumis aux règles qui lui sont propres, et ne leur appliquer en commun que les dispositions qui les concernent tous deux.

Quant aux autres questions qui se sont élevées sur cet article 2182, nous avons déjà exprimé l'avis qu'ont émis presque toutes les Cours, que non-seulement il importait de maintenir l'ampliation accordée aux créanciers des vendeurs et des donateurs par l'art. 834 du Code de procédure, mais qu'il conviendrait d'insérer les dispositions de cet article dans le Code civil. Le délai de quinzaine pendant lequel ces créanciers peuvent encore s'inscrire utilement après la transcription du contrat de vente ou de donation nous paraît au reste suffisant. En le portant à deux mois, comme la Cour royale de Poitiers le propose, on mettrait de trop longues entraves à la libération des acquéreurs. Le bénéfice des dispositions de cet article 834 doit seulement être étendu aux créanciers dont l'hypothèque, quoique légale, a besoin d'être inscrite, car les mêmes raisons qui l'ont fait attribuer aux hypothèques judiciaires ou conventionnelles existent également en leur faveur.

Si l'on accorde, au surplus, aux créanciers de la partie saisie la faculté de s'inscrire dans la quinzaine du jugement d'adjudication, comme l'a demandé la Cour royale d'Orléans, nous pensons que ce jugement ayant été précédé de formalités qui lui ont donné une publicité suffisante, il ne serait pas nécessaire d'en faire insérer la mention dans un journal.

Art. 2183. Si le nouveau propriétaire veut se garantir de l'effet des poursuites autorisées dans le chapitre VI du présent titre, il est tenu, soit avant les poursuites, soit dans le mois au plus tard, à compter de la première sommation qui lui est faite, de notifier aux créanciers, aux domiciles par eux élus dans leurs inscriptions :

1° Extrait de son titre, contenant seulement la date et la qualité de l'acte, le nom et la désignation précise du vendeur ou du donateur, la nature et la situation de la chose vendue ou donnée ; et, s'il s'agit d'un corps de biens, la dénomination générale seulement du domaine et des arrondissements dans lesquels il est situé, le prix et les charges faisant partie du prix de la vente, ou l'évaluation de la chose, si elle a été donnée ;

2° Extrait de la transcription de l'acte de vente ;

3° Un tableau sur trois colonnes, dont la première contiendra la date des hypothèques et celle des inscriptions ; la seconde, le nom des créanciers ; la troisième, le montant des créances inscrites.

Il est à propos, ainsi que la Cour royale de Rouen en a fait la remarque, d'ajouter au n° 2 de cet article la mention des actes de donation, puisque les donataires sont tenus d'accomplir les mêmes formalités pour la purge des biens que celles qui ont été imposées aux acquéreurs.

Nous avons exprimé l'avis, dans la première partie, que les dispositions contenues en cet article 2183 devaient être étendues aux échangistes, aux usufruitiers et aux emphytéotes, les premiers ayant acquis la propriété des biens qu'ils ont reçus en contre-échange, et les seconds ayant obtenu un droit immobilier susceptible d'être hypothéqué, mais qu'il n'en pouvait être de même à l'égard de ceux à qui il n'a été accordé qu'une servitude, un droit d'usage ou d'habitation, un bail, une cession de fruits, ou la vente d'une coupe de bois, même extraordinaire, parce que aucun des droits de cette nature n'ayant pu être grevé d'hypothèque, n'a besoin d'être purgé.

Nous nous sommes rangé à l'avis de la Cour royale d'Orléans, qui a pensé que les adjudications qui ont eu lieu par suite d'une saisie immobilière ne devaient point être assujetties aux formalités de purge à l'égard des hypothèques légales, pourvu qu'un placard annonçant la vente ait été signifié à temps à la femme ou au subrogé tuteur des mineurs, et que l'adjudicataire leur ait fait signifier en outre le jugement d'adjudication pour qu'ils aient à s'inscrire dans un délai que nous avons porté à quarante jours. A l'égard des créanciers ordinaires, la purge serait en pareil cas inutile, puisque, comme l'a fait aussi remarquer la Cour, elle n'aurait pour objet ni d'offrir le prix aux créanciers qui ne sont point à même de le recevoir, ni de les mettre en demeure de surenchérir, ni de les autoriser à ouvrir l'ordre, le Code de procédure ayant réglé l'exercice de ces différents droits en pareille circonstance, par dérogation aux règles tracées à l'égard des acquéreurs volontaires par le Code civil.

Ce serait beaucoup trop retarder la notification du contrat aux créanciers inscrits que de ne permettre d'y procéder qu'après l'expiration du délai de quinzaine accordé aux créanciers inconnus pour s'inscrire après la transcription de cet acte ; à plus forte raison si cette notification ne pouvait être faite qu'après l'expiration des délais de la purge légale. L'acquéreur ne peut être forcé de rester si longtemps sans mettre les créanciers du vendeur en mesure d'exercer une surenchère, ni ces créanciers être empêchés de recevoir le prix de l'aliénation. Il est vrai que dans notre système les femmes et les mineurs qui se seront inscrits avant la purge de leur hypothèque légale, ainsi que les autres créanciers qui ont pris une inscription avant l'expiration du délai de quinzaine qui leur est accordé à cet effet, devront être admis à surenchérir même après les quarante jours qu'ont pour cela les créanciers antérieurement inscrits; mais ces cas exceptionnels deviendraient la règle générale, et nous pensons qu'il convient de l'éviter.

La notification du contrat de vente ou de donation ne nous a paru devoir être faite au bureau du conservateur qu'à l'égard des créanciers inscrits qui n'ont pas élu de domicile dans l'arrondissement de ce bureau, s'il est reconnu, comme nous inclinons à le croire, que cette omission ne doit pas entraîner la nullité de l'inscription dans laquelle elle a été commise.

Les significations qui ont été faites au domicile élu dans une inscription devant être réputées l'avoir été au domicile réel du créancier inscrit, leur insertion dans un journal d'annonces pourra ne pas paraître nécessaire, et l'on évitera ainsi d'assez grands frais qui seraient, en définitive, supportés par les créanciers sur qui les fonds doivent manquer.

Ne pensant pas qu'une hypothèque légale doive être accordée aux enfants mineurs sur les biens de leur père pendant la durée du mariage dont ces enfants sont issus, nous ne nous occuperons pas du point de savoir à qui les notifications qui tendraient à purger cette hypothèque devraient être remises en ce cas.

L'expression : *soit dans les trente jours,* doit être substituée à celle : *soit dans le mois,* qui se trouve au premier alinéa de cet article, pour exprimer le délai dans lequel le nouveau propriétaire doit agir s'il veut se garantir des poursuites des créanciers inscrits sur la propriété, car tous les mois ne sont pas égaux, et l'on ferait cesser, quant à la durée du délai, les incertitudes qu'on peut encore concevoir. Aussi le Code civil s'est-il servi des termes que nous proposons, d'après l'avis de plusieurs Cours, dans la rédaction de son article 2169.

Il ne nous paraît, au reste, aucunement praticable, quoique la Cour royale d'Amiens l'ait demandé, de remplacer les formalités prescrites par l'art. 2183 par un dépôt que l'acquéreur ferait au greffe de son titre d'acquisition et de l'état des inscriptions que lui aurait délivré le conservateur, et d'une sommation aux créanciers inscrits de venir en prendre connaissance. Il n'y aurait que bien peu d'économie quant aux frais, et il est facile d'apercevoir les inconvénients qui devraient résulter d'une semblable mesure. Il faudrait accorder un délai aux créanciers pour qu'ils pussent venir prendre communication des pièces déposées, et l'on retarderait ainsi l'époque à laquelle leur surenchère devrait être établie. Ces créanciers devraient se rendre au greffe, quelque éloigné qu'il fût de leur domicile et quelques dépenses que cela dût leur occasionner, pour y obtenir les renseignements que la signification qui doit leur être faite, aux termes du Code, leur procure sans frais et sans déplacement. Si ces créanciers chargeaient un tiers de ce soin, ils auraient à craindre sa négligence, et s'ils donnaient ce mandat à un homme d'affaires, ils devraient lui accorder une rétribution que, dans l'état actuel des choses, ils peuvent s'épargner. Enfin, une simple lecture de l'acte de vente pourrait ne pas suffire pour en faire apprécier toujours les conditions et les charges, tandis que la copie qui doit en être signifiée à chaque créancier le met à même de les examiner à loisir. Nous sommes donc fondé à croire que la disposition du Code paraîtra infiniment préférable au mode que la Cour voudrait faire adopter.

Il est incontestable que la nullité de la signification qui a été faite à l'un des créanciers n'exerce aucune influence, comme on a paru en douter, sur le sort des significations qui ont été régulières, et que le préjudice qu'a éprouvé ce créancier par suite de la nullité qui a été commise à son égard doit être mis à la charge de l'acquéreur qui ne l'a point averti suffisamment de veiller à la conservation de ses droits, sauf néanmoins son recours, s'il y a lieu, contre le vendeur, dont il aurait acquitté les dettes au delà du montant du prix de l'aliénation.

Les actes contenant la constitution d'un droit d'usage ou d'habitation, la constitution d'une servitude ou d'un antichrèse, le bail des biens hypothéqués, la cession des fruits qu'ils sont au moment de produire, ou la vente d'une coupe même extraordinaire des bois de haute futaie qui y sont implantés, ne seraient dans le cas d'être notifiés aux créanciers inscrits, ainsi que nous avons eu déjà si souvent occasion de le dire, qu'autant que ces sortes de droits seraient susceptibles d'être grevés d'hypothèque, et alors une valeur devrait leur être attribuée par cette signification, sauf aux créanciers à surenchérir ou à requérir que le droit cédé fût estimé par experts ; mais on a vu que la nature de ces différents droits empêche qu'ils puissent être soumis au régime hypothécaire. Ceux même que l'on peut qualifier de réels comportent moins l'aliénation de la propriété qu'une charge qui lui a été imposée, et les autres, qui ne sont que des faits de jouissance, ont été autorisés par la possession que le débiteur a conservée des biens. Leur effet, au surplus, peut être prévenu, s'ils ont outrepassé les bornes d'une simple perception des fruits. Nous avons même émis l'avis, à l'égard des premiers de ces droits, qu'ils ne devraient point pouvoir être opposés aux créanciers inscrits sur les immeubles qui en ont été grevés, et nous nous sommes fondé sur ce que le débiteur n'avait pu porter atteinte aux droits hypothécaires qui avaient été acquis par ses créanciers.

A l'égard des constitutions d'usufruit, qu'elles aient ou non été faites à titre onéreux, l'usufruitier doit, en dénonçant son titre aux créanciers inscrits, donner une valeur à la jouissance qui lui a été attribuée, et comme chacun peut exercer un droit de cette nature, tous ces créanciers sont autorisés à le surenchérir.

Art. 2184. L'acquéreur ou le donataire déclarera, par le même acte, qu'il est prêt à acquitter, sur-le-champ, les dettes et charges hypothécaires, jusqu'à concurrence seulement du prix, sans distinction des dettes exigibles ou non exigibles.

La Faculté de droit de Caen a proposé de faire porter intérêts au prix que l'acquéreur doit offrir aux créanciers inscrits sur la propriété qu'il a acquise, à partir du jour où il a rendu publique son intention de purger les biens, lors même que, par une clause formelle de l'acte de vente, cet acquéreur aurait été dispensé de payer ces intérêts pendant un certain temps. Si l'acquéreur, a dit la Faculté, se croit lésé par cette obligation qui lui ferait supporter une charge dont il a été relevé par le contrat qui le lie, il pourra s'en affranchir en délaissant les immeubles, ou en en subissant l'expropriation.

Cette alternative ne pourrait exister, puisque l'acquéreur, en purgeant les biens, aurait dû se constituer débiteur du prix de la vente envers les créanciers inscrits, ainsi que des intérêts de ce prix qui auraient été la suite de son engagement conventionnel ou légal, et qu'il ne serait point admis à délaisser si on ne lui demandait pas davantage. L'expropriation qu'éprouverait cet acquéreur faute d'acquittement des bordereaux de collocations qui auraient été délivrés contre lui ne lui serait pas plus profitable ; car si la revente ne procurait pas une somme suffisante pour le libérer de tout ce qu'il devrait en capital et en intérêts, il serait tenu de la différence sur ses biens personnels.

La disposition proposée par la Faculté aurait aussi l'inconvénient, dans un grand nombre de cas, de ne faire supporter à l'acquéreur les intérêts du prix de son acquisition qu'à compter d'une époque qui serait de beaucoup postérieure à son entrée en jouissance, quoique ces intérêts, formant la représentation des fruits qu'il a perçus, il en doive être tenu, même sans stipulation, à compter du jour où sa mise en possession a eu lieu. Cette disposition anéantirait, enfin, la convention qui a pu valablement se former quant à l'époque à compter de laquelle les intérêts du prix de la vente ont dû commencer à courir, et elle forcerait l'acquéreur, s'il ne voulait perdre le bénéfice de la vente qui lui a été faite, d'excéder les obligations qui lui ont été imposées par l'acte qu'il a souscrit. On doit croire cependant que si cet acquéreur a été dispensé de payer des intérêts pendant le temps qui a été déterminé, ce n'a été que par suite d'une augmentation du prix principal de la vente, ou à raison des retards apportés par le contrat à son entrée en possession, et l'on rendrait, par le moyen proposé, toutes ces sortes de stipulations impossibles. Aux termes de l'équité et du droit, un acquéreur ne peut être tenu d'offrir que la somme qui a formé en principal et intérêts la condition de son acquisition, sauf aux créanciers inscrits, s'ils trouvent le prix qui leur est déclaré inférieur à la véritable valeur de l'immeuble, à exercer le droit de la surenchère qui leur est accordé par la loi. L'acquéreur qui purge perd, il est vrai, le bénéfice des termes qui lui ont été accordés par le vendeur, puisque le Code l'oblige à offrir d'acquitter sur-le-champ les dettes et les charges inscrites sur les biens, jusqu'à concurrence du prix qu'il a stipulé ; mais c'est parce qu'il n'a pu dépendre du débiteur d'imposer à ses créanciers l'obligation d'attendre leur paiement jusqu'aux époques qu'il lui aurait plu de fixer, et parce que la diminution des sûretés hypothécaires des créanciers, par l'effet de la purge des biens aliénés, a rendu toutes les créances exigibles ; mais on ne saurait aller plus loin, et, s'il ne survient pas de surenchère, l'acquéreur ne devra toujours, outre le prix principal de la vente, que les seuls intérêts qu'il s'est obligé de servir.

La même Faculté a encore demandé que lorsqu'une vente a été consentie en tout ou en partie moyennant un prix indéterminé, par exemple, à la condition d'acquitter une rente viagère, l'acquéreur fût tenu, en faisant signifier son contrat, d'offrir aux créanciers une somme équivalente au capital de cette rente, et, dans les autres cas, de donner un prix aux charges qui lui ont été imposées. C'est, en effet, ainsi que cela se pratique. Lorsque le prix entier que la vente des biens aurait été dans le cas de produire se trouve nécessaire pour désintéresser les créanciers inscrits sur la propriété, le vendeur n'a rien pu en distraire sous prétexte de charges dont les créanciers ne seraient pas admis à profiter, et afin que ceux-ci soient à même d'établir une surenchère ou qu'ils puissent se faire colloquer sur le montant du prix réel des biens, il est indispensable que les charges qui ont tenu lieu d'une partie de ce prix, à plus forte raison du prix total, soient converties en une somme fixe que doit leur offrir l'acquéreur. En vain dirait-on que les conditions de la vente se trouvent ainsi dénaturées. L'acquéreur a dû savoir qu'aucune stipulation ne pouvait frustrer de leurs droits les créanciers inscrits sur l'immeuble, et il ne lui arrive rien qu'il n'ait été à même de prévoir.

Art. 2185. Lorsque le nouveau propriétaire a fait cette notification dans le délai fixé, tout créancier dont le titre est inscrit peut requérir la mise de l'immeuble aux enchères et adjudications publiques, à la charge :

1° Que cette réquisition sera signifiée au nouveau propriétaire dans quarante jours, au plus tard, de la notification faite à la requête de ce dernier, en y ajoutant deux jours par cinq myriamètres de distance entre le domicile élu et le domicile réel de chaque créancier requérant ;

2° Qu'elle contiendra soumission du requérant, de porter ou faire porter le prix à un dixième en sus de celui qui aura été stipulé dans le contrat ou déclaré par le nouveau propriétaire ;

3° Que la même signification sera faite dans le même délai au précédent propriétaire, débiteur principal ;

4° Que l'original et les copies de ces exploits seront signés par le créancier requérant ou par son fondé de procuration expresse, lequel, en ce cas, est tenu de donner copie de sa procuration ;

5° Qu'il offrira de donner caution jusqu'à concurrence du prix et des charges.

Le tout à peine de nullité.

Nous pensons, avec la Faculté de droit de Caen, que les créanciers inscrits sur la part qui appartenait à leur débiteur dans un immeuble que ce débiteur possédait par indivis avec d'autres personnes, ne peuvent exercer aucune surenchère en cas de vente de la totalité de cette propriété. La Faculté en a donné pour raison qu'il a été suffisamment pourvu aux intérêts de ces créanciers par les dispositions des articles 882 et 2205 du Code civil, qu leur permettent de s'opposer à ce que le partage soit fait hors de leur présence, et qui les autorisent à provoquer ce partage ou la licitation des biens. Selon nous, le principe que la Faculté invoque résulte de ce que la surenchère des créanciers d'un héritier ou d'un communiste ne pourrait porter sur la totalité de l'immeuble vendu, puisque leur droit hypothécaire ne s'étend que sur une simple part, ni sur cette part seulement qui, au moyen de la vente qui a été faite, ne peut être distraite du tout. On sait d'ailleurs qu'en matière de succession chaque héritier est censé tenir directement du défunt la totalité des biens qui ont été compris dans son lot ou qui lui ont été adjugés par suite d'une licitation, et n'avoir jamais eu de droits sur les autres. Les créanciers des autres héritiers ne peuvent donc exercer de droits hypothécaires sur des biens qui sont réputés n'avoir jamais appartenu à leur débiteur. Il en est de même à l'égard des créanciers des autres communistes. Les hypothèques que tous ces créanciers avaient fait inscrire sur les biens indivis se fixent donc ou s'évanouissent d'après le résultat de ces opérations. Il n'en est autrement que lorsque la vente n'a compris que la portion revenant à un héritier ou à un communiste. Les créanciers inscrits sur cette part ont incontestablement alors le droit de surenchérir.

La Faculté de Caen a encore demandé que les dispositions de l'art. 716 du Code de procédure fussent modifiées en ce sens qu'elles permettraient aux créanciers qui n'auraient pas reçu la sommation exigée par l'art. 692 du même Code de pouvoir surenchérir d'un dixième dans les délais et de la manière prescrite par l'art. 2185 du Code civil.

L'admission de cette règle nouvelle empêcherait que l'oubli qui a été fait de ces créanciers ne pût leur devenir dommageable. Il conviendrait seulement, pour ne pas trop retarder les opérations de l'ordre, de restreindre le délai pendant lequel la surenchère devait être exercée en ce cas, et de faire courir ce délai du jour où il serait légalement prouvé que ces créanciers ont eu une connaissance suffisante de l'adjudication. On devrait exiger aussi que la surenchère fût au moins d'un sixième, conformément à l'art. 708 du Code de procédure, afin de rendre égal le sort de tous les créanciers du saisi.

Il ne peut être douteux que les créanciers ayant une hypothèque légale doivent être admis à surenchérir. L'avantage qui leur est accordé par la loi ne doit point tourner à leur préjudice, mais il est nécessaire que ces créanciers se soient fait inscrire pour être à même d'user de cette faculté, l'exercice de tout droit hypothécaire requérant sa publicité préalable. Les femmes et les mineurs doivent, au surplus, être rangés, quant à la surenchère, dans la classe des autres créanciers, et remplir toutes les formalités imposées à l'exercice de ce droit. La femme doit, en outre, avoir été autorisée en justice, et le subrogé tuteur par une assemblée de parents. Enfin, en cas de purge légale, nous avons dit que la femme et les mineurs devraient avoir pour surenchérir un délai que nous avons porté à quarante jours à compter de l'inscription qui a été prise en leur nom avant que la purge de leur hypothèque ne se soit consommée, car, s'il leur faut un délai pour s'inscrire, il leur en faut un autre et même un assez long pour qu'ils soient à même d'exercer une surenchère, à cause de la difficulté, plus grande pour eux que pour tout autre, qu'ils doivent éprouver à remplir les conditions moyennant lesquelles ce droit est dans le cas d'être exercé.

Nous sommes également de l'avis de la Faculté de droit de Caen que les délais accordés pour surenchérir doivent dispenser d'en ajouter un à raison des distances, mais nous ne croyons pas que, même en l'absence du créancier, on puisse se contenter de la signature d'un avoué pour la validité de la réquisition à fin de surenchère. Le créancier ne peut se faire remplacer que par le porteur d'une procuration expresse, et les pouvoirs de l'avoué ne vont pas jusqu'à lui permettre de se passer, en pareil cas, d'un semblable mandat.

La Cour royale d'Angers et la Faculté de droit de Caen voudraient que le surenchérisseur n'eût à fournir caution que jusqu'à concurrence du montant du dixième qu'il est tenu d'offrir en sus du prix qu'a déclaré l'acquéreur, attendu, ont-elles dit, que le prix principal de la vente est garanti par la valeur de l'immeuble, et qu'il convient de ne pas rendre les surenchères trop difficiles ; mais la Cour royale de Pau, qui s'est occupée de la même question, a refusé d'admettre cette restriction du cautionnement à fournir en ce cas, en objectant, avec juste raison, que la revente sur la surenchère pouvait ne procurer qu'un adjudicataire insolvable, et occasionner de nouvelles poursuites qui, en définitive, pourraient ne pas faire obtenir le prix de la première aliénation ; qu'il ne fallait donc pas que la valeur exagérée que l'on attribuerait à la propriété multipliât les procédures coûteuses qu'une surenchère entraîne, et pût avoir des conséquences aussi funestes à l'égard des créanciers du vendeur. Nous avons dit aussi, dans la première partie, que le surenchérisseur s'étant soumis à faire monter le prix de la vente à la somme qu'il a déclaré donner de l'immeuble, le cautionnement qu'il est tenu de fournir devait assurer l'accomplissement entier de sa promesse, afin que, forcé de n'agir qu'avec réflexion, il ne s'expose point à causer un dommage qui ne serait pas réparé.

Art. 2186. A défaut, par les créanciers, d'avoir requis la mise aux enchères dans le délai et les formes prescrites, la valeur de l'immeuble demeure définitivement fixée au prix stipulé dans le contrat ou déclaré par le nouveau propriétaire, lequel est, en conséquence, libéré de tout privilége et hypothèque, en payant ledit prix aux créanciers qui seront en ordre de recevoir, ou en le consignant.

Il ne s'est élevé de doute sur les dispositions de cet article qu'à l'égard de celle qui permet à l'acquéreur de consigner le prix de la vente qui lui a été faite, faute par le vendeur ou par ses créanciers d'avoir pu le recevoir. La Faculté de droit de Caen a demandé que cette consignation ne pût être effectuée que trente jours après la sommation qui aurait été faite aux créanciers inscrits de produire à l'ordre que l'on aurait ouvert, et elle dispenserait l'acquéreur de faire des offres réelles de son prix au vendeur avant de pouvoir en opérer le dépôt ; enfin la Faculté voudrait qu'une consignation insuffisante ne fût pas nulle pour le tout, quoiqu'elle n'opérât que la libération partielle de l'acquéreur.

Nous ne concevrions pas qu'un acquéreur, à qui aucune condition contraire n'a été imposée, fût empêché de se libérer du prix dont il est tenu en en opérant la consignation, aussitôt qu'il est devenu certain, par l'absence de toute surenchère, que le prix de la vente doit rester tel qu'il a été porté au contrat, et que cet acquéreur fût ainsi privé du droit qui appartient essentiellement à tout débiteur. L'existence des inscriptions qui empêchent que le vendeur puisse recevoir ce prix est un fait étranger à l'acquéreur et dont il ne doit point avoir à souffrir. L'ordre à établir entre les créanciers inscrits sur l'immeuble vendu ne saurait non plus mettre obstacle à ce que cet acquéreur fasse cesser les intérêts qui le grèvent, et que le retard qui serait apporté à l'ouverture de l'ordre pourrait lui faire long-temps supporter.

Il ne paraît pas davantage que l'on puisse dispenser l'acquéreur qui veut consigner le prix de son acquisition de faire préalablement des offres réelles au vendeur. Il faut, en effet, que tout créancier ait été mis en demeure de recevoir ce qui lui est dû, avant que le débiteur puisse en opérer le dépôt dans une caisse publique. Il est même, quant aux ventes d'immeubles, des motifs particuliers qui rendent cette mesure plus nécessaire encore qu'elle ne l'est ordinairement. Le vendeur peut avoir pris des arrangements avec les créanciers inscrits sur les biens vendus, et leur avoir fait des délégations amiables du prix qu'il doit recevoir. Il peut avoir obtenu la mainlevée des inscriptions qui n'existent plus qu'en apparence, ou avoir reçu la promesse des créanciers inscrits d'intervenir lors du paiement qui sera fait du prix, pour s'en répartir le montant sans frais. Il ne convient donc pas de dispenser l'acquéreur de s'enquérir de toutes ces circonstances avant de consigner le prix dont il est débiteur, et il importe, au contraire, que des offres réelles fournissent au vendeur l'occasion de les lui déclarer.

Les offres réelles que fait un acquéreur ne peuvent, au surplus, avoir lieu qu'en soumettant le vendeur à l'obligation de rapporter la mainlevée de toutes les inscriptions existantes sur les immeubles aliénés, et ce n'est que lorsque le vendeur se trouve hors d'état de satisfaire à cette condition que la consignation est dans le cas d'être opérée. La Cour royale d'Orléans a fait observer à cet égard que le conservateur ne pouvant être juge de la validité de cette consignation, il fallait aujourd'hui, pour arriver à la radiation des inscriptions existantes, que l'acquéreur se pourvût contre tous les créanciers inscrits à l'effet de faire déclarer sa consignation valable, ce qui occasionnait des frais considérables qu'il serait à désirer que l'on pût éviter. La Cour a proposé, poury parvenir, d'autoriser l'acquéreur à ouvrir lui-même l'ordre en faisant dénoncer la consignation au vendeur et à ses créanciers inscrits, et en les sommant d'avoir à produire leurs titres et contredire cette consignation dans le mois, faute de quoi le juge-commissaire pourrait ordonner que les inscriptions seront radiées, et liquider les frais privilégiés qui seraient dus à l'acquéreur. L'avoué le plus ancien des créanciers produisants serait alors subrogé à la poursuite de l'ordre que l'acquéreur aurait ouvert.

Le mode proposé par la Cour serait infiniment préférable à l'instance véritablement frustratoire que l'acquéreur est obligé d'intenter aujourd'hui contre le vendeur et contre tous les créanciers inscrits sur l'immeuble vendu, et qui n'a d'autre objet que de faire déclarer la consignation valable, sans que les créanciers soient dispensés d'ouvrir ensuite l'ordre du prix qui a été consigné. Ce mode vaudrait même mieux, selon nous, que celui que la Cour royale de Rouen propose, et qui consisterait à autoriser l'acquéreur à faire les offres réelles du prix au vendeur et au premier créancier inscrit qui représenterait tous les autres, sauf aux créanciers postérieurs à intervenir, s'ils le jugeaient convenable, dans l'instance en validité de la consignation, car cette instance, dont il importe de pouvoir dispenser, devrait toujours être intentée. Le créancier dont l'hypothèque doit venir la première aurait d'ailleurs peu d'intérêt à contester la suffisance de la consignation. Les autres créanciers croiraient donc devoir se rendre parties dans l'instance, et alors renaîtraient tous les inconvénients dont la loi aurait voulu prévenir le retour.

Nous ne pouvons admettre, au surplus, que lorsqu'une consignation a été insuffisante, elle puisse néanmoins valoir, comme la Faculté de Caen le propose, jusqu'à concurrence de la somme qui a été déposée par l'acquéreur. Il est de règle incontestable, et l'article 1258 du Code civil en contient une disposition expresse, que pour que des offres réelles soient valables, il faut qu'elles aient été de la totalité de la somme due en capital, en intérêts et en frais, et ce n'est qu'à l'égard des dépens non liquidés que le débiteur est autorisé à parfaire. Un créancier ne peut être forcé à recevoir en partie le montant de sa créance, fût-elle divisible, et le Code civil n'a fait que consacrer, par son art. 1244, le principe qui a existé de tout temps à cet égard. Un acquéreur ne peut donc se libérer d'aucune des parties de son prix que s'il l'a offert en totalité au vendeur. Au cas contraire, les offres et la consignation qui en a été la suite sont nulles pour le tout.

Nous avons dit, dans la première partie, qu'on pourrait autoriser l'acquéreur à faire les offres réelles du prix de la vente au vendeur, à la charge par celui-ci de lui rapporter la mainlevée de toutes les inscriptions qui existeraient sur l'immeuble, et, dans le cas où le vendeur ne pourrait pas satisfaire à cette obligation, qu'il suffirait que l'acquéreur le fît sommer par le même acte d'avoir à se trouver au jour et au lieu qui seraient indiqués pour assister au dépôt du prix de la vente. L'acquéreur n'aurait ensuite qu'à faire signifier l'acte de ce dépôt au vendeur et aux créanciers inscrits sur les biens. Il est vrai que la consignation pourrait alors être attaquée plus tard, mais les frais de cette contestation ne devraient pas être prélevés sur le prix. Ils resteraient à la charge de la partie qui aurait succombé dans l'instance. Quant à la mainlevée des inscriptions, l'acquéreur ne pourrait la demander que sur l'ordre, qu'il aurait alors intérêt à ouvrir. La marche tracée par la Cour royale d'Orléans aurait cet avantage, qu'elle ne forcerait point l'acquéreur d'attendre la clôture de l'ordre pour obtenir la mainlevée des inscriptions prises sur le vendeur, mais elle l'astreindrait à faire procéder, dans tous les cas, à l'ouverture de l'ordre, ce qui pourrait souvent ne pas lui convenir. Il semble que le plus convenable serait de laisser aux acquéreurs qui veulent déposer leur prix l'option entre les deux modes que nous venons d'énoncer.

La Faculté de droit de Caen voudrait que lorsqu'un acquéreur n'a pas consigné le prix de la vente quand cela lui a été ordonné, ou qu'il n'a pas acquitté les bordereaux de collocation qui ont été délivrés contre lui, les biens pussent être revendus à sa folle enchère, sauf les droits acquis sur les biens par ses créanciers personnels.

Le Code n'a point admis ce mode de procéder à l'égard des acquéreurs volontaires, et il ne s'accorderait pas, en effet, avec la nature du contrat qui est intervenu ; mais il y a été suppléé par l'indication d'autres moyens dont le vendeur et ses créanciers sont autorisés à se servir. L'acquéreur volontaire étant devenu propriétaire en vertu du contrat qui s'est formé, ne peut être dépouillé des biens que par la résolution de la vente, tandis que les adjudicataires des immeubles qui ont été vendus en justice ne les ont acquis que sous une condition que la loi elle-même a eu soin d'exprimer, et qui a été que, faute par eux d'exécuter les clauses de l'adjudication, les biens seraient revendus à leur folle enchère. Dans le système proposé par la Faculté, toutes les ventes volontaires seraient rendues conditionnelles, ce qui serait contraire à leur essence et compromettrait la stabilité de la propriété. Pour que ces ventes puissent être résolues forcément, il faut que la justice intervienne, et lorsque aucun danger n'existe, l'acquéreur peut obtenir, aux termes de l'art. 1655 du Code civil, un délai plus ou moins long, suivant les circonstances, pour se libérer, avant que la résolution de la vente soit définitivement prononcée. Cette disposition équitable se trouverait abrogée si le vendeur ou ses créanciers pouvaient, sans autorisation de justice, faire procéder à la folle enchère des biens, par le fait seul que le prix de la vente n'aurait pas été acquitté au terme qui a été stipulé. Au surplus, s'il était possible, ce que nous ne pouvons admettre, qu'un acquéreur volontaire pût être dépouillé par l'emploi de ce moyen, ses créanciers personnels ne pourraient conserver aucun droit sur des biens qui, à raison de la dépossession [de cet acquéreur, seraient réputés ne lui avoir jamais appartenu. Ce dernier motif suffirait seul pour faire préférer le mode qui existe, et qui permet aux tiers de conserver, quoique ce ne soit que subsidiairement, les droits qui leur appartiennent sur les biens qui ont été acquis par leur débiteur.

Art. 2187. En cas de revente sur enchères, elle aura lieu suivant les formes établies pour les expropriations forcées, à la diligence soit du créancier qui l'aura requise, soit du nouveau propriétaire.

Le poursuivant énoncera dans les affiches le prix stipulé dans le contrat, ou déclaré, et la somme en sus à laquelle le créancier s'est obligé de la porter ou faire porter.

La Faculté de droit de Dijon a demandé qu'il fût posé en principe par le Code que la constitution d'une servitude par le débiteur ne peut préjudicier aux créanciers antérieurement inscrits sur la propriété qui a été grevée d'une semblable charge. Cependant, en cas de vente sur saisie immobilière, la Faculté permettrait à l'acquéreur de la servitude de conserver le droit de l'exercer, pourvu qu'il eût fait dénoncer son contrat au créancier qui poursuivrait la vente des biens en justice, qu'il eût fait régler par experts la diminution de valeur qu'a éprouvée le fonds asservi par suite de la charge qui lui a été imposée, et qu'il eût déposé avant l'adjudication le montant de l'estimation qui en aurait été faite, faute de tout quoi l'immeuble serait adjugé franc de la servitude.

La Faculté ne s'est point occupée de la marche qu'aurait à suivre l'acquéreur d'une servitude si la vente du fonds grevé a été volontaire, quoique ce cas soit celui qui devrait le plus fréquemment se présenter, et que les conditions qu'elle impose ne fussent point alors praticables. Nous avons eu occasion de nous occuper d'une manière plus générale de ces diverses questions dans la première partie de cet ouvrage et sur l'art. 2177 du Code, en y comprenant les différents cas où il y a eu établissement d'un droit d'usufruit, d'usage ou d'habitation, aussi bien que celui d'une servitude, et nous persistons à penser que si la vente doit avoir lieu en justice, l'acquéreur d'un droit de cette nature sur des biens déjà frappés d'hypothèques inscrites ne devrait pouvoir renoncer à s'en prévaloir que s'il a fait signifier au poursuivant de la vente, avant qu'il ait été procédé à l'adjudication définitive de la propriété, une déclaration expresse qu'il n'entend plus exciper du droit qu'il a acquis, et que, faute par lui d'avoir rempli cette formalité, ainsi que dans tous les cas où la vente du fonds a été volontaire, l'acquéreur du droit accordé devrait être privé de cette faculté, et tenu de payer la valeur de ce droit d'après l'estimation qui en serait faite par experts ; mais il ne serait point nécessaire, comme la Faculté le propose, que l'estimation du droit et la consignation de la somme qui serait reconnue en avoir formé la valeur eussent précédé l'adjudication des biens en justice, ces deux conditions pouvant être remplies aussi bien après qu'avant cette adjudication, et devant suffire qu'il y ait été procédé avant l'ouverture de l'ordre, ou, au moins, avant la clôture de cette opération.

La Faculté de droit de Caen a indiqué diverses modifications qui seraient, selon elle, à faire aux dispositions de l'art. 837 du Code de procédure. Elle voudrait notamment que les créanciers inscrits, même sur l'acquéreur, fussent appelés à l'adjudication des biens à vendre par suite d'une surenchère. La loi s'est contentée de l'appel de l'ancien et du nouveau propriétaire, ainsi que du créancier surenchérisseur, si ce n'est pas lui qui poursuit la vente, et elle a sans doute eu en vue l'économie des frais que la présence d'un plus grand nombre de parties aurait occasionnés. L'adjudication devant être annoncée par des placards et par une insertion dans un journal d'annonces, le législateur a pensé que les créanciers inscrits sur l'immeuble seraient suffisamment avertis du jour où la vente devrait avoir lieu. La notification de l'acte de vente n'ayant pas dû être faite aux créanciers inscrits sur les anciens propriétaires, lorsque ceux-ci n'ont pas été déclarés à l'acquéreur, on ne verrait pas pourquoi on serait obligé d'appeler ces créanciers à l'adjudication à laquelle il doit être procédé par suite de la surenchère, ni comment on pourrait remplir cette condition, puisque ces créanciers sont restés inconnus. Quant aux créanciers inscrits sur l'acquéreur, celui-ci devant être réputé n'avoir jamais été propriétaire des biens sur lesquels la surenchère a été établie, la poursuite de vente doit leur rester étrangère, et il n'est aucunement besoin de les y appeler.

La Cour royale d'Angers a discuté la question de savoir si l'on devait accorder au poursuivant de la vente par suite d'une surenchère la faculté de morceler les biens qui doivent en former l'objet. L'un des membres de la Cour a invoqué pour l'affirmative l'intérêt qu'ont les créanciers d'obtenir le plus haut prix possible des biens sur lesquels ils doivent être payés, et le droit que n'a pu leur ôter la vente surenchérie, de procéder, s'ils le jugent convenable, au morcellement des biens du débiteur; mais il a été répondu par la Cour que la première aliénation ne pouvait être dénaturée par l'effet de la surenchère, et que la vente en justice devait être faite aux mêmes conditions que la vente volontaire qui avait eu lieu. L'adjudication à laquelle il doit être procédé tend, en effet, à établir une lutte entre l'acquéreur et les créanciers inscrits sur l'immeuble. C'est une incitation faite à cet acquéreur d'augmenter le prix qu'il a consenti à donner. La loi même l'y engage, car elle le dispense, s'il s'est rendu adjudicataire, de faire transcrire le jugement d'adjudication, et elle lui accorde un recours contre le vendeur pour se faire rembourser tout ce qui aura excédé le prix porté en son titre primitif; mais pour que l'acquéreur puisse profiter de tous ces avantages, il ne faut pas que la propriété soit morcelée, car plusieurs parties plus ou moins importantes de l'immeuble seraient dans le cas de lui échapper. Aussi la loi a-t-elle voulu que le contrat de vente servît de cahier de charges à l'adjudication, tandis que si les biens pouvaient être vendus par portions détachées, on serait souvent obligé d'imposer des conditions différentes à leurs divers acquéreurs.

Art. 2188. L'adjudicataire est tenu, au delà du prix de son adjudication, de restituer à l'acquéreur ou au donataire dépossédé les frais et loyaux coûts de son contrat, ceux de la transcription sur les registres du conservateur, ceux de notification, et ceux faits par lui pour parvenir à la revente.

La Faculté de droit de Caen a proposé, en remplacement de cet article, plusieurs dispositions, au nombre desquelles il en est une qui astreindrait l'adjudicataire par suite d'une surenchère à payer les intérêts du prix dû par le premier acquéreur, sauf à lui à profiter des fruits que cet acquéreur devrait restituer. La Faculté en a donné pour motif que la surenchère pourrait autrement causer une diminution dans la somme à répartir.

Les créanciers inscrits perdent, effectivement, le droit de s'attri-buer par ordre d'hypothèque le montant des fruits que doit restituer l'acquéreur surenchéri, car ces fruits n'ont plus qu'une nature mo-bilière qui les soumet aux droits des autres créanciers. L'admission du principe émis par la Faculté aurait, en outre, l'avantage de pré-venir les contestations que les créanciers ont à soutenir pour arriver à la liquidation des fruits dus par le premier acquéreur. L'adjudi-cataire mis en possession des biens aurait plus de facilité qu'eux pour faire procéder à cette opération. Seulement, la Faculté n'a fait courir les intérêts dont serait tenu cet adjudicataire que du jour de la mention que, d'après son avis, le premier acquéreur aurait dû faire sur le registre du conservateur de son intention de purger les biens. Nous ne pensons pas que cette formalité soit dans le cas d'être prescrite, l'intention de l'acquéreur devant, en pareil cas, se manifester par le fait et non par une déclaration quelconque, qui ferait, au moins, double emploi. En allant même jusqu'à supposer le contraire, la restriction apportée par la Faculté au principe qu'elle veut faire admettre laisserait subsister les inconvénients dont ce principe a pour objet d'empêcher le retour, quant à tous les fruits que l'acquéreur aurait perçus depuis son entrée en jouissance jusqu'à la déclaration qu'il aurait faite de vouloir purger les biens. Il serait donc, même alors, plus convenable de faire supporter les intérêts du prix à l'adjudicataire, à compter du jour où le premier acquéreur a été mis en possession des biens, en lui cédant, par com-pensation, la totalité des fruits que doit restituer cet acquéreur.

La même Faculté de Caen ne voudrait pas que l'acquéreur qui a été dépossédé par l'effet d'une surenchère pût réclamer la valeur d'aucune des impenses et des améliorations qu'il a faites dans les biens qu'il avait acquis. Elle se fonde sur ce que les réclamations de cette nature compliquent la procédure, qu'elles sont une source de contestations entre cet acquéreur et les créanciers inscrits sur l'immeuble, et enfin sur ce que l'acquéreur a eu tort d'améliorer des biens dont la propriété ne lui était point irrévocablement as-surée.

Il faudrait, dans tous les cas, excepter de la perte que l'acqué-reur devrait éprouver, les frais qu'il aurait faits pour la conservation des biens, et que tout autre possesseur aurait été obligé de faire à sa place, puisque, sans les dépenses auxquelles il s'est livré à cet égard, les créanciers inscrits auraient perdu tout ou partie du gage sur lequel repose leur hypothèque. De pareils frais ont même, et par cette raison, été déclarés privilégiés par la loi. A l'égard des impenses qui n'ont point cette nature, on ne voit pas pourquoi l'acquéreur dépouillé par une surenchère serait traité plus désavantageusement que le tiers possesseur qui n'a fait procéder à aucune purge et qui a délaissé les biens. Cet acquéreur était encore moins certain que celui qui a été dépossédé par une surenchère que la propriété lui serait conservée, et les contestations que sa réclamation suscite ne doivent pas faire éprouver moins de difficultés. Cependant le Code lui réserve, par son art. 2175, le droit de répéter ses impenses et améliorations jusqu'à concurrence de la plus value que les biens en ont éprouvée. Le Code n'a fait en cela qu'appliquer ce principe de justice éternelle que nul ne doit s'enrichir aux dépens d'autrui. Ce ne serait pas pour les acquéreurs un encouragement d'accomplir les prescriptions de la loi en purgeant les immeubles dont ils sont devenus propriétaires, que de leur faire perdre leurs impenses, même utiles, lorsque, en ne purgeant pas, ils auraient conservé le droit de les récupérer. Les créanciers n'ont d'ailleurs rien à redouter d'une réclamation semblable, puisque l'acquéreur ne peut répéter que le montant de la plus value qu'il a procurée aux biens. On devrait seulement astreindre cet acquéreur à énoncer sa demande sur le cahier des charges, afin que le poursuivant pût imposer à l'adjudicataire futur l'obligation de supporter l'effet de la réclamation.

Art. 2189. L'acquéreur ou le donataire qui conserve l'immeuble mis aux enchères en se rendant dernier enchérisseur n'est pas tenu de faire transcrire le jugement d'adjudication.

La Cour royale de Rouen a proposé de dispenser de transcription le jugement d'adjudication des biens qui ont été vendus par suite d'une surenchère, lors même qu'une personne autre que l'acquéreur ou le donataire s'est rendue dernier enchérisseur. L'adjudication faite à cette personne n'a formé, en effet, que la réalisation, sauf la différence du prix, de la vente qui a déjà été transcrite, et il semble dès lors inutile de l'assujettir de nouveau à la même formalité. Il suffirait d'ordonner que le jugement d'adjudication sera mentionné en marge de la transcription du premier contrat, pour donner à ce jugement toute la publicité qui peut lui être nécessaire.

Art. 2190. Le désistement du créancier requérant la mise aux enchères ne peut, même quand le créancier paierait le montant de la soumission, empêcher l'adjudication publique, si ce n'est du consentement exprès de tous les autres créanciers hypothécaires.

Art. 2191. L'acquéreur qui se sera rendu adjudicataire aura son recours tel que de droit contre le vendeur pour le remboursement de ce qui excède le prix stipulé par son titre, et pour l'intérêt de cet excédant, à compter du jour de chaque paiement.

La Faculté de droit de Caen a demandé que l'acquéreur contre qui il a été exercé une surenchère ait un recours, tel que de droit, contre le vendeur, lors même qu'il ne s'est pas rendu adjudicataire des biens qui lui avaient été transmis. L'art. 2191 ne s'occupe pas, il est vrai, de ce dernier cas, et son silence à cet égard peut être invoqué par ceux qui voudraient échapper à cette garantie ; cependant, aux termes des art. 1626 et suivants du Code civil, tout vendeur est tenu de procurer à l'acquéreur la libre possession des biens qui ont fait l'objet de la vente, et de le garantir de l'éviction qu'il souffre de la totalité ou de partie de l'objet vendu, ainsi que des charges prétendues sur cet objet et non déclarées lors de la vente. Si l'acquéreur a été évincé par suite d'une surenchère, c'est que le vendeur n'avait point satisfait à cette obligation en prévenant l'exercice du droit qu'a exercé l'un de ses créanciers. Ce vendeur a manqué à sa promesse en ne procurant point à l'acheteur la propriété des biens qu'il devait avoir moyennant le prix qui a été stipulé entre eux, et il est tenu dès lors d'indemniser l'acquéreur de la perte que celui-ci a éprouvée par suite de l'inexécution du contrat intervenu entre eux. Le motif qui doit faire accorder ces dommages et intérêts est le même que celui qui procure à l'acquéreur le droit d'en demander lorsqu'il s'est rendu adjudicataire des biens pour une somme plus forte que celle moyennant laquelle il avait traité avec le vendeur, et il nous semble qu'il ne saurait présenter plus de difficulté.

La même Faculté a aussi demandé qu'il soit apporté une modification aux dispositions de cet article pour un cas qu'elle a énoncé. Elle suppose que par suite d'une vente d'immeubles d'une faible valeur, il s'est trouvé des inscriptions pour des sommes considérables sur les anciens propriétaires, et que par l'effet d'une collusion coupable avec les créanciers inscrits, l'acquéreur a porté le prix de l'adjudication fort au-dessus de la valeur véritable des biens. La Faculté soutient qu'il y a injustice à faire supporter en ce cas au vendeur une garantie aussi disproportionnée avec le prix que la vente devait lui procurer, en l'obligeant à rembourser à l'acquéreur tout ce qui, dans le montant de l'adjudication, a dépassé ce prix, et qu'on ne doit toujours permettre à l'acquéreur de réclamer des dommages et intérêts que dans la proportion de ceux qui lui seraient dus s'il avait été dépossédé des biens, sauf à cet acquéreur à se prévaloir contre qui il appartient des droits des créanciers inscrits auxquels il se trouve légalement subrogé.

Le cas dont parle la Faculté ne s'est peut-être jamais réalisé, et il sent un peu les subtilités de l'école. L'on sait que *quæ rarò accidunt, non computantur*. On ne concevrait pas l'intérêt qu'a eu l'acquéreur à hausser aussi extraordinairement le prix de l'adjudication, à moins qu'ayant acquis à vil prix les créances inscrites sur les anciens vendeurs, il ne vienne réclamer du dernier vendeur des sommes plus fortes que celles qu'il a réellement payées ; mais ce bénéfice illicite serait dans le cas de lui être contesté, et peu d'indices, joints à ceux qui résulteraient de ces cessions et du prix exorbitant qu'il a donné des immeubles, suffiraient pour démasquer la fraude qu'on aurait à lui reprocher. Il convient donc de laisser ce cas exceptionnel dans le domaine du juge, qui saura bien réduire la garantie à sa juste valeur, en renvoyant l'acquéreur exercer son recours contre les anciens propriétaires dont il aura satisfait les créanciers.

Aucune garantie ne peut, au surplus, être exercée, lorsque la surenchère n'a été établie que par suite d'une vente forcée qui a eu lieu en justice. Il n'y a pas eu alors de vendeur à proprement parler, mais un simple poursuivant de la vente. Le créancier qui s'est chargé de la poursuite n'a certainement pas entendu garantir une propriété dont il ne connaissait souvent pas l'origine, et la loi a prévenu le danger de l'éviction en obligeant le réclamant à former sa demande avant l'adjudication des biens. Quant aux surenchères, l'adjudicataire a su que la loi lui imposait l'obligation de supporter toutes celles qui pourraient survenir. Aucune mention à cet égard ne paraît donc devoir être ajoutée au Code.

Art. 2192. Dans le cas où le titre du nouveau propriétaire comprendrait des immeubles et des meubles, ou plusieurs immeubles, les uns hypothéqués, les autres non hypothéqués, situés dans le même ou dans divers arrondissements de bureaux, aliénés pour un seul et même prix, ou pour des prix distincts et séparés, soumis ou non à la même exploitation, le prix de chaque immeuble frappé d'inscriptions particulières et séparées sera déclaré dans la notification du nouveau propriétaire, par ventilation, s'il y a lieu, du prix total exprimé dans le titre.

Le créancier surenchérisseur ne pourra, en aucun cas, être contraint d'étendre sa soumission ni sur le mobilier, ni sur d'autres immeubles que ceux qui sont hypothéqués à sa créance et situés dans le même arrondissement; sauf le recours du nouveau propriétaire contre ses auteurs, pour l'indemnité du dommage qu'il éprouverait, soit de la division des objets de son acquisition, soit de celle des exploitations.

La Faculté de droit de Caen a ajouté, dans la rédaction à laquelle elle s'est livrée de cet article, une peine de nullité en cas de contravention à la disposition qu'il contient, en se fondant sur ce que, faute de la ventilation qui y est ordonnée, les créanciers inscrits sur une partie seulement des immeubles vendus n'ont pas su s'ils devaient ou non surenchérir, ni sur quelle portion du prix leur surenchère était dans le cas de porter. Il est évident que la ventilation que l'acquéreur doit opérer dans le cas prévu par cet article, lors de la signification du contrat de son acquisition aux créanciers inscrits, est en effet indispensable pour que la purge des biens ait été dans le cas de s'opérer; mais la condition imposée à cet égard par la loi tenant à l'essence même des formalités à remplir pour atteindre ce but, on ne peut douter que son défaut d'accomplissement n'ait empêché que cette purge ait eu lieu. La disposition de la loi équivaut donc à la peine de nullité qui y serait insérée, peine qu'en général on ne doit point prodiguer, pour ne pas rendre douteux les cas où elle ne serait pas exprimée.

Chapitre IX. — *Du mode de purger les hypothèques quand il n'existe pas d'inscription sur les biens des maris et des tuteurs.*

Comme ce ne sont que des hypothèques légales dont il est question dans ce chapitre, il conviendrait de l'énoncer dans cet intitulé, en donnant cette qualification aux hypothèques de la purge desquelles le Code va s'occuper.

Nous ne reviendrons pas sur les questions que nous avons examinées à raison des hypothèques légales. Nous n'avons maintenant à nous occuper que du mode à employer pour parvenir à purger celles qui n'ont pas été inscrites, et, ayant déjà émis l'avis que les formes principales établies à cet égard par le Code devaient être maintenues, nous devons nous borner à rappeler les modifications que ces formes sont susceptibles de recevoir dans quelques-unes des parties qui les constituent.

Ainsi, il conviendrait que l'affiche du contrat dans l'auditoire du tribunal fût remplacée par une ou plusieurs insertions de cet acte dans un journal d'annonces judiciaires. On ferait parvenir plus sûrement, par l'emploi de ce moyen, la connaissance du fait de l'aliénation aux personnes qu'il intéresse, ou à ceux qui sont chargés de prendre des inscriptions en leur nom, et on satisferait mieux au désir manifesté par le législateur, que les hypothèques légales frappent à temps les biens qui en sont tenus.

Il serait fort utile que dans le cas où le prix de la vente n'a pas dépassé une certaine somme, que nous avons portée à 1000 fr., il dût suffire, pour purger les hypothèques légales, de faire insérer les clauses principales du contrat d'aliénation dans un de ces journaux, de remettre sous récépissé au parquet du procureur du roi un des exemplaires du journal qui contiendrait cette insertion, et de faire en outre signifier le contrat entier à la femme ou au subrogé tuteur, pour qu'ils eussent à prendre une inscription dans le délai de deux mois. On diminuerait de beaucoup par cette marche simple, mais cependant suffisante, les frais de purge de ces aliénations minimes, lorsque les frais à faire aujourd'hui sont souvent sans proportion avec le prix provenu de la vente, et font renoncer, alors au détriment des acquéreurs, à recourir à ce moyen de sécurité.

Nous croyons qu'il serait à propos de dispenser les adjudicataires de biens vendus sur une saisie immobilière de la nécessité d'accomplir les formalités imposées pour arriver à la purge des hypothèques légales, pourvu que le poursuivant eût fait signifier à la femme et au subrogé tuteur un placard annonçant le jour de la vente, et que l'adjudicataire leur ait fait notifier en outre le jugement d'adjudication, pour qu'ils eussent à s'inscrire dans un délai qui serait aussi de deux mois. La publicité qu'ont nécessairement les poursuites d'une saisie immobilière remplacerait suffisamment toutes autres formalités.

Presque toutes les Cours du royaume et la Cour de cassation ont demandé que, malgré la purge opérée par l'acquéreur des hypothèques légales, la femme et les mineurs fussent admis à se faire colloquer sur l'ordre tant que le prix de la vente n'aurait pas été définitivement attribué aux autres créanciers, et nous avons exposé les motifs puissants sur lesquels ces différentes Cours se sont fondées. La Faculté de droit de Strasbourg voudrait même que l'on ne pût opposer à la femme ou aux mineurs l'ordre qui n'aurait été fait qu'à l'amiable ; mais il nous semble que ces créanciers, quelque favorables qu'ils soient, ont à se reprocher de n'avoir pas usé de leurs droits pendant que les choses étaient entières, et que les autres créanciers n'ont pas été obligés, malgré l'absence de toute inscription conservatrice de ces hypothèques légales, de se livrer à des frais que l'accord qui s'est établi entre eux les a mis à même d'épargner. Il doit suffire que l'ordre amiable n'ait été fait qu'après l'expiration du délai pendant lequel les hypothèques légales pouvaient encore être inscrites, et que la clôture de cet ordre ait acquis une date certaine avant que la femme ou les mineurs se soient présentés pour faire valoir leurs droits, soit en se présentant à l'ordre amiable avant son homologation en justice, ainsi qu'il est dit en l'art. 2198 du Code, soit en ouvrant un ordre judiciaire, soit enfin en formant une demande en distribution des deniers, dans le cas prévu par l'art. 775 du Code de procédure. Nous aurons néanmoins à examiner, sur l'art. 2195, les conditions que l'on voudrait faire imposer au droit que l'on accorderait à cet égard aux femmes et aux mineurs.

Il nous paraîtrait n'y avoir aucun inconvénient à ce que, au moyen de l'accomplissement des conditions que nous avons énoncées, l'adjudicataire des biens qui ont été vendus même volontairement en justice, fût dispensé, comme la Faculté de droit de Poitiers le propose, de remplir les formalités actuellement exigées pour la purge des hypothèques légales ; car ces sortes de ventes acquièrent une assez grande publicité pour qu'elles aient dû arriver à la connaissance de la femme ou du subrogé tuteur. La notification qui serait faite à ces diverses personnes d'un placard annonçant la vente, et la signification qu'elles devraient recevoir du jugement d'adjudication avec sommation d'inscrire l'hypothèque légale dans un certain délai, achèverait de les mettre en mesure de veiller à la conservation de leurs droits.

Enfin nous avons considéré comme impossible d'autoriser tout créancier inscrit à purger les hypothèques légales qui existent sur les biens de son débiteur. En vain la Faculté de droit de Caen, qui en a émis l'avis, a-t-elle dit que l'on diminuerait par là le danger des hypothèques occultes. Outre qu'en l'absence de toute mutation de la propriété il ne peut y avoir lieu à aucune purge d'hypothèque, on risquerait de compromettre les droits des femmes et des mineurs qui seraient si rarement en état de s'inscrire, et on les exposerait à être primés par de nouveaux créanciers qui n'auraient, pour y parvenir, qu'à remplir quelques formalités.

Art. 2193. Pourront, les acquéreurs d'immeubles appartenant à des maris ou à des tuteurs, lorsqu'il n'existera pas d'inscription sur lesdits immeubles à raison de la gestion du tuteur, ou des dot, reprises et conventions matrimoniales de la femme, purger les hypothèques qui existeraient sur les biens par eux acquis.

Art. 2194. A cet effet, ils déposeront copie dûment collationnée du contrat translatif de propriété au greffe du tribunal civil du lieu de la situation des biens, et ils certifieront par acte signifié, tant à la femme ou au subrogé tuteur qu'au procureur du roi près le tribunal, le dépôt qu'ils auront fait. Extrait de ce contrat contenant sa date, les noms, prénoms, professions et domiciles des contractants, la désignation de

la nature et de la situation des biens, le prix et les autres
charges de la vente, sera et restera affiché pendant deux mois
dans l'auditoire du tribunal, pendant lequel temps les femmes, les maris, tuteurs, subrogés tuteurs, mineurs, interdits,
parents ou amis, et le procureur du roi, seront reçus à requérir, s'il y a lieu, et à faire faire au bureau du conservateur des
hypothèques, des inscriptions sur l'immeuble aliéné, qui auront le même effet que si elles avaient été prises le jour du
contrat de mariage, ou le jour de l'entrée en gestion du tuteur; sans préjudice des poursuites qui pourraient avoir lieu
contre les maris et les tuteurs, ainsi qu'il a été dit ci-dessus,
pour hypothèques par eux consenties au profit de tierces personnes sans leur avoir déclaré que les immeubles étaient déjà
grevés d'hypothèques, en raison du mariage ou de la tutelle.

La Cour royale de Rennes a fait remarquer qu'il existe une antinomie apparente entre les termes employés par les art. 2135 et
2194 du Code civil pour désigner l'époque à laquelle doit remonter
l'hypothèque légale de certaines créances des femmes sur leur mari,
le premier de ces articles portant que cette hypothèque existe, indépendamment de toute inscription, pour raison de leur dot et de
leurs conventions matrimoniales, à compter du jour du mariage,
et l'art. 2194 semblant faire remonter cette hypothèque au jour
même du contrat qui contient les conventions des époux. La Cour
a pensé que ce mot *contrat* n'avait été employé par l'art. 2194 que
dans le sens du mariage contracté, et non pour exprimer l'acte qui
avait contenu les conditions du mariage, mais que cependant il
convenait, pour lever tout doute à cet égard, d'employer dans ce
dernier article les termes dont l'art. 2135 s'est servi.

Ce n'est pas, en effet, le contrat de mariage qui a procuré à la
femme une hypothèque légale, puisqu'un contrat, quelle que soit
sa nature, ne peut donner lieu qu'à une hypothèque conventionnelle.
L'hypothèque légale ne peut résulter que des faits caractérisés par
la loi, et ainsi du mariage, ou de l'acceptation de la tutelle. Les tiers
pourraient être induits en erreur sur l'existence de cette hypothèque, par le temps qui se serait écoulé entre la passation du contrat

et l'union des époux. C'est donc le cas d'admettre la rectification proposée par la Cour.

La Cour royale de Rouen a demandé que la signification que l'acquéreur doit faire adresser à la femme du vendeur pour purger son hypothèque légale ne pût lui être faite qu'en parlant à sa personne, sinon, que la copie soit remise au maire ou à l'adjoint de la commune qui viserait sans frais l'original. Nous avons proposé dans la première partie de faire ordonner par le Code que sur la signification que doit recevoir le procureur du roi, ce magistrat mandera la femme à son parquet pour lui faire la remise de l'acte et lui adresser les observations convenables sur l'utilité qu'il y aurait pour elle de faire inscrire ses créances, sauf, dans le cas où le domicile de la femme serait trop éloigné, à charger de cette mission le juge de paix du lieu. Ce devoir serait mieux rempli alors que par des officiers de l'ordre administratif.

Il serait aussi à propos, comme l'a demandé la Cour royale de Limoges, que la notification que doit recevoir la femme ou le subrogé tuteur des mineurs fût faite par un huissier commis, et que l'on insérât dans le Code les dispositions du conseil d'Etat du 1er juin 1807 sur le mode de publicité à employer lorsque le domicile de ces diverses personnes est resté inconnu.

Nous ne croyons pas que le délai de deux mois qui est accordé aux femmes et au subrogé tuteur pour s'inscrire par suite d'une purge légale soit dans le cas d'être restreint, car ce délai doit être réputé nécessaire pour que ces créanciers si exceptionnels aient pu connaître, au moins approximativement, la quotité des sommes qu'ils doivent mentionner dans l'inscription qu'ils ont à prendre. La Faculté de droit de Dijon, qui propose de réduire ce délai à quarante jours, a dit que l'on uniformiserait par là le temps pendant lequel les créanciers doivent surenchérir ; mais la position où se trouvent les femmes et les mineurs ne peut être comparée à celle des autres créanciers, et la difficulté qu'ils éprouvent à agir a été justement appréciée par la loi, lorsqu'elle leur a accordé un temps aussi long pour s'inscrire.

Nous ne pouvons pas même nous persuader que l'on ne doive accorder aux femmes et aux mineurs que le même délai pour faire inscrire leurs créances par suite d'une purge légale, et pour surenchérir les biens vendus par leur débiteur, à raison de l'embarras extrême que des créanciers de cette nature doivent éprouver pour exercer l'un et l'autre de ces droits. Il nous semble que le délai de la surenchère ne doit commencer à courir à l'égard de ces créanciers qu'après l'expiration du temps qui leur est accordé pour s'inscrire, car autrement aucun de ces délais n'aurait la latitude que la loi a voulu lui donner.

Il nous paraîtrait dangereux d'accorder à la femme ainsi qu'au subrogé tuteur des mineurs, lors même que celui-ci y aurait été autorisé par un conseil de famille, le droit de renoncer devant le juge de paix de leur domicile à se prévaloir de leur hypothèque légale contre un acquéreur des biens du mari ou du tuteur. Il y aurait une trop grande facilité, surtout à l'égard des femmes, à ce qu'elles perdissent une garantie si précieuse et dont elles ne pourraient pas toujours apprécier l'importance. Il est vrai que le silence de la femme sur la purge légale équivaut presque à une semblable renonciation, mais d'autres personnes peuvent s'inscrire pour elle. Elle a plus de temps elle-même pour réfléchir au parti qu'elle doit adopter. Elle n'est point exposée aux sollicitations du mari ni aux dissensions domestiques qui seraient le résultat de ses refus. La femme pourra enfin, d'après la loi nouvelle, se présenter à l'ordre, quoique son hypothèque ait été purgée par l'acquéreur, et on pourrait douter que ce droit ait continué à lui appartenir, si elle avait volontairement renoncé à son hypothèque. Quant aux mineurs dont les droits immobiliers ne peuvent être aucunement altérés sans l'autorisation de justice, on n'accordera point au subrogé tuteur ou même à la famille le droit de renoncer à l'hypothèque qui assure les créances qu'ils ont contre leur tuteur.

Ce serait aussi beaucoup trop affaiblir les formalités requises pour la purge des hypothèques légales que de les réduire, comme l'a proposé la Faculté de droit de Caen, à une simple notification du contrat de vente au conservateur et au président de la chambre des avoués du lieu, car ces deux officiers seraient presque toujours dans l'impossibilité de parer au danger dont ces hypothèques sont menacées. On ne peut pas non plus se contenter d'une ou même de plusieurs insertions du contrat dans une journal d'annonces, qui, dans un grand nombre de cas, surtout dans les campagnes, ne parviendrait pas à la connaissance de la femme ou du subrogé tuteur des mineurs. Il est vrai que les formalités prescrites à cet égard par le Code sont loin de produire l'effet qu'on en a attendu, mais il est d'autres moyens de les rendre plus efficaces, et nous avons cru pouvoir en indiquer plusieurs.

La Faculté de droit de Strasbourg voudrait que les acquéreurs fussent obligés de purger les hypothèques légales non inscrites qui peuvent exister sur les anciens propriétaires, lors même qu'on ne leur aurait pas déclaré quels ont été ces vendeurs. A la vérité, la Faculté se contenterait alors de l'annonce que l'acquéreur ferait signifier au procureur du roi de l'intention où il est de purger ces hypothèques, et de l'insertion du contrat dans un journal d'annonces ; mais, d'après elle, cette purge devrait être considérée comme non avenue, s'il était justifié que l'acquéreur connaissait les créanciers à qui appartenaient ces hypothèques. Cette exception, qui ferait dépendre la validité de la purge d'un fait personnel qui serait dans le cas d'être prouvé même par des témoins, deviendrait, à raison des graves intérêts qui pourraient en dépendre, la source d'un nombre infini de contestations, et il soumettrait le sort des acquéreurs à une foule de circonstances fugitives difficiles souvent à apprécier. Aussi est-il de principe que, quelque connaissance personnelle qu'un acquéreur ait pu avoir des hypothèques qui grèvent sa nouvelle propriété, il n'est tenu de purger que celles qui ont une existence légale ou qui lui ont été régulièrement déclarées par le contrat. Un acquéreur n'est donc tenu de faire transcrire que l'acte qui constate son acquisition. Il ne doit en déposer aucun autre au greffe pour arriver à purger les hypothèques légales, et ce n'est qu'à la femme de son vendeur et au subrogé tuteur des mineurs dont le vendeur a la tutelle que doivent être faites les significations prescrites par la loi. Lors même que l'on changera quelque chose à ce mode de purge, ces bases seront toujours celles qu'il conviendra d'adopter. C'est aux créanciers des anciens vendeurs, même à ceux qui avaient une hypothèque légale, à s'imputer de n'avoir pas mieux veillé à la conservation de leurs droits. Il faut aussi penser aux frais considérables auxquels tout acquéreur serait assujetti s'il devait purger les hypothèques légales, quoique seulement possibles, qui existeraient sur des anciens vendeurs qui lui sont restés inconnus.

La majorité de la Cour royale de Montpellier et la Faculté de droit de Strasbourg ont demandé que les procureurs du roi fussent tenus, sous telles peines de discipline que de droit, de prendre inscription par suite des notifications qu'ils auront reçues dans l'intérêt des femmes et des mineurs. Elles en ont donné pour motif que tous ces magistrats ne sont pas également vigilants ; qu'ils se croient même dispensés d'agir s'ils n'ont pas été provoqués par la famille ; que plusieurs d'entre eux peuvent être trompés sur la véritable situation du mari, et qu'enfin l'hypothèque qu'ils auront conservée pourra être réduite.

Nous ne reviendrons pas sur les inconvénients qui ont été signalés lorsque, dans les premiers temps du Code, les procureurs impériaux avaient cru ne pouvoir agir en de telles circonstances avec trop de rigueur. La Cour royale de Rouen en a suffisamment ravivé le souvenir. Nous nous bornerons à dire, avec la minorité de la Cour de Montpellier, que les inscriptions qui seraient prises alors entraveraient un trop grand nombre de ventes ; que leur mainlevée, leur purge ou la réduction des hypothèques légales, occasionneraient de grands frais à raison d'aliénations d'un prix souvent très peu considérable, et qu'il convient de laisser aux magistrats qui exercent le ministère public la faculté de s'abstenir, lorsque l'inscription qu'ils auraient à prendre ne leur paraîtra pas nécessaire pour la sûreté des droits à conserver. Encore moins conviendrait-il, comme la Faculté de droit de Caen le propose, de charger les conservateurs, sous peine d'en répondre, de prendre les inscriptions au nom de la femme et des mineurs, lorsque la purge de leur hypothèque légale serait au moment de s'opérer. Outre l'impossibilité où se trouveraient presque toujours les conservateurs de connaître les droits qu'ils devaient inscrire, au moins les causes qu'ils ont eues et leur quotité, on obligerait ces agents de l'administration de veiller avec un soin extrême à des intérêts étrangers aux fonctions qu'ils exercent, et on les soumettrait à une responsabilité effrayante pour n'occasionner que les inconvénients graves que nous venons de signaler.

Art. 2195. Si, dans le cours des deux mois de l'exposition du contrat, il n'a pas été fait d'inscription du chef des femmes, mineurs ou interdits, sur les immeubles vendus, ils passent à l'acquéreur sans aucune charge, à raison des dot, reprises et conventions matrimoniales de la femme, ou de la gestion du tuteur; et sauf le recours, s'il y a lieu, contre le mari et le tuteur.

S'il a été pris des inscriptions du chef desdites femmes, mineurs ou interdits, et s'il existe des créanciers antérieurs, qui absorbent le prix en totalité ou en partie, l'acquéreur est libéré du prix ou de la portion du prix par lui payée aux créanciers placés en ordre utile; et les inscriptions du chef des femmes, mineurs ou interdits, seront rayées, ou en totalité, ou jusqu'à due concurrence.

Si les inscriptions du chef des femmes, mineurs ou interdits, sont les plus anciennes, l'acquéreur ne pourra faire aucun paiement du prix au préjudice desdites inscriptions, qui auront toujours, ainsi qu'il a été dit ci-dessus, la date du contrat de mariage ou de l'entrée en gestion du tuteur; et dans ce cas les inscriptions des autres créanciers qui ne viennent pas en ordre utile seront rayées.

L'avis presque unanime des Cours a été, comme nous avons eu déjà l'occasion de le dire, que les femmes, les mineurs et les interdits devraient être admis, malgré la purge de leur hypothèque légale, à se présenter aux ordres ouverts sur le prix des biens du mari ou du tuteur, tant que ce prix n'a pas été définitivement attribué à d'autres créanciers. La Cour royale de Paris a ajouté que ce ne devra être que sauf l'application, en cas de production tardive de la part de ces créanciers, des dispositions de l'art. 757 du Code de procédure, et cela ne peut faire, en effet, aucune difficulté. Une mention spéciale à cet égard dans le Code civil ne devra point paraître surabondante, quoique la disposition du Code de procédure s'applique à tous les cas où les créanciers n'ont produit qu'après l'expiration du délai que ce Code a fixé, parce que les femmes et les mineurs qui ne se sont pas fait inscrire n'ayant pas été sommés de faire leur production, la peine prononcée par la loi pourrait ne pas paraître devoir leur être appliquée, tandis que la négligence que ces créanciers ont mise à publier l'existence de leur hypothèque, ayant été cause qu'ils n'ont point été appelés à la distribution des deniers, les tiers ne peuvent aucunement avoir à en souffrir.

La Cour de cassation, qui a émis l'avis que la purge de l'hypothèque légale des femmes, des mineurs et des interdits devait continuer à s'opérer au moyen des formalités indiquées par le Code, a aussi accordé à ces divers créanciers le droit de requérir leur collocation malgré la purge de leur hypothèque, mais elle a apposé deux conditions à l'exercice de cette faculté. La Cour voudrait que la demande en collocation ne fût alors admissible qu'autant qu'elle aurait été formée avant l'expiration du délai prescrit par l'art. 754 du Code de procédure, et ainsi dans le mois de la sommation de produire qui a été donnée aux créanciers inscrits sur l'immeuble vendu, et, de plus, que des tiers ne se fussent pas fait inscrire ou n'aient pas acquis de droits sur les biens, après l'accomplissement des formalités qui ont opéré la purge de l'hypothèque légale des femmes et des mineurs.

Nous demandons la permission de représenter à cette Cour, qui a tant de droits à notre respect, que la première de ces conditions rendrait le sort des créanciers dont l'hypothèque est légale plus fâcheux que celui des créanciers ordinaires, puisque ceux-ci, quoiqu'ils aient été sommés de produire dans le mois et qu'ils aient négligé de le faire, sont néanmoins admis à se présenter à l'ordre à la charge de supporter les frais frustratoires qu'ils ont occasionnés ainsi que les intérêts qui auraient cessé de courir contre le débiteur, tandis que les créanciers ayant une hypothèque légale qui n'ont reçu, faute de s'être fait inscrire, aucune sommation semblable, et qui conséquemment ont pu ignorer l'existence de l'ordre qui a été ouvert, ne pourraient demander leur collocation après l'expiration d'un délai qui n'a point été créé pour eux, et qui commencerait à courir à compter d'un acte qui leur est resté étranger. On les punirait donc d'un retard dont on ne pourrait souvent leur imputer la cause. Il nous semble que des créanciers si favorables doivent être excusés, lorsque tant de motifs ont pu les empêcher de produire leurs titres plutôt, et qu'ils ne peuvent être tenus que de réparer le dommage que leur production tardive a été dans le cas d'occasionner, en leur appliquant les peines portées par l'art. 757 du Code de procédure. Ne sera-ce donc pas assez de les traiter à l'instar des autres créanciers, lorsque leur condition, comparée à celle de ces ayants droit, a été tellement désavantageuse ?

Nous admettons, à l'égard de la seconde condition que la Cour suprême imposerait à la production tardive des créanciers ayant une hypothèque légale, que cette production ne doit point nuire aux droits qui ont été acquis sur l'immeuble postérieurement à la purge de l'hypothèque des femmes et des mineurs, mais nous avouons que ce cas ne nous paraît pas de nature à se réaliser. Il ne saurait s'appliquer aux droits des créanciers personnels de l'acquéreur, puisque le privilége attaché au prix de vente sur lequel les femmes et les mineurs viendraient réclamer leur collocation doit s'exercer avant que ces créanciers puissent se prévaloir de leurs hypothèques sur l'immeuble vendu. Cette condition ne s'appliquerait pas davantage aux créanciers du vendeur qui n'ont pu acquérir d'hypothèque sur les biens depuis qu'ils ont été aliénés, et qui ont dû faire inscrire leurs hypothèques antérieures dans la quinzaine au 'plus tard de la transcription du contrat, longtemps ainsi avant l'époque où les hypothèques légales ont pu être purgées. Elle ne pourrait non plus s'étendre aux sous-acquéreurs des biens, puisque, faute d'acquittement du prix de la première vente dont l'ordre n'a pas été clos d'une manière définitive, le vendeur sur qui pèsent les hypothèques légales dont on viendrait suivre l'effet pourrait, ou ses créanciers en son nom, demander la résolution de cette vente. Nous ne voyons donc pas à l'égard de quelles personnes la production tardive des femmes, des mineurs et des interdits serait dans le cas de porter préjudice, et dès lors cette seconde condition ne nous paraît pas non plus dans le cas d'être imposée par la loi.

La Cour royale de Pau voudrait que les créanciers dont l'hypothèque légale a été purgée ne perdissent néanmoins leur droit de suite sur les biens qui en ont été affranchis qu'autant que l'acquéreur leur aurait fait dénoncer l'ouverture de l'ordre afin qu'ils eussent à y faire valoir leurs droits, sauf, dans le cas où le domicile de la femme ou du subrogé tuteur ne serait pas connu, à faire signifier cette dénonciation au parquet du procureur du roi. La Cour a désiré créer un nouvel obstacle à la perte des créances des femmes et des mineurs, mais nous avouons qu'elle nous paraît en avoir outrepassé la possibilité. Aucun droit de suite ne peut être accordé à un créancier, quelque faveur qu'il mérite, si son hypothèque a été légalement purgée, car autrement la purge n'aurait pas produit son effet. Une voie doit nécessairement être ouverte aux acquéreurs pour qu'ils puissent affranchir la propriété qu'ils ont obtenue et se garantir des poursuites des créanciers qui ont des droits hypothé-

caires sur l'ancien possesseur. Il est vrai que la Cour n'a fait qu'a-
jouter aux formailtés prescrites à cet égard par le Code la notification de l'ouverture de l'ordre à la femme et au subrogé tuteur des
mineurs; mais, outre qu'nn acte semblable est étranger aux conditions de purge, si l'ordre tardait à s'ouvrir, l'acquéreur qui aurait
purgé les hypothèques légales serait donc exposé à être poursuivi
par ceux qui avaient droit à ces hypothèques , quoique les biens en
eussent été dégrevés ? Il faudrait , pour éviter le résultat d'une telle
poursuite, que l'acquéreur ouvrît lui-même l'ordre du prix dont il
est débiteur, et empêchât ainsi qu'un ordre à l'amiable pût jamais
intervenir. On ne doit pas, dans l'intérêt de ceux qui n'ont pas
veillé à leurs droits, nuire à ce point aux acquéreurs, qui, pour assurer leur tranquillité, ont accompli les formalités qui leur ont procuré la purge irrévocable des biens.

Nous nous sommes expliqué, dans la première partie, sur le sort
des collocations accordées à des personnes privées de la capacité
qui serait nécessaire pour qu'elles pussent en recevoir le montant,
et nous exposerons sur l'art. 2218 les moyens qui nous paraissent
devoir être employés à l'égard des collocations de droits conditionnels, éventuels ou indéterminés, qui appartiennent soit à des
incapables, soit à tous autres créanciers.

Chapitre X. — *De la publicité des registres et de la responsabilité
des conservateurs.*

La Cour royale de Montpellier s'est plainte des inconvénients
qu'entraîne le mode actuel de délivrance des certificats d'inscription
par les conservateurs, en ce que ces certificats comprennent les
inscriptions dont la cause n'existe plus et celles qui ont été renouvelées, ce qui occasionne des frais sans utilité et n'éclaircit point la
position du débiteur. La Cour a proposé, pour mettre un terme à
cet abus, de permettre aux conservateurs de donner l'assurance
qu'il n'existe aucune inscription sur la personne qui leur est désignée, ou de fournir l'indication approximative de l'importance des
inscriptions qui grèvent ses immeubles. Un extrait en forme de ces
inscriptions ne devrait être dressé par le conservateur et sous sa
responsabilité que lorsqu'il aurait été requis de le délivrer.

La défense qui a été faite aux conservateurs de donner des assurances ou des explications semblables à celles qu'autoriserait la Cour n'a pas eu seulement pour motif un intérêt fiscal, mais un véritable intérêt public. Si les biens d'un propriétaire sont libres, un certificat négatif peu coûteux est facilement obtenu. Au cas contraire, il importe à tous ceux qui sont dans le cas de traiter avec le débiteur de s'assurer de la nature et de l'importance des inscriptions qui portent sur ses biens, afin de constater le degré de solvabilité qui lui reste. Les simples renseignements que fourniraient les conservateurs ne pourraient que difficilement être exacts , car ces préposés ne sauraient point quelles sont les dettes qui ont été acquittées, ni le plus souvent discerner celles qui feraient double emploi. Ils seraient donc obligés de ne former de toutes ces charges hypothécaires qu'une masse qui serait presque toujours plus considérable que celle véritable, tandis que les tiers peuvent, en examinant le certificat sur lequel le conservateur a porté toutes les inscriptions existantes, reconnaître les dettes dont les causes ont cessé d'exister. Quant aux abus signalés par la Cour, il serait impossible que le conservateur fût assuré qnelles sont celles des inscriptions non radiées qui ne devraient plus grever les biens sur lesquels elles ont été prises, et il doit dès lors les comprendre toutes dans les extraits qui lui sont demandés. Il doit y mentionner également les inscriptions renouvelées, car celles requises à fin de renouvellement ne fourniraient pas toujours les renseignements dont le public a besoin. Le mode suivi par les conservateurs, lors des certificats d'inscriptions qu'ils délivrent, n'est donc que le résultat de la nécessité.

La Faculté de droit de Caen a présenté un autre système dont les conséquences seraient, selon nous, plus fâcheuses encore. Elle voudrait que l'on substituât aux inscriptions qui sont prises aujourd'hui sur la personne du débiteur un mode d'après lequel les inscriptions porteraient sur chacune des parcelles qui composeraient la propriété grevée. La Faculté ne s'est pas dissimulé qu'il en résulterait une grande complication d'écritures dans les bureaux des conservateurs, mais elle croit que l'on pourrait atténuer ce désavantage en recourant aux plans cadastraux et au moyen d'une certaine tenue des registres, dont les uns indiqueraient pour chaque commune les sections et les numéros des parcelles, leur contenance et leur nature, et d'autres contiendraient les inscriptions, les oppositions à radiation, les radiations totales ou partielles, etc., avec des notes de renvoi, sur le registre des parcelles, de toutes les mentions qui les concerneraient.

Nous ne pensons pas que les mesures que la Faculté indique pussent prévenir les inconvénients qu'elle-même a reconnus. L'extrême division des propriétés en France et qui ne peut aller qu'en augmentant nous paraît aussi y mettre un obstacle invincible; mais ces motifs, quelque puissants qu'ils soient, ne sont pas les seuls qui s'opposeraient à ce que le mode qu'elle propose fût dans le cas d'être admis. Ce devrait être surtout l'impossibilité où l'on serait de pouvoir concilier ce mode avec le régime hypothécaire qui nous régit. Les hypothèques sont acquises, en effet, aujourd'hui, principalement sur les biens et accessoirement sur le débiteur, tandis que, par la force des choses, les inscriptions doivent être requises principalement sur le débiteur et accessoirement sur les biens. Les créanciers qui ont une hypothèque générale ne pourraient autrement s'inscrire d'une manière efficace, car ils ne connaissent presque jamais la totalité des immeubles qu'ils sont autorisés à grever. S'il fallait cependant qu'ils les désignassent tous, les omissions qu'ils ne pourraient s'empêcher de commettre les exposeraient à perdre une partie de ce qui leur est dû. D'un autre côté, au lieu d'un certificat des inscriptions qui existent sur chaque débiteur, il en faudrait lever autant qu'il y aurait de parcelles grevées d'hypothèques différentes, afin de connaître sur chacune d'elles le montant des créances inscrites, et les frais qu'occasionneraient ces nombreux certificats seraient bien autrement coûteux que ceux qui ont lieu aujourd'hui. L'énonciation de toutes ces créances, dont l'hypothèque porterait à des rangs différents sur chacune des parcelles de terre, formerait un dédale au milieu duquel on ne pourrait établir, sans une peine extrême, le rang qui devrait être assigné sur le prix total de la vente à chaque créancier. La base du système de la Faculté repose d'ailleurs sur les plans parcellaires du cadastre, et nous avons déjà fait remarquer, d'après ce qu'en ont dit la Cour de cassation et l'administration générale des domaines, que les opérations cadastrales qui n'ont été que purement administratives, qui n'ont pas eu de contradicteurs et dont le résultat est de nature à se modifier sans cesse par suite des mutations fréquentes de la propriété, n'offraient pas assez de certitude pour que l'on pût fonder sur elles une partie aussi importante du régime hypothécaire qui est destiné à nous régir.

La Faculté de droit de Caen a dit encore qu'il conviendrait d'assujettir tout dépositaire d'actes mentionnés sur les registres de la conservation des hypothèques à donner connaissance de ces actes, et même à en délivrer une expédition, à quiconque présenterait une copie certifiée par le conservateur de l'inscription ou de l'annotation qui en contiendrait une mention. La Faculté a avoué que ce serait déroger à la loi qui défend aux notaires de communiquer les actes qu'ils ont reçus à d'autres personnes qu'aux parties contractantes ou à leurs représentants; mais elle a soutenu que la mesure qu'elle propose n'offrait aucuns dangers, puisque les actes que l'on devrait communiquer ainsi auraient été rendus publics par leur transcription sur les registres du conservateur.

Cette réponse n'est pas satisfaisante et n'est point en rapport avec l'étendue qu'aurait la disposition que la Faculté veut faire accueillir. Ce ne sont pas seulement, en effet, les actes qui auraient été transcrits, c'est-à-dire les contrats de vente ou les donations entre-vifs, dont les notaires devraient donner connaissance ou fournir une expédition à la première personne qui présenterait la note du conservateur constatant que ses registres contiennent une mention de cet acte ; ce seraient tous les actes desquels il peut résulter une hypothèque, et ainsi toutes les obligations, toutes les transactions, les contrats de mariage, en un mot presque tous les actes que les notaires sont dans le cas de recevoir, puisque ces contrats doivent nécessairement être mentionnés dans l'inscription que chaque créancier a dû prendre pour la conservation de l'hypothèque qu'ils lui ont fait acquérir. Ce serait donc véritablement abroger la loi qui ne permet pas aux tiers de porter des regards indiscrets sur des stipulations qui leur sont étrangères, si ce n'est à l'époque où on voudra s'en prévaloir contre eux. Si, au reste, la proposition de la Faculté n'avait trait qu'aux contrats qui ont été transcrits, la mesure serait inutile, car l'art. 2196 du Code oblige les conservateurs à donner copie de ces actes à tous ceux qui se présentent pour le demander.

Les conservateurs qui ont délivré un extrait des inscriptions qui existaient sur une propriété au jour de la transcription du contrat de vente ou de donation ne doivent énoncer, dans le certificat qu'ils délivrent après l'expiration de la quinzaine qui a suivi cette transcription, que l'extrait des inscriptions qui sont survenues durant cet intervalle, sans y comprendre celles qu'ils ont portées dans un premier état, car ils commettraient autrement un double emploi évident. Si néanmoins cet abus existe quelque part, il semble à peine utile que la loi s'en occupe, car un simple ordre de l'administration des domaines suffirait pour en prévenir le retour.

ART. 2196. Les conservateurs des hypothèques sont tenus de délivrer à tous ceux qui le requièrent copie des actes transcrits sur leurs registres et celle des inscriptions subsistantes, ou certificat qu'il n'en existe aucune.

La Faculté de droit de Caen voudrait que l'on obligeât les conservateurs à ne pouvoir excéder, dans les copies qu'ils délivrent des actes qui ont été transcrits sur leurs registres ou dans les extraits d'inscriptions prises sur un débiteur, les bornes de la réquisition écrite qui leur serait remise à cet effet. Les conservateurs ne doivent certainement pas dépasser les demandes qui leur sont faites à cet égard, et ils doivent s'entendre à ce sujet avec ceux qui les forment; mais si les tiers devaient spécialement désigner chacune des recherches que le conservateur devra faire, ils seraient exposés à en omettre plusieurs, et à n'obtenir ainsi que des renseignements incomplets.

ART. 2197. Ils sont responsables du préjudice résultant :

1° De l'omission sur leurs registres des transcriptions d'actes de mutation, et des inscriptions requises en leurs bureaux ;

2° Du défaut de mention dans leurs certificats d'une ou de plusieurs des inscriptions existantes, à moins, dans ce dernier cas, que l'erreur ne provînt de désignations insuffisantes qui ne pourraient leur être imputées.

La Cour royale d'Angers voudrait aussi que l'on astreignît les conservateurs à mentionner dans les extraits d'inscription qu'ils délivrent les transcriptions portées sur leurs registres des actes d'aliénation qu'a consentis le débiteur. On éviterait aux tiers, a dit la Cour, les frais de la copie entière du contrat qu'ils sont obligés de requérir, lorsqu'ils veulent seulement s'assurer si cet acte a été transcrit.

L'art. 2196 oblige les conservateurs à délivrer copie des actes qui ont été transcrits sur leurs registres, et non à mentionner la transcription de ces actes dans les extraits d'inscription qu'ils sont dans le cas de délivrer, et le motif qui a dicté cette disposition paraît facile à reconnaître. Les conservateurs peuvent se borner, dans l'extrait des inscriptions prises sur la personne qu'on leur désigne, à mentionner les diverses énonciations que ces inscriptions contiennent, mais il ne saurait en être de même s'ils étaient obligés de relater dans ces extraits les contrats qui ont été transcrits sur leurs registres. Les conservateurs auraient alors à choisir entre des clauses dont ils ne pourraient toujours apprécier l'importance, et ils s'exposeraient à en omettre plusieurs que le public aurait intérêt à savoir. S'ils devaient cependant rapporter le contrat tout entier, les frais que la Cour veut éviter seraient bien plus considérables, puisqu'ils auraient lieu à l'occasion de la délivrance de chaque certificat d'inscriptions qui serait demandé. La distinction que la loi a établie à cet égard a donc été nécessaire, et au surplus, lorsqu'un tiers ne veut que s'assurer si un acte translatif de propriété a été transcrit sur les registres du conservateur, il peut se dispenser de demander copie de cet acte, et se borner à s'assurer du fait que le conservateur ne peut se dispenser de lui déclarer. Toutes recherches seraient même prévenues en ce cas, si, comme nous le proposons, chaque transcription devait être rendue publique par son insertion dans un journal d'annonces judiciaires.

La Cour royale d'Angers a aussi demandé la réduction du droit que perçoivent les conservateurs à raison des certificats qui constatent qu'il n'existe aucune inscription sur les personnes qui leur ont été désignées. Elle voudrait que ce droit ne fût que de moitié de ce qu'il est aujourd'hui, lorsque les recherches ont porté sur plus de cinq noms différents. Tous les noms indiqués donnent cependant lieu à des recherches égales, et le conservateur ne serait peut-être pas suffisamment rétribué si l'on réduisait de moitié, dans le cas prévu par la Cour, le droit qu'il est autorisé à percevoir.

Art. 2198. L'immeuble à l'égard duquel le conservateur aurait omis dans ses certificats une ou plusieurs des charges inscrites, en demeure, sauf la responsabilité du conservateur, affranchi dans les mains du nouveau possesseur, pourvu qu'il ait requis le certificat depuis la transcription de son titre ; sans préjudice néanmoins du droit de ses créanciers de se faire colloquer suivant l'ordre qui leur appartient, tant que le prix n'a pas été payé par l'acquéreur, ou tant que l'ordre fait entre les créanciers n'a pas été homologué.

Les Cours royales de Bordeaux et de Grenoble ont fait remarquer avec juste raison, qu'au moyen des dispositions portées en l'art. 834 du Code de procédure et qui sont destinées à faire partie du Code civil, il sera nécessaire d'énoncer dans cet art. 2198 que l'immeuble ne demeurera affranchi des charges omises par le conservateur que si le nouveau possesseur a requis l'extrait des inscriptions qui ont été prises jusqu'à l'expiration du délai de quinzaine après la transcription du contrat d'aliénation. Les inscriptions prises dans ce délai ont effectivement grevé la propriété aussi bien que celles antérieures, et il sera d'autant plus nécessaire que le nouveau possesseur s'en fasse délivrer un extrait que l'on aura admis, comme nous le proposons, que ce possesseur devra faire signifier aux créanciers inscrits dans la quinzaine le contrat de son acquisition, pour opérer la purge des biens à leur égard.

Nous ne parlerons de la modification que la Faculté de droit de Caen voudrait que l'on fît aux dispositions de cet article, et qui consisterait à garantir les servitudes et les autres démembrements de la propriété de toute extinction en cas d'omission de leur existence dans le certificat du conservateur, que pour faire remarquer que la publicité à laquelle on assujettirait les droits de cette nature n'offrirait pas un grand avantage, puisque l'ignorance dans laquelle les acquéreurs auraient été laissés de la concession qui en a été faite n'empêcherait pas que ces droits pussent leur être opposés, sauf leur recours contre le conservateur.

Art. 2199. Dans aucun cas, les conservateurs ne peuvent refuser ni retarder la transcription des actes de mutation, l'inscription des droits hypothécaires, ni la délivrance des certificats requis sous peine de dommages et intérêts des parties ; à l'effet de quoi, procès-verbaux des refus ou retardements seront, à la diligence des requérants, dressés sur-le-

champ, soit par un juge de paix, soit par un huissier audien-
cier du tribunal, soit par un autre huissier ou un notaire
assisté de deux témoins.

Les légers changements qui seraient à faire, d'après la Faculté de
droit de Caen, à la rédaction de cet article, ne nous paraissent pas
avoir une véritable utilité, au moyen des dispositions qui règlent,
en thèse générale, la forme des actes de la nature de ceux que cet
article a mentionnés.

Art. 2200. Néanmoins les conservateurs seront tenus d'a-
voir un registre sur lequel ils inscriront, jour par jour et par
ordre numérique, les remises qui leur seront faites d'actes
de mutation pour être transcrits, ou de bordereaux pour être
inscrits ; ils donneront au requérant une reconnaissance sur
papier timbré, qui rappellera le numéro du registre sur lequel la remise aura été inscrite, et ils ne pourront transcrire
les actes de mutations ni inscrire les bordereaux sur les registres à ce destinés qu'à la date et dans l'ordre des remises
qui leur en auront été faites.

Art. 2201. Tous les registres des conservateurs sont en
papier timbré, cotés et paraphés à chaque page par première
et dernière, par l'un des juges du tribunal dans le ressort
duquel le bureau est établi. Les registres sont arrêtés chaque
jour comme ceux d'enregistrement des actes.

La Faculté de droit de Caen voudrait que le Code indiquât plus
particulièrement que ne le fait cet article de quelle manière les registres des conservateurs doivent être tenus et arrêtés, mais cela ne
semble pas nécessaire, puisque, outre les obligations que la régie
impose à cet égard à tous ses receveurs, cet art. 2201 porte que ces
registres seront arrêtés chaque jour comme ceux d'enregistrement
des actes, et que l'art. 2203 ajoute que les mêmes registres seront
tenus de suite, sans aucun blanc ni interligne. On ne croit pas qu'il
y ait rien à ajouter à ces dispositions.

Art. 2202. Les conservateurs sont tenus de se conformer,

dans l'exercice de leurs fonctions, à toutes les dispositions du présent chapitre, à peine d'une amende de deux cents à mille francs pour la première contravention, et de destitution pour la seconde, sans préjudice des dommages et intérêts des parties, lesquels seront payés avant l'amende.

La même Faculté a présenté une rédaction de cet article d'après laquelle il serait dit que les conservateurs seront tenus de se conformer, dans l'exercice de leurs fonctions, à toutes les dispositions *du présent titre* sous les peines que cet article 2202 énonce, sauf qu'il n'y aurait lieu à la destitution de ces employés, en cas d'une seconde contravention, que selon les circonstances, et que les jugements qui interviendraient à cet égard seraient toujours susceptibles d'appel.

Ce ne sont que les obligations mentionnées dans ce chapitre et non dans le titre entier des privilèges et hypothèques auxquelles les conservateurs sont tenus de se conformer, les autres dispositions de ce titre leur étant étrangères. L'expression employée à cet égard par le Code doit donc être maintenue. A l'égard du second changement proposé par la Faculté, si les circonstances qui ont accompagné la seconde contravention commise par le conservateur ont été de nature à le rendre excusable, il n'a pas dû être condamné, et ainsi la peine prononcée par la loi ne saurait lui être appliquée ; mais si la condamnation du conservateur a eu lieu, ce serait singulièrement prêter à l'arbitraire que d'accorder à une autorité quelconque la faculté de reviser le procès qui a été jugé, pour décider s'il y a lieu ou non à le destituer. L'importance de la décision que la justice aura à rendre en pareil cas est un sûr garant de l'attention qu'elle mettra à ne la porter que lorsqu'elle sera déterminée par une conviction parfaite. Au surplus, la gravité de la peine que doit supporter le conservateur doit engager de permettre qu'il puisse interjeter appel de chaque jugement qui aura été rendu contre lui, quelque minime que soit la condamnation qu'il a encourue, puisqu'une seconde contravention reconnue en justice suffirait pour le faire destituer.

Art. 2203. Les mentions de dépôts, les inscriptions et transcriptions sont faites sur les registres, de suite, sans aucun blanc ni interligne, à peine, contre le conservateur, de mille à deux mille francs d'amende, et des dommages et intérêts des parties, payables aussi par préférence à l'amende.

TITRE XIX.

CHAPITRE Ier. — *De l'expropriation forcée.*

Aucune réforme n'a été proposée quant aux dispositions de ce chapitre, qui ne paraît pas, en effet, susceptible d'en éprouver.

CHAPITRE II. — *De l'ordre et de la distribution du prix entre les créanciers.*

ART. 2218. L'ordre et la distribution du prix des immeubles, et la manière d'y procéder, sont réglés par les lois sur la procédure.

Plusieurs propositions ont été faites dans le cours des discussions qui précèdent sur le sort des collocations qui ont pour objet des droits conditionnels ou éventuels, ainsi que de celles qui ont eu lieu pour assurer le service d'une rente viagère, et il nous a paru que le résultat de ces propositions devrait fournir matière à plusieurs dispositions qui seraient à ajouter à l'art. 2218. Il s'agit aussi de statuer sur le concours dans un ordre d'une hypothèque générale avec des hypothèques spéciales, et enfin sur l'attribution à faire aux créanciers qui ont obtenu des collocations utiles des intérêts qui sont dus par un acquéreur.

A l'égard des droits conditionnels ou éventuels, les Cours royales d'Angers, de Rennes, de Rouen et de Limoges ont proposé d'autoriser la collocation des créanciers, quoique postérieure en ordre d'hypothèque à ceux à qui appartiennent des droits de cette nature, à la charge par ces créanciers de fournir caution de rapporter la somme qu'ils auront reçue, si la condition ou le cas éventuel duquel dépend la créance qui les prime vient à se réaliser. Quoi qu'il ait été dit sur la difficulté de trouver une caution qui réunisse les conditions exigées par la loi et sur les inconvénients qu'on éprouve à la poursuivre, le moyen qui est indiqué par ces Cours paraît non-seulement le meilleur, mais le seul qui puisse être employé en ce cas. Le montant de la collocation dont le sort est resté incertain ne peut être laissé dans les mains de l'acquéreur, qui ne voudrait souvent pas le garder à raison des intérêts qu'il serait tenu de servir, et l'on ne saurait empêcher cet acquéreur de se libérer, si aucune condition contraire ne lui a été imposée. Le dépôt dans une caisse publique serait désavantageux à tous les intéressés à raison des intérêts qu'il fait perdre. Enfin, on ne pourrait remettre le montant de la collocation entre les mains du créancier éventuel sans l'obliger à donner lui-même caution de la rapporter le cas échéant, et, à égalité d'obligations à remplir, on doit préférer les créanciers dont les droits sont certains, en conservant néanmoins à ceux dont les droits ne sont que conditionnels toutes leurs espérances.

La Cour royale de Limoges a dit aussi qu'il conviendrait de fixer un terme à l'exercice de l'hypothèque qui a pour objet d'assurer la garantie que se doivent les cohéritiers ou les copartageants par suite du partage auquel ils ont procédé entre eux. L'on sent effectivement que la prescription ne courant point à l'égard d'une semblable créance jusqu'à l'accomplissement de la condition de laquelle elle dépend, le cautionnement que les créanciers de chaque garant auraient à fournir pour être à même de recevoir les sommes que l'ordre leur a attribuées serait autrement perpétuel. La Cour a proposé de réduire la durée de ce cautionnement à dix ans, à moins que l'acquéreur ne justifiât qu'il est troublé, ou qu'il a juste sujet de craindre qu'il le sera un jour. On n'admet pas, même aujourd'hui, qu'il soit nécessaire d'attendre aussi longtemps. Si l'héritier qui a pris une inscription sur les biens de ces cosuccessibles pour se garantir des évictions qu'il pourra éprouver ne justifie pas, à l'époque de l'ordre, qu'il a le juste sujet de crainte dont a parlé la Cour, son inscription est réputée sans cause et doit être levée de suite ; car si cet héritier ne peut indiquer les motifs qui doivent engager à en conserver l'effet, on pense qu'il n'en existe aucuns, et dès lors il ne peut entraver les collocations que les créanciers de ses cohéritiers sont dans le cas d'obtenir, sauf à lui à exercer un jour l'action réelle qui résultera à son profit de l'éviction qu'il aura éprouvée d'une partie des biens qui lui sont échus pour sa part.

La Cour royale de Rouen a rappelé, quant aux collocations accordées pour assurer le service d'une rente viagère, les deux modes

auxquels on a recours dans le cas où l'acquéreur s'est refusé à conserver la portion de son prix dont les intérêts auraient servi à
acquitter cette rente, et dont l'un consiste à procéder à l'adjudication
au rabais d'un capital moyennant lequel l'adjudicataire doit servir
intégralement la rente viagère jusqu'à son extinction, et l'autre à
obliger les créanciers postérieurs au rentier viager, en comprenant
dans leur collocation le capital de la rente, à se charger de ce service
en donnant caution pour sûreté de leur engagement. La Cour a
reconnu que l'emploi de ces moyens, reconnus les meilleurs, méritait
d'être autorisé par la loi. Mais dans le cas où le prix à distribuer se
trouve insuffisant, soit dans sa totalité, soit dans ce qu'il en reste,
pour assurer les droits du rentier viager, la Cour a pensé que la
rente viagère ne devait être acquittée que jusqu'à concurrence des
intérêts légaux de la somme portée en la collocation du rentier
viager, et c'est sur ce point que nous avouons ne pouvoir nous
rendre à son avis.

Le créancier d'une rente viagère n'a assurément aucun droit à
exercer sur le capital moyennant lequel cette rente lui a été con-
stituée. Il ne peut réclamer que le service des arrérages qui lui ont
été promis. Lorsque sa créance vient en ordre utile sur le prix des
immeubles qui ont été affectés à sa garantie, la collocation qu'il
obtient a pour objet d'assurer le paiement de ces arrérages jusqu'au
moment où la rente cessera d'être due ; car autrement l'hypothèque
qu'il a obtenue ne produirait pas son effet. Peu importe que la
portion du prix sur laquelle sa collocation porte soit ou non suffisante pour fournir, par ses intérêts légaux, à l'acquittement de la
rente viagère, puisque ce n'est pas seulement sur ces intérêts que sa
collocation a porté, mais sur la somme principale elle-même, qui
doit dès lors être employée, si cela est nécessaire, à servir tous les
arrérages qui seront dus à ce rentier. Tant qu'il restera quelque
chose de cette somme, la rente viagère devra donc être intégralement acquittée ; car tel a été l'objet de l'hypothèque sur la foi de
laquelle le capital a été aliéné. On ne pourrait en conserver quelque
chose, en faisant perdre au rentier viager une partie des arrérages
de sa rente, sans lui préférer, sur le montant de sa propre collocation, des créanciers dont l'hypothèque est postérieure à la sienne,
ce qui serait le renversement des principes établis à l'égard de
chacun d'eux. Aucun de ces créanciers ne peut rien obtenir sur le

prix de la vente avant que le rentier viager ait été complétement satisfait, et il faut, pour qu'il en soit ainsi, que ce rentier ait reçu tous les arrérages de sa rente, autant au moins que le montant de sa collocation aura pu y fournir.

La Cour a dit que l'on viole par là les principes du contrat de rente viagère, puisque l'on fait rentrer le capital de cette rente dans les mains de celui qui l'a aliéné. Ce n'est point ce capital que reçoit le rentier. Ce ne sont que les arrérages qui lui ont été assurés à sa place. Le prix principal des immeubles vendus ne se trouve attaqué que parce que ces arrérages excèdent le montant des intérêts légaux de la somme pour laquelle ce créancier a été colloqué ; mais c'est là le propre de toutes les rentes viagères, et ce qui compense l'aléatoire qui est résulté du contrat. La Cour a ajouté que le créancier de la rente viagère devait s'imputer de n'avoir pas exigé une hypothèque suffisante. Ce reproche ne se trouve fondé que lorsque le montant total de la collocation que ce rentier a obtenue se trouve épuisé avant que la rente viagère ait dû cesser d'être servie. Autrement l'hypothèque aura suffi pour l'acquittement de la rente, pourvu qu'on n'en restreigne pas l'effet.

La Cour royale de Grenoble s'est occupée du point de savoir si, lorsque le créancier d'une rente viagère ou d'un droit conditionnel ou éventuel a été colloqué sur l'ordre d'un des immeubles qui lui ont été hypothéqués, il peut encore faire valoir son hypothèque sur le prix des autres immeubles du débiteur qui y ont été affectés. La Cour a dit que l'on doit craindre d'enlever à ce créancier une partie de son gage, et que cependant il doit répugner de l'admettre dans plusieurs ordres quand une première collocation lui procure une entière sécurité.

Il est certain, comme la Cour a fini par le dire, que la solution de cette difficulté dépend des circonstances que le juge seul est à même d'apprécier, et que la loi ne peut donner à cet égard aucune règle fixe. Cependant, lorsque le créancier a obtenu une collocation utile de la totalité de ce qui lui est dû, sur le prix reconnu suffisant d'un des immeubles qui étaient affectés à son hypothèque, il a véritablement épuisé son droit hypothécaire, et il semble qu'il ne devrait plus être admis à s'en prévaloir, si l'on ne devait craindre que, faute par l'acquéreur d'acquitter le montant du bordereau de collocation qu'a obtenu ce créancier, on ne soit obligé de revendre sur lui les biens qu'il a acquis, et que le prix de l'adjudication ne soit plus suffisant pour satisfaire le créancier conditionnel. C'est alors qu'il convient d'autoriser la collocation de ce créancier sur le prix d'un autre immeuble du débiteur, mais il faut, pour cela, que toutes ces circonstances se rencontrent, et elles dépendent principalement, comme on le voit, de l'utilité du rang qu'a obtenu dans le premier ordre le créancier qui demande à être colloqué dans un ordre nouveau, puisque ce n'est que l'incertitude qui existerait sur ce fait qui peut autoriser les inquiétudes qui ont porté ce créancier à user du droit rigoureux qu'il exerce.

C'est dans ce chapitre, qui a pour objet l'ordre et la distribution du prix des immeubles entre les créanciers, qu'il conviendrait d'insérer les dispositions destinées à régler les difficultés qui naissent du concours des hypothèques générales avec les hypothèques spéciales. Nous avons rapporté dans la première partie l'avis qui a été émis par un grand nombre de Cours, que les hypothèques générales devaient être réparties au marc le franc sur le prix de tous les immeubles qui en sont tenus, non au regard du créancier à qui appartient une semblable hypothèque et qui doit être colloqué intégralement à son rang sur le prix de l'immeuble qu'il lui plaît de choisir, mais afin de faire supporter à chacun de ces immeubles une part contributoire du montant de la créance dont l'hypothèque générale pèse, en effet, sur tous. Nous avons dit aussi qu'il serait contraire à notre système hypothécaire de ne faire qu'une seule masse de l'excédant des prix à distribuer, et de colloquer les créanciers n'ayant qu'une hypothèque spéciale, même d'après la date de leurs inscriptions respectives, sur le prix des immeubles qui ne leur ont point été hypothéqués ; qu'il était indispensable, au contraire, pour conserver à ces hypothèques toute leur spécialité, de faire autant de distributions qu'il y a d'immeubles grevés d'hypothèques distinctes, sauf à y procéder par un seul ordre, s'il est possible, pour éviter les frais.

Il ne nous reste à énoncer qu'une opinion que nous avons eu déjà l'occasion d'émettre, sur l'attribution qui devrait être faite aux créanciers utilement colloqués dans un ordre, des intérêts que le prix de la vente a produits depuis la mise en possession de l'acquéreur, afin de faire cesser l'abus qui existe à cet égard.

L'usage s'est en effet établi de réunir au prix principal de la vente

tous les intérêts qui sont dus par l'acquéreur, même ceux qui écherront jusqu'à la clôture de l'ordre, et de former du tout une masse
sur laquelle on établit les collocations de chacun des créanciers. On
ne fait, par suite, courir les intérêts que l'acquéreur devra servir à
ces créanciers qu'à partir de la clôture de l'ordre, jusqu'à la libération complète de l'acquéreur.

Il résulte de cette opération que, quelque temps qui se soit écoulé
entre l'époque où la vente a eu lieu et le jour où l'ordre du prix a
été clos par le juge, les créanciers, quoique venant les premiers en
ordre utile, ne reçoivent que les intérêts de leurs créances qui ont
été portés dans leurs inscriptions ou qui leur sont conservés par la
loi, et qu'à l'égard de tous les autres intérêts qui leur sont dus et qui
ont couru depuis l'aliénation de l'immeuble qui leur était hypothéqué, ce sont les créanciers qui leur sont postérieurs en hypothèque
qui en profitent à leur détriment.

Il suffirait, pour prévenir un résultat si contraire aux droits respectifs de tous ces créanciers, de recourir au principe d'après lequel
le prix des immeubles grevés d'hypothèques inscrites est réputé avoir
été acquis aux créanciers à qui ces hypothèques appartiennent, du
jour de la vente qui a converti leur hypothèque en un droit sur ce
prix. Si ces créanciers n'ont jamais eu rien à prétendre sur la propriété même des biens aliénés, leur droit sur le prix qui devait en
provenir n'a pas moins existé dès l'époque où cette hypothèque leur
a été conférée, et ce droit s'est réalisé par le fait de l'aliénation et
de la purge des biens qui en étaient grevés. Aussi ce prix doit-il
être employé à les satisfaire avant que le débiteur ou les créanciers
qui leur sont postérieurs en hypothèque puissent en rien recevoir.
L'ordre qui est intervenu n'a été attributif de droits nouveaux au
profit de personne. Il n'a fait que reconnaître le rang de l'hypothèque de chaque créancier, et déterminer la somme pour laquelle cette
hypothèque devait être exercée. On doit y procéder de la même
manière que s'il avait été possible de le régler le jour même où a
eu lieu la vente dont le prix est à distribuer, car les droits des créanciers n'ont pu s'accroître ni s'amoindrir depuis cette époque. Les
causes du retard que l'ordre a éprouvé et qui sont résultées de la
nature des choses n'ont pu nuire ni profiter à aucun de ces créanciers. Or, au jour de la vente, la collocation que ces créanciers auraient dû obtenir aurait compris tout ce qui leur était dû alors en

capital, en intérêts inscrits ou dûment conservés par la loi, en frais et en autres accessoires, et il leur aurait été accordé une somme égale au montant de toutes ces créances, sur le prix principal dû par l'acquéreur des biens. Chacun de ces créanciers a donc été saisi, dès le jour de la vente, de la propriété d'une portion du prix à distribuer, jusqu'à concurrence du montant intégral de la collocation qu'il a ensuite obtenue, et les intérêts du montant de cette collocation, dont la fixation n'a été retardée que par des causes qui ne peuvent lui être imputées, lui ont appartenu dès le jour de la vente, comme étant provenus de sa chose. La nécessité de laisser s'écouler les délais qu'un ordre régulier entraîne, et qui sont presque toujours dépassés de beaucoup, ne peut changer la nature du droit qu'ont acquis les créanciers.

Il ne devrait donc jamais être question dans un ordre que de la distribution du prix principal de la vente. Tous les intérêts de ce prix devraient appartenir aux créanciers colloqués, dans la proportion de la portion de ce prix qui leur aurait été attribuée dès le jour de l'aliénation des biens. Les créanciers postérieurs en hypothèque cesseraient alors de recevoir des intérêts qui ne forment, à leur égard, que l'accessoire de la chose d'autrui.

L'on opposera peut-être que le prix d'une vente reste aux périls et risques du vendeur, au moins jusqu'à la clôture de l'ordre, tandis que ce prix devrait périr pour le compte des créanciers inscrits, s'il était devenu leur propriété dès le jour de la vente. Le prix ne peut se perdre tant qu'il est dû par l'acquéreur, et son recouvrement est assuré par l'immeuble vendu. Lors même que cet immeuble a péri, l'action contre l'acquéreur est restée la même, puisque la chose a été à ses risques du jour même où elle a dû lui être délivrée, encore que la tradition ne lui en ait point été faite en réalité. Il est vrai que si l'acquéreur est alors insolvable, les créanciers ont un recours contre leur débiteur; mais cela tient à d'autres principes, qui ne contrarient point celui que nous avons posé. L'attribution du prix de la vente aux créanciers inscrits n'a pas pour effet d'opérer une novation dans leurs droits. Le débiteur ne se trouve point déchargé envers eux de son obligation personnelle. Ces créanciers ont seulement acquis un débiteur de plus, et l'extinction de leurs créances dépend du versement en leurs mains du prix qu'ils sont appelés à recevoir; mais il n'est pas moins certain que le prix dû par l'acquéreur leur a été dévolu du jour même de la vente, en remplacement de l'hypothèque qu'ils avaient sur les biens aliénés, et qu'ils n'ont pu perdre cette hypothèque par la purge qui en a été opérée, sans acquérir le prix qu'elle n'avait d'autre objet que de leur procurer.

Nous sommes arrivé à la fin de la tâche que nous nous étions imposée. Notre plus vif désir est que nous ne soyons pas resté au-dessous d'une si belle entreprise, et que nos recherches soient utiles aux hommes éminents appelés à perfectionner cette partie importante de notre législation, qui est depuis si longtemps l'objet de l'admiration de l'Europe. Nous ne croirions pas cependant avoir répondu à l'attente que le titre de cet ouvrage a pu faire concevoir, si nous ne présentions le résultat de notre travail sous la forme d'un projet du titre que nos législateurs vont être chargés de reviser. En réunissant dans un cadre étroit toutes les idées que nous avons émises, et en les amalgamant avec les dispositions du Code qui sont à conserver, leur appréciation deviendra plus facile, et plusieurs des difficultés qui feraient douter de la réussite de l'œuvre pourront s'évanouir.

Quelque nombreuses que soient les modifications qui nous paraissent devoir être faites au titre des priviléges et hypothèques, et quoique plusieurs d'entre elles aient une véritable importance, nous avons cru qu'il était désirable de ne point changer l'ordre des articles qui composent ce titre. Nous nous sommes ainsi efforcé de faire entrer dans chacun d'eux les dispositions qui nous paraissent devoir y être ajoutées. Cela est fort indifférent, sans doute, quant à la loi ; mais les jurisconsultes y trouveront cet avantage, que la classification à laquelle ils sont accoutumés ne sera pas changée, et qu'ils ne seront pas déroutés dans l'application qu'ils voudront faire à chacun des articles de ce titre, de l'opinion des auteurs qui s'en sont occupés et qui n'ont pu les désigner que par leur numérotage actuel.

TITRE DIX-HUIT DU CODE CIVIL.

DES PRIVILÉGES ET HYPOTHÈQUES.

CHAPITRE PREMIER.

Dispositions générales.

ART. 2092. Quiconque s'est obligé personnellement, est tenu de remplir son engagement sur tous ses biens mobiliers et immobiliers, présents et à venir.

ART. 2093. Les biens d'un débiteur sont le gage commun de ses créanciers, et le prix s'en distribue entre eux par contribution, à moins qu'il n'y ait entre les créanciers des causes légitimes de préférence.

ART. 2094. Les causes légitimes de préférence sont les priviléges et hypothèques.

CHAPITRE II.

Des priviléges.

ART. 2095. Le privilége est un droit que la qualité de la créance donne à un créancier d'être préféré aux autres créanciers, même hypothécaires.

ART. 2096. Entre les créanciers privilégiés, la préférence se règle par les différentes qualités des priviléges.

ART. 2097. Les créanciers qui sont dans le même rang sont payés par concurrence.

ART. 2098. Le privilége, à raison des droits du trésor royal et du trésor de la couronne, ainsi que l'ordre dans lequel il s'exerce, sont réglés par les lois qui les concernent. Ceux de ces priviléges qui portent sur des immeubles doivent être inscrits sur les registres du conservateur dans les soixante jours qui ont suivi leur obtention, faute de quoi ils ne prennent rang qu'à la date de l'inscription qui a été prise pour leur conservation.

ART. 2099. Les priviléges peuvent être exercés sur les meubles ou sur les immeubles.

SECTION Ire.

Des priviléges sur les meubles.

Art. 2100. Les priviléges sont ou généraux ou particuliers sur certains meubles.

§ Ier. — Des priviléges généraux sur les meubles.

Art. 2101. Les créances privilégiées sur la généralité des meubles sont celles ci-après exprimées et s'exercent dans l'ordre suivant :

1° Les frais de justice qui ont été faits dans l'intérêt commun des créanciers ;

2° Les frais funéraires et de deuil de la veuve et des enfants du défunt, sauf à les modérer en cas d'excès ;

3° Les frais quelconques de la dernière maladie, qui ne remontent pas à plus d'un an avant le décès, concurremment entre ceux à qui ils sont dus ;

4° Les salaires des gens de service, des ouvriers loués à l'année, des commis employés dans un établissement de commerce, et des professeurs attachés à un pensionnat, pour l'année échue, et ce qui leur est dû sur l'année courante ;

5° Les fournitures de subsistances faites au débiteur et à sa famille, savoir, pendant les six derniers mois, par les marchands en détail, tels que les boulangers, bouchers et autres, et, pendant la dernière année, par les maîtres de pension et marchands en gros.

§ II. — Des priviléges sur certains meubles.

Art. 2102. Les créances privilégiées sur certains meubles sont :

1° Les loyers et fermages des immeubles sur les fruits de la récolte de l'année et sur le prix de tout ce qui garnit la maison louée ou la ferme, et de tout ce qui sert à l'exploitation de la ferme, savoir, pour tout ce qui est échu et pour tout ce qui reste à échoir, si les baux sont authentiques, ou, si étant sous signature privée, ils ont acquis une date certaine lorsque le locataire avait encore la libre disposition de son mobilier. Dans ces deux cas, les autres créanciers ont le droit, même en cas d'existence dans le bail d'une clause contraire, de relouer la maison ou la ferme pour le restant du bail, et de faire leur profit des baux ou fermages, à la charge toutefois de payer au propriétaire tout ce qui lui sera encore dû ;

Et, à défaut de baux authentiques, si le bail n'a été que verbal, ou lorsque étant sous signature privée il n'a pas de date certaine, pour tous les loyers échus, ainsi que pour une année à partir de l'expiration de l'année courante, et même pour toutes les années pour lesquelles le bail verbal d'un fonds rural est réputé avoir été consenti, aux termes de l'art. 1774 du Code civil ;

Le même privilége a lieu pour les réparations locatives et pour tout ce qui concerne l'exécution du bail ;

Néanmoins les sommes dues pour les semences ou pour les frais de la récolte de l'année, ainsi que pour les soins donnés et les médicaments fournis dans l'année aux animaux servant à la culture ou à l'exploitation de la ferme, sont payées sur le prix de la récolte ou de ces animaux, et celles dues pour ustensiles aratoires, sur le prix de ces ustensiles, par préférence au propriétaire et à tous autres créanciers dans chacun de ces cas ;

2° La créance sur le gage dont le créancier est saisi ;

3° Les frais faits pour la conservation de la chose seront acquittés avant toutes autres créances, sauf celles privilégiées portées en l'article 2101 ;

4° Le prix d'effets mobiliers non payés, s'ils sont encore en la possession du débiteur, soit qu'il ait acheté à terme ou sans terme, ou si le prix de la revente qui en a été faite est encore à distribuer. Ce privilége s'étend aux cédants de droits incorporels, mais il ne peut être réclamé pour le vendeur d'une chose mobilière qui a été incorporée à un immeuble, ou qui même est seulement devenue immeuble par destination ;

Si la vente a été faite sans terme, le vendeur d'effets mobiliers non immobilisés peut même revendiquer ces effets tant qu'ils sont en la possession de l'acheteur et en empêcher la revente, pourvu que la revendication soit faite dans la huitaine de la livraison, et que les effets se trouvent dans le même état que celui dans lequel ils se trouvaient à l'époque où cette livraison a eu lieu ;

Le privilége du vendeur ne s'exerce toutefois qu'après celui du propriétaire de la maison ou de la ferme, à moins qu'il ne soit prouvé que ce propriétaire avait connaissance que les meubles et autres objets garnissant sa maison ou sa ferme n'appartenaient pas au locataire ;

Il n'est rien innové aux lois et usages du commerce sur le privilége qui est réclamé par un vendeur d'effets mobiliers en cas de faillite de l'acheteur, et sur la revendication de ces effets ;

Les sommes dues par suite d'un remplacement militaire sont privilégiées sur la somme encore due pour la même cause par le remplacé à un tiers, lors même que ce tiers n'a point traité avec le remplaçant ;

5° Les fournitures d'un aubergiste, sur les effets du voyageur qui ont été transportés et qui se trouvent encore dans son auberge ;

6° Les frais de voiture et les dépenses accessoires sur la chose voiturée, pourvu que la demande en ait été exercée dans la quinzaine au plus tard de la livraison de cette chose par le voiturier ;

7° Les créances résultant d'abus et de prévarications commis par les fonctionnaires publics dans l'exercice de leurs fonctions, sur les fonds de leur cautionnement, et sur les intérêts qui en peuvent être dus.

SECTION II.

Des priviléges sur les immeubles.

Art. 2103. Les créanciers privilégiés sur les immeubles sont :

1° Le vendeur, sur l'immeuble vendu, pour le paiement du prix de la vente; l'échangiste, pour le montant de la soulte qui lui a été promise, ou, en cas d'éviction, pour le prix de l'immeuble qu'il avait reçu en échange, sur le prix de l'immeuble qu'il a donné en contre-échange, et le donateur entre-vifs, sur les biens donnés, à raison des charges qui ont été imposées au donataire par le contrat de donation;

S'il y a plusieurs ventes successives dont le prix soit dû en tout ou en partie, le premier vendeur est préféré au second, le second au troisième, et ainsi de suite à l'égard de tous les vendeurs dont le privilége a été conservé;

2° Ceux qui ont fourni les deniers pour l'acquisition d'un immeuble, pourvu qu'il soit authentiquement constaté par l'acte d'emprunt que la somme était destinée à cet emploi, et par la quittance du vendeur, que ce paiement a été fait des deniers empruntés. Le même privilége existe au profit de tous ceux qui ont été subrogés conventionnellement ou légalement aux droits du vendeur, aux termes des art. 1250 et 1251 du Code civil ;

3° Ceux qui ont procédé au défrichement pour le compte d'autrui, de terrains vains et vagues, ou qui ont fourni aux frais des semis et plantations qui y auront été faits, s'ils se sont conformés à la loi;

4° Les frais faits pour la conservation des choses immobilières sont acquittés avant toutes créances;

5° Les héritiers ou copartageants, sur les immeubles provenant du défunt ou dont ils jouissaient indivisément, pour la garantie des partages faits entre eux et des soultes ou retour de lots ;

6° Les architectes, entrepreneurs, maçons ou autres ouvriers employés pour édifier, reconstruire ou réparer des bâtiments, canaux ou autres ouvrages, quelle que soit leur nature, pourvu néanmoins que, par un expert nommé d'office par le président du tribunal de première instance dans le ressort duquel les bâtiments sont situés, il ait été dressé préalablement un procès-verbal à l'effet de constater l'état des lieux relativement aux ouvrages que le propriétaire déclarera vouloir faire exécuter, et que ces ouvrages aient été reçus dans les six mois au plus de leur perfection par un expert également nommé d'office ; mais le montant de ce privilége ne pourra excéder les valeurs constatées par le second procès-verbal, et il se réduira à la plus value existante à l'époque de l'aliénation de l'immeuble, et résultant des travaux qui y ont été faits postérieurement à l'inscription du premier de ces procès-verbaux ;

7° Ceux qui ont prêté les deniers pour payer ou rembourser les ouvriers jouissent du même privilége, pourvu que cet emploi soit authentiquement constaté par l'acte d'emprunt et par la quittance des ouvriers, ainsi qu'il a été dit ci-dessus pour ceux qui ont prêté les deniers pour l'acquisition d'un immeuble.

Le privilége accordé aux tiers détenteurs qui ont délaissé, en raison des réparations qu'ils ont faites dans l'immeuble dont ils étaient devenus propriétaires, est exercé par eux conformément aux dispositions des art. 555 et 2175 du Code civil.

SECTION III.

Des priviléges qui s'étendent sur les meubles et sur les immeubles.

ART. 2104. Les priviléges qui s'étendent sur les meubles et sur les immeubles sont ceux énoncés en l'art. 2101.

Art 2105. Lorsque, à défaut de mobilier, les créanciers ayant droit à ces priviléges se présentent pour être payés sur le prix d'un immeuble, en concurrence avec les créanciers qui ont un privilége particulier sur le prix de cet immeuble, les paiements se font dans l'ordre qui suit :

1° Les frais de justice et autres énoncés en l'art. 2101 ;

2° Les créances désignées en l'art. 2103.

SECTION IV.

Comment se conservent les priviléges.

Art. 2106. Entre les créanciers, les priviléges ne produisent d'effet à l'égard des immeubles qu'autant qu'ils sont rendus publics par inscription sur les registres du conservateur des hypothèques, de la manière déterminée par la loi.

Art. 2107. Sont néanmoins exceptées de la formalité de l'inscription, les créances énoncées en l'art. 2101, mais, faute d'avoir été inscrites dans la quinzaine de la transcription du contrat de vente de l'immeuble qui en était subsidiairement grevé, le privilége accordé à ces créances se trouvera purgé au profit du tiers acquéreur.

Art. 2108. Le vendeur d'un immeuble conserve son privilége sur le prix à provenir de la revente de cet immeuble, soit par l'inscrip-qu'il a prise dans la quinzaine au plus tard qui a suivi la transcription du contrat de revente du même immeuble, soit par la transcription du titre qui a transféré la propriété à l'acquéreur, et qui constate que la totalité ou partie du prix lui est due ; à l'effet de quoi la transcription du contrat vaudra inscription pour le vendeur et pour le prêteur qui lui aura fourni les deniers payés, et qui sera subrogé aux droits du vendeur par le même contrat : sera néanmoins tenu le conservateur des hypothèques, sous peine de tous dommages et intérêts envers les tiers, de faire d'office l'inscription sur son registre des créances résultant de l'acte translatif de propriété, tant en faveur du vendeur qu'en faveur des prêteurs subrogés, qui pourront aussi prendre une inscription en leur nom ou faire procéder, si elle n'a pas eu lieu, à la transcription du contrat de vente, à l'effet de conserver le privilége de ce qui leur est dû sur le prix.

En cas de perte du privilége ou d'insuffisance du prix de la revente pour satisfaire le vendeur primitif, ce vendeur aura le droit de demander la résolution de la vente qu'il a consentie; mais cette action ne sera plus recevable après dix ans à compter de cette vente. Ce délai courra, quoique le prix de la vente n'ait pas été exigible, à l'égard des femmes, pendant leur mariage, lors même que l'action de la femme réfléchirait contre son mari, ainsi que contre les mineurs et les interdits, sauf leur recours contre le mari ou le tuteur.

ART. 2109. Les cohéritiers ou copartageants conservent leur privilége sur les biens de chaque lot ou sur le bien licité, pour les soulte et retour de lots qui leur sont dus, ou pour le prix de la licitation, par l'inscription faite à leur diligence dans les soixante jours qui ont suivi l'acte de partage ou l'adjudication par licitation; durant lequel temps aucune hypothèque ne peut avoir lieu sur le bien chargé de la soulte ou qui a été adjugé par licitation, au préjudice du créancier de la soulte ou du prix.

L'inscription prise dans le délai fixé par cet article conserve, à l'égard des autres créanciers, le privilége attribué à la créance des cohéritiers ou copartageants, lors même que cette inscription n'a été requise qu'après l'expiration de la quinzaine qui a suivi la transcription du contrat de revente des immeubles qui en étaient grevés.

Dans le cas où le partage a eu lieu en justice, le délai de soixante jours pour faire inscrire le privilége des cohéritiers ou copartageants ne commencera à courir, quant aux soultes et retours de lots, qu'à dater du jugement d'homologation des opérations définitives du partage ou de l'acte qui en a tenu lieu, et quant au prix de la licitation, du jour où il a été procédé à l'adjudication définitive de l'immeuble licité. Lorsque le partage a été fait par un ascendant, le délai courra du jour de l'acte, si le partage est résulté d'une disposition entre-vifs; du jour du décès de l'ascendant, si le partage se trouve contenu en un testament authentique, et du jour du dépôt de l'acte chez un notaire, d'après les formes prescrites par l'art. 1007 du Code civil, si le partage est contenu en un testament olographe ou mystique.

Les cohéritiers ou copartageants ne conserveront, au surplus, le droit d'exercer une surenchère ou un droit de suite sur les biens qui étaient grevés de leur privilége, qu'autant qu'ils auront fait inscrire ce privilége dans la quinzaine au plus tard de la transcription de la vente que le débiteur de la soulte, du retour de lots ou du prix de la licitation, aura faite de ces biens.

Art. 2110. Les architectes, entrepreneurs, maçons et autres ouvriers qui ont été employés pour édifier, reconstruire ou réparer des bâtiments, canaux et autres ouvrages, et ceux qui ont, pour payer le montant de ces travaux, prêté les deniers dont l'emploi à cet acquittement a été constaté, conservent leur privilége à raison des travaux postérieurs à l'inscription du premier des procès-verbaux mentionnés en l'art. 2103 du présent Code, par la double inscription, 1° de ce procès-verbal qui a constaté l'état lors actuel des lieux ; 2° du procès-verbal de réception des ouvrages, pourvu que cette dernière inscription ait été faite dans les deux mois du dépôt de ce procès-verbal.

Les valeurs constatées par le second procès-verbal comme résultant des travaux qui ont été exécutés, qui excéderont la plus value existante à l'époque de l'aliénation de l'immeuble et qui est provenue de ces travaux, ne donneront lieu, en faveur des architectes et autres ouvriers constructeurs, qu'à une simple hypothèque sur les biens soumis pour le surplus à leur privilége, et cette hypothèque prendra rang à la date de l'inscription du premier procès-verbal.

Les fournisseurs de matériaux et les ouvriers qui ont été employés par un entrepreneur à la construction d'un bâtiment ou à d'autres ouvrages ont également privilége sur la somme qui reste due à l'entrepreneur par la personne pour qui les travaux ont été exécutés, au moment où ils se sont fait connaître par une opposition formée entre les mains du propriétaire sur cet entrepreneur.

Art. 2111. Les créanciers et légataires ne sont reçus, quant aux immeubles, à demander la séparation du patrimoine du défunt contre les créanciers de l'héritier, conformément à l'art. 878 du Code civil, qu'autant qu'ils en auront conservé le droit par des inscriptions prises sur les immeubles de la succession dans les six mois à compter du décès de leur débiteur. Ces inscriptions, quoique ne désignant pas spécialement chacun des biens fonds laissés par le défunt, suffira pour porter sur tous ceux de ces immeubles qui sont situés dans l'étendue de la même conservation d'hypothèque.

Les créanciers et légataires seront néanmoins dispensés de requérir cette inscription si la succession n'a été acceptée par tous les héritiers que sous bénéfice d'inventaire, lors même que ces héritiers ou quelques-uns d'entre eux auraient renoncé plus tard à ce bénéfice ou auraient été déchus du droit de l'exercer; mais si la succession n'a été acceptée bénéficiairement que par quelques-uns des héritiers seulement, l'inscription mentionnée en cet article devra être requise à l'égard de ceux des successibles qui se sont portés héritiers purs et simples.

Avant l'expiration du délai mentionné dans cet article, aucune hypothèque ne peut être établie avec effet sur les biens de la succession par les héritiers ou représentants du défunt au préjudice de ses créanciers ou légataires.

ART. 2112. Les cessionnaires de ces diverses créances privilégiées exercent tous les mêmes droits que les cédants, en leur lieu et place; mais ils n'ont droit entre eux à aucune préférence, quelle que soit la date des cessions qui leur ont été consenties, à moins que, par l'effet d'une stipulation expresse, le créancier n'ait attribué cette faveur à quelques-uns de ces cessionnaires, à une époque où aucun des autres cessionnaires n'était encore saisi des droits que cette stipulation permettrait de primer.

ART. 2113. Toutes créances privilégiées soumises à la formalité de l'inscription, à l'égard desquelles les conditions ci-dessus prescrites pour conserver le privilége n'ont pas été remplies, ne cessent pas néanmoins d'être hypothécaires; mais l'hypothèque ne date, à l'égard des tiers, que de l'époque des inscriptions qui auront été faites pour sa conservation, ainsi qu'il sera dit au chapitre IV de ce titre.

Le jour à compter duquel commence le délai accordé pour faire inscrire au privilége ne doit pas être compris dans ce délai.

CHAPITRE III.

Des hypothèques.

ART. 2114. L'hypothèque est un droit réel sur les immeubles affectés à l'acquittement d'une obligation.

Elle est de sa nature indivisible, et subsiste en entier sur tous les immeubles affectés, sur chacun et sur chaque portion de ces immeubles.

Elle les suit dans quelques mains qu'ils passent.

ART. 2115. L'hypothèque n'a lieu que dans les cas et suivant les formes autorisés par la loi.

Art. 2116. Elle est ou légale, ou judiciaire, ou conventionnelle.

Art. 2117. L'hypothèque légale est celle qui résulte de la loi.

L'hypothèque judiciaire est celle qui résulte des jugements ou actes judiciaires.

L'hypothèque conventionnelle est celle qui dépend des conventions et de la forme extérieure des actes et des contrats.

Art. 2118. Sont seuls susceptibles d'hypothèques :

1° Les biens immobiliers qui sont dans le commerce, et leurs accessoires réputés immeubles ;

2° L'usufruit des mêmes biens et accessoires pendant le temps de sa durée ;

3° Les immeubles acquis à titre de bail emphytéotique, et ceux obtenus à titre de domaine congéable ;

4° Les actions immobilisées de la Banque de France ;

5° Les actions des compagnies formées pour l'exploitation d'une mine ou d'un canal, lorsque ces actions ont été déclarées immeubles par une loi.

Art. 2119. Les meubles n'ont pas de suite par hypothèque.

Art. 2120. Il n'est rien innové par le présent Code aux dispositions des lois maritimes concernant les navires et bâtiments de mer.

SECTION Ire.

Des hypothèques légales.

Art. 2121. Les droits et créances auxquels l'hypothèque légale est attribuée sont :

Ceux des femmes mariées, sur les biens de leur mari ;

Ceux des mineurs, des interdits et des condamnés qui ont été placés en état d'interdiction légale, sur les biens de leur tuteur ;

Ceux de l'État, des communes et des établissements publics, sur les biens des receveurs et administrateurs comptables.

L'hypothèque légale qui résulterait d'un mariage contracté ou d'une tutelle déférée en pays étranger ne peut produire son effet sur les biens du mari ou du tuteur qui sont situés en France qu'autant qu'elle aura été reconnue par le jugement d'un tribunal français.

Art. 2122. Le créancier qui a une hypothèque légale peut exercer son droit sur tous les immeubles appartenant à son débiteur, et sur ceux qui pourront lui appartenir dans la suite, sous les modifications qui seront ci-après exprimées.

SECTION II.

Des hypothèques judiciaires.

Art. 2123. L'hypothèque judiciaire résulte des jugements, soit contradictoires, soit par défaut, définitifs ou interlocutoires, en faveur de celui qui les a obtenus. Elle résulte aussi des reconnaissances ou vérifications, faites en jugement, des signatures apposées à un acte obligatoire sous seing privé ; mais aucune inscription ne peut être prise pour sûreté de l'hypothèque acquise en ce dernier cas avant l'échéance du terme qui a été stipulé dans l'acte, et s'il n'a point été satisfait à l'engagement, à moins que le débiteur ne soit expressément convenu du contraire.

Elle peut s'exercer sur les immeubles actuels du débiteur et sur ceux qu'il a acquis par la suite, sauf aussi les modifications qui seront ci-après exprimées.

Les jugements arbitraux n'emportent hypothèque qu'autant qu'ils ont été revêtus de l'ordonnance judiciaire d'exécution.

L'hypothèque ne peut pareillement résulter des jugements rendus en pays étranger, soit entre étrangers, soit en faveur de Français ou contre eux, qu'autant qu'ils ont été déclarés exécutoires, après examen, par un tribunal français ; sans préjudice des dispositions contraires contenues dans les lois politiques ou dans les traités.

SECTION III.

Des hypothèques conventionnelles.

Art. 2124. Les hypothèques conventionnelles ne peuvent être consenties que par ceux qui ont la capacité d'aliéner les immeubles qu'ils y soumettent.

Les hypothèques consenties par un héritier seulement apparent pendant le cours de la détention de l'hoirie ne produisent leur effet sur les biens de la succession qu'autant que la possession de cet héritier putatif était alors publique et paisible, et que les tiers qui ont acquis ces hypothèques ont été de bonne foi.

Art. 2125. Ceux qui n'ont sur un immeuble qu'un droit suspendu par une condition, ou résoluble dans certains cas, ou sujet à rescision, ne peuvent consentir sur cet immeuble qu'une hypothèque soumise aux mêmes conditions.

Art. 2126. Les biens des mineurs, des interdits, et ceux des absents, tant que la possession n'en est déférée que provisoirement, ne peuvent être hypothéqués que pour les causes et dans les formes établies par la loi, ou en vertu de jugements.

Art. 2127. L'hypothèque conventionnelle ne peut être consentie que par un acte passé en forme authentique devant deux notaires, ou devant un notaire et deux témoins. Une hypothèque conventionnelle qui n'a été accordée que par un acte sous seing privé devient néanmoins valable si cet acte a été reconnu authentiquement par le débiteur, et, à compter de cette reconnaissance, elle produit tous ses effets.

Art. 2128. Les hypothèques conventionnelles consenties par des contrats passés en pays étranger ne peuvent produire d'effet sur les biens sis en France qu'autant qu'elles ont été reconnues valables par un jugement rendu par un tribunal français, sauf le cas où il y a des dispositions contraires dans les lois politiques ou dans les traités.

Les hypothèques portées aux contrats reçus par un consul français dans le pays étranger où il exerce ses fonctions produisent leur effet sur les biens situés sur notre territoire, si elles sont conformes aux dispositions du présent Code.

Art. 2129. Il n'y a d'hypothèque conventionnelle valable que celle qui, soit dans le titre authentique constitutif de la créance, soit dans un acte authentique postérieur, déclare spécialement la nature et la situation de chacun des immeubles actuellement appartenant au débiteur, sur lesquels il consent l'hypothèque de la créance. Chacun de tous les biens présents du débiteur peut être nominativement soumis à cette hypothèque. S'il s'agit d'un domaine entier ou de tous les terrains compris dans une même exploitation, il suffira de désigner ce domaine ou cette exploitation par son nom, sa situation, sa contenance totale, et par l'énumération des diverses espèces de biens qui le composent.

Art. 2130. Si les biens présents et libres du débiteur sont insuffisants pour la sûreté de la créance, ou si même le débiteur n'en possède aucuns, il peut, en exprimant cette insuffisance ou ce manque absolu d'immeubles présents, consentir que chacun des biens qu'il acquerra par la suite y demeure affecté à mesure de leur acquisition.

ART. 2131. Si l'immeuble ou les immeubles présents qui ont été assujettis à l'hypothèque ont péri ou éprouvé des dégradations de manière a ce qu'ils soient devenus insuffisants pour la sûreté de la dette, le créancier pourra obtenir un supplément d'hypothèque, ou même poursuivre dès à présent le remboursement de sa créance si la perte ou les dégradations éprouvées par ces immeubles sont provenues du fait du débiteur.

ART. 2132. L'hypothèque conventionnelle n'est valable qu'autant que la somme pour laquelle elle est consentie est certaine et déterminée par l'acte. Si la créance résultant de l'obligation est conditionnelle quant à son existence, ou indéterminée dans sa valeur, le créancier ne pourra la faire inscrire qu'en mentionnant dans son inscription la condition, ou jusqu'à concurrence d'une valeur estimative par lui déclarée expressément, et que le débiteur aura droit de faire réduire, s'il y a lieu.

ART. 2133. L'hypothèque acquise s'étend à toutes les améliorations survenues à l'immeuble hypothéqué.

SECTION IV.

Du rang que les hypothèques ont entre elles.

ART. 2134. Entre les créanciers, l'hypothèque, soit légale, soit judiciaire, soit conventionnelle, n'a de rang que du jour de l'inscription prise par le créancier sur les registres du conservateur, dans la forme et de la manière prescrites par la loi, sauf les exceptions portées en l'article suivant. Cette disposition s'applique aux inscriptions prises pour sûreté du crédit que le créditeur s'est obligé de fournir.

Les inscriptions prises sur des biens à venir produisent leur effet sur ces biens du jour où le débiteur en est devenu propriétaire, sans qu'il ait été nécessaire de les réitérer alors.

ART. 2135. L'hypothèque existe, indépendamment de toute inscription, pendant toute la durée du mariage ou l'existence de la tutelle, et jusqu'à l'expiration du délai qui va être fixé :

1° Au profit des mineurs, des interdits et des condamnés qui ont encouru la privation de leurs droits civils, sur les immeubles appartenant à leur tuteur, à raison de sa gestion, du jour de l'acceptation de la tutelle. Les enfants mineurs issus d'un premier mariage acquièrent une semblable hypothèque sur les biens du second mari de leur mère à compter du mariage que celle-ci a contracté de nouveau, pour sûreté de la gestion que leur mère aura indûment ou non conservée de leur tutelle;

2° Au profit des femmes, pour raison de leurs dot et conventions matrimoniales ainsi que de l'administration de leurs biens paraphernaux, sur les immeubles de leur mari, et même conditionnellement sur les biens de la communauté qui existe entre elles et leur époux pour le cas où elles renonceraient par la suite à cette association, à compter du jour du mariage.

L'exercice de cette hypothèque ne pourra cependant être réclamé par les femmes mariées sous le régime dotal, quant à ceux de leurs immeubles dotaux qui auront été indûment aliénés pendant le mariage et qu'elles pourront reprendre en nature, sauf, en cas de perte ou de détériorations de ces immeubles, à se prévaloir de leur hypothèque légale jusqu'à concurrence du prix de la vente ou du dommage que ces immeubles auront éprouvé. Il en est de même à l'égard des mineurs quant à ceux de leurs biens immeubles qui ont été indûment aliénés par leur tuteur.

La femme n'a hypothèque pour les sommes dotales qui proviennent de successions à elle échues, ou de donations à elle faites pendant le mariage, qu'à compter de l'ouverture des successions, ou du jour que les donations ont produit leur effet.

Elle n'a hypothèque pour l'indemnité des dettes qu'elle a contractées avec son mari, et pour le remploi de ses propres et de ses biens paraphernaux aliénés, qu'à compter du jour de l'obligation ou de la vente.

Dans aucun cas, la disposition du présent article ne pourra préjudicier aux droits acquis par des tiers; mais si des erreurs ou des omissions ont été reconnues avoir été commises au préjudice des mineurs dans le compte de tutelle qui leur a été rendu, la créance que les mineurs ont conservée contre leur ancien tuteur jouira du bénéfice de leur hypothèque légale.

Art. 2136. Sont toutefois les maris et les tuteurs tenus de rendre publiques les hypothèques légales dont leurs biens sont grevés aux termes du présent article, et, à cet effet, de requérir, sans aucun délai, l'inscription de ces hypothèques au bureau du conservateur des hypothèques de la situation des biens, sur les immeubles qui leur appartiennent, et sur ceux qui pourront leur appartenir par la suite.

Les maris et les tuteurs qui, ayant manqué de requérir ces inscriptions, auront consenti des hypothèques sur leurs immeubles sans déclarer expressément que ces immeubles étaient affectés à l'hypothèque légale de leur femme ou de leurs pupilles, pourront être réputés stellionataires, et, comme tels, contraignables par corps.

Art. 2137. Les subrogés tuteurs sont tenus, sous leur responsabilité personnelle, et sous peine de tous dommages et intérêts envers les mineurs, les interdits et les condamnés à qui ils ont été donnés, de veiller à ce que les inscriptions soient prises sans délai sur les biens du tuteur pour raison de sa gestion, même de faire procéder eux-mêmes à ces inscriptions.

Art. 2138. A défaut par les maris, tuteurs, subrogés tuteurs, de faire faire les inscriptions ordonnées par les articles précédents, elles seront requises par le procureur du roi près le tribunal de première instance du domicile des maris et tuteurs, ou du lieu de la situation des biens.

Art. 2139. Pourront les parents, soit du mari, soit de la femme, et les parents des mineurs ou condamnés, ou, à défaut de parents, leurs amis, requérir lesdites inscriptions, qui pourront aussi être requises par la femme ou par les mineurs.

La femme devenue veuve, ou qui a été séparée de corps d'avec son mari, devra prendre inscription sur les immeubles grevés de son hypothèque légale dans le cours de l'année qui aura suivi la liquidation définitive de ses créances sur la succession de son mari, et les mineurs, les interdits ou condamnés, dans l'année qui suivra l'apurement aussi définitif de leur compte de tutelle, à défaut de quoi l'hypothèque légale qui résulte de ces différentes créances n'aura rang qu'à compter du jour de son inscription sur les registres du conservateur.

Art. 2140. Lorsque, dans le contrat de mariage, les époux majeurs seront convenus qu'il ne sera pris d'inscription que sur un ou sur certains immeubles du mari, les autres immeubles resteront libres et affranchis de l'hypothèque pour la dot de la femme et pour ses reprises et conventions matrimoniales. Il ne pourra pas être convenu que la totalité des immeubles du mari seront affranchis de l'hypothèque légale de la femme, ou qu'il ne sera pris aucune inscription.

Art. 2141. Il en sera de même à l'égard des immeubles du tuteur, lorsque les parents, réunis en conseil de famille, auront été d'avis qu'il ne soit pris d'inscription que sur certains de ces immeubles seulement. La délibération des parents ne produira cependant effet qu'autant qu'elle aura été homologuée par le tribunal civil du lieu où la tutelle s'est ouverte.

Art. 2142. Dans le cas des deux articles précédents, le mari, le tuteur et le subrogé tuteur ne seront tenus de requérir inscription que sur les immeubles indiqués par le contrat de mariage, ou la délibération des parents et le jugement du tribunal.

Art. 2143. Lorsque l'hypothèque n'aura pas été restreinte par l'acte de nomination du tuteur, celui-ci pourra, dans le cas où l'hypothèque générale sur ses immeubles excéderait notoirement les sûretés suffisantes pour sa gestion, demander que cette hypothèque soit restreinte aux immeubles suffisants pour opérer une pleine garantie en faveur des mineurs, de l'interdit ou du condamné.

La demande sera formée contre le subrogé tuteur, et elle devra être précédée d'un avis de la famille.

Art. 2144. Pourra pareillement le mari, après avoir pris l'avis des quatre plus proches parents de la femme réunis en assemblée de famille, demander que l'hypothèque générale sur ses immeubles pour raison de la dot, des reprises et des conventions matrimoniales, soit restreinte aux immeubles suffisants pour la conservation de tous les droits qui appartiennent à la femme.

Les femmes majeures qui ne sont pas soumises au régime dotal pourront néanmoins, pendant le cours du mariage, renoncer expressément ou tacitement à se prévaloir de leur hypothèque légale contre ceux des créanciers du mari avec qui elles auront traité ou qui seront désignés dans l'acte; elles pourront même céder expressément à ces créanciers le droit de se prévaloir du rang de cette hypothèque, lors même qu'elles conserveraient la propriété des créances qu'elles ont à réclamer de leur mari.

Les cessionnaires des créances ou seulement de l'hypothèque légale de la femme ne pourront exciper contre les tiers des droits qu'ils auront ainsi acquis que lorsqu'ils en auront fait l'objet d'une mention expresse dans une inscription prise par eux sur les biens du mari, et à compter du jour où cette inscription aura été portée sur les registres du conservateur.

Les créanciers du mari envers lesquels la femme se sera obligée ne pourront se prévaloir contre elle des engagements qu'elle aura contractés à leur profit qu'autant qu'ils auront pris pour sûreté de leur créance une inscription sur les biens du mari dans la huitaine du jour de l'acte ou du jugement qu'ils auront obtenu contre les époux ou l'un d'eux.

ART. 2145. Les jugements qui interviendront sur les demandes des maris et des tuteurs ne seront rendus qu'après avoir entendu le procureur du roi et contradictoirement avec lui.

Dans le cas où le tribunal prononcera la réduction de l'hypothèque légale à certains immeubles, les inscriptions prises sur les autres biens du grevé à raison des droits mentionnés au jugement qui a été rendu seront rayées.

CHAPITRE IV.

Du mode de l'inscription des priviléges et hypothèques.

ART. 2146. Les inscriptions se font au bureau de conservation des hypothèques dans l'arrondissement duquel sont situés les biens soumis au privilége ou à l'hypothèque. L'effet des inscriptions prises sur les biens d'un débiteur qui est tombé en faillite est réglé par l'art. 448 du Code de commerce. Les priviléges et les droits mentionnés aux art. 2109, 2110 et 2111 du Code civil continueront cependant à pouvoir être inscrits sur les biens dépendant de la faillite, dans les délais déterminés par chacun de ces articles.

Les priviléges et les hypothèques acquis sur les biens du défunt antérieurement à l'acceptation de sa succession sous bénéfice d'inventaire continueront à pouvoir être utilement inscrits malgré le fait de cette acceptation; mais aucun droit de cette nature ne pourra être acquis sur les biens d'une succession bénéficiaire, si ce n'est dans les cas exprimés par la loi.

ART. 2147. Tous les créanciers inscrits le même jour exercent en concurrence une hypothèque de la même date, sans distinction entre l'inscription du matin et celle du soir, lors même que cette différence aura été énoncée par le conservateur.

ART. 2148. Pour opérer l'inscription, le créancier peut être tenu de représenter, soit par lui-même, soit par un tiers, au conservateur des hypothèques, l'original en brevet ou une expédition authentique du jugement ou de l'acte qui donne naissance au privilége ou à l'hypothèque.

Il y joint deux bordereaux écrits sur papier timbré, dont l'un peut être porté sur l'expédition du titre, et qui contiennent :

1° Les nom, prénoms, domicile du créancier, sa profession s'il en a une, et l'élection d'un domicile pour lui dans un lieu quelconque de l'arrondissement du bureau. Faute par le créancier d'avoir élu ce domicile, les actes qui devront lui être signifiés par suite de l'inscription qu'il a prise seront valablement déposés au parquet du procureur du roi, qui les transmettra au créancier inscrit à son domicile réel énoncé dans l'inscription. Ce créancier conservera le droit de se présenter à l'ordre du prix des biens grevés de son hypothèque, et même de surenchérir, dans les délais fixés par la loi ;

2° Les nom, prénoms, domicile du débiteur, sa profession s'il en a une, ou une désignation individuelle et spéciale, telle que le conservateur puisse reconnaître et distinguer dans tous les cas l'individu grevé de l'hypothèque ;

3° La date et la nature du titre ;

4° Le montant du capital des créances exprimées dans le titre, ou évaluées par l'inscrivant, pour les rentes et prestations ou pour les droits éventuels, conditionnels ou indéterminés, dans les cas où cette évaluation est ordonnée, comme aussi le montant des accessoires de ces capitaux, et l'époque de l'exigibilité de la créance. Cette disposition s'applique aux inscriptions prises pour la conservation d'une hypothèque judiciaire ;

5° L'indication de l'espèce et de la situation des biens sur lesquels il entend conserver son privilége ou son hypothèque, sauf, à l'égard des domaines entiers et des exploitations, à les désigner seulement par leur nom, leur situation, leur contenance, et la nature des biens qui les composent.

Cette dernière disposition n'est pas applicable aux inscriptions prises pour sûreté d'une hypothèque légale ou judiciaire. A défaut de convention contraire, l'inscription requise à raison d'une de ces hypothèques frappe tous les immeubles compris dans l'arrondissement du bureau, même ceux que le débiteur a acquis par la suite.

Art. 2149. Les inscriptions à faire sur les biens d'une personne décédée pourront, quant à la mention du débiteur, être faites sous la simple désignation du défunt, telle qu'elle est énoncée au n° 2 de l'article précédent.

Art. 2150. Le conservateur fait mention sur son registre du contenu aux bordereaux, et remet au requérant, tant le titre ou l'expédition du titre que l'un des bordereaux, au pied duquel il certifie avoir fait l'inscription.

Une inscription est dans le cas d'être déclarée nulle, lors même que le bordereau qui en a été dressé se trouve régulier, si le conservateur a omis de porter sur son registre une des énonciations prescrites par la loi.

Art. 2151. Le créancier inscrit pour un capital produisant des intérêts ou des arrérages a droit d'être colloqué pour deux années seulement et pour l'année courante au même rang d'hypothèque que pour son capital ; sans préjudice des inscriptions particulières à prendre, portant hypothèque à compter de leur date, pour les arrérages autres que ceux conservés par la première inscription.

Cette disposition s'applique aux intérêts des créances même privilégiées, autres que ceux dus à un vendeur et qui ne sont pas prescrits.

Art. 2152. Il est loisible à celui qui a requis une inscription, ainsi qu'à ses représentants ou cessionnaires par un acte authentique, de changer sur le registre de la conservation des hypothèques le domicile par lui élu, en en indiquant un autre dans le même arrondissement.

Art. 2153. Les droits d'hypothèque légale de l'État, des communes et des établissements publics sur les biens des comptables, ceux des mineurs, des interdits et des condamnés sur les biens de leur tuteur, et des femmes mariées sur les biens de leur époux, seront inscrits sur la représentation de deux bordereaux contenant seulement :

1° Les nom, profession et domicile réel du créancier, et le domicile qui sera par lui, ou pour lui, élu dans l'arrondissement ;

2₀ Les nom, prénoms, profession, domicile, ou désignation précise du débiteur ;

3° La nature des droits à conserver, et le montant de leur valeur quant aux objets déterminés, sans être tenu de le fixer quant à ceux qui sont conditionnels, éventuels ou indéterminés.

Art. 2154. Les inscriptions conservent l'hypothèque ou le privilége pendant dix années à compter du jour de leur date. Leur effet cesse si ces inscriptions n'ont point été renouvelées avant l'expiration de ce délai. Le jour où une inscription a été prise ne doit pas être compté, mais le jour d'expiration du délai est compris dans le terme.

L'inscription nouvelle ne conserve l'effet de l'inscription primitive qu'autant qu'elle énonce avoir été prise en renouvellement de cette inscription, et il n'est besoin d'y mentionner alors que les noms, prénoms, professions et domiciles du créancier et du débiteur, ainsi que les modifications que la créance inscrite a éprouvées depuis la première inscription.

Le renouvellement d'une inscription ne sera pas nécessaire lorsque cette inscription a produit son effet, et cet effet est produit, quant aux ventes volontaires, par la notification, non suivie d'une mise aux enchères, que l'acquéreur a faite de son contrat aux créanciers inscrits, ainsi qu'il est dit aux art. 2183 et suivants du Code civil, avec déclaration qu'il est prêt à acquitter sur-le-champ en leurs mains le prix de son acquisition, ou, en cas de surenchère, par l'adjudication définitive de la propriété, et, quant aux ventes forcées d'immeubles par suite d'une saisie immobilière, par le fait seul de l'adjudication définitive des biens, même quand il y aurait lieu à une folle enchère.

Art. 2155. Les frais des inscriptions et ceux qu'occasionne la purge des hypothèques inscrites sont à la charge du débiteur, s'il n'y a stipulation contraire. L'avance des coûts de chaque inscription est faite par l'inscrivant, si ce n'est quant aux hypothèques légales, pour l'inscription desquelles le conservateur a son recours contre le débiteur. Les frais de la transcription du titre, qui peut être requise par le vendeur, sont à la charge de l'acquéreur, ainsi que les frais de purge des hypothèques légales non inscrites.

Art. 2156. Les actions auxquelles les inscriptions peuvent donner lieu contre les créanciers seront intentées devant le tribunal compétent, par exploits faits à leur personne ou au dernier des domiciles élus sur le registre, et ce, nonobstant le décès soit des créanciers, soit de ceux chez lesquels ils auront fait élection de domicile.

L'inscription prise par le créancier d'un cohéritier ou d'un copartageant sur la part indivise de son débiteur dans les immeubles à partager vaudra opposition à ce qu'il soit procédé au partage de ces biens en l'absence de ce créancier.

CHAPITRE V.

De la radiation et réduction des inscriptions.

Aʀт. 2157. Les inscriptions sont rayées du consentement des parties intéressées et ayant capacité à cet effet, ou en vertu d'un jugement en dernier ressort ou passé en force de chose jugée.

Aʀт. 2158. Dans l'un et l'autre cas, ceux qui requièrent la radiation déposent au bureau du conservateur, soit l'expédition de l'acte authentique, soit l'acte en brevet contenant ce consentement, soit l'expédition du jugement qui l'a autorisée. Le dépôt au bureau du conservateur d'un extrait partiel de ce jugement ou de l'acte par lequel la radiation a été consentie suffit pour que le conservateur puisse procéder à cette opération.

Un mandataire ne peut consentir la radiation d'une inscription prise par son mandant qu'autant qu'un pouvoir spécial lui a été conféré à cet effet par un acte authentique.

Aʀт. 2159. La radiation non consentie est demandée au tribunal dans le ressort duquel l'inscription a été faite, si ce n'est lorsque cette inscription a eu lieu pour sûreté d'une créance ou d'une condamnation éventuelle ou indéterminée, sur l'exécution ou liquidation de laquelle le débiteur et le créancier prétendu sont en instance ou doivent être jugés dans un autre tribunal ; auquel cas la demande en radiation doit y être portée ou renvoyée. Il en est de même dans tous les cas où il y a attribution de juridiction, aux termes de la loi, devant un autre tribunal que celui du lieu où l'inscription a été prise.

Cependant la convention faite par le créancier et le débiteur, de porter, en cas de contestation, la demande à un tribunal qu'ils auront désigné, recevra son exécution entre eux.

Aʀт. 2160. La radiation doit être ordonnée par les tribunaux, lorsque l'inscription a été faite sans être fondée ni sur la loi, ni sur un titre, ou lorsqu'elle l'a été en vertu d'un titre soit irrégulier, soit éteint ou soldé, ou lorsque les droits de privilége ou d'hypothèque sont effacés par les voies légales.

Art. 2161. Toutes les fois qu'une ou plusieurs inscriptions requises par un créancier qui a le droit d'en prendre sur les biens présents et sur les biens à venir de son débiteur sans limitation convenue portent sur plus de domaines différents qu'il n'est nécessaire à la sûreté des créances, l'action en réduction de l'hypothèque appartenant à ce créancier, et en radiation de ses inscriptions en ce qui excède la proportion convenable, est ouverte au débiteur. On suit, à cet égard, les règles de compétence établies dans l'art. 2159.

La disposition du présent article ne s'applique pas aux hypothèques conventionnelles qui ont été consenties depuis la promulgation de nos nouvelles lois.

Art. 2162. Est réputée excessive l'hypothèque qui frappe sur plusieurs domaines, lorsque la valeur d'un seul ou de quelques-uns d'entre eux excède de plus d'un tiers en fonds libres le montant des créances en capital et accessoires légaux.

Art. 2163. Peuvent aussi être réduites comme excessives, les inscriptions prises d'après l'évaluation faite par le créancier des créances dont la quotité, en ce qui concerne l'hypothèque établie pour leur sûreté, n'a pas été réglée par la convention, et qui, par leur nature, sont conditionnelles, éventuelles ou indéterminées.

Art. 2164. L'excès, dans ce cas, est arbitré par les juges d'après les circonstances, les probabilités des chances et les présomptions de fait, de manière à concilier les droits vraisemblables du créancier, avec l'intérêt du crédit raisonnable à conserver au débiteur ; sans préjudice des nouvelles inscriptions à prendre avec hypothèque du jour de leur date, lorsque l'événement aura porté les créances à une somme plus forte.

Art. 2165. La valeur des immeubles dont la comparaison est à faire avec celle des créances et le tiers de leur montant en sus est déterminée par quinze fois la valeur du revenu déclaré par la matrice du rôle de la contribution foncière, ou indiqué par la cote de contribution sur le rôle, selon la proportion qui existe dans les communes de la situation des biens entre cette matrice ou cette cote et le revenu, pour les immeubles non sujets à dépérissement, et dix fois cette valeur pour ceux qui y sont sujets. Pourront néanmoins les juges s'aider, en outre, des éclaircissements qui peuvent résulter des baux non suspects, des procès-verbaux d'estimation qui ont pu être dressés précédemment à des époques rapprochées, et autres actes semblables, et évaluer le revenu au taux moyen entre les résultats de ces divers renseignements.

CHAPITRE VI.

De l'effet des priviléges et hypothèques contre les tiers détenteurs.

Art. 2166. Les créanciers ayant privilége ou hypothèque inscrite sur un immeuble, ou sur un des droits immobiliers énoncés en l'art. 2118 du présent Code, ainsi que les créanciers qui se seront fait inscrire dans la quinzaine au plus tard de la transcription de l'acte translatif de la propriété ou du droit qui a été grevé à leur profit, suivent cet immeuble ou ce droit en quelques mains qu'ils passent, pour être colloqués et payés sur leur prix suivant l'ordre de leurs créances ou inscriptions.

Le délai de quinzaine ci-dessus exprimé courra à compter de l'insertion que le tiers détenteur aura fait insérer, dans un journal d'annonces judiciaires, de l'extrait du contrat de son acquisition et de la transcription de cet acte.

Le vendeur et les cohéritiers ou copartageants conserveront, au surplus, les autres droits qui résultent en leur faveur des dispositions du Code civil.

Art. 2167. Si le tiers détenteur ne remplit pas les formalités qui seront ci-après établies pour purger la propriété, il demeure, par l'effet seul des inscriptions, obligé comme détenteur à toutes les dettes privilégiées ou hypothécaires qui grèvent les biens ou le droit qu'il a acquis, et il jouit des termes et délais accordés au débiteur originaire.

Art. 2168. Le tiers détenteur est tenu, dans le même cas, de payer tous les capitaux et les intérêts exigibles, à quelque somme qu'ils puissent monter, ou de délaisser l'immeuble hypothéqué ou grevé, sans aucune réserve.

Art. 2169. Faute par le tiers détenteur de satisfaire pleinement à l'une de ces obligations, chaque créancier privilégié ou hypothécaire a le droit de faire vendre sur lui l'immeuble ou le droit affecté au privilége ou à l'hypothèque de sa créance, trente jours après un commandement fait au débiteur originaire, et sommation au tiers détenteur de payer la dette exigible ou de délaisser l'héritage.

ART. 2170. Néanmoins le tiers détenteur qui n'est pas personnellement obligé à la dette peut s'opposer à la vente des biens qui lui ont été transmis, s'il est demeuré d'autres immeubles hypothéqués à la même dette dans la possession du principal ou des principaux obligés, et si ces immeubles sont d'une valeur suffisante pour que leur prix puisse procurer au créancier le remboursement intégral de ce qui lui est dû, en observant, pour l'appréciation de ces biens, les règles indiquées par l'art. 2165 du présent Code. Le tiers détenteur pourra alors requérir la discussion préalable de ces immeubles, selon la forme et sous les conditions prescrites au titre du cautionnement, et il sera sursis, pendant cette discussion, à la vente de l'immeuble acquis par le tiers détenteur.

ART. 2171. L'exception de discussion ne peut être opposée au créancier privilégié ou ayant hypothèque spéciale sur l'immeuble.

ART. 2172. Le délaissement par hypothèque peut être fait par tout tiers détenteur qui n'est pas personnellement obligé à la dette, et qui a la capacité d'aliéner.

Les tuteurs ne pourront faire de délaissement par hypothèque au nom des mineurs, des interdits, ou des condamnés qui sont sous leur tutelle, qu'en s'y faisant autoriser par un conseil de famille, dont la délibération aura été homologuée par le tribunal de première instance du lieu où la tutelle s'est ouverte.

ART. 2173. Ce délaissement peut être fait même après que le tiers détenteur a reconnu l'obligation ou subi condamnation en cette qualité seulement. Le délaissement n'empêche pas que, jusqu'à l'adjudication, le tiers détenteur ne puisse reprendre l'immeuble en payant toute la dette et les frais.

ART. 2174. Le délaissement par hypothèque se fait au greffe du tribunal de la situation des biens. Il en est donné acte par ce tribunal, sans appel d'aucune des parties intéressées. Ce délaissement est ensuite signifié au créancier qui a commencé les poursuites, et il peut être attaqué par tous ceux dont il est dans le cas de blesser les droits.

Sur la requête du plus diligent des intéressés, il sera nommé, par simple ordonnance du président du tribunal, un curateur à l'immeuble délaissé, et si le délaissement n'est point attaqué ou s'il a été déclaré valable, la vente de l'immeuble est poursuivie dans les formes prescrites pour les saisies immobilières.

Art. 2175. Les détériorations qui procèdent du fait ou de la négligence du tiers détenteur, et qui ont causé un préjudice aux créanciers hypothécaires ou privilégiés sur l'immeuble, donnent lieu contre lui à une action en indemnité; mais ce détenteur ne peut répéter ses impenses et améliorations que jusqu'à concurrence de la plus value résultant des travaux auxquels il s'est livré, et à la charge par lui d'énoncer la demande dans un dire inséré au cahier des conditions de la revente, et de se présenter à l'ordre auquel il sera sursis jusqu'à ce qu'il ait été statué sur l'objet de sa réclamation.

L'indemnité due par un tiers détenteur par suite des détériorations dont il aura été reconnu responsable sera jointe au prix provenu de l'immeuble, et attribuée aux créanciers inscrits sur la propriété.

Art. 2176. Les fruits de l'immeuble hypothéqué ne sont dus par le tiers détenteur qu'à compter du jour de la sommation qui lui a été faite de payer ou de délaisser, et, si les poursuites commencées contre lui ont été abandonnées pendant plus de trois ans, à compter de la nouvelle sommation qui lui aura été signifiée. Le montant de ces fruits sera immobilisé, pour être distribué avec le prix des biens par ordre d'hypothèque.

Art. 2177. Les servitudes et les droits réels que le tiers détenteur avait sur l'immeuble avant l'acquisition qu'il en a faite renaissent après le délaissement qu'il a opéré ou l'adjudication à laquelle il a été procédé sur lui. Les inscriptions que ce détenteur avait prises sur l'immeuble avant de s'en être rendu acquéreur ont été dispensées de renouvellement pendant tout le temps de sa détention des biens.

Les créanciers personnels du tiers détenteur exercent leur hypothèque à leur rang sur le bien délaissé ou adjugé, mais seulement après tous les créanciers inscrits sur les anciens propriétaires et l'acquittement entier du prix dû par le tiers détenteur.

Art. 2178. Le tiers détenteur qui a payé une dette hypothécaire ou privilégiée inscrite sur le vendeur, ainsi que celui qui a délaissé l'immeuble ou qui en a été exproprié, a un recours en garantie, tel que de droit, contre le débiteur principal, et peut exercer l'hypothèque ou le privilége qui appartenait au créancier auquel il a été subrogé.

Art. 2179. Le tiers détenteur qui veut purger sa propriété en payant le prix de son acquisition doit observer les formalités qui sont établies dans le chapitre VIII du présent titre.

CHAPITRE VII.

De l'extinction des priviléges et hypothèques.

Art. 2180. Les priviléges et les hypothèques s'éteignent :

1° Par l'extinction de l'obligation principale ;

2° Par la renonciation du créancier au privilége ou à l'hypothèque attaché à sa créance ;

3° Par l'accomplissement des formalités et des conditions imposées aux tiers détenteurs qui veulent purger les biens par eux acquis ;

4° Par la prescription.

La prescription est acquise au débiteur, quant aux biens dont il a conservé la jouissance et la propriété, par le temps fixé pour la prescription de la créance qui a donné lieu à l'hypothèque ou au privilége.

Quant aux biens qui sont dans la maison d'un tiers détenteur, elle lui est acquise par le temps réglé pour la prescription de la propriété à son profit. Dans le cas où la prescription suppose un titre, elle ne commence à courir que du jour où ce titre a été transcrit sur les registres du conservateur. Le cours de la prescription est empêché, il s'interrompt, ou il est suspendu, dans tous les cas et des différentes manières exprimés dans la loi, mais il a continué lors même que l'acquéreur a rempli les formalités de purge énoncées au chapitre VIII ci-après. Les inscriptions prises par les créanciers n'interrompent pas le cours de la prescription établie par le Code en faveur du débiteur ou du tiers détenteur.

Les créanciers inscrits sur un immeuble ne peuvent exercer d'action hypothécaire contre le tiers détenteur, que dans le cas où ce détenteur n'a pas purgé l'immeuble grevé de leur privilége ou de leur hypothèque, et à raison de celles de leurs créances qui ne sont point encore exigibles.

CHAPITRE VIII.

[Du mode de purger les propriétés des priviléges et hypothèques.]

Art. 2181. Les contrats translatifs de la propriété d'immeubles ou droits réels immobiliers que les tiers détenteurs voudront purger des priviléges ou hypothèques qui les grèvent seront transcrits en entier par le conservateur des hypothèques dans l'arrondissement duquel ces biens sont situés.

Cette transcription se fera sur un registre à ce destiné, et le conservateur sera tenu d'en donner une attestation au requérant.

L'adjudication définitive en justice de biens vendus par suite d'une saisie immobilière suffit néanmoins pour purger les hypothèques inscrites ou à inscrire sur la propriété, sauf celles légales qui sont dispensées de cette formalité, si une inscription n'a pas été requise pour sûreté de ces hypothèques dans la quinzaine qui se sera écoulée depuis cette adjudication.

Art. 2182. La simple transcription des titres translatifs de propriété sur le registre du conservateur ne suffit pas pour purger les hypothèques et priviléges établis sur l'immeuble aliéné.

Le vendeur ne transmet à l'acquéreur que la propriété et les droits qu'il avait lui-même sur la chose vendue, sous l'affectation des priviléges et hypothèques dont ces biens étaient chargés.

Art. 2183. Si le nouveau propriétaire, ou la personne qui a acquis un droit d'usufruit, à qui a été consenti un bail emphytéotique ou a qui on a passé bail d'un domaine congéable, veut se garantir de l'effet des poursuites autorisées par le chapitre VI du présent titre, il est tenu, soit avant les poursuites, soit dans les trente jours au plus tard à compter de la première sommation qui lui a été faite de payer la dette exigible ou de délaisser l'héritage, de notifier aux créanciers, même à ceux qui ne se sont fait inscrire que dans la quinzaine de la transcription du titre ou du jugement d'adjudication, aux domiciles par eux élus dans leurs inscriptions, ou, à défaut de cette élection, au bureau du conservateur :

1° Extrait de son titre, contenant seulement la date et la nature de cet acte, le nom et la désignation précise du vendeur ou du donateur, l'espèce et la situation de la chose vendue, donnée, ou abandonnée à titre d'échange, d'usufruit ou d'emphytéose, et, s'il s'agit d'un corps de biens, la dénomination générale seulement du domaine et des arrondissements dans lesquels il est situé, le prix et les charges faisant partie du prix de la vente, ou l'évaluation de la chose si elle a été donnée, si elle a formé la matière d'un contrat d'échange, d'une rente perpétuelle ou viagère, d'une constitution d'usufruit ou d'un bail emphytéotique ;

2° Extrait de la transcription de l'acte translatif ou modificatif de la propriété ;

3° Un tableau sur trois colonnes, dont la première contiendra l'énonciation des priviléges, la date des hypothèques et celle des inscriptions ; la seconde, le nom des créanciers ; la troisième, le montant des créances inscrites.

ART. 2184. L'acquéreur à l'un des titres ci-dessus énoncés ou le donataire déclarera, par le même acte, qu'il est prêt à acquitter sur-le-champ les dettes et charges hypothécaires inscrites sur la propriété, mais jusqu'à concurrence seulement du prix porté au contrat en principal et intérêts, ou de l'évaluation qu'il aura donnée à la chose, sans distinction entre les dettes exigibles et celles non exigibles.

Lorsqu'un immeuble grevé d'hypothèques inscrites a été assujetti par le débiteur à un droit d'usufruit, d'usage ou d'habitation, ainsi qu'à une servitude, si la vente de l'immeuble grevé se poursuit en justice, l'acquéreur d'un des droits ci-dessus énoncés pourra renoncer à en exciper, en en faisant signifier la déclaration au poursuivant de la vente avant le jour fixé pour l'adjudication définitive de la propriété ; faute de quoi, ainsi que dans tous les cas où la vente du fonds asservi a été volontaire, cet acquéreur sera tenu de payer la valeur du droit qui lui a été accordé, suivant l'estimation qui en sera faite par experts. Le montant de cette estimation sera réuni au prix principal de la vente, pour être distribué entre les créanciers inscrits suivant l'ordre de leurs hypothèques.

ART. 2185. Lorsque le nouveau propriétaire aura fait cette notification dans le délai ci-dessus fixé, tout créancier dont le titre est inscrit peut requérir la mise aux enchères de l'immeuble en adjudication publique, à la charge,

1° Que cette réquisition sera notifiée au nouveau propriétaire dans les quarante jours au plus tard qui suivront la signification faite à la requête de ce dernier aux termes de l'article précédent, en y ajoutant deux jours par cinq myriamètres de distance entre le domicile élu et le domicile réel du créancier qui aura requis la mise aux enchères. Ce délai ne courra, à l'égard des femmes, des mineurs et des interdits qui n'auront pas jusqu'alors fait inscrire leurs créances, qu'à compter de l'inscription qu'ils auront prise dans le délai qui leur est accordé à cet effet par l'art. 2194 du présent Code ;

2° Que cette réquisition contiendra soumission du requérant de porter ou faire porter le prix de la vente à un dixième en sus de celui qui aura été stipulé dans le contrat, ou qui aura été déclaré par le nouveau propriétaire, ou par l'acquéreur du droit qui a été purgé ;

3° Que la même signification sera faite dans le même délai au précédent propriétaire, débiteur principal ;

4° Que l'original et les copies de ces exploits seront signés par le créancier requérant la mise aux enchères, ou par son fondé de procuration expresse, lequel, en ce cas, est tenu de donner copie de sa procuration ;

5° Que ce créancier offrira de donner caution jusqu'à concurrence du prix de la vente et des charges ou de la valeur donnée à la chose aliénée, ainsi que du montant de la surenchère.

Le tout à peine de nullité.

Art. 2186. A défaut par les créanciers d'avoir requis la mise aux enchères dans les formes et le délai prescrits, la valeur de l'immeuble demeure définitivement fixée au prix stipulé dans le contrat ou déclaré par le nouveau propriétaire, lequel est, en conséquence, libéré de tout privilége et hypothèque, en payant ce prix aux créanciers qui seront en ordre de le recevoir, ou en le consignant.

Cette consignation, si elle a été faite conformément aux conditions prescrites par les art. 1257 et suivants du présent Code, libérera valablement l'acquéreur, qui ne pourra néanmoins en demander la validité ainsi que la mainlevée des inscriptions existantes sur l'immeuble, que sur l'ordre du prix qu'il aura la faculté d'ouvrir. Si la consignation n'a pas été contestée dans le mois accordé aux créanciers pour produire, le juge-commissaire ordonnera que ces inscriptions seront radiées, leur effet demeurant réservé sur la somme consignée. Le même juge liquidera les frais privilégiés dus à cet acquéreur, et le premier en date d'hypothèque des créanciers qui auront produit demeurera de plein droit subrogé à la poursuite de l'ordre.

Art. 2187. En cas de revente par suite d'une surenchère, elle aura lieu suivant les formes établies pour les saisies immobilières, à la diligence soit du créancier qui l'aura requise, soit de l'acquéreur qui aura été surenchéri.

Le créancier énoncera dans les affiches le prix stipulé dans le contrat ou qui aura été déclaré par le nouveau propriétaire, et la somme en sus de laquelle le créancier s'est obligé de la porter ou de la faire porter.

Art. 2188. L'adjudicataire est tenu, au delà du prix de son adjudication, de restituer à l'acquéreur ou au donataire dépossédé les frais et loyaux coûts de son contrat, ceux de la transcription sur les registres du conservateur, ceux de notification, et ceux qu'il aura faits pour parvenir à la revente.

Cet adjudicataire sera en outre tenu de payer les intérêts du prix de la revente à compter du jour de la mise en possession du premier acquéreur, et il aura droit par suite à tous les fruits que cet acquéreur devra restituer.

Art. 2189. L'adjudicataire d'un immeuble vendu par suite d'une surenchère n'est pas tenu, quel qu'il soit, de faire transcrire le jugement d'adjudication.

Art. 2190. Le désistement du créancier qui a porté la surenchère ne peut, quand même ce créancier paierait le montant de sa soumission, empêcher l'adjudication publique des biens, si ce n'est du consentement exprès de tous les créanciers inscrits sur la propriété.

Art. 2191. L'acquéreur volontaire qui a conservé l'immeuble mis aux enchères en se rendant dernier enchérisseur a un recours tel que de droit contre le vendeur pour obtenir contre lui le remboursement de ce qui excède le prix qui a été stipulé par son contrat, et pour l'intérêt de cet excédant à compter du jour de chacun des paiements qu'il en aura effectués; et ceux de ces acquéreurs qui ne se seront point rendus adjudicataires pourront user des droits qui leur sont attribués par les art. 1626 et suivants du Code civil.

Dans ce dernier cas, l'acquéreur pourra réclamer à titre de privilége, lors de la distribution du prix de la revente, les frais qu'il aura faits pour la conservation de la chose vendue, ainsi que le remboursement du montant de la plus value qui sera résultée des impenses utiles qu'il aura faites dans la propriété.

Art. 2192. Dans le cas où le titre du nouveau propriétaire comprendrait des immeubles et des meubles, ou plusieurs immeubles, les uns hypothéqués, les autres non hypothéqués aux mêmes créances, situés dans le même ou dans divers arrondissements de bureaux, aliénés pour un seul et même prix ou pour des prix distincts et séparés, soumis ou non à la même exploitation, le prix de chaque immeuble frappé d'inscriptions particulières et séparées sera énoncé, à peine de nullité, par ventilation du prix total exprimé dans le titre, ou qui aura été déclaré dans la notification faite à la requête du nouveau propriétaire aux créanciers inscrits.

Le créancier surenchérisseur ne pourra, en aucun cas, être contraint d'étendre sa soumission, ni sur le mobilier, ni sur d'autres immeubles que ceux qui sont hypothéqués ou affectés à sa créance ; sauf le recours de l'acquéreur ou du donataire dépossédé contre le vendeur ou le donateur, à raison du dommage qu'il aura éprouvé en raison de la division des biens dont il était devenu propriétaire, ou de l'éviction qu'il aura subie par le fait de l'adjudication.

CHAPITRE IX.

Du mode de purger les hypothèques légales quand il n'existe pas d'inscription pour leur sûreté sur les biens aliénés des maris et des tuteurs.

Art. 2193. Pourront les acquéreurs volontaires et les donataires d'immeubles appartenant à un mari ou à un tuteur, lorsqu'il n'existera pas d'inscription sur lesdits immeubles à raison de la dot, des reprises et des conventions matrimoniales de la femme, ou de la gestion du tuteur, purger les hypothèques légales attachées à ces sortes de créances, et qui existeraient sur les biens qu'ils ont acquis ou qui leur ont été données.

Art. 2194. A cet effet, ils déposeront une copie dûment collationnée du contrat translatif de la propriété, au greffe du tribunal civil du lieu de la situation des biens, et ils certifieront par acte signifié tant à la femme ou au subrogé tuteur qu'au procureur du roi près le tribunal, le dépôt qu'ils auront ainsi effectué. Extrait de ce contrat contenant sa date, les noms, prénoms, professions et domiciles des contractants, la désignation de la nature et de la situation des biens, le prix et les autres charges de la vente ou de la donation, sera et restera affiché pendant deux mois dans l'auditoire du tribunal. Un pareil extrait sera inséré à trois reprises successives, et de quinzaine en quinzaine, dans le journal d'annonces judiciaires du chef-lieu du département, et pendant ce délai de deux mois à compter de la première de ces insertions, les femmes, les maris, les tuteurs ou subrogés tuteurs, les mineurs, les interdits, ainsi que leurs parents ou amis et le procureur du roi, sont reçus à requérir, s'il y a lieu, et à faire faire au bureau du conservateur des hypothèques des inscriptions sur les immeubles aliénés ou donnés, lesquelles auront le même effet que si elles avaient été prises le jour du mariage ou aux différentes époques où l'hypothèque légale de la femme lui a été acquise aux termes de l'art. 2135 du présent Code, ainsi qu'au jour de l'entrée en fonctions du tuteur, sans préjudice des poursuites qui pourront avoir lieu contre les maris et les tuteurs, ainsi qu'il est dit en l'art. 2136 ci-dessus, en raison des hypothèques qu'ils auront consenties au profit de tierces personnes, sans leur avoir déclaré que les immeubles qu'ils affectaient étaient déjà grevés d'hypothèques légales par suite du mariage ou de la tutelle dont ils étaient chargés.

Lorsque le prix de la vente ou de toute autre aliénation consentie par un mari ou un tuteur ne dépassera pas la somme de 1,000 fr., il suffira, pour purger les hypothèques légales des femmes, des mineurs et des interdits, que l'acquéreur fasse insérer un extrait des principales dispositions du contrat de vente dans un journal d'annonces judiciaires du chef-lieu du département où le vendeur aura son domicile ; qu'il dépose, sous récépissé, un exemplaire du journal contenant cette insertion au parquet du procureur du roi du ressort, et qu'il fasse signifier un semblable exemplaire du journal à la personne même de la femme ou au subrogé tuteur de l'interdit ou des mineurs, sauf, en leur absence, à remettre la copie au juge de paix du canton qui demeurera chargé de la leur faire parvenir, et l'hypothèque légale de la femme, de l'interdit ou des mineurs devra être inscrite, sous les peines ci-après exprimées, dans les deux mois à compter de cette dernière signification.

Si le domicile, soit de la femme ou de ses représentants, soit du subrogé tuteur, n'est pas connu, l'acquéreur ou le donataire devra mentionner cette circonstance dans la signification qu'il fera faire de son contrat au procureur du roi, ainsi que dans l'annonce qu'il fera insérer dans le journal d'annonces judiciaires. S'il n'existe pas de semblable journal dans le département, le procureur du roi délivrera un certificat de ce fait, et le délai pour prendre inscription au nom de la femme, des mineurs ou des interdits, ne commencera à courir qu'à compter de l'obtention de ce certificat.

L'adjudication définitive en justice de biens vendus par suite d'une saisie immobilière suffira pour purger l'hypothèque légale des femmes, des mineurs et des interdits, pourvu que le créancier poursuivant la vente ait fait signifier, trente jours au moins avant cette adjudication, à la femme ou au subrogé tuteur, un placard annonçant le jour de la vente, et que l'adjudicataire leur ait fait dénoncer le jugement d'adjudication, avec sommation d'avoir à faire inscrire cette hypothèque légale dans le délai de quarante jours à compter de cette dernière signification.

Art. 2195. Si dans le cours des deux mois énoncés en l'article précédent il n'a pas été fait d'inscription du chef des femmes, des mineurs ou des interdits, sur les immeubles aliénés, ces immeubles passent à l'acquéreur ou au donataire sans aucune charge à raison de la dot, des reprises et des conventions matrimoniales de la femme, ou de la gestion du tuteur, et sauf le recours, s'il y a lieu, contre le mari ou le tuteur. Les femmes, les mineurs et les interdits conserveront néanmoins le droit, malgré la purge de leur hypothèque légale, de se présenter à l'ordre ouvert sur le prix des biens qui auront ainsi été purgés, et de s'y faire colloquer à leur rang pour le montant de leurs créances, même de requérir l'ouverture de cet ordre, tant que le prix n'aura pas été définitivement attribué à d'autres créanciers. En cas de production tardive de la part des femmes, des mineurs ou des interdits, ils seront soumis aux dispositions portées par l'art. 757 du Code de procédure.

S'il a été pris des inscriptions du chef desdites femmes, des mineurs ou des interdits, mais qu'il existe des créanciers antérieurs en ordre d'hypothèque, qui absorbent en totalité ou en partie le prix à distribuer, l'acquéreur sera libéré du prix ou de la portion du prix qu'il aura payée aux créanciers qui leur sont préférables et qui viendront en ordre utile, et les inscriptions du chef des femmes, des mineurs ou des interdits seront rayées en totalité ou jusqu'à due concurrence.

Si, au contraire, l'hypothèque légale qui appartient aux femmes, aux mineurs ou aux interdits est la plus ancienne, l'acquéreur ne pourra faire aucun payement du prix au préjudice des inscriptions qui auront été prises pour la conserver, et qui auront toujours la date qui leur est assignée par l'art. 2135 du présent Code. Dans ce cas, les inscriptions des autres créanciers qui ne viennent pas en ordre utile seront rayées.

Si, pendant le cours de la purge légale, il a été fait une inscription au nom des femmes, des mineurs ou des interdits, ceux d'entre ces créanciers qui se seront inscrits pourront, dans les quarante jours à compter de leur inscription, requérir la mise de l'immeuble aux enchères, en se conformant aux dispositions du Code civil à cet égard.

CHAPITRE X.

De la publicité des registres et de la responsabilité des conservateurs.

ART. 2196. Les conservateurs des hypothèques sont tenus de délivrer à tous ceux qui le requièrent copie des actes transcrits sur leurs registres et un extrait des inscriptions subsistantes, ou un certificat qu'il n'en existe aucune.

ART. 2197. Ils sont responsables du préjudice qui est résulté :

1° De l'omission sur leurs registres des transcriptions d'actes de mutation et des inscriptions requises en leur bureau ;

2° Du défaut de mention dans les certificats qu'ils ont délivrés, d'une ou de plusieurs des inscriptions existantes, à moins que leur erreur à cet égard ne soit provenue de désignations insuffisantes qui ne puissent leur être imputées.

ART. 2198. L'immeuble à l'égard duquel le conservateur aurait omis dans ses certificats une ou plusieurs des charges inscrites, en demeure, sauf la responsabilité du conservateur, affranchi dans les mains du nouveau possesseur, pourvu que ce possesseur ait requis le certificat des inscriptions existantes depuis la transcription de son titre, et après l'expiration de la quinzaine qui a suivi cette formalité ; sans préjudice néanmoins du droit des créanciers de se faire colloquer suivant le rang qui leur appartient, tant que le prix n'a pas été payé par l'acquéreur, que l'ordre fait en justice n'a pas été définitivement clos, ou que l'ordre amiable auquel ont procédé les créanciers n'a pas été homologué.

ART. 2199. Les conservateurs ne peuvent, dans aucun cas, refuser ni retarder la transcription des actes de mutation qui leur sont présentés à cet effet, ainsi que l'inscription des droits hypothécaires dont le bordereau leur a été remis, ni la délivrance des certificats qui leur sont demandés, sous peine de tous dommages et intérêts envers les parties ; à l'effet de quoi un procès-verbal de leur refus ou de leur retardement sera dressé sur-le-champ à la diligence du requérant, soit par le juge de paix du lieu, soit par un huissier ou un notaire, qui se fera assister de deux témoins.

ART. 2200. Les conservateurs seront tenus d'avoir un registre sur lequel ils inscriront jour par jour et par ordre numérique les remises qui leur seront faites d'actes de mutation pour être transcrits, ou de bordereaux pour être inscrits. Ils donneront au requérant une reconnaissance sur papier timbré, qui rappellera le numéro du registre sur lequel la remise du titre ou du bordereau aura été inscrite, et ils ne pourront transcrire les actes de mutation ni inscrire les bordereaux sur les registres à ce destinés qu'à la date et dans l'ordre des remises qui leur auront été faites.

ART. 2201. Tous les registres des conservateurs seront en papier timbré, cotés et paraphés à chaque page par première et dernière, par l'un des juges du tribunal dans le ressort duquel le bureau est établi. Les registres seront arrêtés chaque jour comme ceux d'enregistrement des actes.

ART. 2202. Les conservateurs sont tenus de se conformer, dans l'exercice de leurs fonctions, à toutes les dispositions du présent chapitre, à peine d'une amende de deux cents à mille francs pour la première contravention, et de destitution pour la seconde ; sans préjudice des dommages et intérêts des parties, lesquels seront payés avant l'amende. Les jugements rendus contre les conservateurs en raison des contraventions qui leur seront imputées seront tous sujets à appel, quel que soit le montant de la condamnation qui aura été prononcée contre eux.

Art. 2203. Les mentions de dépôts, ainsi que les inscriptions et transcriptions, sont faites sur les registres, de suite, sans aucun blanc ni interligne, à peine, contre le conservateur, de mille à deux mille francs d'amende, et des dommages et intérêts des parties, payables aussi par préférence à l'amende.

Titre XIX. — *De l'expropriation forcée et des ordres entre les créanciers.*

Chapitre Ier. — *De l'expropriation forcée.*

Art. 2204. Le créancier peut poursuivre l'expropriation, 1° des biens immobiliers et de leurs accessoires réputés immeubles appartenant en propriété à son débiteur ; 2° de l'usufruit appartenant au débiteur sur les biens de même nature; 3° du droit emphytéotique ou à un domaine congéable dont il est aussi possesseur.

Art. 2205. Néanmoins la part indivise d'un cohéritier dans les immeubles d'une succession ne peut être mise en vente par ses créanciers personnels, avant le partage ou la licitation qu'ils peuvent provoquer s'ils le jugent convenable, ou dans lesquels ils ont le droit d'intervenir conformément à l'art. 882, au titre *des successions.*

Art. 2206. Les immeubles d'un mineur, même émancipé, ou d'un interdit, ne peuvent être mis en vente avant la discussion du mobilier.

Art. 2207. La discussion du mobilier n'est pas requise avant l'expropriation des immeubles possédés par indivis entre un majeur et un mineur ou interdit, si la dette leur est commune, ni dans le cas où les poursuites ont été commencées contre un majeur, ou avant l'interdiction.

Art. 2208. L'expropriation des immeubles qui font partie de la communauté se poursuit contre le mari débiteur seul, quoique la femme soit obligée à la dette.

Celle des immeubles de la femme qui ne sont point entrés en communauté se poursuit contre le mari et la femme, laquelle, au refus du mari de procéder avec elle, ou si le mari est mineur, peut être autorisée en justice.

En cas de minorité du mari et de la femme, ou de minorité de la femme seule, si son mari majeur refuse de procéder avec elle, il est nommé par le tribunal un tuteur à la femme, contre lequel la poursuite est exercée.

Art. 2209. Le créancier ne peut poursuivre la vente des immeubles qui ne lui sont pas hypothéqués, que dans le cas d'insuffisance des biens qui lui sont hypothéqués.

Art. 2210. La vente forcée des biens situés dans différents arrondissements ne peut être provoquée que successivement, à moins qu'ils ne fassent partie d'une seule et même exploitation.

Elle est suivie dans le tribunal dans le ressort duquel se trouve le chef-lieu de l'exploitation, ou, à défaut de chef-lieu, la partie de biens qui présente le plus grand revenu, d'après la matrice du rôle.

Art. 2211. Si les biens hypothéqués au créancier et les biens non hypothéqués, ou les biens situés dans divers arrondissements, font partie d'une seule et même exploitation, la vente des uns et des autres est poursuivie ensemble, si le débiteur le requiert ; et ventilation se fait du prix de l'adjudication, s'il y a lieu.

Art. 2212. Si le débiteur justifie, par baux authentiques, que le revenu net et libre de ses immeubles pendant une année suffit pour le paiement de la dette en capital, intérêts et frais, et s'il en offre la délégation au créancier, la poursuite peut être suspendue par les juges, sauf à être reprise s'il survient quelque opposition ou obstacle au paiement.

Art. 2213. La vente forcée des immeubles ne peut être poursuivie qu'en vertu d'un titre authentique et exécutoire, pour une dette certaine et liquide. Si la dette est en espèces non liquidées, la poursuite est valable ; mais l'adjudication ne pourra être faite qu'après la liquidation.

Art. 2214. Le cessionnaire d'un titre exécutoire ne peut poursuivre la saisie immobilière des biens du débiteur, qu'après que la signification du transport a été faite à ce débiteur.

Art. 2215. La poursuite peut avoir lieu en vertu d'un jugement provisoire ou définitif, exécutoire par provision, nonobstant appel ; mais l'adjudication ne peut se faire qu'après un jugement définitif en dernier ressort, ou passé en force de chose jugée.

La poursuite ne peut s'exercer en vertu de jugements rendus par défaut durant le délai de l'opposition.

Art. 2216. La poursuite ne peut être annulée sous prétexte que le créancier l'aurait commencée pour une somme plus forte que celle qui lui est due.

Art. 2217. Toute poursuite en expropriation d'immeubles doit être précédée d'un commandement de payer, fait, à la diligence et requête du créancier, à la personne du débiteur ou à son domicile, par le ministère d'un huissier.

Les formes du commandement et celles de la poursuite sur l'expropriation sont réglées par les lois sur la procédure.

Chapitre II. — *De l'ordre et de la distribution du prix entre les créanciers.*

Art. 2218. Le mode d'après lequel il doit être procédé à l'ordre et à la distribution du prix des immeubles qui sont grevés d'hypothèques est réglé par les dispositions du Code de procédure.

Si le montant d'une créance venant en ordre utile est encore indéterminé, il sera procédé à la liquidation de cette créance avant la collocation définitive du créancier à qui elle appartient.

La collocation des droits éventuels ou soumis à une condition n'empêchera pas les créanciers postérieurs en rang d'hypothèque de recevoir le montant entier du prix des biens aliénés, à la charge par ces créanciers de fournir caution pour sûreté du rapport de la somme portée en cette collocation, si le droit du créancier éventuel ou conditionnel vient à se réaliser.

Lorsqu'une collocation aura été accordée pour sûreté du service d'une rente viagère, les créanciers postérieurs en ordre d'hypothèque auront le droit de faire procéder à l'adjudication au rabais d'un capital à prendre, en remplacement de cette collocation, sur le prix provenu de la vente ou de la dotation, et moyennant lequel l'adjudicataire devra servir intégralement les arrérages de cette rente viagère jusqu'à son extinction, ou de faire comprendre dans leurs collocations le capital attribué au service de la rente, à la charge de s'obliger personnellement à payer les arrérages qui seront dus au rentier viager jusqu'à l'extinction du capital qu'ils auront reçu à cet effet, et de donner caution pour sûreté de cet engagement.

Les hypothèques générales qui portent sur tous ou sur plusieurs des immeubles du débiteur qui sont aussi grevés d'hypothèques spéciales seront, sur la demande que les parties intéressées ne pourront former que sur l'ordre, réparties au marc le franc sur le prix provenu de la totalité des immeubles qui en sont tenus, sans néanmoins que cette répartition puisse être opposée au créancier dont l'hypothèque est générale, et qui aura le droit de se faire colloquer sur le prix et l'immeuble qu'il aura désigné; si à l'époque où il sera procédé aux ordres particuliers du prix de quelques-uns des immeubles du débiteur, d'autres de ces immeubles ne sont pas encore aliénés, les derniers de ces créanciers venant en ordre utile seront tenus de fournir caution, jusqu'à concurrence de la somme qui sera fixée par le juge, pour sûreté du rapport qu'ils seront tenus d'effectuer après la répartition du montant de l'hypothèque générale sur tous les immeubles qui en étaient grevés.

Ce mode de répartition pourra être requis lors même que le créancier ayant une hypothèque générale ne se présenterait pas sur l'ordre à l'effet de réclamer la collocation. L'inscription requise par ce créancier continuera de subsister, même après l'acquittement de sa créance, sur tous les immeubles du débiteur qui n'en auront point été purgés, pour assurer le recours des autres créanciers.

L'acquéreur qui aura un juste sujet de crainte d'être évincé des biens dont il est devenu propriétaire, par suite de l'action en résolution que d'anciens vendeurs seraient dans le cas d'intenter contre lui, aura la faculté de faire interpeller ces vendeurs de requérir leur collocation sur l'ordre du prix dont il est débiteur, ou de former leur demande en résolution avant la clôture de cet ordre, faute de quoi leur action en résolution ne sera plus recevable.

Dans tous les cas, l'action en résolution d'un contrat de vente d'immeuble ne pourra être admise contre un tiers détenteur, qu'autant qu'elle aura été formée dans les dix ans à compter de cet acte, et ce délai courra contre les femmes, les interdits et les mineurs, sauf leur recours contre le mari ou le tuteur.

L'ordre du prix d'immeubles grevés d'hypothèques légales ou inscrites ne portera que sur le prix principal provenu de l'aliénation, et les collocations des créanciers venant en ordre utile comprendront tout ce qui leur était dû au jour de la vente ou de la donation, en capital, en intérêts inscrits ou dûment conservés, en frais et autres accessoires. Ces collocations porteront intérêts au profit des créanciers qui les auront obtenues, contre le nouveau proprié-

taire, à compter de l'époque où auront commencé à courir les intérêts du prix distribué.

Telle serait la nouvelle rédaction de ce titre du Code. Nous
croyons y avoir compris toutes les modifications qui nous ont paru
nécessaires, et avoir mis, dans la première partie de cet ouvrage,
à même d'apprécier celles qu'il nous a été impossible d'adopter.

FIN.

TABLE DES MATIÈRES.

DEUXIÈME PARTIE.

(1) On a mis *première question* par une erreur typographique.

FIN DE LA TABLE.